Le risque de crédit

MANAGEMENT SUP
GESTION - FINANCE

Le risque de crédit

Face à la crise

4e édition

Arnaud de Servigny
Ivan Zelenko

DUNOD

Maquette de couverture : Alain Vambacas

ISBN 978-2-10-054745-6

Table des matières

Partie 2
Quelles perspectives pour les nouvelles méthodes de gestion du risque de crédit ?

Préface[1]

Voici un livre qui tombe à pic ! Tout pousse, en effet, à une meilleure connaissance et maîtrise des risques en général, des risques de crédit (ou de contrepartie) en particulier : la multiplication des crises bancaires et financières, la contrainte de compétitivité qui pousse aussi à une gestion plus fine des risques et à un essor des procédures de contrôle interne dans l'ensemble des établissements de crédit, l'exigence de transparence de l'information dans laquelle se rejoignent des objectifs d'efficacité, des soucis de protection de la clientèle (au sens le plus large) et bien sûr aussi des considérations éthiques.

Le risque de crédit n'épuise pas le sujet des risques, mais il en constitue le plat de résistance incontournable. On avait sans doute eu trop tendance, dans les années 1980 et 1990, à s'intéresser d'abord aux risques de marché et aux raffinements auxquels ils se prêtent, au point de sous-estimer parfois l'importance des risques de contrepartie. Le retour de bâton auquel nous assistons est légitime, mais il ne doit pas pousser à des excès qui conduiraient à faire l'inverse, et à sous-évaluer désormais le poids des risques de marché (nés des variations des taux d'intérêt, des taux de change, des bourses...). D'autant plus qu'il n'existe aucune muraille de Chine entre ces différentes catégories, mais au contraire une étroite interdépendance.

1. De la 1re édition.

L'ouvrage d'Arnaud de Servigny et Ivan Zelenko dit tout ce qu'il faut savoir sur l'analyse des risques de crédit (dans le contexte, bien sûr, du fonctionnement général des banques et des marchés financiers), sur leur évaluation (approches par les notations, par les modèles structurels, par les spreads de signature...), sur les différentes méthodes de gestion micro-économique de ces risques, et sur la redéfinition en cours du ratio de solvabilité des banques. Sur ce dernier point, central pour la santé de nos banques et une meilleure maîtrise des risques systémiques, les nouvelles recommandations du Comité de supervision bancaire (Bâle), qui vont faire passer du ratio Cooke au ratio Mc Donough, sont ici mises en perspective avec beaucoup d'acuité et de talent. Sans vouloir être exhaustif, je veux également citer, dans le désordre, les remarquables développements sur la titrisation, les dérivés de crédit, les modèles probabilistes pour cerner les risques de crédit, etc. À ce sujet, subsistent à mes yeux deux grandes questions, liées entre elles, auxquelles il faut continuer à réfléchir : les risques de crédit sont-ils plus difficiles à modéliser, et donc à prévoir, que les risques de marché ? Si oui (mais je le répète, le débat est très ouvert), à quoi cela tient-il et quelles implications en tirer pour l'applicabilité ou non du passé (et des distributions de probabilité estimées à partir de ce passé) lorsqu'il s'agit d'éclairer le futur ? On l'aura compris, l'enjeu va bien au-delà de la dimension technique du sujet, même si celle-ci constitue un passage incontournable.

Rédigé par deux professionnels de haut vol, à même par leur formation et leur expérience de se situer à l'articulation des théories les plus récentes et des applications les plus directes, cet ouvrage devrait être tout le contraire d'un produit éphémère. Je lui prédis une espérance de vie longue, avec des mises à jour régulières, ainsi qu'un succès auprès de l'ensemble des parties concernées : les banquiers eux-mêmes, mais aussi les régulateurs, les économistes financiers et les étudiants avancés en banque et finance.

Christian de BOISSIEU

Professeur à l'Université Paris I Panthéon-Sorbonne

Introduction

L'environnement bancaire connaît de nombreuses mutations, liées notamment au rôle central joué par les marchés financiers. À titre d'illustration, la perception des grandes entreprises par la sphère financière est ainsi de plus en plus considérée comme caractérisée par des données de marché : il s'agit à la fois de l'historique des cours de bourse et de celui des *spreads* de crédit.

Dans ce contexte, la nécessaire cohabitation, il conviendrait plutôt de parler de complémentarité, entre banques et marchés s'est accompagnée d'un développement au sein de nombreuses banques de nouveaux instruments de mesure quantitative des risques en général et plus récemment des risques de crédit en particulier.

Face à cette évolution, trois grandes options nous semblent envisageables pour les banques :

- choisir d'exercer le métier de banque à l'écart des marchés, selon des méthodes qualitatives traditionnelles, mais en étant de plus en plus limité à une clientèle locale ;
- tenter de dégager, à partir des nouvelles approches quantitatives, un nouveau modèle de planification centralisée de l'activité bancaire ;
- mettre en œuvre des instruments quantitatifs et qualitatifs de comparaison et d'arbitrage entre facilités au sein d'un portefeuille bancaire de crédits, mais également entre ce portefeuille bancaire et les marchés financiers.

La première approche consacrerait une stratégie de repli des banques face au périmètre croissant occupé par les marchés financiers. La seconde consisterait dans les faits, à revenir, à l'échelon microéconomique de la banque, sur l'antagonisme macroéconomique désormais largement traité entre économie planifiée et économie de marchés. La dernière option, en revanche, engagerait à ouvrir des horizons élargis par rapport à une simple problématique de risques, en y ajoutant une réflexion en terme de liquidité ainsi qu'une dimension d'opportunité fondée sur la qualité des anticipations, c'est-à-dire reposant sur l'accès à l'information.

On l'aura compris, ce livre incline le lecteur vers la troisième voie, en portant un regard critique mais positif sur les développements proposés actuellement.

Pratiquement, ce livre cherche à apporter à ses lecteurs un diagnostic clair en matière de nouvelles approches de « management » des risques de crédit. Il vise en particulier à :

- les aider à réfléchir sur la pertinence, le degré d'aboutissement et la fiabilité des nouvelles techniques d'évaluation et de gestion des risques de crédit ;
- les tenir informés, dans les grandes lignes, des changements réglementaires en cours ;
- leur proposer une grille d'analyse traitant des conséquences de ces nouvelles approches en matière de stratégie bancaire.

Pour ce faire, nous mobilisons les savoirs liés à la microéconomie, aux théories financière et bancaire, aux mathématiques, mais aussi à l'organisation bancaire et nous les confrontons aux nouveaux outils.

Il va de soi que ces analyses sont complétées de manière implicite par une expérience effective de gestion des risques dans des banques internationales. Cependant pour assurer un respect total de la confidentialité de ces expériences, nous avons fait le choix délibéré d'asseoir nos propos uniquement sur des données, des informations et des publications qui relèvent du domaine public.

Avant d'entrer dans le vif du sujet, nous tenons à remercier tous ceux qui nous ont aidés à construire cet ouvrage, par leurs observations en cours d'écriture ou par leurs remarques à la relecture ; en particulier, nous tenons à remercier Benoît METAYER. Nous remercions également tout particulièrement Christian de BOISSIEU pour ses propos introductifs pleins d'encouragement. Nous remercions enfin nos épouses, Marie et Brigitte, pour leur bienveillance affectueuse.

Naturellement, selon la formule consacrée, les propos qui suivent n'engagent que leurs auteurs.

Pour un dialogue avec les auteurs, adressez-leur un e-mail à l'adresse suivante :

mariearnaud@mariearnaud.freeserve.co.uk

Chapitre

1 Le risque de crédit au cœur de la crise

Depuis plus de trois ans, l'économie mondiale traverse une crise d'une exceptionnelle gravité, sans véritable équivalent depuis les années trente. Financière à l'origine, systémique par nature, la crise s'est propagée avec violence à partir de l'été 2007 : gel des marchés, paralysie des banques, blocage du crédit, chute des indices actions (*cf.* figure 1.1), recul du commerce international (*cf.* figure 1.2) puis déclenchement d'une récession mondiale (*cf.* figure 1.3). Et si les enseignements du passé et le talent des dirigeants ont permis un rebond rapide, tous n'avancent qu'avec précaution sur la voie de la sortie au premier trimestre 2010. Or tout récit, par l'« instantanéité » et la « globalité » qui s'en dégagent, renvoie nécessairement à la réalité d'une étroite et complexe intégration : économies nationales et finance globale, sphères financière et réelle, banques et marchés, finance et commerce international, pays émergents et industrialisés. Tous les composants du système ont ensemble subi le choc. La globalisation serait désormais devenue un fait incontournable niant tout espoir de « découplage ». Seule l'absence de récession en Chine, et son retour rapide vers un rythme de croissance pré-crise, laisse entrevoir la possibilité d'une future vraie bipolarité[1].

Au cœur d'une crise globale et complexe, le risque de crédit a constitué un puissant catalyseur. D'abord lors du déclenchement, en août 2007, à partir du marché des *subprimes*[2], dont le retournement immobilise instantanément et inexplicablement le

1. *Cf.* les analyses de Stephen King, économiste de la banque HSBC : *The Tipping Point* (King et Green Q4 2009).

2. Les crédits *subprimes* sont des prêts hypothécaires consentis à des emprunteurs se situant en principe, en termes de revenus, au dessous des critères habituels d'éligibilité pour les banques, mais qui sont rendus gérables par des mécanismes de titrisation qui permettent de créer des obligations notées AAA en jouant sur la diversification du risque et la valeur du bien immobilier.

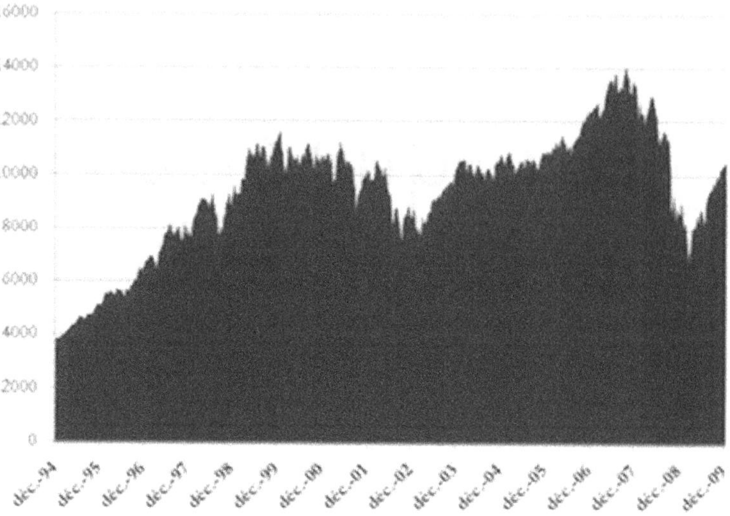

Source : Bloomberg.

Figure 1.1 — Indice Dow Jones

marché interbancaire ainsi que tous les marchés du crédit, avec des banques paralysées par une « évaporation » de la liquidité – qui est fondamentalement celle de la confiance. Ensuite, dans la phase de lente mais irrépressible fragilisation des banques qui se conclut en septembre 2008 par la faillite de Lehman Brothers, la révélation de la détresse de plusieurs institutions essentielles comme Citigroup et le début d'une crise systémique. Enfin, au stade des mesures de redressement et du déploiement d'actions publiques sans précédent à l'automne 2008 : initialement des mesures de prêteur en dernier ressort, apportant rapidement la liquidité indispensable à la survie ; puis des programmes de restauration durable de la confiance, rehaussant le crédit, recapitalisant ou prenant le contrôle des institutions financières ébranlées. Le retour de l'État constitue aussi l'un des grands thèmes de la crise. Des débats de fond sur la supervision du système et la nature des relations entre acteurs publics et marché financier sont désormais ouverts.

Les instruments, les marchés et les techniques de gestion du risque de crédit ont connu un développement considérable depuis les années quatre-vingt-dix. Tout en élevant la performance du système, leur progrès a aussi accru sa complexité et sa fragilité, mais il faut probablement un temps de gestation. En 2007, dans un séminaire de la Banque des Règlements Internationaux (BRI) sur les dérivés de crédit et la titrisation tenu peu avant la crise, l'économiste Darrell Duffie et Mohammed El Erian, un praticien réputé, affirmaient la valeur des innovations tout en soulignant les dangers de leur jeunesse, la nécessité de l'apprentissage, les risques d'une diffusion trop rapide. Ces outils ont-ils seuls causé la crise ? L'analyse fait aussi ressortir les déséquilibres macros, la dynamique concurrentielle, les failles de la régle-

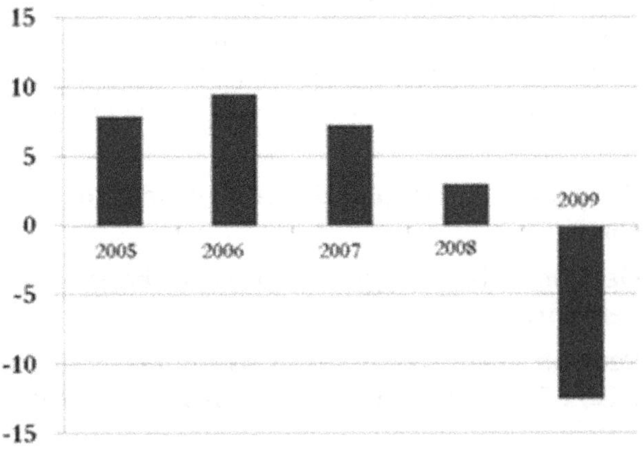

Source : OCDE.

Figure 1.2 — Évolution du commerce international. Volume des biens et services en dollars de 2005 (en %)

mentation et la force des incitations pour les acteurs individuels, qu'ils soient traders ou dirigeants. À l'heure où les gouvernements dessinent les traits d'une réforme, nous voudrions insister sur la nécessité du discernement : parvenir à un renforcement durable du système tout en préservant les progrès accomplis.

Il faudra sans doute plusieurs années pour pleinement tirer les leçons de la crise. Nous renvoyons à l'analyse économique déjà parue et plusieurs sources sont citées. Ici, nous nous concentrons sur les mécanismes liés au risque de crédit. Comprendre la montée vers la crise, son déclenchement et sa propagation à l'ensemble de l'éco-

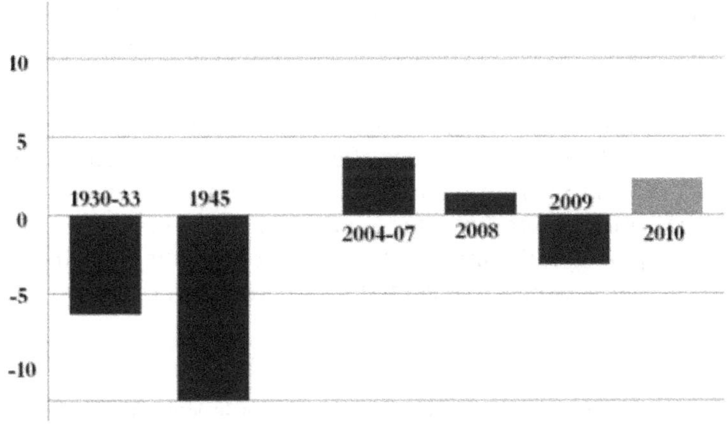

Source : JP Morgan.

Figure 1.3 — PNB Monde : croissance réelle annuelle (en %)

nomie (I). Analyser la réaction des autorités publiques, l'adaptation des banques centrales et des gouvernements à des logiques nouvelles (II). Enfin, étudier les conséquences de la crise sur la maîtrise du risque de crédit, restituer les travaux et les débats actuels sur la supervision (III). Tels sont les thèmes de ce chapitre.

Section 1 CRISE LOGIQUE, LOGIQUES DE CRISE : LE DECHAINEMENT DE NOUVELLES FORCES

La crise a des causes profondes. Plusieurs économistes avaient identifié les déséquilibres, prédit des ajustements mais personne n'avait su prévoir la crise dans toute son étendue et sa gravité [1]. Pourquoi ? La *complexité*, c'est-à-dire la multitude des interactions, et l'impossibilité de prévoir tout ce qui peut en résulter fournissent un élément de réponse. L'*irrationalité* présente dans les bulles, les paniques et la plupart des crises, c'est-à-dire les comportements humains non expliqués par le calcul économique « rationnel », offre probablement une autre indispensable clé de lecture. On recherche aujourd'hui, dans les résultats expérimentaux de *behavioural finance*, les constantes de la non-rationalité des décisions humaines mais peu de résultats s'agrègent encore au plan macroéconomique ou sociologique. Nous allons ici décrire l'enchainement des événements, de la manière la plus factuelle et la plus exacte possible[2].

Voici, avant de débuter ce récit, la description générique, très simple, que l'économiste Hyman Minski avait donnée dès 1975 des crises et de leur dynamique non-rationnelle. À l'origine se trouve une initiative, un mouvement (*displacement*) – nouveau marché, nouveau produit, etc. – qui attire du capital ; puis les investissements affluent en plus grand nombre, soutenus par le crédit bancaire, et le prix de l'actif augmente. Une « euphorie » peut alors se produire et propulser le prix à des

1. Dans la précédente édition, nous avions fourni une bonne description du déclenchement de la crise lié à l'assèchement de la liquidité (Première partie, p. 48) ; mais sans pour autant prévoir les mécanismes menant a une récession mondiale.

2. Nous utilisons notamment les analyses de Douglas W. Diamond et Raghuram Rajan (Diamond et Rajan, 2009), de Gary Gorton (Gorton et Metrick, 2009), de Adrian Blundell-Wignall et des autres économistes de l'OCDE.

niveaux non-soutenables. À un certain moment cependant, la hausse s'infléchit et quelque chose, une nouvelle, un évènement, précipite la crise. Alors une peur se déclenche, une détresse générale, une fuite hors de l'actif et vers la monnaie qui peut dégénérer en panique (*stampede*). La crise des deux dernières années rentre dans le cadre posé par Minksy, mais les événements qui ont mis le système financier global à genoux sont guidés par de nouvelles forces.

1 Une crise logique : la montée vers la crise

1.1 Un contexte marqué par les déséquilibres

Des déséquilibres macroéconomiques se sont accumulés dans les années 2000, créant un contexte de tension et d'instabilité. Des politiques monétaires très accommodantes ont longtemps prévalu : au Japon, pour sortir de la longue déflation des années quatre-vingt-dix ; aux États-Unis, pour soutenir la croissance après l'éclatement de la bulle Internet, les faillites de Worldcom et Enron, puis face à la menace déflationniste des produits importés chinois. Ces politiques ont injecté dans le système financier mondial une masse de liquidités excessives, à l'origine de bulles récurrentes sur les marchés d'actifs. Par ailleurs, les déficits d'épargne des pays développés se sont creusés : d'une façon générale avec les déficits budgétaires et l'augmentation des dettes publiques ; mais particulièrement aux États-Unis, avec la convergence vers zéro du taux d'épargne et l'endettement croissant des ménages, les déficits jumeaux – budgétaire et paiements courants –, et l'accumulation des dettes publique et extérieure. Cet immense endettement se reflète en symétrique chez les pays émergents dans une impressionnante accumulation de réserves, investies principalement en dollars. On a pu y voir un *savings glut* plutôt qu'un déficit d'épargne, ou bien la conséquence d'une sous-évaluation délibérée des devises asiatiques. Quoi qu'il en soit, les stocks et les flux monétaires deviennent considérables. Tous les acteurs de marché, jusqu'à l'éclatement de la crise, étaient d'accord pour faire état d'une surabondante « liquidité ». Les taux d'intérêt se maintiennent à des niveaux bas, tout comme les indicateurs de risque que sont les volatilités implicites. Dans ce contexte, les gérants de réserves, de portefeuilles d'actifs (fonds d'investissement, fonds de pension, *asset-managers*) sont incessamment à la recherche d'actifs offrant des rendements élevés mais également d'un risque de contrepartie limité - beaucoup de gérants de réserves et d'investisseurs institutionnels conservateurs se limitent aux obligations de gouvernement ou aux titres AAA.

1.2 Les prodiges de la finance structurée et un besoin vital : des marchés liquides

Pour satisfaire cette demande impossible – faible risque, haut rendement – les banques s'appuient sur la technologie du risque de crédit et développent de nouvelles classes d'actifs, indexés sur les taux Libor, offrant de solides marges en même temps que la notation AAA. Ce sont les obligations structurées, ou *asset-backed securities* (ABS), construites à partir de pools de créances titrisées : prêts immobiliers, prêts à la consommation (cartes bancaires) ou prêts émergents. Le plus grand de ces marchés est issu des prêts immobiliers américains. Depuis le *New Deal*, il existe une tradition d'emprunt hypothécaire à très long terme (30 ans) finançant l'achat d'une maison. Les banques ont appris à titriser ces créances et créé l'immense marché – les plus larges encours de tous les marchés de titres américains – des MBS, les *mortgage-backed securities*. Sur ce marché, les agences de crédit hypothécaire Fannie Mae, Freddie Mac, Home Loan Bank, jouent un rôle important en garantissant une large fraction des MBS. Vers la fin des années quatre-vingt-dix, le marché immobilier entre dans un cycle d'euphorie : les faibles taux d'intérêt encouragent l'emprunt et l'investissement immobilier, qui nourrit la hausse de l'immobilier, qui favorise encore davantage l'emprunt, etc. La titrisation et l'appétit des investisseurs pour ces créances titrisées, tout comme la faible aversion au risque ambiante, contribuent aussi à réduire le taux d'emprunt en compressant le *spread* rémunérant le risque de contrepartie.

Les *subprimes* se situent à la frange de l'immense marché MBS. Ils se présentent au départ comme une innovation destinée à promouvoir une politique sociale d'accès à la propriété des communautés pauvres et des minorités. Le taux d'emprunt reste extrêmement faible jusqu'à la troisième année, puis s'ajuste à son vrai niveau. À ce moment l'investisseur peut rembourser son emprunt initial et en contracter un nouveau, ce qui reste aisé tant que la valeur du bien immobilier continue d'augmenter. On pourrait schématiser le *subprime* comme un système consistant à utiliser une

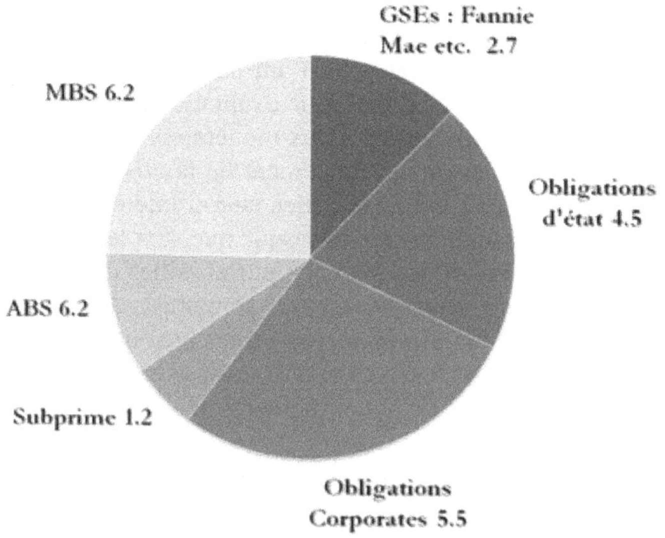

Source : SIFMA (Securities Industry and Financial Market Association).

Figure 1.4 — Marché obligataire aux États-Unis au 1er trimestre 2007 (en trillions de dollars)

hausse des prix immobiliers – quitte à ce qu'elle ne soit qu'une bulle – pour faire accéder les ménages les plus démunis à la propriété. On perçoit la fragilité du schéma, qui dépend crucialement de la condition de hausse ininterrompue des prix. Et surtout le grave risque de retournement – en cas de baisse des prix immobiliers –, auquel sont exposés les emprunteurs.

Sur cette base vient se greffer le mécanisme caractéristique des marchés de titrisation : *originate and securitize*. Des agents financiers sélectionnent et octroient des prêts hypothécaires, puis les revendent immédiatement à une banque d'investissement. La banque les assemble en *pool*, les place dans un véhicule dédié, un SPV (*special purpose vehicle*), lequel émet des obligations structurées ou CDO (*collateralized debt obligations*), en fabriquant d'abord des tranches plus risquées, non notées (tranche *equity*), ou notées BB ou B, qui sont vendues à des investisseurs recherchant ce risque (et capable de gérer), mais surtout une tranche peu risquée – la plus large, souvent 80 % du total – notée AAA, qui est offerte aux investisseurs institutionnels. Les banques ne conservent pas ces créances et sont rémunérées par des commissions (structuration et vente).

Même s'ils ont accès au détail du portefeuille, l'« origination », la structuration et la notation éloignent notablement les investisseurs de l'analyse du risque des crédits sous-jacent. Ils se reposent pour l'essentiel sur la notation. Les agences de notation elles-mêmes se fondent sur des statistiques passées pour vérifier les taux de défaut, de recouvrement, les corrélations et la valeur du bien immobilier, sans accès direct aux emprunteurs. Au stade initial du développement du marché, les agents distributeurs de prêts sont incités à opérer une bonne sélection, pour asseoir leur réputation et aussi parce qu'ils ont l'obligation de conserver une partie du risque, la tranche *equity*. Mais passé un certain temps, avec la hausse continue de l'immobilier qui réduit les risques, cette condition s'affaiblit pour accélérer la création de nouveaux *subprimes*. Ce mécanisme *originate and securitize* va d'ailleurs bien au-delà du *subprime* et s'applique en fait à l'ensemble du marché des *asset-backed securities*.

Dans ce schéma, les banques sont tenues de porter temporairement, en attendant leur revente, un encours d'ABS. Les banques se refinancent sur le marché du *repurchase agreement* ou *repo* : les *subprimes* restructurés sont donnés en collatéral à un investisseur institutionnel, qui prête à très court terme, pour un montant égal à la valeur de marché du *subprime*, moins le *haircut* – une décote représentant une marge de sécurité supplémentaire pour le prêteur. Une fois « marchéisées », ces créances engendrent d'autres produits, d'autres activités, tout un édifice nécessaire a leur fonctionnement, et aussi une source de complexité.

Des tranches *subprimes* et d'autres *asset-backed securities* (ABS) sont repackagées pour créer de nouveaux CDO. Des CDS (*credit default swaps*) sont écrits sur les différentes obligations structurées émises. Les CDS permettent aux investisseurs de gérer leur position sur des marchés dérivés qui s'avèrent plus liquides que le marché secondaire des titres structurés : même dans la phase de croissance du marché, lorsque les titres pouvaient être revendus facilement à un *market maker* – donc une banque – il y avait beaucoup plus de transactions et de liquidité sur les CDS. Des indices, les indices ABX, spécialisés sur les *subprimes*, sont créés au côté des indices ibox, itraxx ou CDX, qui suivent le prix des CDS regroupés par type. Les investisseurs en ABS préféraient souvent rebalancer leur portefeuille et gérer dynamiquement son exposition via les CDS plutôt que sur le sous-jacent cash. Une compagnie d'assurance comme AIG, forte de son rating AAA, écrit des CDS (étant vendeur de protection), une manière indirecte de bénéficier du rendement (et du risque) des ABS : AIG se constitue ainsi un très large portefeuille de CDS. D'autres assureurs, les assureurs *monolines*, notés AAA, fournissent des garanties sur les obligations structurées (rehaussement du crédit au niveau AAA).

La valorisation s'appuie sur des modèles avancés de *pricing* utilisant les paramètres des crédits initiaux : probabilités de défaut, taux de recouvrement, corrélations entre défauts. Mais le prix du modèle n'est valable que s'il existe des marchés liquides et transparents affichant le prix des actifs et la valeur de marché des paramètres du modèle. Si la plupart des obligations structurées ne s'échangent pas sur des marchés secondaires actifs et transparents, la valeur des indices ABX, aisément accessible sur Bloomberg, reflète les prix de marché des CDS. Mais ce prix agrège lui-même deux paramètres : la probabilité de défaut de l'obligation structurée et le taux de recouvrement. Pour dissocier les deux, des marchés pour le taux de recouvrement se développent. Cependant, les paramètres des crédits initiaux restent de pures estimations et non des prix de marché, de même que les corrélations entre taux de défaut : des signes visibles donc du manque de maturité des marchés ABS, mais largement négligés dans la phase d'euphorie.

En dépit de la jeunesse du marché, la structuration, la modélisation et la valorisation du risque de crédit se fondent sur une technologie rigoureuse et robuste en elle-même, un peu à l'image d'une technologie industrielle. Mais le fonctionnement de cette technologie repose sur une fondation fragile : l'existence de marchés liquides. Dans une phase d'euphorie et de liquidité abondante cette condition paraît aller de soi. Or, là est le talon d'Achille du système : sans liquidité les modèles ne mesurent plus la véritable valeur, ce que l'on appelle la juste valeur (*fair value*) – qui n'est autre que la valeur d'échange des actifs. Un cercle vicieux et une situation d'impasse peuvent survenir : la disparition de la liquidité rend impossible la valorisation, donc rend impossible les transactions, donc supprime la liquidité, etc.

1.3 Les excès d'une culture de la performance : nouveaux visages de l'effet de levier

Ce présupposé de la liquidité constitue une condition fondamentale de la stabilité du système financier, particulièrement aux États-Unis ou le financement de l'économie repose pour la plus grande part sur le marché. Au cours des années 2000, les banques commerciales sont en effet dépassées, comme apporteur de crédit à l'économie, par le marché des *asset-backed securities*. Les institutions qui font fonctionner ce marché sont rassemblées sous le vocable de *shadow banking* : sociétés financières, véhicules de titrisation, fonds d'investissement et banques d'investissement, ou *broker-dealers*. La législation américaine, le Glass

Steagall Act, remontant à la crise des années trente, sépare strictement les banques commerciales des *broker-dealers*. Ces derniers ont notamment l'interdiction de collecter des dépôts bancaires. Ils n'ont pas non plus accès au guichet de refinancement direct par la Federal Reserve, le *discount window*, ce qui jouera pour eux un rôle capital dans la crise. Lorsque débute celle-ci, il n'en subsiste que cinq : Goldman Sachs, Morgan Stanley, Merrill Lynch, Lehman Brothers, Bear Stearns. Leurs principaux concurrents américains : JP Morgan, Citibank, Bank of America, Wells Fargo, Wachovia, s'appuient eux sur une loi plus récente, le Gramm Leach Bliley Act de 1999, qui permet aux banques, sous le statut de holding bancaire (*bank holding company*), de développer leurs activités de marché parallèlement à leur statut de banque commerciale.

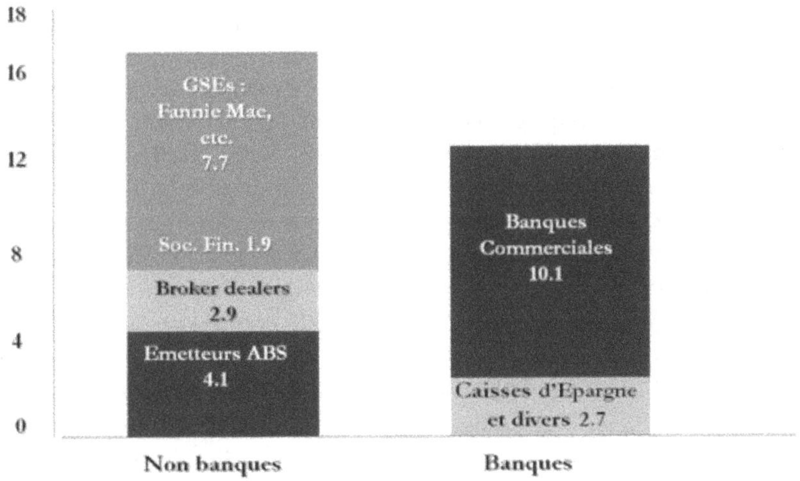

Source : Adrian and Shine, Federal Reserve (2008).

Figure 1.5 — Banques et non-banques aux États-Unis au 2e trimestre 2007 (en trillions de dollars)

Attirées par les rendements qu'offrent les obligations structurées, les banques – *broker dealers* et banques commerciales américaines, mais aussi, et très largement, les banques européennes –, commencent à intervenir non seulement comme arrangeur et intermédiaire, mais aussi comme investisseur pour leur compte propre. La rémunération du risque crédit structuré, démultipliée par un levier aux larges dimensions, gonfle rapidement leurs profits. Les obligations structurées, de maturités souvent longues, vingt ou trente ans, sont presque intégralement refinancées au jour le jour par emprunt sur le marché du *repo*, avec pour seule limite le capital réglementaire. La taille du levier (encours d'obligations structurées divisées par capital) se situe le plus souvent entre 20 et 30. Les banques empochent facilement la marge au-dessus du Libor de l'obligation structurée plus la marge au-dessous du Libor du taux *repo* (ou taux sans risque, retracé par les taux *Federal Funds* au jour le jour et par les taux OIS – *Overnight Interest Swap* – pour des maturités à trois mois ou six mois). Elles maximisent ensuite simplement l'échelle des positions « leveragées », ignorant, ou préférant ignorer que le refinancement à très court terme sur le *repo* peut un jour se fermer.

Sur la base de ces gains, les marchés d'obligations structurées et notamment le marché *subprime*, connaissent une croissance explosive entre 2003 et 2006. Toutes les analyses mettent en lumière la force d'une structure d'incitation qui finit pratiquement par contraindre les principaux acteurs à négliger les risques même s'ils en sont conscients. Sans doute faut-il être plus précis et parler plutôt d'une culture ou d'un système d'incitation puisque l'appréciation et les rémunérations des traders ou des dirigeants sont liées dans la finance aux profits annuels de façon quasi institutionnelle via les bonus ou les distributions de stock-options. La part variable et les bonus sont une part fondamentale des revenus des traders et le signe le plus clair de leur réussite. Or lorsque les gains de trading sont calculés en *mark-to-market*, tous les gains futurs sont actualisés. Il est tentant de miser sur des activités ayant un profil catastrophique ou extrême : gains élevés, pertes potentiellement immenses mais n'ayant qu'une infime probabilité de se produire[1]. Écoutons les paroles du directeur général de Citigroup, Chuck Prince, dans une interview au *Financial Times* du 10 juillet 2007, donc durant les dernières semaines de la phase d'euphorie, et qui évoquent un peu les passagers continuant à danser à bord du Titanic alors que le paquebot commence à sombrer : « *When the music stops, in terms of liquidity, things will be complicated. But as long as the music is playing, you've got to get up and dance. We're still dancing*[2]. » Un ton amer et désabusé ou perce la pression concurrentielle et l'obligation de performance subie par le dirigeant de banque.

Mais peu à peu le danger se précise. Sur les *subprimes*, les taux de défaut augmentent, le résultat d'une sélection de moins en moins rigoureuse des crédits utilisés dans la structuration. Le *spread* des indices ABX, qui mesure comme on l'a vu le risque de défaut des obligations structurées, se met à augmenter lentement, mais inexorablement à partir du début 2007. Il continue au même rythme jusqu'à l'été.

Dès lors tous les intervenants du marché – la Banque centrale européenne en particulier – prennent conscience de la montée d'une menace précise : celui d'une disparition du refinancement à court terme sur le *repo*, celui d'un *bank run*. Mais un *run* sous sa forme contemporaine : non une ruée aux guichets de la banque mais une fuite hors de ses instruments de refinancement de marché[3].

Ces formes modernes du *run* concernent les non-banques autant que les banques lorsque des actifs supposés liquides deviennent, en cas de fermeture du marché, aussi illiquides que de prêts traditionnels : un fonds investi dans des MBS notés

1. Diamond et Rajan, 2009.

2. Lorsque la musique s'arrêtera, en termes de liquidité, les choses deviendront compliquées. Mais tant que la musique joue nous devons nous lever et danser. Nous dansons toujours. (trad. des auteurs). Cité dans Diamond et Rajan, 2009.

3. L'économiste Gary Gorton a publié plusieurs articles sur le levier des banques et les formes modernes du *run*. Voir par exemple Gorton et Metrick, 2009.

AAA, un marché extrêmement liquide en temps normal, comparable au marché des bons du Trésor, découvre soudain que son accès au cash lui est fermé. Autrement dit ce fonds ne peut plus vendre ses titres, ils sont devenus aussi illiquides que des prêts et il est en situation de *run* face à l'accumulation des ordres de remboursement des investisseurs. De telles situations détruiront le capital de confiance de plusieurs *assets managers* de fonds de crédits structurés.

2 Les nouvelles logiques de crise : blocage des marchés, runs sur la liquidité

La crise comporte deux dates clés : le 9 août 2007, jour de la paralysie du marché interbancaire, le signe d'une sévère crise de liquidité ; le 15 septembre 2008, date de la faillite de Lehman Brothers, la marque la plus visible de l'insolvabilité minant le système, suivie presque immédiatement de l'entrée en scène des gouvernements.

2.1 L'évaporation de la liquidité

Le 9 août 2007, la nouvelle se répand que BNP Paribas a suspendu les remboursements sur trois de ses fonds d'investissement. La BNP, dans son communiqué, parle d'« évaporation de la liquidité » sur les obligations structurées, rendant impossible à court terme la valorisation et la vente des titres du fonds. Que ce soit coïncidence ou signal, un *run* se déclenche alors sur les marchés du refinancement à court terme des banques : les marchés interbancaires, papier commercial et *repo*.

Le 9 août, la BCE annonce qu'elle est prête à honorer sans limite les demandes de refinancement (refinancement collatéralisé par des créances éligibles ou « *repo* BCE ») que lui adresseraient les banques. Le 10, à l'ouverture du marché, la Federal Reserve emboîte le pas à la BCE et annonce qu'elle est disposée à fournir de la liquidité, pour un montant illimité, via son instrument de prêt collatéralisé, le *discount window*. Au cours du mois de juillet plusieurs incidents avaient indiqué le début d'une nette dégradation : Bear Stearns avait dû fermer deux fonds, après les avoir renfloués pour plus de deux milliards de dollars. La banque allemande IKB, après avoir reçu 8 milliards d'euros de KfW, avait dû être secourue par le gouvernement allemand à hauteur de 3 milliards d'euros. La BCE se tenait prête à agir. Selon les propres termes de Jean Claude Trichet : « Nous fûmes les premiers à utiliser des méthodes non conventionnelles. Notre diagnostic de ce qui se produisait sur le marché était malheureusement exact » (Bloomberg, octobre 2009).

En fait, l'« évaporation de la liquidité » dont parle la BNP intervient d'abord sur les marchés du refinancement à court terme des banques et des non-banques, les marchés *repo*, prêt interbancaire et certificat de dépôt. Sur le marché du *repo*, point névralgique de la transformation massive court terme-long terme opérée par les banques, le *run* apparaît clairement dans l'augmentation du *haircut* qui finit par atteindre 100 % (signifiant la cessation des *repos*). Dans le même temps, le marché des certificats de dépôt se ferme et le marché du prêt interbancaire disparaît pour les maturités autres que le jour le jour, tandis que le différentiel Libor-OIS s'envole, reflétant instantanément l'énorme tension qui vient de se créer. Sur le marché du *repo*, les prêteurs n'ont plus confiance dans le collatéral. Les mêmes investisseurs se détournent du papier commercial par défiance du système bancaire. Sur l'interbancaire, les banques ne se prêtent plus car elles gardent pour elles-mêmes la liquidité dont elles peuvent disposer. À ce stade il s'agit d'un *run* sur le secteur bancaire dans son ensemble ou d'un *run* sur la liquidité : aucune banque n'est encore visée en particulier, cela viendra plus tard.

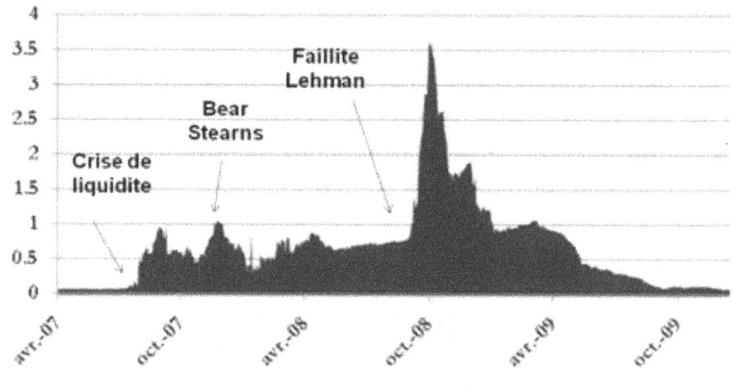

Source : Bloomberg.

Figure 1.6 — Spread Dollar Libor-OIS à trois mois (en %)

Privées de leur source de refinancement, les banques et les non-banques cessent de se porter acquéreur non seulement sur le *subprime* mais aussi sur l'ensemble des marchés ABS. Elles tentent au contraire de vendre au plus vite leurs positions mais précipitent alors la chute des prix. Avec des prix de marché maintenant très éloignés des valeurs des modèles, lesquelles restent malgré tout plus proches des fondamentaux du risque de crédit sous-jacent, les banques et les non-banques cessent leurs transactions. La liquidité s'« évapore », disparaît de tous les marchés ABS, et plus généralement de tous les marchés réclamant aux banques du cash. Plus grave encore, les banques et les non-banques réduisent drastiquement leurs activités de prêt. Cette disparition générale du prêt, ce *credit crunch*, transmet directement la crise de liquidité bancaire à l'économie américaine, qui rentre en récession au dernier trimestre 2007, puis au reste du monde.

Malgré le recul en taille de leur intermédiation, dépassée au cours des cinq dernières années par le *shadow banking*, les banques (disons pour être exact les banques et les *broker-dealers* américains) restent en définitive au centre du système. Une majorité des acteurs du *shadow banking* dépendent étroitement, et en dernier ressort, des banques en termes de refinancement. Les banques garantissent, contractuellement ou moralement, l'émission de papier commercial par les fonds et les SPV et les demandes de remboursement. L'évaporation soudaine de la liquidité coïncide avec un mouvement massif de « ré-intermédiation ». Directement ou indirectement, les banques portent alors de considérables encours d'ABS dépréciés. Et c'est principalement par le canal des banques que la crise se propage, à partir des *subprimes*, à l'ensemble du financement de l'économie.

Presque immédiatement après le déclenchement de la crise, comme on l'a vu, les banques centrales, principalement la BCE, la Fed et la Banque d'Angleterre, accordent aux banques un soutien exceptionnel de prêteur en dernier ressort. La priorité consiste à rendre la monnaie banque centrale très largement accessible aux banques : pour mettre fin au plus vite au début de *run* ; pour permettre aux banques de recommencer à prêter et à soutenir la liquidité sur les marchés du crédit. Or, cela ne suffit pas. Les banques se contentent de replacer la monnaie reçue de la banque centrale avec la banque centrale, en dépôts banque centrale. Pourquoi les banques stockent-elles la liquidité au lieu de la réinjecter dans le système ?

D'abord, les banques semblent paralysées par la peur d'une faillite par pénurie de *cash*. Leur accès a la liquidité demeure limité sur l'interbancaire, le *repo* et par émission de dette. Sans apport de liquidité nouvelle aux marchés du crédit, la dépréciation de l'ensemble des actifs structurés s'accentue. Leur utilisation comme collatéral pour le refinancement par *repo* perd son efficacité. Même si elles disposent du soutien de la banque centrale pour leur refinancement, des limitations subsistent. Malgré des décisions répétées d'élargissement, les banques centrales n'acceptent que certains d'entre eux comme collatéral pour le refinancement, qui reste aussi fermé aux *broker-dealers* et aux non-banques.

D'autre part, les pertes bancaires sont instantanément répercutées dans une comptabilité en *marked-to-market*. Or, la chute de la valeur des actifs induit des pertes considérables, publiées dans les comptes de fin 2007. La réduction du capital réduit le pouvoir de levier des banques et renforce l'obligation de réduire leurs portefeuilles. Et la poursuite du *deleveraging* accélère encore la baisse des prix, imposant encore davantage de *deleveraging*, etc.

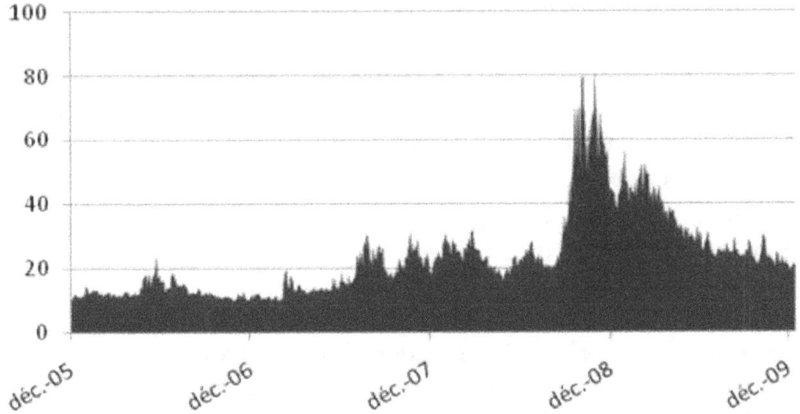

Source : Bloomberg.

Figure 1.7 — Indice de volatilité VIX

L'indice VIX, qui suit la volatilité implicite des options sur les indices actions US et qui donne la température du marché en termes d'aversion au risque, se situe alors à un niveau historiquement élevé (*cf.* figure 1.7). Il sera amené à monter bien plus haut dans la suite.

Enfin, et cela s'applique surtout à partir du moment où les banques se sentent soutenues par les autorités du point de vue de leur solvabilité, les banques préfèrent conserver la liquidité pour garder la possibilité de racheter des actifs cédés à vil prix par d'autres banques en détresse (*fire sales*).

2.2 La déstabilisation des banques : runs et défaillances

À partir du début 2008, au fur et à mesure que les banques publient leurs résultats 2007, avec des marchés toujours sans vie et des *asset backed securities* dépréciés, le marché commence à questionner la solvabilité des banques. Les *spreads* sur CDS augmentent régulièrement puis explosent littéralement au cours du mois de mars. La pression sur les pures banques de marché américaines s'accentue alors avec un double *run* : sur les actions – la capitalisation boursière des banques s'effondre – et les instruments de refinancement.

Le 15 mars, la Fed est contrainte d'accorder un crédit à court terme d'urgence à Bear Stearns, mais par l'intermédiaire de JP Morgan, puisque le *broker-dealer* Bear Stearns n'a pas accès à son refinancement. Le 24 mars, Bear Stearns est finalement racheté par JP Morgan, qui obtient aussi une assistance du Trésor et de la Fed pour gérer les actifs. En quelques semaines les CDS des banques retrouvent leurs niveaux de fin 2007. Le marché a pris note : les autorités ne permettront aucune faillite de banque. Malgré tout la notation des *broker-dealers* Lehman, Merrill Lynch et Morgan Stanley est abaissée au cours de l'été.

Reste la question de la paralysie du système financier, aux États-Unis, en Europe et globalement, ainsi que du danger de récession mondiale qui en découle. Le ralentissement de l'économie réelle rétroagit sur le système financier. Avec la chute de l'immobilier américain, de nombreux emprunteurs de prêts hypothécaires sont en défaut de paiement. Le 7 septembre, victimes de pertes irréparables, les agences géantes, Fannie Mae et Freddie Mac, les GSE (*government sponsored agencies*), non pas garanties mais seulement « soutenues » par l'État, sont mises sous tutelle (*conservatorship*) et *de facto* nationalisées.

Début septembre 2008, le secrétaire d'État au Trésor américain Henry Paulson propose au Congrès un plan d'action, qui ne sera adopté que le 3 octobre. Le 12 octobre, à Paris, les gouvernements européens lancent eux aussi, conjointement, leur plan anticrise. Mais la déstabilisation s'accélère. À la mi-septembre, en réunion de crise avec les dirigeants des grandes banques, Paulson doit résoudre dans l'instant la situation de faillite technique de Lehman Brothers et Merrill Lynch. Or, ni la Fed ni le Trésor n'ont le mandat pour renflouer ces deux *broker-dealers*. Ce jour-là, Merrill se dissout dans Bank of America, mais Barclays ne pourra reprendre Lehman, qui se déclare en faillite le 15 septembre. Une panique se déclenche ;

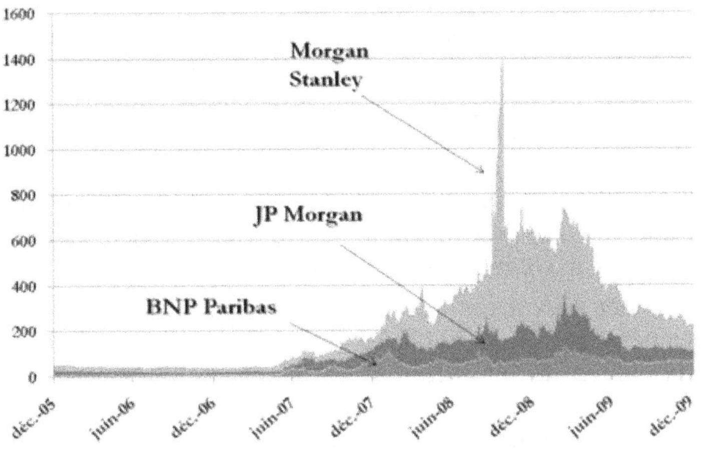

Source : Bloomberg.

Figure 1.8 — Primes de CDS de trois grandes banques (en points de base)

car les marchés s'attendaient à ce que Lehman, comme Bear Stearns, soit sauvé. Les *spreads* de CDS bancaires augmentent de plus de 100 % en quelques jours.

Ce même jour, la compagnie d'assurance américaine AIG, la plus grande au monde, perd sa notation AAA. Ce coup lui est fatal. L'immense portefeuille des CDS écrits par AIG, en tant que vendeur de protection, était en valeur nettement négative, avec l'élargissement des *spreads* de CDS. Mais la notation AAA évitait d'avoir à payer du collatéral aux contreparties. La perte du AAA entraine des paiements en cash de plusieurs dizaines de milliards de dollars. AIG, qui ne peut obtenir aucun prêt de banque, est en cessation de paiements. Dans la soirée du 16 septembre, Henry Paulson et Ben Bernanke obtiennent du Congrès le droit de mettre en œuvre un plan de sauvetage exceptionnel, eu égard au risque systémique attaché à la faillite de l'assureur. La Fed de New York prêtera 85 milliards de dollars pendant deux ans à AIG. En échange, le gouvernement fédéral prend le contrôle.

De la mi-septembre à la mi-octobre la crise atteint un pic. Les marchés du crédit, les marchés interbancaires sont toujours paralysés, des milliards de titres dépréciés stagnent au bilan des intermédiaires financiers banques et non-banques et tétanisent littéralement les secteurs bancaires. Les CDS des banques sont maintenant à des niveaux aberrants, indiquant des probabilités de défaut sans réalité avec le risque économique. Des différentiels énormes surgissent sur les primes CDS entre des banques perçues comme vulnérables et des banques considérées comme plus fortes. Le 6 octobre, les trois plus grandes banques d'Islande, qui servaient de forts taux d'intérêt sur des dépôts en devises à Londres, sont en cessation de paiement. L'Islande n'a pas assez de réserves pour les renflouer et demande l'assistance du FMI. C'est la première fois en trente ans qu'un pays développé se tourne vers le Fonds.

Morgan Stanley et Goldman Sachs quittent leur statut de *broker dealer* et adoptent le statut de *bank holding company*, proche de celui des banques commerciales, qui leur donne accès au refinancement de la Fed. Un moment historique : la fin de l'*investment banking* aux États-Unis. En dépit de ce changement et de leur réputation les deux anciens *broker-dealers* sont fragilisés : la prime du CDS Morgan Stanley 5 ans atteint 12.4 % en octobre ; elle restera autour de 4 % jusqu'en mars 2009 avant de se réduire progressivement. Les deux plus prestigieuses banques de marché subissent, sur leur prix d'action, de violentes attaques spéculatives facilitées et amplifiées par le *short selling*, la vente à découvert[1].

Les banques n'ont plus accès aux marchés des capitaux ou seulement sous la forme de placements privés. Le financement de l'économie globale est gravement altéré : dans la plupart des pays les banques sont affaiblies par leur exposition à l'immobilier et aux marchés du crédit. Même dans les pays ou les plus grandes banques ont su rester solides, comme en Espagne, la chute de l'immobilier et le ralentissement économique global se traduisent par récession et chômage. La chute de la consommation américaine et la réduction du financement se répercutent sur le commerce international qui connaitra une baisse historique en 2009 (*cf.* figure 1.2). Plusieurs pays émergents subissent une fuite des capitaux et connaissent de graves difficultés de balances de paiements. En octobre 2008, la Hongrie reçoit un prêt de 25 milliards de dollars du FMI et de l'Union européenne. Deux autres pays de l'Union, la Lettonie et la Roumanie seront par la suite également secourus.

Partout les marchés d'actions s'orientent durablement à la baisse : au plus bas de sa chute, le 5 mars 2009, l'indice actions monde, le MSCI AC World Index, aura perdu 60 % de sa valeur au point haut du 31 octobre 2007. Implacable synchronisation avec les États-Unis : le Dow Jones aura lui perdu près de 54 % de sa valeur entre le pic du 9 octobre 2007 et le creux du 9 mars 2009 (*cf.* figure 1.1). À partir d'octobre les *spreads* des CDS des gouvernements s'élargissent à proportion de la pression qu'exerce la crise sur les gouvernements. Le *spread* du CDS 5 ans du Royaume-Uni montera régulièrement à partir d'octobre pour atteindre plus de 150 points de base le 17 février (*cf.* figure 1.13 : par comparaison, le CDS de Citigroup se traitait à moins de 10 points de base sur 2004-2007). La crise économique se propage aux marchés émergents. L'indice EMBI des *spreads* des obligations émergentes culmine le 24 octobre après une hausse de 67 % en trois mois (*cf.* figure 1.9). L'indice VIX de volatilité implicite atteint un niveau record le 24 octobre puis à nouveau le 20 novembre (*cf.* figure 1.5).

En octobre, le gouvernement anglais recapitalise avec des fonds publics la nouvelle entité fusionnée Lloyds-HBOS, et la Royal Bank of Scotland qui est aussi nationalisée. Fortis et Dexia sont renfloués par les États belge, français et luxembourgeois, tandis que l'État allemand se porte au secours de Hypo Real Estate, quatrième banque d'Allemagne.

1. Le *short sale* ou vente à découvert consiste à spéculer sur la baisse du prix d'un actif en le vendant, sans le détenir, à un horizon donné, (un jour, une semaine, un mois), et à l'acheter à ce moment-là pour le livrer. Si le prix a baissé, le *short sale* donne un gain. La multiplication des *shorts* déclenche bien sur une baisse auto réalisatrice des anticipations de baisse.

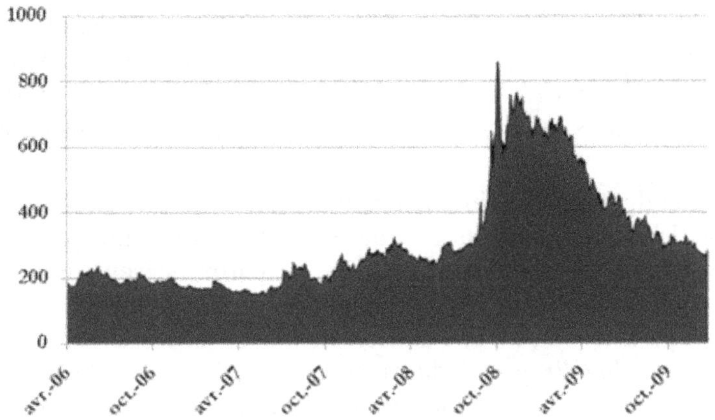

Source : Bloomberg.

Figure 1.9 — Indice EMBI + Obligations pays émergents

C'est aussi à partir d'octobre que se déploient pleinement les interventions publiques.

Section 2 GESTION DE LA CRISE, GESTION DE CRISE : BANQUES CENTRALES ET GOUVERNEMENTS

Au début 2010, alors que la croissance mondiale a repris, le débat économique porte maintenant sur la durée du maintien des aides publiques et sur les *exit strategies*. Des relances budgétaires massives ont pu relancer l'activité, mais tout en creusant la dette publique. Les taux directeurs des banques centrales sont à zéro. Les garanties et la recapitalisation ont permis aux grandes banques de se rétablir : elles s'efforcent maintenant de reconstituer leur capital pour rembourser les États et se libérer de leur emprise. La réaction des autorités a été rapide, frontale et décisive.

Les banques centrales vont profondément renouveler et étendre leur capacité d'intervention. La conceptualisation de ces actions « non conventionnelles » a engendré un riche débat de politique économique[1]. À plusieurs reprises les banques centrales ont dû intervenir avec fermeté et précision sous la pression des événements. L'intervention d'août 2007 était exorbitante en taille mais limitée dans son étendue : pas de réduction des taux directeurs, seulement une opération de prêteur en dernier

1. Dans cette section qui porte sur la politique économique, nous utilisons l'article de décembre 2009 de Bennassy-Quéré, Coeuré, Jacquet et Pisany-Ferry (BCJP, 2009), ainsi que les publications du Trésor américain, de la Fed, du FMI et de l'OCDE.

ressort, dans des conditions exceptionnelles d'assèchement de la liquidité et pour des institutions viables, selon le principe posé par Bagehot. La politique de prêteur en dernier ressort sera considérablement élargie dans la suite, complétée par une politique de taux d'intérêt zéro, et surtout par des interventions de *market maker of last resort*, des mesures nouvelles destinées à assurer le bon fonctionnement des marchés.

Des relances budgétaires traditionnelles mais massives sont décidées pour inverser au plus vite le début de récession : l'administration Bush fait voter le Economic Stimulus Act dès le mois de janvier 2008. À partir de septembre 2008, alors qu'émerge soudain la réalité de la détresse des plus grandes institutions financières, les gouvernements introduisent une batterie de mesures. Le 3 octobre le plan TARP (*Troubled Assets Relief Program*) du Trésor américain, visant le rachat des actifs « toxiques » et au besoin la recapitalisation des banques, est accepté par le Congrès. Le 20 octobre, les gouvernements européens s'engagent sur des mesures d'aide aux banques et sur des principes communs. Très vite, les autorités voient dans l'assèchement des marchés du crédit la principale source de la paralysie du système. De nouvelles interventions voient le jour, destinées plus spécifiquement à redémarrer les marchés et à recréer la liquidité d'un marché devenu source de risque systémique. C'est ainsi qu'aux États-Unis le TARP est complété par le TALF (*Term Asset Backed Securities Loan Facility*) qui va permettre à la Reserve fédérale de prêter, à des conditions préférentielles, aux acteurs du marché du crédit.

Ces mesures publiques exceptionnelles se sont échelonnées dans le temps. Dictées le plus souvent par l'urgence, elles se présentent comme des réactions aux effets ou aux menaces de la crise et jalonnent son développement. L'extrême fragilité des banques, rendue visible par la faillite de Lehman et la défaillance de plusieurs institutions géantes américaines, a fait brusquement saillir la gravité des enjeux et provoqué une nette montée en régime. Dans un rapport, le FMI montrait que les crises frappant les banques exercent les effets les plus profonds et les plus durables. Pour enrayer un *feedback* potentiellement dévastateur : faiblesse du secteur financier, donc réduction du financement réduit, donc ralentissement économique, donc faiblesse accrue du secteur financier, il fallait une action que BCJP 2009 qualifie assez justement de *shock and awe*[1].

La division du temps autour de septembre 2008 se calque assez commodément sur les mesures prises et les institutions : actions sur la *liquidité* et les taux d'abord par les banques centrales ; actions sur la *solvabilité* des banques ensuite, par les gouvernements. Cette séparation traditionnelle que nous utilisons pour analyser le rôle des autorités publiques ne doit pas occulter la nouveauté radicale de la crise qui a complètement bousculé les lignes de partage traditionnelles et contraint à réinventer les distinctions les plus fondamentales : secteur public et secteur privé, banque centrale et trésor public, monnaie et crédit, banques et non-banques.

1. Le terme *shock and awe*, littéralement « choc et stupéfaction », est le nom de la stratégie de l'armée américaine lors de l'invasion de l'Irak.

1 Les banques centrales face aux marchés du crédit : les politiques non-conventionnelles

La crise a constitué un défi permanent aux banques centrales. Les hommes aux commandes de la Fed, de la BCE et de la Banque d'Angleterre sont des hommes expérimentés, disposant d'un cadre conceptuel éprouvé, connaissant parfaitement l'histoire et les enseignements des crises du passé – de 1930 à la crise japonaise des années quatre-vingt-dix. En restant focalisés sur leurs objectifs – contrer la menace de *credit crunch*, stabiliser les banques et les marchés, relancer l'offre de prêt – ils ont su trouver, sous la pression des évènements, les moyens nouveaux, « non conventionnels », pour rendre leur action efficace tout en se tenant scrupuleusement dans l'esprit de neutralité et d'indépendance des autorités gardiennes de la monnaie.

Nulle banque ne communique plus volontiers ses intentions que la Federal Reserve. Ce chapitre s'appuie notamment sur le discours prononcé par Ben Bernanke à la London School of Economics en janvier 2009 : *The Crisis and the Policy Response*, dans lequel il expose sa vision des nouveaux outils de politique économique déployés par la Fed.

1.1 L'élargissement de la fenêtre de prêteur en dernier ressort

Dans un schéma traditionnel de distribution du crédit par les banques, la banque centrale immunise le système contre le risque de liquidité en agissant comme prêteur en dernier ressort (*lender of last resort*, LOLR). La banque centrale protège contre une possible défaillance toute banque, fondamentalement viable, mais ne pouvant momentanément emprunter et honorer ses paiements. Ce refinancement en dernier ressort, à taux dissuasif et contre collatéral, est désigné, aux États-Unis, par le terme de *discount window* un guichet réservé aux banques de dépôts, mais interdit aux banques de marchés (*broker-dealers*).

Au début de la crise, lorsque s'instaure le gel sur la liquidité et les marchés du refinancement des institutions financières (interbancaire, *repo* et *commercial paper*), la Fed utilise la *discount window*. Pendant un temps, l'instrument LOLR joue pleinement son rôle : il aide les banques commerciales à supporter la pression sur leur refinancement, évite une spirale déstabilisante initiée par les ventes paniques (*fire sales*) d'obligations structurées – seul moyen d'obtenir du cash.

Pour promouvoir le crédit aux agents non financiers, la Fed agit en parallèle sur les conditions du crédit. D'une manière traditionnelle : action sur le taux directeur, donc le segment court terme de la courbe des taux, dans une logique de transmission aux taux long terme, mais néanmoins très ferme, très directive et « directionnelle », la Fed « coupe » à plusieurs reprises le taux des *Federal Funds* qui passe de 5,25 % à 2 % entre août 2007 et avril 2008.

Mais les parades classiques ne parviennent pas à créer le contre-choc salutaire. Jugé particulièrement stigmatisant, le recours à la *discount window* n'est employé qu'*a minima* par les banques. De plus, ce refinancement LOLR ne résout pas la question de la valeur de marché du collatéral sur des marchés toujours asséchés. La réduction des taux, de son côté, est annulée par l'élargissement des *spreads* de crédit et les restrictions que les banques placent sur leur offre de crédit, tandis que la transmission aux maturités long terme de la courbe reste incertaine.

D'autres problèmes surgissent : comment alimenter en dollars les banques étrangères, soumises aux mêmes tensions dans un marché global ? Comment assister les *broker-dealers*, qui jouent un rôle clé et subissent une pression considérable sans accès à la *discount window* ? Et les fonds d'investissement, *Money Market Mutual Funds* (sicav monétaires) et autres acteurs du *shadow banking*, composante majeure du crédit à l'économie ?

La Federal Reserve décide donc d'élargir l'éventail de ses interventions. La *Term Auction Facility* (TAF), ou facilité de refinancement collatéralisé à trois mois par enchères, est introduite en décembre 2007. En décembre sont aussi passés, avec la BCE et la banque centrale suisse, les premiers accords de *swaps* de change permettant de faire distribuer la monnaie américaine par d'autres banques centrales[1]. De tels *swaps* seront établis avec plusieurs banques centrales des pays développés et émergents. La TAF permet de supprimer la stigmatisation de la *discount window* et d'orienter la liquidité vers les institutions les plus en déficit. Elle fait aussi ressortir un prix de marché pour le collatéral. Elle reste pourtant limitée aux banques commerciales. Pour les *broker-dealers*, la Fed lance en mars 2008 la *Primary Dealer Credit Facility* (PDCF) et la *Term Securities Lending Facility* (TSLF) qui ouvrent l'accès au prêteur en dernier ressort, y compris avec des titres faiblement liquides en collatéral (TSLF).

En octobre 2008, avec la faillite de Lehman et la dégradation rapide et généralisée qui s'ensuit, la Fed ouvre finalement la *discount window aux Money Market Mutual Funds* et aux investisseurs en actifs de crédit du *shadow banking*, via la *Commercial Paper Funding Facility* (CPFF) et la *Money Market Investor Funding Facility* (MMIFF). Une mesure indispensable face à la menace de *run* que subissent alors les *mutual funds* : un fonds court terme américain de premier plan, le Primary Fund, géré par l'*asset manager* The Reserve, n'avait pu retourner à ses investisseurs leur mise initiale. Ce que les Américains appellent *breaking the buck* (« casser le dollar », autrement dit : ne pas retourner le dollar reçu initialement) était considéré comme une impossibilité pour des fonds de marché monétaire. Un dangereux mouvement de retrait des investisseurs dans ces fonds et par suite de liquidations des positions en *commercial paper* s'était amorcé.

Fin octobre 2008, avec un taux *Fed Funds* réduit à 1 %, la Reserve fédérale s'engage plus résolument dans la voie des actions non conventionnelles, souvent menées en coordination avec le Trésor.

1. Dans le *swap* de change, une banque centrale échange au départ du *swap* sa monnaie nationale contre des dollars. Elle paiera ensuite un intérêt à la Fed sur le montant en dollars et recevra un intérêt sur la « jambe » libellée dans sa monnaie nationale. À l'échéance du *swap* (deux a trois ans), l'échange initial est inversé, pour des montants identiques : la banque centrale repaie les dollars et reçoit de la Fed sa monnaie.

1.2 Vers un rôle de *market maker of last resort*

Le taux des *Federal Funds* tombera à 0,25 % à la mi-décembre 2008. Un an après, fin 2009, il y semble encore durablement ancré : aussi longtemps que le justifie la conjoncture économique selon les termes de la Fed. À ce moment, la limite absolue pour le taux court est atteinte. La Reserve fédérale vient d'entrer dans une phase de politique de taux d'intérêt zéro ou ZIRP (*zero interest rate policy*).

Des économistes ont théorisé le canal du crédit de la politique monétaire : la baisse du taux court se transmet progressivement aux taux longs, aux taux bancaires, et exerce donc, avec toutefois un décalage, un effet sur l'offre de crédit. Mais, en 2008, la réalité s'est sensiblement éloignée du modèle : le volume des crédits titrisés à l'actif des acteurs du *shadow banking* – *broker dealers*, fonds, SPV, etc. – dépend directement du taux de financement court (collatéralisé) au passif. Autrement dit, le taux *Fed Funds* influence maintenant directement et instantanément l'offre de crédit par les non-banques[1]. La politique radicale de taux d'intérêt zéro devrait donc avoir sur l'économie un effet très fort et immédiat.

Cependant, ni ce canal de transmission direct, ni la politique monétaire ZIRP, ni l'accès, très large désormais, au refinancement court du LOLR, ne suffisent. Aux États-Unis, comme dans la zone Euro ou au Royaume-Uni, les banques, plutôt que de prêter, replacent l'essentiel des nouvelles liquidités auprès de la banque centrale : une réalité d'autant plus préoccupante qu'elle évoque la crise japonaise des années 1990-2000 que connaissent bien les experts américains. Dans leur difficile combat pour remettre le système bancaire à flot, enrayer la déflation et relancer le crédit, les autorités nippones avaient longtemps mené, sans succès, une politique de ZIRP, avec apport massif aux banques de monnaie banque centrale... immédiatement replacé en dépôts banque centrale plutôt que convertie en prêts. L'économiste Paul Krugman y avait vu un cas de trappe à liquidités à la Keynes[2].

Les actions sur la liquidité bancaire restent sans effet. Car dans le modèle actuel, le cœur du financement de l'économie réside dans l'interaction complexe entre banques et marchés. Tant que les bilans des banques restent engorgés par des obligations structurées illiquides et sans prix de marché, tant que les marchés du crédit ne repartent pas, les banques et les non-banques ne prêtent pas et n'investissent pas dans des prêts titrisés. Tous doivent rester sous perfusion via les facilités banques centrales pour résister à d'éventuels *runs*.

Comme prêteur en dernier ressort, la banque centrale est donc à côté du sujet. C'est plus largement comme apporteur de liquidité en dernier ressort qu'elle devrait intervenir : être teneur de marché si nécessaire, pour réanimer des marchés temporairement asséchés ou bloqués. En novembre 2008, Ben Bernanke explique qu'il ne faut pas voir le taux d'intérêt zéro comme une barrière infranchissable. La banque

1. Voir le Staff Report de Adrian et Shin (2009) de la Fed Reserve Bank of New York.

2. Krugman, 1998 : « It's Baaack : Japan's Slump and the Return of the Liquidity Trap », Brookings Papers.

centrale dispose d'autres moyens. la *Fed* utilisera l'actif de son bilan pour soutenir les marchés du crédit et apporter la liquidité directement là ou elle manque. Les économistes Willem Buitter et Anne Sibert[1] avaient proposé, dès le 13 août 2007, cette formulation nouvelle du rôle de banquier central. Les marchés financiers sont un bien public. En cas de défaillance, de market failure, la banque centrale pourrait intervenir, comme *market maker of last resort.*

Dans son discours de novembre 2008, Ben Bernanke dresse la liste des actions nouvelles, non-conventionnelles, qu'il compte entreprendre. Il qualifie son action de *credit easing* par opposition au *quantitative easing* : non une injection de monnaie mais un soutien direct des canaux du crédit aux entreprises et aux ménages, en s'appuyant sur l'actif de la *Fed.* La liste comprend deux types d'actions : 1) des prêts à tout emprunteur se portant acheteur de titres nouvellement émis sur les marchés du crédit, via la facilité TALF (*Term Asset Backed Securities Loan Facility*) ; 2) des achats directs de titres par la Reserve fédérale : soit des MBS garantis ou des titres de dette émis par Fannie Mae, Freddie Mac, etc. ; soit des bons du Trésor mais en liaison avec l'amélioration des marchés du crédit.

Malgré tout, ce sont les banques d'investissement qui sur les marchés du crédit sont normalement *market maker.* Une activité qui requiert une solide expérience : afficher sur les écrans des prix acheteur et vendeur auxquels on doit être prêt à traiter à tout moment, établir correctement le prix de marché, détenir un stock de titres, faire au besoin du *short selling*, etc. Nous sommes loin du rigoureux mandat de banque centrale et des domaines d'expertise de son staff. Tout le talent des banquiers centraux a consisté à agir comme *market maker* tout en restant dans les strictes limites de leur mandat et en développant les indispensables partenariats avec le secteur privé et le Trésor.

À partir d'un SPV doté en capital par le Trésor, financé par la Fed, le TALF refinance jusqu'à cinq ans, à taux privilégié, tout acteur privé disposé à relancer les marchés *asset-backed securities* en se portant acquéreur de titres ABS notés AAA et nouvellement émis. Annoncé en novembre 2008 avec un programme de 200 milliards de financements prévus sur un an via des enchères mensuelles, le TALF est lancé en mars 2009 et laisse au secteur privé le soin de fixer le prix, celui de la transaction initiale. Le prêt de la Federal Reserve est collatéralisé (la Fed de New York établit le *haircut*). La Fed prend un risque de crédit inhabituel (ses contreparties incluent potentiellement tous les acteurs du *shadow banking* y compris des *hedge funds*), mais le Trésor apporte du capital en supportant les premières pertes jusqu'à 20 milliards de dollars. Le TALF est donc un instrument de réglage fin de la liquidité de marché, en partenariat avec le Trésor et avec le secteur privé, un outil d'incitation aux market makers, apportant la liquidité dans les segments de marché ou elle est nécessaire.

Parallèlement, la Federal Reserve s'engage en octobre à acheter des obligations des GSE (*government sponsored enterprise*) pour 500 milliards de dollars, puis

1. Voir l'article de Buitter et Sibert du 13 aout 2007 dans vox.eu.

augmente le montant à 1 250 milliard en mars 2009 tout en visant 300 milliards de dollars d'achats d'obligations du Trésor américain.

En Europe, la BCE annonce de son côté, en mai 2009, un programme de 60 milliards d'euros d'achat de *covered bonds*, restant prudemment à l'écart du sujet tabou d'achat d'obligations d'État par la banque centrale.

2 Les gouvernements en gestion de crise : rétablir les banques, redresser le système

Dans un système financier centré sur le marché, mais dans lequel se noue en fait un partenariat complexe et multiforme entre banque et marché, le premier interlocuteur du gouvernement en cas de crise demeure la banque. Même s'il rassemble une multitude d'acteurs, personne au final ne représente le marché. Les banques (au sens large : les *broker-dealers*, les Fannie Mae sont ici des banques) restent, du point de vue de la responsabilité, au cœur du système. Elles en sont le moteur et l'âme, au sens de ce qui donne vie. Mais au cours des deux années passées les autorités publiques et les gouvernements ont dû apprendre, tout comme les banques, à « traiter » avec le marché financier. Nous avons vu l'exemple des actions non conventionnelles des banques centrales, du TALF ; nous allons maintenant nous pencher sur l'exemple du *Public Private Investment Program*. (PPIP). Au premier stade de leur intervention, les gouvernements s'occupent exclusivement des banques, des bilans congestionnés par les obligations structurées « toxiques ». Puis leur champ d'action s'adapte et s'agrandit pour coordonner « plus large » : partenariats avec la banque centrale (TALF), le régulateur et le secteur privé (PPIP) pour redémarrer les marchés et faire renaitre la liquidité, coordination internationale pour un *monitoring* « macroprudentiel » du système banque-marché au plan global, avec potentiellement de nouveaux acteurs comme les agences de *rating*.

Dans ce paragraphe nous nous appuyons à nouveau sur BCJP 2009 et sur les articles publiés par l'OCDE, la Réserve fédérale et la BRI.

2.1 Relever les banques...

Au choc d'août 2007 avait succédé une longue période de « coma » affectant les banques, leurs marchés de refinancement à court terme (interbancaire, *repo* et certificat de dépôt), et les marchés du crédit. Les banques se maintenaient grâce à l'oxygène du traitement exceptionnel de prêteur en dernier ressort des banques centrales. Mais en septembre 2008, elles sont de plus en plus gravement fragilisées, en termes de solvabilité, par des actifs « toxiques » qui ne quittent pas les bilans faute de liquidité : elles sont immobilisées, exposées à la baisse en *mark-to-market* et les pertes s'accumulent (*cf.* figure 1.10). Le marché commence à douter de leur capacité à contenir les pertes et le risque de leurs positions. L'émission de dette long-terme ou de capital devient très problématique. La valeur de marche fond comme neige au soleil (*cf.* figure 1.11). Des amorces de *runs* se produisent sur les actions de banques telles que Goldman Sachs ou Morgan Stanley. À partir de septembre-octobre 2008 les gouvernements, qui ont pris conscience de l'extrême vulnérabilité des banques, entrent en jeu : le programme TARP est présenté au Congrès en septembre et voté en octobre. Il vise initialement à racheter les actifs « toxiques » mais permet aussi de recapitaliser les institutions financières. Le 20 octobre, les gouvernements de l'Union européenne s'engagent à secourir les banques et sur des principes communs : sauvegarder leur viabilité, restaurer leur capacité de prêt, promouvoir un retour a des conditions normales de marché, limiter l'impact sur les finances publiques et les distorsions de concurrence. Chaque pays européen déclinera ses propres mesures suivant ces principes.

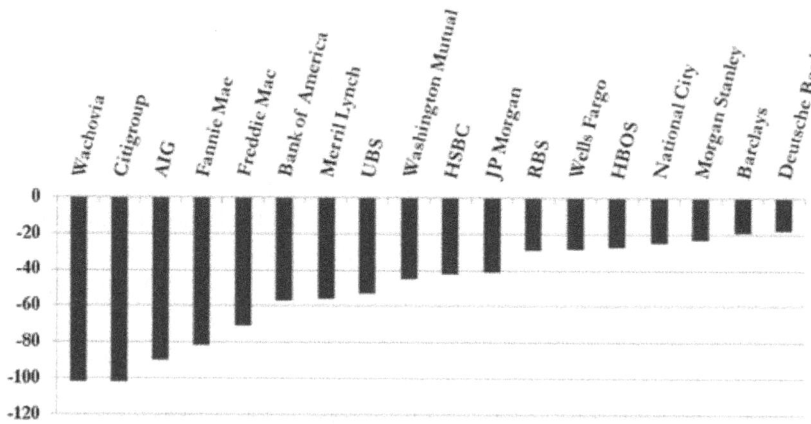

Figure 1.10 — Pertes cumulées sur 2007-2009 des grandes institutions financières (au 8 mais 2009, en milliards de dollars)

Face à la profonde dégradation de la solvabilité du secteur bancaire dans son ensemble, à la situation de quasi-ruine de plusieurs grandes banques – avec impact systémique – gravement touchées par les pertes sur leurs actifs, et qui ne peuvent plus se soutenir par leurs seules forces, les crises du passé, celles des années 1980-1990 notamment – banques japonaises, caisses d'épargne américaines, banques nordiques –, ont permis de dégager trois axes essentiels d'intervention par le gouvernement : 1) fournir des garanties de passif, qui mettent fin aux *runs* et redonnent accès aux marchés des capitaux à long terme ; 2) mettre à l'écart et sortir du bilan ou cantonner les actifs « toxiques » ; 3) recapitaliser les banques les plus affectées[1]. La séquence des interventions importe : dans l'idéal il faut avoir « nettoyé » le bilan des banques et sorti les actifs douteux avant de recapitaliser. Dans le cas contraire la confiance du marché dans la banque tarde à se rétablir.

1. Voir Blundell, Wignall *et al.*, OCDE, 2008, et Wehringer, OCDE, 2009.

Ces principes d'action se sont traduits dans les faits par six catégories de mesures : 1) élargissement des mécanismes d'assurance dépôt ; 2) garanties d'État sur dette obligataire bancaire ; 3) assurances données sur la valeur des actifs ; 4) achats d'actifs ; 5) injections de capital ; 6) nationalisations[1].

Une étude de la BRI[2] estime les garanties de dette et les achats et garanties d'actif, entre septembre 2008 et juin 2009, en pourcentage du PNB : 5,2 % aux États-Unis, 3,9 % en France, 5,2 % en Allemagne et 40,6 % au Royaume-Uni. En mai 2009, 900 obligations garanties auront été émises par 140 banques pour une valeur faciale de 700 milliards d'euros. Dans la plupart des pays le montant de l'assurance couvrant les dépôts bancaires est augmenté ou devient illimité (comme en Allemagne ou en Chine). Les dotations en capital des états, en pourcentage du PNB, auront représenté 2,1 % aux États-Unis, 1,4 % en France, 0,9 % en Allemagne et 3,4 % au Royaume-Uni. En montant absolu le programme TARP américain s'établit initialement à 700 milliards de dollars.

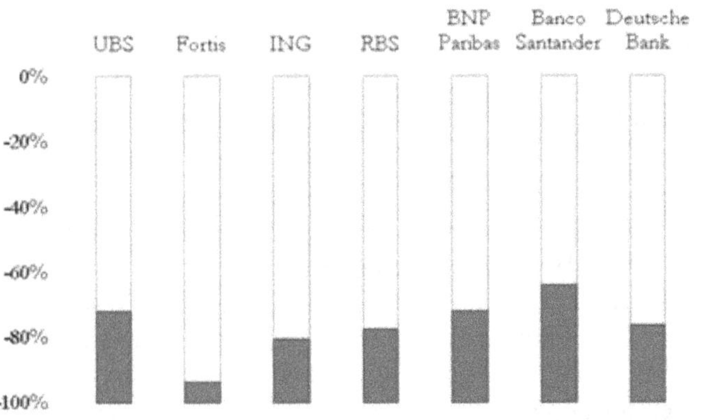

Source : Blundell, Wignall *et al.*, OCDE.

Figure 1.11 — Disparition de la valeur boursière des banques. Baisse de valeur boursière cumulée fin 2007-fin 2008

À la mi-2009 les pertes enregistrées par les banques représentent, en dollars, plus de 700 milliards aux États-Unis (y compris 150 milliards pour Fannie Mae et Freddie Mac) et près de 400 milliards en Europe[3]. Sur 2007-2008, les banques du G10 auront perdu 1,971 trillion en valeur boursière[4].

1. Voir BCJF, 2009.
2. *Source* : Panetta *et alii*, BRI, juillet 2009.
3. *Source* : Wehringer, OCDE, juin 2009.
4. *Source* : Wehringer, OCDE, juin 2009.

2.2 ... et redémarrer les marchés...

Le TARP aux États-Unis et, en Europe, les programmes de recapitalisation et de garanties de dette bancaire peinent à désengorger les bilans. C'est une menace grave pour ces programmes. Les banques doivent impérativement être nettoyées maintenant qu'elles sont recapitalisées, sinon des estimations plus lourdes de pertes pourraient apparaître par la suite, réclamant une nouvelle recapitalisation sans pour autant qu'il y ait rétablissement de la confiance. Ces programmes buttent sur le problème de l'absence de valorisation des créances. Elle-même due à l'illiquidité des marchés du crédit. En novembre 2008, le Trésor américain annonce le lancement du programme TALF (voir plus haut). En février-mars 2009, Tim Geithner, secrétaire du Trésor de la nouvelle administration Obama, maintient le TARP et le renforce avec le *Financial Stability Plan*, le *Capital Assistance Program* et le *Public Private Investment Program* (PPIP). En même temps le TALF est lancé en mars. L'aide au secteur financier devient plus large (1 milliard de dollars) et aussi plus complète.

Le PPIP met en place une action conjointe avec la Federal Reserve, l'agence d'assurance de dépôts FDIC (Federal Deposit Insurance Corporation) et des gérants d'actifs du secteur privé pour racheter dans les conditions du marché, à partir de structures SPV capitalisées à égalité par le Trésor et les investisseurs privés, les prêts et les titres toxiques : *Legacy Loan Purchase Program* (*LLPP*), *Legacy Security Purchase Program* (*LSPP*). Le PPIP amplifie donc l'impact des capitaux publics par effet de levier en attirant des capitaux et en s'appuyant sur les compétences du privé. Les SPV du LLPP contiennent des prêts, proposés par la banque au FDIC, évalués par une tierce partie privée et le FDIC, sont capitalisés (50 % Trésor et 50 % privé) à hauteur de 1 pour 6, peuvent émettre une dette garantie par le FDIC, et sont mis aux enchères. Dans le LSPP un certain nombre d'*asset managers*, sélectionnés au départ, peuvent lever des fonds, doter des fonds en capital, conjointement avec le Trésor, et recevoir un prêt du TALF. Ces structures investissent dans des actifs cibles (MBS et autres structures de crédit), sous la surveillance du Trésor, dans un style *hold to maturity*.

Dans le système financier américain, bien plus centré sur le marché que le système européen, les marchés du crédit, le *shadow banking*, les banques de marché (*broker dealers*) jouent le rôle clé. Les mesures de redressement américaines ne rejettent pas leur modèle. Les programmes TALF ou PPIP montrent au contraire comment le gouvernement US apprend à mieux utiliser le marché, ses pratiques, ses outils, pour réparer le système.

2.3 ... aux meilleures conditions coût-efficacité

Toutes ces actions sont gouvernées par des principes d'efficacité coût-bénéfice ou des principes de politique économique : ainsi la nationalisation reste un tabou aux États-Unis. Les garanties d'État données aux obligations bancaires sont facturées sur la base des prix moyens des CDS. Les actifs « toxiques » sont rachetés avec une décote. Les injections de capital doivent bénéficier aux contribuables. Il s'établit un *trade-off* général entre efficacité et équité : par des plans de secours larges, des conditions favorables aux banques, on restaure plus vite le fonctionnement du secteur financier ; mais les conditions ne doivent pas être trop favorables aux banques car le coût de la crise devrait être porté par leurs actionnaires plutôt que par les contribuables. Au total cependant, le balancier tend à pencher vers la reprise de la croissance à court terme.

En décembre 2009, Tim Geithner présente au Congrès le bilan des actions du Trésor. L'accent est placé sur le programme TARP, pour lequel le Congrès, par le *Emergency Economic Stabilization Act* de 2008 avait accordé la dotation budgétaire d'ensemble de 700 milliards. Il s'agissait donc d'un bilan d'ensemble. Un bilan positif puisque la situation s'est nettement rétablie par rapport à décembre 2008 : les banques et les entreprises ont retrouvé un accès normal au financement, le ralentissement du crédit bancaire s'est modéré, les prêts hypothécaires résidentiels ont repris, l'économie américaine a recommencé à croître au troisième trimestre 2009. Les taux des prêts interbancaires, les primes des CDS bancaires sont revenus à des niveaux plus proches de la stabilité. L'accès des banques aux marchés de capitaux s'est rétabli, aidé par les garanties d'État sur les obligations, mais aussi et désormais sans cet appui. Les entreprises de leur côté ont pu lever 1 milliard de dollars en obligations. Un succès encore très incomplet cependant, que montre le maintien d'un taux de chômage très élevé, un crédit bancaire toujours en baisse avec des conditions d'emprunt tirées, et des banques de taille moyenne handicapées par leurs pertes. Deux points négatifs pour le financement de l'économie et l'accès au crédit : 1) la liquidité sur les marchés du crédit, de la titrisation, est encore loin d'être parfaitement rétablie, notamment sur les MBS ; 2) les ménages, les petites et moyennes entreprises, très dépendants du crédit, subissent une importante pression.

Au point de vue du bilan coût-efficacité, Geithner peut en tout cas annoncer au Congrès que les 700 milliards de dollars budgétés initialement pour le TARP et l'ensemble des programmes devraient se limiter en fin de compte à une dépense de 141 milliards. De plus un gain net de 19 milliards est attendu sur les capitaux investis dans les banques.

3 Sortie de crise, fin des politiques d'aide : *exit strategies* et nouvelle coordination mondiale

3.1 Le succès des programmes anticrises, les *exit strategies* : le crédit peut-il repartir ?

Au début 2010 les politiques de soutien et de relance exceptionnelles, menées simultanément aux États-Unis, en Europe, au Japon, mais aussi en Chine et dans les autres grandes économies émergentes, ont atteint leur but. La croissance mondiale repart. Le système financier est pour l'essentiel remis sur pied : 1) les grandes institutions financières de taille « systémique » ont renoué avec les profits et retrouvé un accès normal aux marchés des capitaux ; 2) les marchés du crédit se remettent progressivement en route, même si les conditions de liquidité sur marchés MBS et *covered bonds* restent fragiles, et même si plusieurs classes d'actifs montrent des *spreads* en dehors de leur point d'équilibre. Les marchés actions se ressaisissent en même temps que l'indicateur d'aversion au risque global, l'index VIX, reflète un retour progressif à la sérénité sur les marchés (*cf.* figure 1.5). La croissance mondiale devrait s'avérer positive en 2010 (*cf.* figure 1.3).

La sortie de ces politiques anticrises sera graduelle, prudente et prévisible[1]. Des politiques monétaires très accommodantes devraient se maintenir sur une grande partie de 2010. Le calendrier de leur resserrement sera en principe communiqué aux marchés sans trop d'ambiguïtés. Les mesures d'accès très large a la fenêtre de préteur en dernier ressort sont programmées pour se terminer d'elles mêmes, sans heurt. Aux États-Unis les programmes TAF et TSLF (vus précédemment) ont été réduits de moitié, comme prévu, en novembre 2009. Les *swaps* de devises entre la Federal Reserve et les autres banques centrales arrivent à maturité en 2010. Les émissions d'obligations de banques garanties par l'État ont spontanément décliné : 12 milliards de dollars émis en septembre 2009 aux États-Unis contre un pic à 168 milliards de dollars en décembre 2008 ; 5 milliards d'euros en octobre contre une moyenne de 35 milliards d'euros par mois au premier trimestre 2009.

Les perspectives économiques pour 2010 restent pourtant contrastées (*cf.* figure 1.12). Croissance globale, optimisme pour la Chine et d'autres grands émergents, vulnérabilités et risques pour les économies avancées. Les expériences passées, les analyses du Fonds monétaire, celles d'autres économistes indiquent que l'offre de

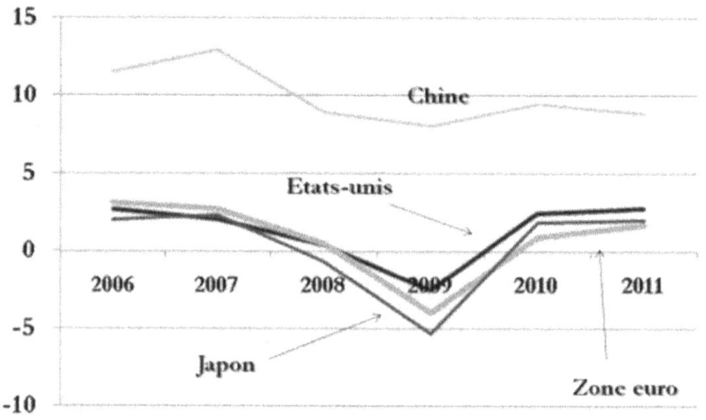

Source : OCDE et HSBC.

Figure 1.12 — Croissance PNB annuelle en volume (en %)

1. Voir le rapport du FSB au G20 du 7 novembre 2009 : *Exit from extraordinary financial support measures*. Les chiffres cites dans ce paragraphe sont issus de ce rapport sauf mention contraire.

crédit bancaire ne revient que lentement à la normale après une crise ayant touché les banques. De fait, le mouvement de recul du crédit ne fait que s'inverser actuellement. L'impact négatif sur la croissance économique devrait être plus fort en Europe, dont le système financier est plus centré sur la banque, qu'aux États-Unis. L'offre réduite de crédit devrait toucher davantage les ménages et les petites et moyennes entreprises. Le succès du recours à des politiques non conventionnelles, dans la lutte contre la crise, a montré que les échecs du passé ne se répétaient pas inéluctablement. Mais un défi majeur subsiste : rétablir rapidement et durablement l'accès au crédit.

3.2 Nouvelle donne et nouvelle gouvernance financière mondiale

Les *exit strategies* vont imposer aux gouvernements une navigation périlleuse. Fait majeur, aucun d'eux n'est vraiment libre d'agir isolément. L'une des plus rudes et des plus amères leçons de la crise est la démonstration faite de la force de l'intégration et des étroites interconnections de la finance mondiale. Il est vital pour tous les acteurs que les politiques de sortie de crise soient rigoureusement coordonnées. L'instance suprême de coordination mondiale pour la stabilité financière, née de la crise asiatique de 1997-1998, le Financial Stability Forum a manifestement montré son essoufflement et ses limites. En dépit de cet échec, son objet est devenu plus pertinent que jamais. Cette autorité renaît donc, le 26 juin 2009, plus forte qu'avant, sous le nom de Financial Stability Board (FSB). De même que les gouvernements et les banques centrales ont été contraints d'agir vite, sous la pression, de « coordonner large » dans la résolution de la crise, de même le FSB vise la représentation la plus complète : ministères des Finances et banques centrales des grands pôles économiques d'aujourd'hui, y compris la Chine, les grands émergents, les pays détenteurs de réserves ; institutions financières internationales (FMI, Banque mondiale) ; organes de supervision des banques (Comite de Bâle), des marchés financiers (IOSCO, International Organization of Securities Commissions), des assurances ; conseil de coordination des normes comptables (IASB, International Accounting Standards Board). Le premier président du FSB, Mario Draghi, est aussi emblématique : gouverneur de la Banque centrale d'Italie, expérience du ministère des Finances italien, de la recherche universitaire en économie aux États-Unis, et du marché avec Goldman Sachs.

Le FSB dispose d'un mandat élargi pour piloter le redémarrage du système et, dans l'avenir, sa stabilité. Il collaborera avec un Fonds monétaire international dont le rôle est considérablement élargi et renforce en vue du maintien de la stabilité financière globale. Signe des temps, le FSB est l'instrument opérationnel du G20. L'avènement du G20 et le déclin du G7 comme lieu des décisions de politique économique globales est aussi l'un des faits majeurs contemporains de la crise.

Nouvelle donne donc et nouveau paradigme pour la finance : mais dans quelle mesure la crise marquera t'elle véritablement le passage à une nouvelle ère ?

Section 3 PEUT-ON ENCORE ANALYSER LE RISQUE DE CREDIT COMME AVANT LA CRISE ? DECONSTRUCTION ET RECONSTRUCTION D'UN MODELE AMBITIEUX

La crise pourrait marquer en effet un tournant décisif : nouvelle vision de la finance, nouvelle supervision, nouvelles autorités mais aussi échec et négation du modèle ambitieux des années 1990-2000. Mais dans quelle mesure exactement ? Car il n'est sûrement pas question de rejeter en bloc l'existant – un modèle essentiellement centré sur les marchés financiers. Un modèle *high tech*, ambitieux, redoutablement dangereux mais porté vers le progrès. Le défi actuel post-crise consiste à sortir « par le haut » : sommes-nous capables d'élever le niveau de pilotage et de maîtrise du système au plan collectif ?

Dans cette section ; nous déconstruisons l'ambition déchue de la finance des années quatre-vingt-dix qui fut pourtant un temps de progrès décisifs. Des progrès accomplis dans les deux mondes : la sphère privée – la banque, le marché, la gestion des risques – et la sphère publique – la réglementation, la supervision. Nous analysons la reconstruction qui est en train de s'opérer dans la gestion des risques et dans la réglementation.

La réglementation n'a pas causé la crise mais elle a échoué à la maîtriser. La principale mission des autorités prudentielles porte en effet sur la prévention des crises systémiques. Empêcher les crises ne peut constituer un engagement réaliste, mais tout au moins les atténuer et par-dessus tout empêcher la contamination de l'économie en sont deux. Très clairement donc, la ruine du système financier et son impact dévastateur sur l'économie mondiale imposent une analyse lucide et urgente de l'échec de la supervision. Ironie du sort : après sept ans de travaux, Bâle II entre enfin en vigueur dans l'Union européenne en janvier 2008 (en avril 2010 aux États-Unis). Le Comité de Bâle voulait en 2001 une supervision à la mesure de la finance moderne : calcul économique et intégré de tous les risques (marché, crédit, mais aussi opérationnel, etc.) ; règles incitatives en termes de choix relatifs aux risques. Cette ambition se situait dans un contexte de progression rapide des outils de transparence et de normalisation au plan global : normes comptables IASB, institutionnalisation des *ratings*. Mais les trois piliers de Bâle II : 1) capital réglementaire, 2) supervision, 3) discipline de marché, réclament aujourd'hui une révision fondamentale. 1) Si le capital réglementaire restera la pierre d'angle les règles d'application devraient être profondément revues. 2) L'échec patent de la supervision devrait engendrer une réforme axée sur des règles plus simples et plus coercitives, sur l'indispensable renforcement de la coordination d'autorités prudentielles trop fragmentées. 3) La discipline de marché quant à elle a cruellement montré ses limites.

Pour le risk *management*, la gestion du risque par les banques, la crise constitue aussi un grave échec. Un échec d'autant plus cuisant que les progrès étaient réels et les ambitions élevées. Un échec au plan technique dont on peut donner deux exemples. D'abord, les systèmes *value at risk* (VAR) n'ont pas su intégrer des risques de dysfonctionnement majeur, des risques extrêmes ou catastrophiques, qui se sont effectivement manifestés dans l'assèchement de la liquidité et le dérèglement systémique de marché. Ensuite les modèles de *pricing*, les structures et les marchés des *asset-backed securities* qui s'appuyaient sur la diversification et qui avaient fait l'impasse sur la corrélation des défauts : pour ces paramètres, il n'existait ni marché ni modèle valable de détermination des valeurs, alors que leurs larges et soudaines variations paralysaient les banques. Un échec également au plan du gouvernement d'entreprise : quel a été le pouvoir réel des *risk managers* durant la phase de montée vers la crise ?

Il a sans doute manqué à la gestion du risque de crédit une dimension importante : la dimension holistique – macro-prudentielle –, qui réclame l'intégration des *phénomènes de marché* sans se limiter aux seuls *prix de marché*. La réglementation garde une approche trop microéconomique, et trop centrée sur la banque. Dans Bâle II, l'unique source de risque systémique est la défaillance d'une grande banque. Or, si en 2008 la faillite de Lehman précipite la crise, c'est bien la défaillance des marchés, de l'interaction banque-marché, qui est la cause première, à l'origine de la faillite de Lehman et de la détresse d'un grand nombre d'autres banques. Il faudrait aux régulateurs et aux *risk managers* une approche non pas mécaniste mais quasiment « biologique » : prendre du recul par rapport aux indications des modèles, les intégrer dans une vision d'ensemble, voir le système comme un organisme et accepter ses pathologies, ses « irrationalités », mieux connues aujourd'hui grâce au *behavioural finance*[1]. Les projets de reconstruction du cadre de gestion des risques devraient remettre à l'honneur une logique *top-down* pour compléter logiquement l'approche *bottom-up* actuelle.

Nous revenons sur les ambitions du nouveau modèle de gestion du risque de crédit, promu et développé depuis les années quatre-vingt-dix (I) ; nous examinons ses importantes failles révélées par la crise (II) ; nous analysons ensuite les propositions d'ajustement et de renforcement du cadre Bâle II, (III) ainsi que les perspectives nouvelles actuellement en débat (IV).

Avant la crise, une impression trompeuse d'être entré dans une nouvelle ère, d'avoir mis le risque de crédit et ses marchés « sous contrôle » : déconstruction du cadre posé dans les années 1990-2000.

1 2008 : l'année d'entrée en vigueur de Bâle II

Au prix d'investissements souvent considérables, les banques ont mis en place des mécanismes de collecte de données, de mesure et d'agrégation des risques sans précédent. Ces mécanismes de gestion du risque étaient directement liés aux besoins

1. Nous utilisons ici les rapports Turner de mars 2009 et Larosiere (janvier 2009) qui ont traité la question du cadre réglementaire, ainsi que les rapports du nouveau Financial Stability Board, les projets de nouvelles réglementations des marchés dérivés aux États-Unis et dans l'Union européenne.

en fonds propres réglementaires et économiques des banques. Donnant une impression rassurante de maîtrise, ils projetaient une puissante image d'autocontrôle et d'autodiscipline du marché. La sophistication des modèles, qui pouvaient restituer les différentes composantes du risque – marché, crédit, opérationnel – imposait le respect aux autorités prudentielles. L'élaboration de Bâle II s'est beaucoup attardée sur la question de l'acceptation des modèles internes de banque pour estimer le capital réglementaire. Finalement, le régulateur avait préféré conserver la capacité d'exiger à tout moment et de manière discrétionnaire un renforcement des fonds propres réglementaires. Mais le régulateur avait choisi de parler le même langage que la banque, de voir le marché à travers ses prismes. Assez paradoxalement en définitive, puisque l'autorité publique ne venait plus imposer une limite issue de sa propre vision restée indépendante et différente de celle du secteur privé.

2 La nouvelle ère de la titrisation et des marchés du crédit : *mark-to-market*, couverture, redistribution optimale du risque

Parallèlement aux progrès en gestion du risque accomplis par les banques, les marchés s'ouvrent au risque de crédit : le marché des obligations *corporate* et, avant la phase de montée vers la crise, les marchés MBS, ABS et *covered bonds* croissent régulièrement. Les marchés de dette des gouvernements émergents se stabilisent. Tous ces marchés disposent d'une vaste liquidité et offrent une grande capacité à donner des prix de marché, des prix « objectifs » – *fair value* – à la majorité des actifs y compris les plus exotiques. On pouvait penser qu'après la crise de 1998-1999 et les actions de stabilisation prises, ces marchés avaient atteint le stade d'une certaine maturité et que la question de leur pérennité était désormais sans objet. Les marchés du crédit devenaient des marchés comme les autres, semblables au marché monétaire, au marché des obligations d'État. Un nouveau paradigme émergeait : les risques de crédit pouvaient dorénavant être évalués par référence au marché, suivis en dynamique et couverts sur des marchés dérivés (les *credit default swaps* et leurs indices dérivés), au besoin indirectement via l'utilisation d'un indice de référence.

La titrisation grandit en importance dans le financement de l'économie jusqu'à occuper une place centrale – supérieure, comme on l'a vu (*cf.* section 1 *supra*) à celle des banques aux États-Unis. Cet essor est rendu possible par un développement rapide des techniques : diversification et *pricing* du risque de défaut, techniques de « découpage » des portefeuilles par classes de risque etc. Il faut être conscient que se produit, durant les années quatre-vingt-dix, un phénomène de progrès technique tout à fait considérable, analogue à l'introduction des options et dérivés de « première génération » des années quatre-vingt. La souplesse de ces produits incite progressivement à une désintermédiation des banques et à une marchéisation plus fondamentale encore que dans les années quatre-vingt, car elle porte cette fois sur les actifs bancaires. Le modèle *originate et securitize* (*cf.* section 1) implique que le bilan de banque n'a plus d'utilité. Tout peut se traiter sur le marché. Les risques sont couverts et partagés de façon optimale. Toutes les classes d'actifs liés au crédit rentrent aisément dans la logique de structuration *originate* et *securitize* : prêts immobiliers, cartes de crédits, prêts *corporates*, émergents, etc. Le *shadow banking* s'émancipe de la banque. Le puissant modèle de finance structurée repoussait plus loin les frontières, juste avant la crise, pour absorber des risques tels que les catastrophes naturelles ou la longévité.

3 Rétrospectivement, une sévère myopie

3.1 Myopie vis-à-vis des phénomènes globaux : liquidité et risque systémique

La saga de la marchéisation, commencée en fanfare dès les années quatre-vingt avec l'eau et l'électricité (Enron), et continuée avec la finance structurée et les marchés du crédit des années quatre-vingt-dix, s'est terminée en hécatombe. Pourquoi ? Regardons plus en détail les fondamentaux.

D'abord l'importance de la liquidité. Le fonctionnement normal d'un marché liquide est indispensable au développement des dérivés, dont le prix est égal au coût d'une stratégie dynamique de couverture ou de réplication du dérivé : le *delta hedge*. Le *delta hedge* réclame la liquidité, la possibilité d'acheter et vendre l'actif sous-jacent à tout instant. Mais les dérivés de crédit sont différents : la couverture *delta* permet de gérer les variations de *spread* mais non le défaut d'une contrepartie. Par gros temps, lorsque plusieurs actifs passent de la notation AA à B- ou C ou même D (défaut) en quelques jours, il faut des ajustements brusques de la couverture, comme par exemple trouver, pour de gros montants, des vendeurs de protection en *credit default swap* pour une signature dont plus personne ne veut. Pour ces ajustements brusques, il n'y a plus forcément de liquidité en situation de stress sur le marché. Ce n'est pas du tout la même chose que de gérer en *delta* un mouvement de taux – même brutal – sur le marché hyper-liquide des bons du Trésor US. La liquidité commande tout : au plus fort de la crise on a vu beaucoup d'acteurs se résoudre à couvrir des instruments de crédit avec des actions restées liquides.

Ni les modèles internes de *risk management* des banques, ni Bâle II n'ont vu la dimension du risque lie à la liquidité de marché : trop limités, trop figés sur le risque de base, microéconomique, de refinancement de la banque. L'évaporation de la liquidité sur les marchés du crédit a créé une sorte de schizophrénie au sein des banques : la comptabilité enregistre des pertes et des à-coups de valorisation en *mark-to-market* très considérables pour les actifs, alors qu'elle leur cherche avec peine un prix représentatif sur les marchés ; les départements des risques conservent l'impression de garder les risques sous contrôle via les agrégations internes des risques.

Ensuite l'importance de la globalité. La schizophrénie tient peut-être aussi à la logique qui a guidé le modèle de gestion du risque des années quatre-vingt-dix : une logique de simple assemblage des constituants, une logique *bottom-up*. Or la crise a montré le caractère réducteur de cette approche. Le tout est plus que la somme des parties. On ne connaît pas véritablement son risque en agrégeant les variations quotidiennes d'une myriade d'indicateurs et sans avoir conduit au préalable une approche globale, *top-down*[1]. Nous avons vu au cours des sections précédentes la force des phénomènes d'interaction globale entre les constituants du système. Un tel système ne peut se gérer que de manière holistique, macro. On peut ajouter que les phénomènes irrationnels de panique, *run*, fuite vers le cash, etc. devraient pousser vers des modèles inspirés de la sociologie ou de la biologie : la finance comme organisme vivant qui peut être parfois soumis à certaines pathologies.

3.2 Myopie dans les détails : les défauts des outils de diversification

Diversification, limites a la concentration, sont la clé de la maîtrise du risque de crédit. L'exacte mesure de la corrélation est par conséquent vitale. Une des plus sévères leçons de la crise c'est que la corrélation n'est pas stable à travers le cycle. On ne peut extrapoler brutalement comme constante de moyen-long terme sur la base d'estimations statistiques de courte période. Plus fondamentalement, des corrélations estimées entre actifs ne sont pas le meilleur instrument de mesure des dépendances. Des classes d'actifs supposés non corrélés, indépendants, disons l'immobilier allemand (*covered bond* européen, *pfandbriefe*) et les *credit card* ABS américains, ont suivi rigoureusement le même parcours en 2007-2008.

Au total les dangers des techniques de diversification ont donc été gravement sous-estimés par les banques, les investisseurs de marchés et... les régulateurs. Myopie donc dans les détails. La diversification, la corrélation ne doivent pas être prises comme des références constantes et absolues. Leur volatilité doit au contraire être pleinement intégrée au système. Car l'effondrement brutal et simultané des prix sur les marchés du crédit réfléchit des variations, brutales elles aussi, de la corrélation.

Les paramètres dictant le *pricing* des modèles : taux de défaut, taux de recouvrement, et surtout la corrélation des défauts, n'ont été que partiellement dégagés des prix des dérivés et des structurés de crédit et traités en tant que tels, avec des volatilités et des corrélations implicites reflétant les prix de marché. Dans son intervention de 2007, Darrell Duffie exprimait vivement son souhait, pour la pérennité des marchés du crédit, de voir se développer un marché de la corrélation, avec des corrélations implicites, véritables prix de marché et instruments de gestion dynamique de la diversification. Nous partageons ce point de vue. Être « complet » n'est pas un luxe pour ces marchés mais une nécessité. Il n'est pas certain que les marchés du crédit puissent véritablement redémarrer sans les indispensables marchés de volatilités et corrélations implicites et sans un consensus sur les méthodes d'évaluation et de comptabilité.

---

1. Un point majeur, repris ailleurs dans ce livre. Exprimé en termes identiques par l'analyste *risk management* de Morgan Stanley, Henry Mc Vey : « Managing Risk : back to basics », 21 décembre 2009.

3.3 Myopie vis-à-vis des échappatoires : les trous du dispositif prudentiel

Alors même que Bâle II allait entrer en vigueur, les banques avaient pris l'habitude de créer des véhicules externes d'investissement et de cantonnement des risques (SIV : *structured investment vehicle*, SPV : *special purpose vehicle*) qui leur permettaient de commodément gérer certaines activités en dehors du périmètre de consolidation et dans un cadre réglementaire très allégé. Les profits de ces opérations dans le secteur faiblement régulé du *shadow banking* (qui inclut les *hedge funds*) étaient substantiels. Évidemment, beaucoup de ces maillons faibles qu'étaient les SPV ont « lâché » dans la crise, laissant beaucoup d'acteurs très exposés, obligeant les banques à réintermedier *de facto* plusieurs de ces véhicules sinistrés (*cf.* section 1).

4 Reconstruction : rectifier Bâle II, élargir le périmètre de supervision, préserver les acquis

4.1 Rectifier, recalibrer Bâle II : *risk capital* et procyclicalite, levier et liquidité

Le FSB (Financial Stability Board) au G20 va impulser et coordonner, au plan mondial, un programme d'amélioration de la réglementation financière. Dans son rapport au G20 du 25 septembre 2009, le FSB énonce ses objectifs[1]. Reconstruire un système financier « plus discipliné et moins procyclique ». Ne plus laisser le levier, le *leverage*, augmenter jusqu'aux niveaux globaux atteints durant la crise[2]. Un *leverage ratio*, harmonisé au plan international, s'ajoutera bientôt aux exigences Bâle II basées sur le risque de marché. « Ne plus autoriser des prises de risque profitant à des acteurs individuels mais supportées, au bout du compte, par les gouvernements et la collectivité »[3]. Autrement dit, tarifer la prise de risque. Via le capital. Dans les projets sur la réglementation bancaire, le capital réglementaire reste la pierre d'angle. Les exigences en capital réglementaire seront augmentées, à la fois « en quantité et en qualité », tout comme les normes sur la liquidité. Dans son plan d'action le FSB annonce une augmentation graduelle mais significative, en niveau et en qualité (surtout pour le Tier 1), des fonds propres prudentiels, et une harmonisation de la définition du capital entre autorités réglementaires.

Dressant la liste de ses premiers achèvements, le FSB souligne les substantielles augmentations de capital sur le *trading* de la banque pour compte propre. Si le *proprietary trading* peut représenter des profits importants, et même éventuellement subventionner d'autres activités dans un contexte fortement concurrentiel, les banques devraient essentiellement être des prestataires de services financiers. Est-il permis qu'une banque de taille systémique héberge une activité de *hedge fund* ?

1. Rapport du Financial Stability Board au G20 : « Improving Financial Regulation », 25 septembre 2009.
2. Le *leverage* global se réfère à la transformation massive court-long en liquidité utilisant largement les marchés *repo* et qui était au centre de la dynamique de crise (voir Section 1).
3. Rapport FSB du 25 septembre 2009.

Puisque, lorsqu'elle prend ses positions de *trading*, la banque n'intègre pas le coût économique « systémique » résultant d'une faillite ou d'un blocage des marchés. On ne peut revenir aujourd'hui à la séparation du Glass Steagall Act des années trente entre banque commerciale et banque de marché. Quoi qu'il en soit, la réglementation va désormais viser à fortement « ré-internaliser » le coût systémique du *prop trading* en le facturant sous la forme d'exigences en capital. Le rapport du FSB annonce un doublement des niveaux de fonds propres pour le *trading* compte propre en 2010.

Les règles actuelles (prudentielles et comptables) ne portent-elles pas en elles-mêmes les germes des forces d'amplification des déséquilibres ? Il s'agit ici de la procyclicalité dont les effets ont été manifestés par l'amplitude de la crise. Qu'est ce que la procyclicalité ? Comment fonctionne son mécanisme d'amplification des cycles ? Le capital réglementaire, lié au risque économique, et calculé d'après les prix de marché (on est en *mark-to-market*), diminue lorsque les marchés sont en hausse : les probabilités de défaut par exemple baissent avec les prix des CDS et l'augmentation des *ratings*. Ce capital réglementaire allégé réduit le coût du risque et contribue au cycle d'euphorie. En cas de retournement, la contrainte de capital réglementaire, à l'inverse, se resserre et accentue la fragilité. Un fort consensus s'est formé à propos de cette question de la procyclicalité : dans les cycles, les règles prudentielles et comptables ne devraient certainement pas accentuer le trait mais bien plutôt introduire des éléments contracycliques et stabilisateurs[1]. Il existe deux moyens simples : 1) utiliser des paramètres économiques estimés pour leur valeur moyenne *through the cycle* plutôt qu'à leur valeur instantanée ; 2) créer des constitutions de provisions contracycliques (avec réserve obligatoire pour pertes futures en période d'augmentation des profits). Le FSB a privilégié pour l'instant cette seconde solution.

4.2 Élargir et intégrer le périmètre de supervision

La crise a révélé plusieurs pratiques choquantes rétrospectivement, car menées à grande échelle et hors réglementation.

Le rapport du FSB mentionne en tête de liste de ses premiers achèvements les corrections des « échappatoires » de Bâle II concernant les SPV, les véhicules hors bilan (*cf. supra*) et l'ajustement des règles comptables. Concernant les autres acteurs du *shadow banking* : des principes de surveillance, proposés par le FSB en discussion au niveau national, s'appliqueraient aux *hedge funds* (dont il faut reconnaître qu'ils n'ont pas créé par eux-mêmes de menace systémique). De « bonnes pratiques » s'imposeront désormais aux *asset managers* dans la sélection de leurs investissements.

Il est aussi particulièrement choquant de constater *ex post* que certains acteurs systémiques essentiels de la crise opéraient en dehors du quadrillage prudentiel :

1. Il s'est créé un accord entre groupes d'experts (même position dans les rapports Larosiere et Turner en particulier) sur ce point.

voir AIG et ses activités sur dérivés de crédit. L'idéal serait pour les superviseurs de privilégier le contenu économique des activités menées par une entité et de pouvoir disposer de moyens d'investigation et de surveillance sans être limité par la nature juridique, par le rattachement à une autorité de contrôle particulière ou par les frontières nationales[1]. Le FSB rassemble tous les régulateurs, y compris ceux des assurances. Mais aucun projet de « supervision totale » n'est mentionné à ce stade. Le cas AIG relèverait plutôt du traitement réservé aux grandes institutions de taille systémique : leur cadre de supervision devrait être rendu public en 2010 ; des « collèges de supervision » dédiés aux institutions ont été mis en place[2].

Le cas des agences de *rating* enfin a fait l'objet d'une attention toute particulière y compris au niveau politique. Il semble y avoir convergence entre les propositions[3] : enregistrement et supervision des agences de *rating* dont les notations influencent le calcul d'indicateurs prudentiels, définition des produits de marché pouvant faire valablement l'objet d'un rating. En pratique donc, la notation pourra être proscrite sur certains produits de finance structurée lorsqu'elle transmet une information non comparable avec des notations classiques de papier d'émetteur Le FSB rapporte que des régimes de supervision ont été développés et sont en cours d'examen, au niveau législatif, au Japon, dans l'Union européenne et aux États-Unis.

5 Les grands thèmes de l'avenir du système financier. Quelles perspectives ?

5.1 Préserver les acquis des années 1990-2000

Nous considérons qu'il est essentiel de conserver la grande majorité des concepts et modèles issus de l'approche ambitieuse des vingt dernières années. Cette approche essentiellement analytique, *bottom-up*, a constitué une avancée majeure permettant aux banques de se comprendre elles-mêmes. Cette approche a donné une grille de lecture efficace, une compréhension détaillée et correcte des risques, du risque de crédit en particulier. En termes de stabilité, l'augmentation constante de la taille des banques est devenue autant un atout qu'un handicap mais, avec une grille de lecture des risques détaillée, les banques peuvent croître sans que l'opacité ne devienne dirimante. Enfin, cette approche a engendré des méthodes de détermination d'un juste prix pour des produits et des risques qui étaient complètement à l'écart des outils de la finance moderne de marché. Dans la rectification et l'affinement de ce modèle financier et de son cadre réglementaire Bâle II, tous les progrès accomplis restent valables et ne doivent pas être remis en cause par la crise. Mais nous sommes tout aussi fermement convaincus que l'approche *bottom-up* nécessite un indispensable rééquilibrage.

1. Ces idées sont présentes dans les rapports Larosiere, Turner, dans les échanges sur le site vox.eu.
2. *Cf.* « Guidance to assess the systemic importance of financial institutions », rapport FSB, octobre 2009.
3. *Cf.* Larosiere, Turner, *op. cit.*

5.2 Remettre à l'honneur une approche *top-down*, développer une vision macro prudentielle

Regardons d'abord les banques. Face à l'impressionnant mouvement de concentration du secteur bancaire, nous observons que les plus grandes banques continuent à se considérer comme des acteurs microéconomiques alors même que la crise et leur rôle dans la crise montrent qu'elles influencent maintenant le cours des événements à l'échelle macroéconomique.

Le renflouement sur fonds publics des banques va commencer à peser sur la signature et le *spread* des emprunts d'État, y compris ceux des États-Unis. Cette pression est l'une des possibles sources d'instabilité des prochaines années selon les analystes de marchés. Au début 2010, la Grèce subit une forte pression en raison du déficit de ses finances publiques. Au vu des tendances des CDS, l'Irlande serait le prochain maillon faible. Les grandes entreprises non financières *a contrario* sont actuellement perçues comme séparées des mécanismes de contagion (*cf.* figure 1.13), mais non les gouvernements. Que penser en effet de la taille d'économies comme la Belgique, la Suisse, voire le Royaume-Uni relativement aux géants financiers qu'elles abritent et de leur capacité à les secourir sur la durée (*cf.* figure 1.13) ? Sans parler évidemment de l'Islande ! Dans certains cas la formule *too big to fail* est trompeuse parce que certaines méga-banques ne peuvent être secourues dans les faits par leur gouvernement : *too big to save.* Concernant l'aléa moral, *moral hazard*[1], maintenant : fallait-il laisser Lehman faire faillite « pour l'exemple » ?

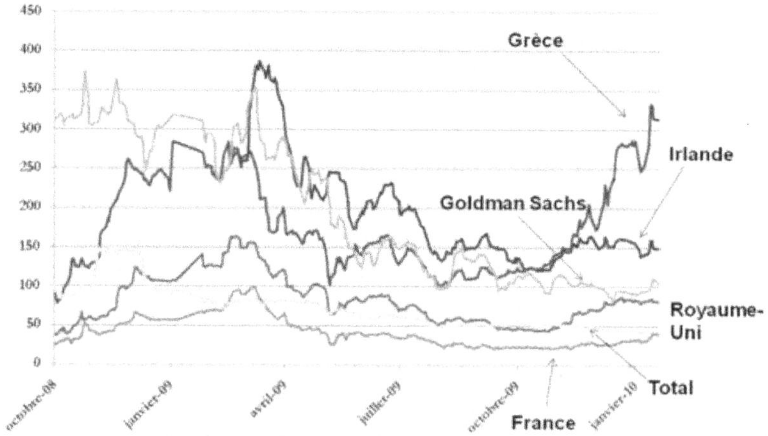

Source : Bloomberg.

Figure 1.13 — *Spreads* CDS gouvernements et secteur privé (CDS 5 ans, primes %)

1. Le *moral hazard* est la désincitation qui résulte d'une assurance gratuite ou d'une assurance dont le prix ne reflète pas la réalité du risque pris. Lorsque la prise de risque engendre des gains potentiels qui sont proportionnels au risque en moyenne, il devient parfaitement rationnel pour l'assuré de maximiser sa prise de risque.

On répond par la négative, au vu des conséquences en termes de stabilité, mais du point de vue des futurs déficits publics et du *moral hazard* créé, il est clair qu'il ne fallait pas sauver Lehman.

Au début 2010, on s'oriente vers une prise en charge rapprochée de la stabilité des géants financiers, les principales institutions internationales, interconnectées de façon complexe et cross border, décisives au plan systémique : c'est la signification claire des *Supervisory Colleges* dès à présent établis par le FSB pour une vingtaine de ces institutions. Mais le *moral hazard* devient total pour ces méga-banques, qui auront la certitude absolue d'être secourues. La prochaine étape consiste donc à développer de nouveaux régimes juridiques permettant de gérer la faillite d'une banque géante de manière ordonnée, sans déstabiliser le système, mais sans pour autant donner une assurance gratuite. Le FSB se réfère explicitement à la réduction du *moral hazard* sur ce thème. Plus généralement, ne devrait-il pas s'instaurer un régime de coresponsabilité entre secteur privé et acteurs publics au regard de la stabilité de ce bien public qu'est le système financier ? Comment inciter les méga-banques à prendre leur part de responsabilité macrofinanciere ?

Regardons maintenant les marchés. L'approche macroprudentielle[1] implique un rapport à tous les éléments du système, à tous les aspects de leur fonctionnement, et à toutes les relations qui s'établissent entre eux dès lors qu'il y a des implications sur la stabilité systémique. Cela suppose une forte capacité institutionnelle d'influence, de coordination : d'où l'intronisation du FSB. Cela suppose aussi une forte capacité technique, qui se situe aujourd'hui au FMI, à la BRI, dans les banques centrales. Mais il est clair que cette capacité n'a pas suffi. Le rapport Larosiere estime nécessaire de la renforcer. Le rapport propose une traduction de l'approche macroprudentielle en plans d'action : développer une carte globale des risques, un système d'indicateurs avancés (*early warning*).

Le législateur est impliqué dans l'approche macro prudentielle. Le défi consiste à intervenir dans le domaine complexe que sont les marchés.

Le rapport du FSB mentionne l'adoption de principes communs internationaux pour limiter l'usage abusif des ventes à découvert, le *short selling* qui a fortement contribué à la dynamique de déstabilisation (*cf.* section 1). La Commission européenne et le Trésor américain travaillent actuellement sur des projets de réforme des marchés dérivés de gré à gré. Les dérivés négociés en Bourse sont standardisés, et pour l'essentiel maîtrisés. Les dérivés de gré à gré, qui incluent les dérivés de crédit – CDS et CDO – offrent un terrain propice à la déstabilisation, celui des contrats bilatéraux échappant à nombre de contraintes. Mais ils sont aussi le principal terreau de l'innovation. Début 2010, les discussions sur ces réformes sont en cours. Une tentation, qui est aussi une erreur à notre sens, consisterait à vouloir *standardiser* brutalement tous les dérivés, interdire le gré à gré et limiter les dérivés à ceux qui peuvent se traiter sur des Bourses ou des plateformes électroniques. Il semble

1. L'approche macroprudentielle a été introduite par Claudio Borio dans une étude de la BRI.

que les projets s'éloignent de cette idée pour s'orienter vers une amélioration des processus de traitement des transactions. La proposition de création d'une contrepartie unique, ou d'une centrale de *clearing*, pourrait permettre de rationaliser et simplifier la gestion du risque de crédit, particulièrement en cas de défaillance d'une banque comme Lehman[1] sans une intervention lourde et contreproductive sur le fonctionnement des marchés dérivés. De même des centrales d'information sur tous les contrats dérivés de gré à gré offriraient toute l'information sur les flux de transaction aux superviseurs macroprudentiels.

Des deux côtés de l'Atlantique en tout cas une certitude parait acquise : améliorer, rendre transparent, mieux maîtriser, mais ne pas détruire un lieu d'innovation et de flexibilité qui bénéfice à l'économie.

1. La Commission européenne et le Trésor américain ont engagé des consultations et, aux États-Unis, un débat au Congres, sur une organisation du marché, et d'abord le marche des dérivés de credit CDS, autour de la contrepartie centrale (CCP ou *Central Counterparty*) au plan opérationnel (c'est-à-dire au plan du *back-office*, du règlement et de la gestion du risque de contrepartie avec échanges de collatéral, par opposition au *front-office*, le *trading*). En pratique, des utilisateurs, financiers ou non financiers, par exemple une entreprise comme Toyota ou un gouvernement (l'Italie, le Mexique), pourrait conclure des contrats sur dérivés avec le *broker-dealer* de leur choix (BNP Paribas, JP Morgan). Le contrat serait ensuite divisé en deux contrats, identiques et de sens contraire, avec le CCP. Une telle contrepartie centrale, développée par et pour les *broker-dealers* existe pour les *swaps* à Londres : LCH-clearnet. Elle avait montré son efficacité lors du défaut de Lehman. Mais cette solution réclame la résolution d'autres problèmes : par exemple, la CCP devient une source de risque systémique.

Partie 1 Méthodologies, théories et outils pour la maîtrise des risques de crédit

L' objectif de cette partie est de procéder à un examen détaillé des théories, des méthodologies, des outils permettant d'approcher et de maîtriser le risque de crédit supporté par une banque opérant dans un environnement de marchés financiers.

Les risques de crédit sont au carrefour de multiples compétences et savoirs, concernant le monde bancaire et industriel, les marchés financiers, les approches micro et macroéconomique, la théorie financière, les statistiques et, de manière plus générale, les mathématiques. Ces outils peuvent être utilisées pour forger des instruments d'évaluation des risques de crédit.

Chapitre

2 Microéconomie

Depuis son commencement, la microéconomie bancaire se pose invariablement la même question : pourquoi y a-t-il des banques ?

Le progrès de la « marchéisation » du crédit dans les économies développées est la face positive d'une autre dynamique profonde, celle du recul de l'intermédiation bancaire. Quel est le regard de la microéconomie sur ce recul et sur les nouvelles règles de la coexistence entre banques et marchés ?

La microéconomie bancaire utilise une définition étroite de la banque qu'il est d'autant plus important de rappeler que les banques ont connu, depuis les années quatre-vingt, de profondes mutations qui ont quelque peu altéré leur identité. Nous reprendrons dans ce chapitre cette définition étroite : une banque reçoit des dépôts et accorde des prêts qui ne sont pas *a priori* négociables sur les marchés financiers. *A contrario*, nous considérerons qu'une banque d'investissement, qui fournit des services liés aux activités de marchés (origination d'obligation, gestion de portefeuille pour compte de tiers etc.), ne sera pas une banque, mais fera simplement partie de l'univers des marchés.

Dans l'ouvrage de synthèse de Robert Merton[1], la banque n'existe qu'au travers des fonctions qu'elle remplit dans l'économie. Et cette conception est présente en réalité dans l'ensemble des travaux de microéconomie bancaire[2]. Nous nous

1. Robert Merton : « A Functional Perspective of Financial Intermediation », Financial Management 24, (1995). De nombreux auteurs majeurs de la microéconomie bancaire ont illustré cette approche : Douglas Diamond, Raghuran Rajan, Franklin Allen, Douglas Gale, etc.

2. Résumés et présentés notamment dans les livre de Freixas et Rochet (1997), de Servigny et Zelenko (1999), ou dans les articles de Battacharya et Thakor (1993) ou de Allen et Santomero (1999).

appuyons sur cette approche dite fonctionnelle pour présenter la banque comme la forme institutionnelle (ou encore, et de manière plus exacte du point de vue de la microéconomie, comme le type de coalition entre agents individuels) la plus appropriée (ou encore Pareto-optimale) pour assurer un ensemble de fonctions que l'on peut caractériser[1] en trois types d'intermédiation : *intermédiation de la liquidité, intermédiation du risque, intermédiation de l'information.*

L'intermédiation de la liquidité est la fonction la plus apparente et la plus naturelle qui consiste a réutiliser et transférer la monnaie détenue par les épargnants pour financer les investissements proposés par les entrepreneurs dénués de « *cash* » et en particulier à réconcilier la préférence pour la liquidité des épargnants avec l'horizon de long terme des investissements, en transformant des dépôts à vue en prêts à long terme non liquides.

L'intermédiation du risque rassemble toutes les opérations par lesquelles la banque centralise et retraite les risques financiers de base (risque de contrepartie, risque de taux d'intérêt, risque de marché) pour le compte de l'ensemble des agents économiques.

L'intermédiation de l'information traduit le rôle que joue la banque dans la résolution des problèmes provenant de l'asymétrie d'information entre un entrepreneur sans richesse initiale mais qui détient seul la connaissance complète de son projet et des investisseurs épargnants. Depuis l'article important de Douglas Diamond en 1984, la banque a été analysée en détail dans sa fonction de « *delegated monitor* » comme l'entité la mieux à même de résoudre, pour le compte de l'ensemble des investisseurs, les problèmes de révélation de l'information sur un projet, les difficultés du type incitation et aléa moral.

Il est important de bien cerner que, pour la microéconomie, la banque existe uniquement parce que les hypothèses du marché financier parfait, efficient et complet ne sont pas totalement remplies[2], qu'il s'agisse d'une non transparence (donc d'une asymétrie) de l'information sur les projets industriels à financer, ou bien d'une non complétude des marchés ou des contrats. L'incomplétude signifie qu'un investisseur ne pourra pas trouver de contrat de financement définissant les obligations et les paiements dans toutes les éventualités et pour toutes les échéances.

Dans une économie de marché parfait, efficient et complet telle que celle de Arrow et Debreu (1956), l'ajustement se fait par le marché des capitaux, directement et

1. Pour plus de détail sur cette présentation de la microéconomie bancaire se reporter à de Servigny et Zelenko (1999).

2. Pour réaliser spontanément un optimum de Pareto le marché de la théorie économique doit être :
- parfait : soit vérifier les cinq axiomes : atomicité des agents, libre circulation des facteurs de production, absence de barrières à l'entrée, homogénéité des produits, transparence de l'information ;
- efficient : toute l'information disponible doit être incorporée immédiatement dans les prix ;
- complet : il existe des marchés pour tous les biens, tous les états du monde possible, toutes les maturités.

Pareto-optimalement, entre les agents qui disposent d'une épargne et les entrepreneurs sans richesse initiale.

Dans cette économie idéale, les agents seront indifférents au choix entre les deux grandes catégories de contrats que sont la dette et le capital (Modigliani et Miller 1958). Comme la théorie bancaire, la théorie financière de la firme justifie l'utilité et la complémentarité de la dette et du capital à partir de l'imperfection du marché financier : asymétrie d'information et incomplétude des contrats.

Le phénomène de la « marchéisation » du crédit se trouve donc au croisement des deux axes : structure financière, nature du contrat.

Les lignes de partage Dette/Capital et Banque/Marchés qui définissent le marché des titres de créances négociables sont en outre modifiées par une très puissante dynamique d'ensemble selon laquelle les marchés financiers tendent à être de plus en plus efficients.

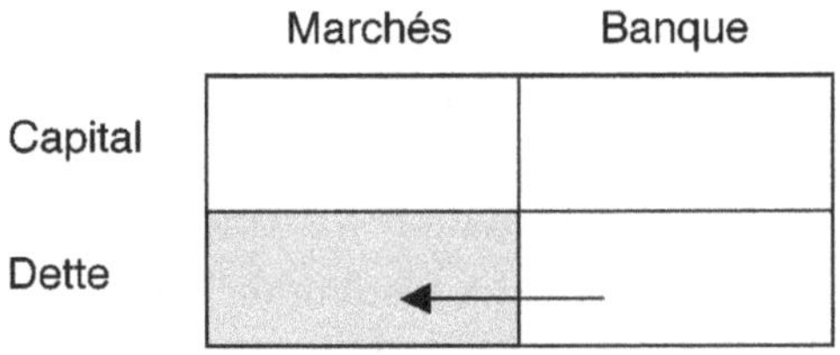

Figure 2.1 — Marchéisation

À propos des catégories utilisées dans cette matrice, remarquons à nouveau que les travaux de la microéconomie que nous allons présenter s'appuient sur des définitions strictes de la banque (*cf.* ci-dessus) et du marché (il s'agit d'un marché walrasien d'agents individuels dotés d'une épargne à investir en présence de projets détenus par d'autres agents). Entre les deux extrêmes, des intermédiaires financiers qui jouent aujourd'hui un rôle important, comme les investisseurs institutionnels (compagnies d'assurances, fonds d'investissement), les agences de notation (qui, comme les banques, font de la surveillance déléguée), les banques d'investissement, ne feront pas l'objet *a priori* d'une analyse aussi détaillée. On peut d'ailleurs espérer que ces nouveaux acteurs du financement de l'économie trouveront dans l'analyse théorique future une place en relation avec leur importance croissante.

Section 1 ■ **L'endettement dans la théorie financière de l'entreprise**

Section 2 ■ **Théorie de l'intermédiation bancaire**

Section 3 ■ **Théorie de la réglementation bancaire**

Section 1 L'ENDETTEMENT DANS LA THÉORIE FINANCIÈRE DE L'ENTREPRISE

La sphère financière occupe en principe une position subordonnée par rapport à l'économie réelle, se plaçant au service du secteur productif qui investit et accroît la richesse réelle. Ce sont les entreprises qui dictent le choix du mode de financement et qui motivent avant tout le développement des marchés du crédit.

Dans ses choix financiers, comme dans toutes ses décisions, l'entreprise ne devrait tendre qu'à un seul but : maximiser sa valeur réelle. Un entrepreneur individuel intériorise aisément un tel objectif, puisque celui-ci se confond avec la maximisation de sa propre richesse. Au contraire lorsqu'un dirigeant et divers investisseurs se partagent la valeur créée par l'entreprise, chacun des ayants droit se préoccupe d'abord de ses gains. Et l'entreprise ne constitue pas un marché parfait, il n'y a pas de système de prix pour tous les conflits d'intérêt et toutes les interactions internes. Il n'y a aucune raison *a priori* pour que la confrontation des intérêts individuels conduise spontanément à une maximisation de la valeur réelle.

Nous verrons que l'on aboutit ainsi aujourd'hui à une conception instrumentale de la structure financière : la bonne structure financière est celle qui fournit aux agents qui détiennent le contrôle la bonne incitation, à savoir maximiser la valeur de la firme.

Cet énoncé va à l'encontre du fameux résultat de Modigliani et Miller (1958). Se plaçant dans les hypothèses du marché parfait, ceux-ci énonçaient simplement que le choix d'une structure financière était sans importance, ou plus exactement sans effet sur la valeur de la firme[1]. Une hypothèse cruciale du marché parfait n'était hélas pas vérifiée : celle de la transparence de l'information.

Classiquement, sans autofinancement, la décision d'investir implique un choix entre émission de dette et augmentation de capital. Et la division des contrats financiers en ces deux familles, « Dette » et « Capital » reste pertinente et particulièrement opératoire, parce que les détenteurs de ces deux types de contrats auront des réactions très différentes au regard des décisions affectant la firme.

Le créancier souhaite avant tout récupérer sa mise. Si la valeur de la firme décline et atteint **D**, son objectif unique devient : tout faire pour éviter des pertes (même si pour cela l'entreprise doit être liquidée). L'actionnaire au contraire pourrait prendre le risque de passer sous **D** s'il peut espérer en contrepartie une forte croissance de la valeur nette. Ces deux types d'investisseurs, s'ils en ont le pouvoir, auront donc tendance à infléchir les décisions de la firme en leur faveur. L'idée est alors de leur donner le pouvoir seulement dans les situations où leurs intérêts propres coïncident avec ceux de la firme.

1. La valeur de marché d'une firme est indépendante de sa structure financière et s'obtient en actualisant les espérances de ses profits futurs à un taux représentatif de sa classe de risque. Modigliani et Miller (1958) prenaient l'hypothèse d'un marché parfait, avec en particulier absence de coûts d'imposition, de coûts de transaction et de coûts de faillite.

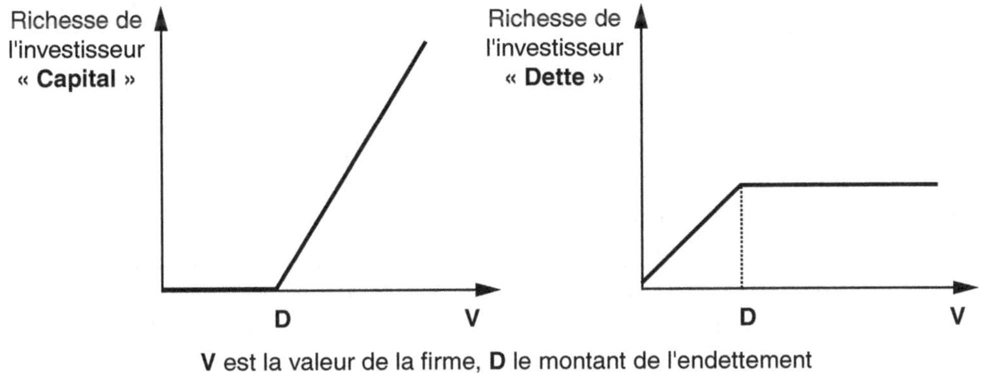

Figure 2.2 — Profil de richesse de l'actionnaire et du créancier

La théorie financière de la firme démontre que la répartition optimale du passif entre dette et capital est celle qui permet de se rapprocher au maximum (sans pourtant l'atteindre) d'une sélection et d'une gestion de l'investissement par un entrepreneur unique disposant des fonds requis par son projet. Cet optimum de second rang requiert un dosage approprié des proportions de dette et de capital permettant d'effacer deux types d'inefficacités : celles qui résultent de l'asymétrie des rôles et des positions d'un investisseur-épargnant non informé et d'un entrepreneur sans autre richesse initiale que la connaissance de son projet, celles qui proviennent de l'imperfection des marchés (non transparence de l'information) et de leur incomplétude et plus précisément de l'incomplétude des contrats, de l'impossibilité où se trouvent un investisseur et un entrepreneur de signer un contrat qui représenterait la règle de sélection et de gestion optimale du projet[1].

Dans cette partie consacrée à la vision microéconomique du contrat de dette, nous ferons le point successivement sur :

– les effets de la relation asymétrique entre entrepreneur et investisseur sur la valeur de la firme ;
– la conception instrumentale de la structure financière, dans un contexte de contrats incomplets.

1 Les effets de la relation investisseur – entrepreneur

Entre l'investisseur-financeur et l'entrepreneur-financé s'établit une relation fondée dès le départ sur l'asymétrie : asymétrie des dotations initiales, asymétrie des rôles dans la gestion du projet d'entreprise, enfin asymétrie d'information. L'entrepreneur

1. Nous pensons ici aux modèles présentés par Aghion et Bolton (1992) et Dewatripont et Tirole (1994) dans un contexte de contrats incomplets.

dispose d'une information privée relativement à la valeur du projet et à son propre mode de gestion.

Les effets de l'asymétrie d'information relèvent de deux catégories bien connues de la théorie économique :

– d'une part, l'antisélection (l'équivalent anglo-saxon étant « *adverse selection* » ou « *screening* ») : ne pouvant discerner les projets les investisseurs finissent par écarter les meilleurs pour retenir les plus douteux.
– d'autre part, l'aléa moral (ou « *moral hazard* ») : l'entrepreneur peut avoir intérêt à un mode de gestion qui est sous-optimal du point de vue de la valeur de la firme et/ou de l'investisseur et peut le mettre en œuvre sans que l'investisseur ne le sache.

En résumé, si l'antisélection porte sur *qui est* l'entrepreneur, l'alea moral porte sur ce *qu'il fait*.

1.1 Antisélection : la structure financière comme signal

Dans un contexte d'antisélection la structure financière peut servir de signal en direction des investisseurs. Une dette significative peut ainsi être considérée comme la marque d'une entreprise de bonne qualité. Ross (1977) appuie cette idée en se fondant sur deux hypothèses importantes : l'entrepreneur (ou le dirigeant) est associé au capital et il bénéficie, du fait du levier d'endettement, d'une plus importante valeur de marché de la firme ; mais par ailleurs il se verrait affecté d'une pénalité ou d'une désutilité en cas de faillite. Les bonnes firmes émettent alors de la dette. Pour les dirigeants des firmes de mauvaise qualité (qui ont une probabilité de faillite plus élevée), l'espérance de la pénalité deviendra rapidement dissuasive et ils n'auraient plus dès lors intérêt à imiter les bonnes firmes[1].

D'autres modèles[2] vont dans le sens de cette intuition que l'endettement, le levier seraient, dans certaines limites, plutôt les marques d'une bonne santé et de la solidité intrinsèque d'une firme et seraient par conséquent affichés comme signal[3].

1. Ross (1977) suppose que les entrepreneurs connaissent la loi de probabilité des rendements de leur projet mais non les investisseurs. Les mauvais projets sont par ailleurs dominés par les bons suivant une dominance stochastique d'ordre 1. Les mauvais entrepreneurs ont donc des coûts marginaux espérés de faillite plus élevés pour tout niveau de dette.

2. Voir aussi Blazenko (1987), Poitevin (1987), Ravid et Sari (1989).

3. Leland et Pyle (1977) démontrent le même résultat mais sans faire l'hypothèse de pénalités supportées par l'entrepreneur en cas de faillite. Leur idée est la suivante : si l'entrepreneur sait que son projet est de bonne qualité, il augmente sa part du capital de l'entreprise ; comme par ailleurs il a besoin de cash pour financer son projet il est contraint de lever de la dette. Suivant ce raisonnement, le levier maximum est un très bon signe s'il coïncide avec une participation majoritaire de l'entrepreneur au capital.

1.2 Antisélection : le « *pecking order* » des instruments financiers

Une autre inefficacité vient affecter les choix d'investissement. Privés de l'information détenue par les dirigeants, les investisseurs vont avoir tendance à sous-estimer le prix de l'action des firmes. Or, l'action peut devenir à ce point sous-évaluée, que les dirigeants et les actionnaires préféreront rejeter de nouveaux projets ayant pourtant une valeur actuelle nette positive au vu de la prime à verser aux nouveaux actionnaires qui pourraient s'octroyer, lors de l'augmentation de capital, une richesse nette dépassant celle engendrée par le projet. Relativement à l'optimum économique on aboutit donc à un sous-investissement. Celui-ci peut être évité si la firme a une capacité de financement interne lui permettant d'opter pour l'autofinancement. Dans le cas contraire, la firme essaiera d'éviter cette antisélection des projets en émettant des titres qui ne seront pas sous-évalués, soit des titres de dette sans risque (dont le remboursement par exemple est garanti par un collatéral). Dans la gamme des stratégies et instruments financiers, en présence d'une forte asymétrie d'information, un ordre de préférence, ou « *pecking order* »[1] va donc s'établir pour le financement des nouveaux projets : d'abord autofinancement, ensuite dette sans risque, puis dette et finalement capital.

1.3 Aléa moral : le conflit d'intérêt entre entrepreneur et investisseur

La relation entrepreneur – investisseur, ou encore financé – financeur, avec asymétrie d'information relève de la théorie de l'agence, c'est-à-dire l'analyse de l'interaction entre deux agents, dont l'un détient une information pertinente (l'Agent) pour une opération menée conjointement et l'autre non (le Principal)[2]. On parle d'aléa moral lorsque les décisions prises par l'Agent, qui affectent l'utilité des deux parties, ne sont que partiellement observables par le Principal, et lorsque, de surcroît, l'Agent inclinera spontanément vers des décisions non Pareto-optimales.

Pour Jensen et Meckling (1976), un aléa moral entre l'entrepreneur et l'investisseur-actionnaire va naître d'une divergence d'intérêts : considérant la désutilité que son travail occasionne, l'entrepreneur va chercher à détourner une part de la valeur du projet, en consommant par exemple différents biens aux frais de l'entreprise, engendrant ainsi des surcoûts et une réduction de la richesse des actionnaires. Bien entendu, s'il était lui-même l'un des principaux actionnaires, l'entrepreneur abandon-

1. L'expression a été introduite par Myers (1984) et Myers et Majluf (1984) qui ont été les premiers a proposer cette thèse. Avec une forte asymétrie d'information, les investisseurs évalueront les actions des bonnes et des mauvaises entreprises avec un prix identique, reposant sur un calcul d'espérance. Le prix moyen reviendra nécessairement a sous-évaluer les bonnes entreprises. Celles-ci pourront donc rejeter des investissements comme indique plus haut alors que les mauvaises entreprises, qui n'auront pas le même problème, financeront leurs nouveaux projets par émission d'actions.

2. Sur la théorie de l'agence dans le contexte de la structure financière de l'entreprise voir les articles fondateurs de Holmstrom (1979), de grossman et Hart (1983). Sur la theorie de l'agence voir : Tirole (1988), Fudenberg et Tirole (1991), Salanie (1994).

nerait rapidement de telles pratiques. La solution consiste donc à lui permettre de détenir une grande part du capital, ce qui signifie d'avoir plus largement recours à la dette. Mais dans ce cas, le problème de l'aléa moral se transpose alors à la relation entre actionnaires et créanciers. La clause de responsabilité limitée, la possibilité qu'ils ont de diversifier par ailleurs leur portefeuille, incite les actionnaires à maximiser le levier d'endettement et à privilégier les projets les plus risqués. En cas d'échec ce sont principalement les créanciers qui seront touchés. Autrement dit les actionnaires s'octroient une partie de la valeur de la firme qui devrait revenir aux créanciers. Cependant les créanciers anticipent cet effet (appelé aussi effet de substitution d'actifs « *asset substitution effect* ») parce que le prêt finance en définitive des actifs qui diffèrent des actifs initiaux. Ils réclament en contrepartie une prime de risque sur la dette émise. Globalement la valeur de la firme est diminuée de ce qui représente le coût d'agence d'une émission de dette.

Jensen et Meckling (1976) concluent que la structure financière optimale résulte d'un bilan coût-avantage relatif à la dette. Les avantages étant l'intéressement de l'entrepreneur et la suppression de l'aléa moral vis-à-vis de l'actionnaire ; le coût étant le coût d'agence résultant de la prime versée aux créanciers lors de l'émission de dette.

Les comportements inefficients de l'entrepreneur dans une relation entrepreneur – actionnaire appartiennent typiquement à la liste[1] :

– agir en fonction de ses bénéfices privés ;

– consommer les ressources de la firme sous forme d'avantages en nature ;

– fournir un sous-effort ;

– prendre les investisseurs en otage en menaçant de quitter la firme ;

– pratiquer le surinvestissement pour maximiser son intéressement[2] ;

– refuser de liquider l'entreprise (lorsque cette décision est la décision optimale)[3].

Les propriétés du contrat de dette permettent de remédier à nombre de ces inefficacités. Dans la dernière situation notamment, analysée par Harris et Raviv (1990), le contrôle sera transféré aux créanciers en cas de défaut et la liquidation aura lieu, l'inconvénient étant les coûts liés à l'audit suivant le défaut[4].

1. Voir notamment Harris et Raviv (1991).

2. Voir Jensen (1986) et Stulz (1991) : le manager peut avoir tendance à investir au delà de l'optimum pour continuer à bénéficier de son statut. Le contrat de dette, en réduisant le cash disponible pour de l'autofinancement, réduit également ce risque. Dans Stulz (1991) le risque de vient alors celui d'un sous-investissement. Le contrat de dette optimal doit donc empêcher l'investissement dans des projets à valeur nette marginale décroissante sans bloquer l'investissement dans les projets qui augmentent marginalement la valeur de la firme.

3. Harris et Raviv (1991).

4. On retrouve ici la justification apportée au « *monitoring* » par Diamond (1984) que nous verrons dans la partie suivante.

Plusieurs analyses ont conclu aux caractéristiques d'optimalité du contrat standard de prêt[1] en présence d'asymétrie d'information. Townsend (1979) et Gale et Hellwig (1985) démontrent que le contrat standard de prêt est structurellement incitatif (*incentive compatible*), en effet il est de l'intérêt du financé, d'après les conditions du contrat, de déclarer le véritable rendement du projet au financeur[2]. Le contrat standard de prêt peut également être aménagé pour traiter le problème du sous-effort de l'entrepreneur en lui adjoignant un contrat de bonus incitatif[3] qui porte sur la mesure de l'intensité de l'effort. Il peut enfin s'accompagner d'une surveillance active de l'emprunteur, d'un « *monitoring* » comme nous le verrons dans la partie suivante consacrée à la banque.

Mais ces développements sur l'optimalité du contrat de prêt n'expliquent pas pour autant l'utilisation du financement par émission d'actions que l'on observe dans la réalité[4].

Une grave insuffisance tient au caractère statique des analyses[5]. Diamond (1989) se place au contraire dans le cadre dynamique d'une interaction répétée[6] (ou jeu répété) avec effets de réputation et montre que, dans la situation décrite par Jensen et Meckling (1976), les actionnaires et les dirigeants éviteront d'eux-mêmes d'accroître le risque de la firme aux dépens des créanciers pour établir leur réputation et réduire sur le long terme les coûts d'agence, donc leur coût d'emprunt. Cet argument nous paraît particulièrement important pour contribuer à expliquer le recours accru à l'emprunt par les plus grandes entreprises.

Nombre d'éléments entrant dans la relation complexe entrepreneur-investisseur ne peuvent se traduire dans des contrats aussi simples que dette et capital. À plusieurs

1. Developpées par Townsend (1979), Gale et Hellwig (1985) et Diamond (1984).
2. Dans la terminologie de la théorie des contrats un mécanisme de révélation directe consiste en un contrat défini par :
   – un paiement du finance au financeur fonction du rapport établi par le finance sur le rendement de ses projets ;
   – une règle d'audit spécifiant les rapports qui feront l'objet d'une vérification (coûteuse) par le financeur ;
   – une pénalité fonction de l'écart entre le rapport et la réalité révélée par l'audit.

   On dira d'un contrat qu'il est structurellement incitatif, ou « incentive compatible » s'il est toujours de l'intérêt du finance d'annonce le véritable rendement du projet. Townsend(1979) puis Gale et Hellwig (1985) ont montre que le contrat standard de prêt était « incentive compatible » pour des agents neutres au risque.
3. Voir Dionne et Vialla (1992, 1994). Dans un modèle avec asymétrie d'information sur le rendement du projet (ce qu'*est* le projet) et sur l'effort de l'entrepreneur (ce que *fait* l'entrepreneur), ils montrent que le contrat optimal est un contrat de pret assorti d'un contrat de bonus fonde sur un indicateur observable de la qualité de l'effort.
4. Un point relevé dès le départ par Townsend (1979).
5. Dans l'analyse du monitoring la microéconomie bancaire ajoutera une dimension dynamique à l'interaction entre le monitor et l'emprunteur. Voir les paragraphes suivants. Hart et Moore (1998) analysent également les propriétés du contrat de dette dans un cadre dynamique.
6. Employant le formalisme des jeux répétés.

reprises on a remarqué que des contrats optimaux conclus entre les investisseurs et le manager d'un projet pourraient résoudre les inefficacités de l'aléa moral. Mais dans la réalité de tels contrats n'existent pas[1].

Le cadre d'analyse conceptuelle le plus pertinent et qui a été finalement privilégié est celui de l'interaction dynamique entre agents dans un contexte de contrats incomplets.

2 La structure financière comme mode d'allocation optimal des droits de contrôle

2.1 Le cadre d'analyse des contrats incomplets

L'aléa moral entre l'entrepreneur (le financé) et l'investisseur (le financeur) constitue donc un problème central. À l'origine se trouvent des conflits d'intérêts très concrets dans la gouvernance d'entreprise sur fond d'asymétrie d'information entre financeur et financé.

Un certain angle d'attaque est venu clarifier le problème, celui de la non complétude des contrats (dans le modèle d'équilibre général de Arrow et Debreu, les marchés, donc les contrats entre agents, sont complets).

➤ *L'allocation des droits de contrôle*

Le point de départ réside dans l'affirmation suivante, à savoir qu'aucun contrat ne peut à lui seul résoudre les divergences d'intérêt entre l'investisseur-financeur et l'entrepreneur-financé. Mais pour obtenir au final une gestion de la firme qui soit la plus proche possible de l'optimum, il suffit que le contrôle soit alloué à l'agent (entrepreneur, actionnaire, créancier, ou tout autre profil d'investisseur) qui adoptera spontanément la stratégie la plus appropriée dans une circonstance donnée.

L'efficacité de la structure financière dépend ainsi, en dernière analyse, de l'allocation des droits de contrôle. Cette allocation présente un caractère dynamique ainsi qu'un caractère de contingence, puisqu'elle dépend entièrement de la situation dans laquelle se trouve la firme[2] à un instant donné.

C'est donc une conception instrumentale des contrats financiers de base qu'il convient d'adopter. Ces contrats serviront avant tout à redistribuer les droits de contrôle entre l'entrepreneur (actions sans droits de vote), l'actionnaire (actions

1. Ce point a été relevé en particulier par Dybvig et Zender (1999), et repris par Harris et Raviv (1991).

2. Cette approche par les contrats incomplets et l'allocation contingente des droits de contrôle a été explorée notamment par grossman et Hart (1986), Holmstrom et Tirole (1989) et particulièrement par Aghion et Bolton (1992), Dewatripont et Tirole (1994) et Hart et Moore (1998) sur lesquels nous nous appuyons ici.

avec droits de vote), le prêteur (dette avec transfert du contrôle en cas de défaut) ou toute autre catégorie d'investisseur[1].

Si l'on considère par ailleurs que les choix de gestion essentiels de la firme consistent en des arbitrages entre risque et rendement espéré, et portent donc sur des décisions relatives au degré d'acceptation du risque, et qu'on suppose que les différents agents impliqués dans la gouvernance sont *a priori* neutres au risque, alors les contrats financiers de base serviront aussi à donner à ces agents l'incitation qui sera nécessaire pour l'atteinte de l'optimum[2].

➤ *Les deux familles de contrats*

Les deux familles de contrat, « Dette » (le revenu est une fonction convexe de la valeur de la firme) et « Capital » (le revenu est au contraire une fonction concave)[3] engendrent deux modes de gouvernement d'entreprise. Très drastique pour la « Dette » avec un étroit contrôle de l'entrepreneur et une très faible acceptation du risque, beaucoup plus relaché pour le type « capital » donnant plus de latitude au dirigeant de la firme.

L'approche par les contrats incomplets place la firme dans le cadre dynamique suivant : la structure financière est choisie au départ, donnant lieu à des contrats financiers entre agents ; à la fin de la première période, les agents observent les profits dégagés, de même qu'un signal sur la qualité de l'effort ou de la gestion par l'entrepreneur. Les contrats de type dette peuvent alors servir à redistribuer les droits de contrôle. S'il y a risque sérieux de défaut ou défaut en effet, une *renégociation* intervient entre l'entrepreneur, les actionnaires et les créanciers, au cours de laquelle les créanciers décideront soit de liquider, soit de réorganiser l'entreprise, c'est-à-dire de poursuivre son investissement mais en prenant alors le contrôle, contrôle qui sera, comme nous l'avons vu, beaucoup plus strict[4].

2.2 La structure financière comme mode optimal de pilotage

Le modèle de Dewatripont et Tirole (1994) est une claire illustration de ces concepts (voir Annexe 2.1).

1. *Cf.* Aghion et Bolton (1992), qui mentionnent aussi la possibilité d'un contrôle de type partenariat, via un fonds capitalistique ou les décisions sont prises a l'unanimité par l'actionnaire et l'entrepreneur.

2. Les modèles supposent en général des agents neutres au risque.

3. Pour Williamson (1988) : la décision de l'entreprise d'utiliser la dette ou le capital pour financer un investissement s'apparente très étroitement au choix entre intégration verticale et achat auprès de fournisseurs externes.

4. Aghion et Bolton (1992) remarquent que la dette n'est pas le seul outil de réallocation des droits de contrôle. Par exemple s'il est efficient de donner le contrôle à l'entrepreneur lorsque les profits de première période sont faibles, et aux investisseurs si les profits de première période sont élevés, alors le contrat idéal est l'action de préférence convertible en action.

Ces auteurs montrent que la menace de défaut et de prise de contrôle par les créanciers que constitue une dette de court terme importante va automatiquement inciter les dirigeants à une gestion qui favorise les intérêts des investisseurs.

Les choix financiers des start-ups

Une étude empirique a été menée aux États-Unis et publiée en avril 2000 par deux économistes du National Bureau of Economic Research, Kaplan et Stromberg, qui a porté sur les 200 investissements de 14 sociétés de capital risque.

L'étude des contrats entre « *venture capitalists* » et start-ups est intéressante à plus d'un titre : le comportement des protagonistes se rapproche beaucoup du comportement rationnel de la théorie parce que la gestion de tels investissements est nécessairement très serrée ; aucun effet de réputation ne peut s'exercer compte tenu de la jeunesse des firmes et ce sont donc uniquement les mécanismes contractuels qui vont aboutir à une gestion de l'entreprise proche de l'optimum.

Les résultats de l'étude confirment largement les conclusions issues de l'approche par les contrats incomplets, telle qu'illustrée par Aghion et Bolton (1992) et Dewatripont et Tirole (1994) : les contrats de financement des start-ups établissent une distinction dans l'allocation des profits et dans l'allocation des droits de vote et des droits de contrôle. Le plus souvent, les « *venture capitalists* » s'appuient sur les *obligations convertibles*[1], mais les mêmes règles d'allocation du contrôle peuvent être établies en combinant d'autres instruments. Ainsi, de mauvaises performances font passer le contrôle sur l'entreprise aux mains des investisseurs du fait du défaut sur les obligations. Au contraire, en cas de succès, les investisseurs exercent leur option pour souscrire au capital et l'entrepreneur retrouve dans ce cas une grande marge de manœuvre. Kaplan et Stromberg (2000) confirment aussi dans leur étude le fait que des règles contractuelles de conversion automatique des obligations en actions fournissent une incitation particulièrement importante à l'entrepreneur.

Dans le contexte d'une relation entrepreneur – investisseur marquée par l'asymétrie d'information et le conflit d'intérêts, aucun contrat de financement ne peut permettre à lui seul de conduire à un mode de gestion Pareto-optimal de l'entreprise.

Les contrats de base que sont la dette et le capital correspondent à des relations très typées entre investisseur et entrepreneur : aversion au risque et contrôle étroit pour le premier, préférence pour le risque et contrôle relâché pour le second. Une structure financière qui alloue le contrôle à ces deux profils d'investisseurs en fonction de la performance de l'entreprise constitue le plus sur moyen de se rapprocher de l'optimum.

La dette joue un rôle essentiel dans ce contexte puisque c'est le défaut sur la dette qui permet de redistribuer les droits de contrôle. D'une façon générale la dette fait peser une menace sur les dirigeants de l'entreprise, elle possède un effet disciplinaire bénéfique.

1. Sur les contrats de capital risque voir Admati et Pfliederer (1994), Berglof (1994), Cornalli et Yosha (1998), Garmaise (1998), Hellman (1998), Repullo et Suarez (1998), Black et Gilson (1998), Sahlman (1990)

L'inefficacité qui résulte de l'asymétrie d'information et des conflits d'intérêts entre créanciers d'une part, et actionnaires et dirigeants de l'autre semble être largement atténuée par la nécessité pour l'entreprise de maintenir dans le temps une bonne réputation de débiteur. La plus large part des marchés du crédit répond très vraisemblablement à cette approche, avec une surveillance permanente et publique de la réputation des emprunteurs par les agences de rating.

La menace de perte de contrôle pour l'entrepreneur, liée à la dette, sera donc rendue d'autant plus pressante que les entreprises sont jeunes et risquées (start-ups). Les contrats deviennent alors beaucoup plus élaborés et donc moins facilement négociables sur un marché de capitaux.

Section 2 LA THÉORIE DE L'INTERMÉDIATION BANCAIRE

L'analyse économique de la banque se fonde sur une définition globale qui suggère dès le départ la notion d'intermédiation : l'institution reçoit des dépôts, y compris des dépôts immédiatement exigibles et en contrepartie octroie des prêts a priori non négociables et non liquides. C'est dans la réalisation simultanée des deux opérations de dépôt et de crédit que la théorie trouve les motifs essentiels de la contribution de la banque à l'optimum économique.

Ces raisons tiennent en définitive aux déficiences d'une finance de pur marché et se définissent par trois grandes fonctions qui sont trois types d'intermédiations, celles de la liquidité, du risque et de l'information.

En détaillant chacune des intermédiations nous nous focaliserons sur le prêt, l'une des faces de l'activité de la banque. Nous tenterons de répondre à la question suivante : dans les situations où il est établi que l'intermédiation bancaire est préférable, au sens de Pareto, à la désintermédiation du marché, de quel avantage spécifique et concret dispose la banque dans son offre de prêts aux entreprises ?

Autrement dit nous regarderons à quelles conditions l'entreprise qui cherche à financer ses investissements préférera le prêt bancaire à l'émission de titres sur le marché dans une situation de pleine concurrence.

1 L'intermédiation de la liquidité

1.1 L'intermédiation de la liquidité par la banque

L'intervention de la banque réconcilie deux objectifs antagonistes dans l'économie et conduit à l'optimum :

– les agents maximisent l'utilité de leur consommation sur un certain horizon de temps. Leurs préférences et leurs besoins subissent des chocs aléatoires à chaque période. Ces chocs risqueraient d'engendrer une désutilité si les consommateurs n'avaient pas les moyens de paiement dont ils ont besoin. C'est en maintenant des encours de dépôts à vue suffisants que les agents pourront gérer ces chocs tout en restant à l'optimum. Le dépôt à vue bancaire joue donc le rôle d'une assurance-liquidité, dont le coût se traduit par la sous-rémunération des encours ;

– la banque de son côté trouve son profit en reprêtant ces dépôts à long terme pour financer des investissements non liquides. La diversification et la mutualisation constituent des aspects cruciaux. La banque maintient un encours de dépôts constant parce qu'elle mutualise les contraintes de liquidité de ses déposants (ils n'auront pas tous besoin de cash au même instant). Elle est en mesure de rembourser ses déposants parce qu'elle a un portefeuille diversifié de prêts.

Ce modèle a été initialement exposé par Diamond et Dybvig (1983). Ces auteurs montraient que l'intermédiation de la banque constituait un optimum de Pareto dans une économie avec deux horizons de temps conflictuels : le long terme des entrepreneurs et le court terme des consommateurs.

Diamond et Dybvig (1983) privilégient clairement la face « dépôts » de l'activité bancaire[1]. Leur banque pourrait très bien détenir un portefeuille de titres de marchés et réaliser la diversification souhaitée. Dans leur économie très épurée, le fait que les agents détiennent des titres long terme émis par les entreprises conduirait à sous-évaluer ces titres, à cause du risque que les agents ayant un soudain besoin de liquidité revendent leur obligation. Mais alors pourquoi la banque n'aurait-elle pas elle-même des titres à son actif [2]?

Il manque donc une justification du rôle de prêteur de la banque.

1.2 La banque offre une assurance-liquidité aux entreprises

Lorsqu'il considère le déroulement de son projet dans le temps, l'entrepreneur sait qu'il devra faire face à des besoins de financement imprévus, ce que la microéconomie appelle des chocs aléatoires.

Lorsque ces besoins de financement complémentaires se traduisent par une expansion de la valeur de la firme, des investisseurs avanceront les fonds. Cependant ce nouveau besoin de liquidité peut très bien ne pas contribuer du tout à la valeur du projet et ne constituer qu'un coût[3]. Ou bien, en formulant la situation d'une manière différente, seul l'entrepreneur augmentera sa richesse nette alors que les investis-

1. Un aspect essentiel de leur recherche porte sur les paniques et les crises bancaires, le bank run ou la ruée aux guichets, que nous ne développons pas ici.

2. Diamond (1997) explique comment la banque pourrait de cette façon améliorer la liquidité du marché des titres à long terme en mutualisant les besoins de liquidité par un grand nombre de dépôts à vue.

3. Il se peut très bien aussi (*cf.* Coûts d'agence dans la gouvernance d'entreprise de la partie précédente) que ce coût soit lié à la contrainte d'incitation du dirigeant de la firme.

seurs ne feront qu'immobiliser des fonds. Les investisseurs initiaux perdront même de la valeur puisqu'il faudra de toute façon combler ce déficit imprévu.

L'entreprise doit par conséquent prévenir ce risque de liquidité. Deux voies s'ouvrent à elle : détenir à tout instant des titres liquides (titres d'État) prêts à être cédés ; obtenir une autorisation de découvert auprès d'une banque.

Des travaux de Diamond (1997) et de Holmstrom et Tirole (1998) sont parvenus à un résultat important sur l'intervention possible de la banque. Lorsque les risques de liquidité des entreprises sont indépendants, c'est le recours aux découverts bancaires qui permettra d'atteindre l'optimum de Pareto et qui dominera donc le choix d'une réserve de titres liquides. C'est à nouveau un argument de mutualisation qui fonde la démonstration. Si les entreprises conservent des titres à leur actif, celles pour lesquelles aucun besoin de financement complémentaire n'apparaît garderont sans les recéder leurs titres sur toute la durée de l'investissement. Ces titres seront pour ainsi dire « gâchés » pour la liquidité du marché de ces titres. La rareté accrue de ces titres élèvera mécaniquement leur prix, ainsi que le coût de la constitution de la réserve. La banque au contraire va mutualiser les besoins de financement et peut intégrer ce facteur dans ses conditions sur les découverts.

2 L'intermédiation du risque

Les banques remplissent une fonction économique majeure en redistribuant, transformant et en acceptant de porter elles-mêmes des risques financiers. Les progrès accomplis dans la gestion du risque de taux d'intérêt au début des années quatre-vingt ont été contemporains de l'expansion des marchés de produits dérivés. Passées maîtres dans la gestion des risques financiers, les banques ont ensuite vendu aux entreprises leur expertise en matière de « *risk management* ». Il faut toutefois signaler que ce type de service financier est d'ailleurs beaucoup plus le fait de banques d'investissement, d'intermédiaires de marché donc.

Notre objectif n'est pas ici d'exposer une théorie de la gestion du risque de taux (ou *Asset-Liability Management*) par une banque commerciale[1], pas plus que les nouvelles méthodes de gestion du risque de crédit à partir des dérivés de crédit, qui seront vues en détail par la suite au Chapitre B/5. Nous ne regardons pas non plus la centralisation et la gestion des risques financiers par les banques dans une perspective macro-économique[2].

Notre propos tient à la relation entre l'entreprise et la banque, la banque commerciale comme nous l'avons précisé au départ, dans le contexte nouveau de la « marchéisation » du crédit.

1. Le lecteur pourra se reporter à de Servigny et Zelenko (1999).
2. Voir sur ce point les travaux de Allen et Gale (1993, 1997) et la comparaison en termes de bien-être des systèmes financiers anglo-saxon et allemand.

Les principaux enseignements que nous pouvons tirer de la microéconomie bancaire concernent le *risk management* de la banque pour son compte propre, et tout particulièrement en matière de gestion du risque de crédit. Quels critères la banque doit-elle utiliser dans sa décision : porter et gérer les risques de crédit elle-même ou bien les recéder ?

Nous commençons par un bref aperçu des tendances à long terme de la « marchéisation » du risque de crédit. Puis nous étudions plus en détail la décision de la banque entre gérer elle-même ou transférer le risque.

2.1 La tendance à la « marchéisation » du risque de crédit

Dans les économies développées, la « marchéisation » du risque de défaut sur les prêts devient pour les banques une pratique de plus en plus courante. La titrisation, créée au début des années quatre-vingt, a donné naissance à un immense marché de créances négociables aux États-Unis. En complément, le développement des dérivés de crédit ouvre dorénavant de nouvelles possibilités : recéder ou échanger du risque de crédit sans qu'il y ait pour autant transfert de monnaie. La titrisation correspond à une tendance beaucoup plus lourde, bien que temporairement remise en cause par la crise de 2007-2010, et dans le cas des États-Unis, à une véritable redistribution des rôles entre banques et marchés. Santomero et Allen (1998) citent les statistiques américaines ci-dessous :

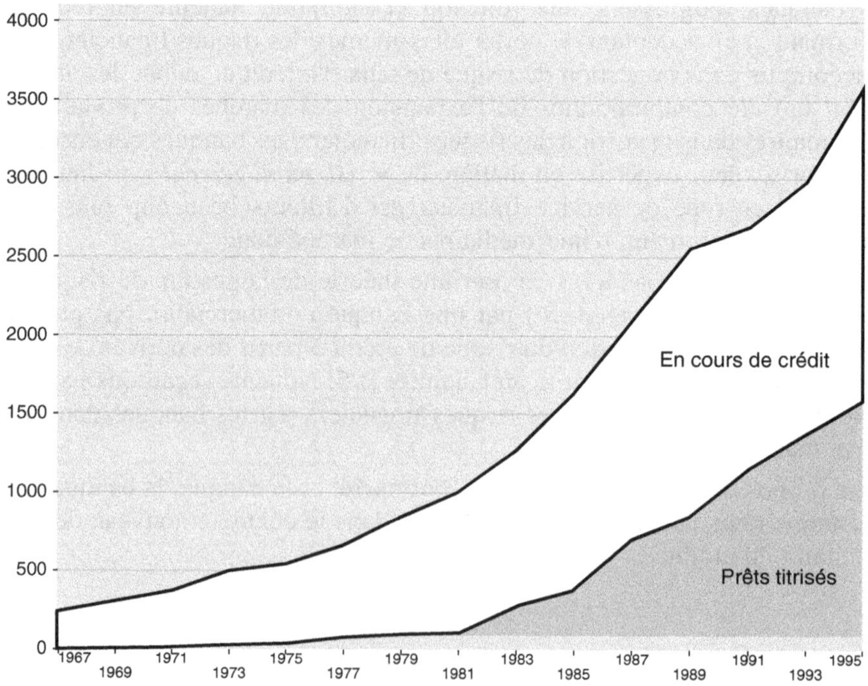

Figure 2.3 — La part des prêts titrisés dans l'encours de credit

La part des engagements titrisés atteignait jusqu'en 2007 47 % de l'encours total de crédit. Il semble que cette fraction doive baisser durablement du fait de la crise de 2007-2010. Comme il devient beaucoup plus facile de recéder au marché le risque de défaut, les banques doivent rationaliser leur décision sur le degré d'acceptation de ce risque. Comme dans le cas du risque de taux d'intérêt, le choix se situera entre deux extrêmes. Soit être simple « *Broker* » : commercialiser les prêts puis titriser les encours au fur et à mesure ; soit être « *Asset transformer* » et accepter de porter ce risque, de le gérer par la diversification et par la surveillance active des emprunteurs (voir ci après : intermédiation de l'information). Le « *Broker* » fait l'intermédiation d'actifs ou de contrats financiers sans en modifier la nature tandis que l'intermédiaire « *Asset Transformer* » altère les caractéristiques du risque et en porte lui-même une partie[1].

Vis-à-vis du risque de crédit la banque doit donc se positionner entre « *Broker* » et « *Asset Transformer* ».

2.2 Le partage entre cession et gestion du risque de crédit

Ce partage relève de trois logiques : financière, managériale et stratégique.

Dans leur gestion financière les entreprises tendent à piloter et à réduire la volatilité de leurs résultats par un ensemble de techniques rassemblées sous le vocable de « risk management ». Ce comportement des firmes que l'on observe dans la pratique s'explique bien au plan théorique. Le recours au financement externe induit un surcoût pour l'entreprise, à savoir le coût d'agence qui résulte des asymétries d'information et des conflits d'intérêt entre dirigeants et investisseurs externes (*cf.* premiers paragraphes)[2]. La firme tente ainsi de limiter le recours à l'endettement externe.

La logique financière pousse donc la banque à instaurer son propre « risk management ». Poussée à l'extrême, cette logique conduit à recéder l'intégralité du risque de crédit, via la titrisation ou en couvrant ses encours avec des dérivés de crédit. Dans ce cas, la banque ne conserve qu'un profit de « *Broker* », elle vend sa force de vente, de distribution. Encore faut-il pour cela que tous les crédits octroyés par la banque puissent se titriser ou se traduire en dérivés de crédit. Dans le cas contraire, le « risk management » porterait sur des produits de bilan non liquides[3] et comporterait un « monitoring » de la diversification du portefeuille de prêts, des préconisations quant aux conditions consenties aux emprunteurs potentiels.

Suivant une logique managériale, la direction de la banque fixe la limite entre cession et gestion du risque de crédit d'après son indicateur central de rentabilité, que celui-ci soit un rapport entre profit et risque ou bien un retour sur fonds propres

1. Cette distinction fondamentale dans la théorie bancaire a été introduite par Niehans (1978).
2. Outre ce motif, qui s'accorde parfaitement avec l'ensemble de la théorie de la structure financière de la firme, Santomero (1995) mentionne trois autres raisons pour réduire la volatilité des profits, qui tiennent aux bénéfices privés des dirigeants de la firme, à la fiscalité, aux coûts liés aux procédures de faillites.
3. Pour Froot et Stein (1998) le risk management, comme procédures internes à la banque avec notamment la fixation des barèmes sur les prêts, devrait porter sur les prêts non liquides.

ajusté du risque de crédit. Lorsque la décision porte sur le stock, la capacité de la firme à évaluer le capital économique[1] (fonds propres en risque) consommé par l'ensemble de ses prêts joue un rôle essentiel (l'impact des corrélations en particulier). Les gains résultant de la diversification se traduiront en effet par une économie de capital économique. La banque définira son portefeuille de prêts comme étant celui qui maximise son retour sur fonds propres en risque. De même, elle définira sa politique en matière de contreparties et de tarification.

Enfin, une logique stratégique intervient : la banque dispose-t-elle ou non d'un avantage compétitif dans la gestion du risque sur ses prêts ? Leland et Pyle (1977) ont été les premiers à remarquer que l'avantage des banques résidait dans l'information qu'elles détenaient sur leurs prêts. Puis Diamond (1984) et tous les travaux qui en ont découlé (voir le paragraphe : intermédiation de l'information) ont tendu à valider l'affirmation selon laquelle il était optimal que l'institution bancaire se charge de la surveillance des emprunteurs pour le compte des autres agents économiques. Sans entrer dès à présent dans ce sujet qui fera l'objet de la partie suivante, contentons-nous de noter que le périmètre optimal du portefeuille de prêts pour la banque, au sens stratégique, est celui sur lequel elle détient un avantage informationnel en matière de gestion du risque de crédit par rapport aux autres agents.

3 L'intermédiation de l'information

3.1 La banque comme *monitor* optimal

Le financement de l'investissement intervient dans un contexte marqué par l'asymétrie. Des entrepreneurs sans richesse initiale sont propriétaires de projets, créateurs de richesse potentielle pour l'économie, qu'ils sont seuls à connaître parfaitement ou seuls à pouvoir mener à bien (projets non cessibles). Les épargnants, ou leurs mandataires, vont devoir investir et gérer leurs placements dans ces projets en ne disposant que d'une information limitée.

On distingue traditionnellement deux sortes d'effets pervers résultant de l'asymétrie d'information :

- l'*antisélection* ou « *adverse selection* » : les investisseurs ne retiennent que les plus mauvais projets au détriment des bons ; Stiglitz et Weiss (1981) ont démontré comment ceci pouvait conduire à un rationnement du crédit par les banques (voir Annexe 2.2) ;
- l'*aléa moral* ou « *moral hazard* » intervient *ex post* et recouvre l'ensemble des décisions prises par l'entrepreneur dans la conduite du projet qui rendent celui-ci sous optimal pour l'investisseur : non révélation de la vraie information sur le projet et les cash flows qu'il génère, perception occulte de bénéfices privés, désincitation et sous-effort etc. Ces effets pervers tiennent le plus souvent au conflit d'intérêt qui existe entre entrepreneur et investisseur (voir premiers paragraphes).

1. Voir dans les chapitres suivants les présentations des modèles Creditmetrics, Creditrisk, KMV etc.

Dans la relation qui s'instaure entre l'entrepreneur et l'investisseur, – soit entre le financeur et le financé –, marquée par la non transparence *a priori* de l'information, il est naturel (et rationnel) pour le financé de dissimuler et minimiser les gains réels provenant du projet pour s'en attribuer la plus grande part.

Le premier problème du financeur consiste donc à poser les termes d'un contrat qui dissuadera l'entrepreneur de sous-estimer les cash-flows et de réduire le paiement du financeur. La solution de ce premier problème[1 2] est un contrat de prêt standard assorti de la menace d'une liquidation que le prêteur peut décider en cas de défaut. Mais en cas de liquidation le financeur supportera les coûts importants résultant de la mise en liquidation de l'entreprise, coûts qui réduiront également la valeur du projet pour l'économie.

Diamond (1984) introduit alors la notion de « *monitoring* », de surveillance du financé par le financeur. Si le prêteur peut surveiller le projet et suivre régulièrement l'évolution de sa valeur, alors il peut dissuader l'entrepreneur de faire défaut sur sa dette par la simple menace d'une liquidation sans que celle-ci intervienne réellement. Ce « *monitoring* » a un coût[3] (coût d'obtention de l'information) que Diamond suppose inférieur à l'espérance du coût de mise en liquidation.

Pour n projets qui seront financés chacun par m prêteurs, la duplication des actions de surveillance incite les prêteurs à déléguer le « monitoring » à une banque qui en supportera seule le coût (K). Les prêteurs doivent cependant résoudre le problème d'aléa moral de la banque elle-même. Pour ne pas être obligés de faire le monitoring de la banque, les investisseurs optent pour le contrat de dépôt, contrat incitatif, avec mise en liquidation et pénalité non pécuniaire pour la banque (égale à la différence entre montant dû et montant remboursé) en cas de défaut. Diamond justifie l'intervention de la banque en montrant que le coût total de la surveillance déléguée : coûts de « *monitoring* » pour la banque (nK) plus coût des contrats de dépôt $c(n)$[4] est inférieur, pour n assez grand, au coût de *monitoring* direct par les investisseurs (mnK).

1. Townsend (1979), puis Gale et Hellwig (1985) ont montré formellement que le contrat de prêt standard ou SDC (« Standard Debt Contract ») constituait un contrat optimal, ou encore était incitatif (« incentive compatible », *i. e.* le choix rationnel pour le finance sera toujours de faire le maximum pour éviter le défaut sur sa dette) pour des agents neutres au risque.
2. On a vu au début que le contrat de prêt ou de dette possédait les propriétés de dissuasion et de menace les plus fortes. On a vu également que la structure financière optimale reposait sur l'association des deux contrats (Dette et Capital). Mais ce résultat intégrait la nécessité de motiver l'entrepreneur à faire son meilleur effort.
3. La menace qui pèse sur l'emprunteur en cas de défaut est celle d'un audit de son projet (ou « Costly State of Verification ») audit coûteux pour le prêteur mais qui place celui-ci en situation de marchander son remboursement sur la base d'une information complète contre la menace d'une liquidation. La situation est par conséquent analogue à celle du monitoring de Diamond même si elle n'intervient que *ex post*.
4. Si R est le taux payé sur les dépôts, $C(n)$ est la valeur espérée de la pénalité non monétaire payée en cas de défaillance de la banque et se calcule comme l'espérance du maximum de 0 et de (nR – (paiements des entreprises – nK)), puisque elle correspond exactement au manque à la perte des déposants dans Diamond.

La contribution de Diamond a été suivie d'un grand nombre d'analyses des modalités du *monitoring* qui ont porté sur la définition du contrat de prêt initial, et sur les actions initiées destinées à dissuader ou à inciter l'entrepreneur à faire son meilleur effort.

Sur la base des analyses issues de cette approche, nous pouvons maintenant déterminer où réside la supériorité de la banque dans le « monitoring ».

3.2 L'avantage comparatif de la banque

➤ *Les points en discussion sur les avantages théoriques de la banque*

Le cadre utilisé par Diamond a été critiqué, modifié, élargi. L'optimalité du contrat de prêt standard assorti de « monitoring » a été examinée dans différents contextes[1], pour différents types de prêts[2], différents profils d'agents[3]. D'autres modèles ont introduit un aléa moral au niveau de l'effort fourni par l'entrepreneur[4].

Dans ces articles, l'absence de contrats financiers s'assimilant à du capital ne limite pas véritablement la portée des conclusions. La nécessité du prêt et de son rôle incitatif ou dissuasif pour atteindre l'optimum se retrouve dans les analyses de la théorie des contrats (*cf.* premiers paragraphes). La théorie bancaire ajoute que la banque représente le créancier optimum compte tenu des coûts liés à cette fonction de créancier.

On peut cependant remarquer que la plupart de ces travaux sur la surveillance déléguée font abstraction de l'un des effets potentiels de l'asymétrie d'information, à savoir l'antisélection des emprunteurs[5], ce qui tend naturellement à limiter le champ d'analyse. Gale (1993) a pu greffer la notion de surveillance déléguée dans un modèle où les banques doivent sélectionner et discriminer correctement entre bons et mauvais entrepreneurs. La sélection correcte des emprunteurs est possible pour les banques mais elle suppose un coût (analogue au coût de « monitoring »). Lorsque la demande de prêts dépasse la capacité de traitement de l'information du système bancaire, l'investissement peut se trouver bloqué par un rationnement du

1. Certains auteurs ont supposé qu'un rapport erroné sur le rendement de son projet avait un coût pour l'entrepreneur (Lacker et Weinber 1989). Chang (1990) retrouve le résultat de Diamond dans un cadre multi-temporel.

2. Le cas du prêt à court terme faisant l'objet de négociations répétées a été particulièrement étudié (Boot et al 1987, Boot et Thakor 1991). Rajan (1992) montre que la banque peut extraire le surplus économique créé par un projet dans un prêt avec négociations.

3. Mookerjee et P'ng (1989) ont établi que pour un entrepreneur risque averse et une banque risque neutre le monitoring optimal consistait en des audits aléatoires.

4. Dionne et Vialla (1992) ont montré que dans ce cas le contrat optimal était un contrat de prêt couplé avec un contrat de bonus fondé sur un indicateur observable de l'effort.

5. Dans la ligne de l'analyse de Stiglitz et Weiss (1981). Nous verrons plus loin que les articles plus récents sur le rôle de la banque différencient monitoring ex post (surveillance de l'emprunteur) et *screening ante*, à savoir la sélection des emprunteurs.

crédit[1]. Gale propose en conclusion de travailler sur l'ajout de critères discriminants au contrat de prêt, le plus simple étant le paiement d'une commission *ex ante* pour examen du dossier de demande d'emprunt[2]. Dans une comparaison plus serrée entre banque et marchés, cet aspect « *adverse selection* » mériterait cependant de plus amples développements.

En résumé, la raison d'être de la surveillance déléguée et l'identification de la banque comme meilleur « monitor » tient :

- à la non duplication des coûts de monitoring entre investisseurs et aux économies d'échelle que la banque peut réaliser sur les coûts de « *monitoring* ». Ceci représente un motif indiscutable à son interposition dès lors que ces coûts sont significatifs pour chaque emprunteur. On peut ajouter que la banque peut aussi réutiliser dans le temps l'information qu'elle détient sur les entreprises[3] et aussi que la connaissance des flux sur les dépôts à vue lui procure une information privilégiée[4] ;
- à la résolution de l'aléa moral concernant le « *monitor* » lui-même, par le contrat de dépôt.

Cependant la banque peut théoriquement engendrer elle-même un certain nombre d'effets pervers.

➤ *La banque pourrait-elle au contraire éloigner de l'optimum ?*

La relation bilatérale que la surveillance déléguée instaure entre la banque et l'entreprise peut devenir à son tour une source d'inefficacités. En effet, en prêtant à long terme, la banque capture son client parce qu'ayant investi dans le « monitoring », elle est la seule à connaître son projet. D'autre part, ce client ne peut acquérir rapidement une réputation de bon emprunteur puisque le remboursement du prêt n'intervient qu'à une échéance lointaine. Sur les nouveaux emprunts la banque pourra donc sur-tarifer ses clients et extraire d'eux une rente[5]. Les banques induisent une élévation infondée du coût du capital dans l'économie et par suite un sous-investissement.

1. Comme dans Stiglitz et Weiss (1981). Le blocage du crédit vient aussi du fait que les banques ne parviennent pas à se coordonner.
2. Gale estime que la meilleure solution consiste à proposer a l'emprunteur un menu avec plusieurs contrats possibles qui soit discriminant et lui fasse révéler son type.
3. Cet argument est mis en avant par Nakamura (1993) et Santos (1998).
4. Comme l'ont noté des économistes aussi réputés que Fischer Black ou Eugene Fama.
5. Le thème de la rente a été développé dans Sharpe (1990). Ex ante toutes les banques sous tarifient les prêts pour attirer des clients dont elles extraieront une rente une fois qu'ils seront devenus captifs. Von Thadden (1990) montre que si les emprunteurs anticipent cela, leur réponse sera de n'accepter que des financements de court terme (pour réduire leur dépendance), ce qui est encore sous-optimal pour l'économie puisque systématiquement les projets de long terme seront délaissés même s'ils sont les plus créateurs de richesse. Plusieurs travaux ont prolongé cette analyse. Par exemple Rajan (1996) estime qu'une banque universelle évitera d'extraire trop brutalement et trop rapidement un surplus de son client pour maintenir sa réputation et lui vendre toute son offre de services financiers.

➤ *La répartition optimale des rôles entre banques et marchés dans l'intermédiation de l'information : les réflexions actuelles*

Il n'est pas difficile de concevoir que l'avantage concurrentiel de la banque dans le « monitoring » rappelé ci-dessus tend à diminuer avec la plus grande transparence et la plus grande diffusion de l'information sur les entreprises, la présence d'autres intermédiaires spécialisés dans le traitement de cette information, les agences de rating en particulier[1].

Pour de grandes entreprises, avec de bonnes perspectives de profit et qui disposent d'un bon rating, le marché peut parfaitement résoudre la question de l'aléa moral au travers de l'effet-réputation, sans avoir recours au « *monitoring* », c'est-à-dire par la menace que représente pour un emprunteur une perte de réputation[2]. Le défaut implique évidemment une dégradation majeure de la confiance des investisseurs. La simple baisse de notation ou même la dégradation du spread émetteur induisent également une hausse importante du coût du capital pour l'entreprise. L'effet-réputation permet donc également au marché de dissuader et de discipliner les emprunteurs[3]. Rappelons que le marché, dans son traitement de l'information, bénéficie d'un avantage très significatif. Les prix affichés incorporent toute l'information disponible et rétroagissent sur tous les agents : investisseurs, actionnaires, prêteurs et dirigeants de la firme. Cette boucle informative améliore l'efficacité des choix d'investissement dans le secteur réel.

En revanche, des entreprises qui sont jeunes, de petite taille, sans rating ou bien avec une notation basse, demanderont en priorité un financement par prêt bancaire avec « monitoring » pour asseoir leur réputation avant d'émettre de la dette négociable[4]. Pour de tels emprunteurs on retrouve en effet les conditions de l'asymétrie d'information (avec coûts associés au « *monitoring* » et pas d'effet réputation concernant l'aléa moral).

1. Beaucoup d'auteurs importants font maintenant ce constat. Voir Allen et Santomero (1998), Diamond, Rajan (1999).

2. Pour une grande entreprise avec des profits futurs élevés un défaut par exemple coûte très cher (autrement dit l'information révélée par un défaut a beaucoup de valeur) puisque c'est la valeur actuelle de la part des profits futurs qui devra être reversée pour satisfaire a des exigences de monitoring, d'autant plus élevée que les profits futurs sont élevés. Le coût du défaut joue donc le même rôle que le coût associe a une liquidation dans le contrat standard de prêt qui est optimal du point de vue de l'incitation. Voir Diamond (1991).

3. Dans un article de 1997, Boot et Thakor tentent de définir la meilleure répartition des rôles entre banque et marché dans un système financier en présence d'asymétrie d'information. Ils concluent que le marché est mieux à même de résoudre le problème de l'antisélection, surtout dans le cas des industries qui requièrent une expertise pointue, tandis que la banque conserverait sa supériorité dans la résolution de l'aléa moral par le monitoring après octroi du prêt, ainsi que dans la résolution de l'incertitude sur l'existence d'un alea moral. Les hypothèses du modèle concernant le coût du monitoring notamment placent cependant dans une situation très stylisée proche de Diamond (1984) et ne prennent pas en compte, à notre sens, l'effet-réputation.

4. Voir Diamond (1991).

Le domaine d'intervention de la banque semble ainsi tracé actuellement d'après le profil des emprunteurs. Toutefois, le financement de l'innovation, bien que souvent promu par des entreprises nouvelles et de taille réduite, telles que les nombreuses *start-ups* de la nouvelle économie, semble plutôt appartenir au domaine du marché. La principale raison tient à la supériorité des intermédiaires de marché, banques d'investissement, sociétés de capital risque, dans la sélection des emprunteurs[1]. Les investisseurs en capital risque peuvent notamment discriminer les emprunteurs avec des contrats ou la rémunération des entrepreneurs dépend de leur performance. On peut se reporter aux conclusions, présentées dans les premiers paragraphes, de l'étude empirique sur le capital-risque aux États-Unis (Kaplan et Stromberg 2000).

Nous retenons les trois grandes fonctions assignées aux banques. Par la suite, il nous semble important de ne pas se focaliser sur la notion de risque et plus spécifiquement de risque de crédit, en faisant abstraction des notions de liquidité et d'information. Un tel travers conduirait en effet à une vision réductrice de la banque et à promouvoir des modèles quantitatifs complexes dont le niveau d'emprise sur le réel serait limité.

Section 3 LA THÉORIE DE LA RÉGLEMENTATION BANCAIRE

1 La réglementation justifiée

1.1 La prévention du risque systémique

Pourquoi réglementer, puisque l'intervention publique ne peut que rompre un équilibre concurrentiel parfait, engendrer une sous-optimalité[2] ? La réponse paraît claire : le système financier diffère encore foncièrement du modèle de marché parfait[3]. Les banques, en particulier, sont opaques et opèrent en asymétrie d'information. Elles détiennent une information privée sur leurs crédits qui est inaccessible à leurs contreparties, échappant ainsi à toute surveillance, a toute discipline de marché[4]. À plusieurs reprises cette asymétrie s'est traduite par des défaillances aux

1. *Cf* modèle de Boot et Thakor (1997). Lazear (1986), Prendergast (1999) donnent un résumé des modèles de financement de l'innovation par les marchés.

2. Il existe une tradition « libertarienne », la Free Banking School, qui réfute toute réglementation en matière monétaire et bancaire. Voir notamment Hayek (« La dénationalisation de la monnaie », 1975), Fama (1985) et plusieurs articles récents de Allen et Gale.

3. À savoir un marché parfait, efficient et complet.

4. Morgan (2002, « Rating Banks: Risk and Uncertainty in an Opaque Industry ») confirme empiriquement la réalité actuelle de ce qu'il appelle l'opacité des banques. Il observe en effet que les agences de notation et les analystes divergent plus dans leur appréciation de la solvabilité des banques et des compagnies d'assurances que dans tous les autres secteurs de l'économie.

conséquences économiques et sociales très profondes. La réglementation s'est constituée progressivement, en se fondant sur la volonté de prévenir les crises et de limiter leurs effets. Initialement, en protégeant les déposants contre les faillites, par le biais de l'assurance dépôt[1]. Puis, en tissant un filet de sécurité plus large, couvrant l'ensemble du système financier, le *safety net*. Aujourd'hui d'ailleurs, les comptes bancaires ne représentent souvent qu'un faible part du patrimoine individuel : dans une finance plus concentrée et globalisée, le véritable enjeu du dispositif prudentiel est devenu la prévention du risque systémique. On voit dès lors comment réglementation peut se concevoir en termes d'évolution[2]. Or, dans ce contexte de globalisation, la faillite d'une seule banque reste un incident grave, car elle se répercute sur toutes se contreparties, et menace alors le système par un effet domino (Freixas, Parigi et Rochet 2000, Rochet et Tirole 1996, Kaufman 1994)[3]. La réglementation recherche donc la stabilité macroéconomique par la maîtrise des risques micro-économiques. La réglementation corrige les déficiences du jeu concurrentiel sans pour autant induire de nouvelles inefficacités et rétablit un financement optimal de l'économie.

1.2 Aléa moral et syndrome *too big to fail*

Le programme ambitieux de la supervision bancaire a fait l'objet de nombreuses analyses. Comment résoudre le problème de fond, celui de l'opacité de la banque ? Car si l'information privée reste bien sûr toujours accessible aux autorités, c'est cependant au prix d'audits coûteux, qui ne peuvent pratiquement être conduits en permanence. Comment inciter les banques a révéler leur information ? Un second problème vient alors : l'introduction de mécanismes de protection engendre un *aléa moral*, puisque, dès lors, les banques et leurs contreparties peuvent fonctionner sans intégrer le risque de faillite. Cet aléa moral a été très tôt identifié dans l'assurance dépôt, décrite par Merton (1977) comme une option de vente, un *put* offert à la banque[4]. Troisième problème, celui des grands établissements bancaires, réputés

1. L'assurance dépôt apparaît d'abord comme une protection d'ordre public accordée aux déposants qui ne disposent ni de l'information ni des moyens nécessaires a une surveillance effective de leurs banques. Ce point est détaillé dans Dewatripont et Tirole (1993), Bhattacharya, Boot et Thakor (1998) et Rajan (1998). Sur les faillites bancaires aux États-Unis et les bank runs de la crise de 1929 qui ont conduit au système d'assurance dépôt gere par la FDIC, voir Mishkin (1997).
2. Voir notamment Berger, Kashyap and Scalise (1995).
3. Les effets de contagion sont puissants et difficiles a enrayer car ils s'appuient sur les relations étroites entre les compartiments du système financier globalise (fragilisation de banques, assèchement de la liquidité, mouvement anormal des prix etc.). La Banque Centrale peut stopper un enchaînement préoccupant en prêtant de façon discrétionnaire, comme lors de la faillite du hedge fund LTCM en 1998. *A contrario*, plusieurs défaillances (Drexel Burnham Lambert, BCCI, Barings) sans risque systémique, furent réglées par l'industrie bancaire (Rochet, 1998).
4. Voir aussi sur l'assurance dépôt Chan, Greenbaum at Thakor (1992), Merton et Bodie (1992), Peters (1994), Saunders et Wilson (1996). Sur l'idée que les normes de capital minimum annulent l'effet de ce put, voir Giammarino *et al.* (1993) et Freixas et Gabillon (1999).

too big to fail, qui disposent d'un soutien implicite du prêteur en dernier ressort[1] tendant à relâcher la surveillance mutuelle sur le marché interbancaire[2]. Les normes portant sur les fonds propres devaient en principe corriger ces effets (Holmstrom 1979). Mais ces normes furent vivement critiquées dans leur première version de 1988 (Bâle I) pour leurs effets anti-économiques : désincitation (les banques accroissent leur risque de crédit sous l'ombrelle du capital minimum), antisélection (à niveau de capital égal deux banques peuvent représenter des profils de risque totalement différents). Plusieurs études (Chan *et al.* 1992, Besanko *et al.* 1992), recommandèrent alors une recalibration sur la mesure économique du risque[3], un principe situé au cœur même du dispositif Bâle II. La réglementation est en cours d'adaptation en 2010, afin de privilégier des mécanismes d'auto-assurance par les banques et de se dégager, autant que possible, de l'implication des États-nations.

1.3 Les trois piliers de Bâle II

La réglementation se définit par sa mission (la prévention du risque systémique au coût minimum) et par ses éléments constitutifs que sont les normes et la surveillance. Les normes ambitionnent d'être objectives et simples mais font face au défi de la complexité, tandis que la surveillance (missions d'inspection, audits) autorise une plus grande flexibilité tout en étant plus coûteuse (Estrella 2000, Chan *et al* 1992). Pour accroître a coût réduit leur souplesse et une technicité, l'action normative et la surveillance peuvent s'appuyer sur la discipline de marché, sous reserve que celle-ci intègre aussi l'objectif de stabilité. Bâle II fonde le système prudentiel sur ces trois piliers : normes (de fonds propres), surveillance et discipline de marché. D'une façon générale, et même à l'intérieur du pilier « normes », la responsabilité confiée aux banques dans la préservation de la stabilité n'a cessé de croître : depuis 1996, le risque de marché peut être évalué par les modèles internes de banques ; pour la mesure économique du risque de crédit, Bâle II accepte le rating interne mais continue néanmoins d'imposer son modèle. Considérant les limites d'une réglementation fondée sur le seul pilier 1, Estrella (1998, 2000) et Santos (2000, 2001) expriment leur irréductible scepticisme à l'égard de calculs mécaniques d'exigence en capital. Ils fondent en revanche beaucoup d'espoir dans le progrès d'une surveillance flexible et informée. Les piliers 2 et 3 restent pour l'instant centrés sur l'audit des systèmes et des processus internes ainsi que sur la communication des risques.

1. Pour une analyse moderne du rôle de « prêteur en dernier ressort » de la Banque Centrale, voir Freixas *et al.* (2003). Bagehot, en 1873, fut le premier a articuler une politique du prêteur en dernier ressort, une politique soumettant l'intervention de la Banque centrale par prêt en dernier ressort a trios conditions : 1) ne prêter qu'a des banques intrinsèquement solvables (qui connaissent seulement un problème temporaire de liquidité) et contre collatéral (typiquement des prêts) ; 2) prêter a un taux qui représente une pénalité ; 3) s'engage par avance a prêter sans limite aux banques solvables et contre collatéral.
2. Sur la réalité du secours systématique aux banques too big too fail, voir Hughes et Mester (1993). Sur l'existence des politiques de sauvetage ou bail outs voir Santomero et Hoffman (1999) et Freixas (1999). Voir aussi Bhattacharya et alii (1998), Tirole et Rochet (1996), Fries *et alii* (1997).
3. Pour une revue des travaux sur les distorsions créés par les exigences réglementaires de fonds propres, voir Santos (2001) et Ball et Stoll (1998).

1.4 La réglementation critiquée

➤ *Dans sa mise en œuvre*

Synthèse de la doctrine prudentielle actuelle, Bâle II prolonge et confirme les directions prises depuis Bâle I. Bâle II introduit un modèle économique de capital pour risque de crédit, confiant aux banques, dans son approche IRB-*Internal Ratings Based*, la parametrisation de leurs contreparties. Gordy (2002) montre que Bâle II a implicitement sélectionné le modèle structurel de Merton (1974), qui a déjà fait ses preuves[1], et reste encore largement employé. Les débats de Bâle I sont maintenant approfondis et transposés dans le cadre technique de ce modèle *CreditVAR*[2]. Certains jugent le *CreditVAR* insuffisant[3]. Il faudrait réexaminer le risque au-delà du seuil *CreditVAR*[4], ou l'on ne peut déceler une concentration du risque sur une seule contrepartie. De nombreux commentaires visent l'estimation des paramètres de la *CreditVAR* : PD (probabilité de défaut), LGD (*Loss Given Default*, perte en cas de défaut), EAD (*Exposure After Default*, exposition en cas de défaut). Pour estimer les PDs et LGDs par classes de rating et leur dynamique temporelle, il existe beaucoup de méthodes, parfois difficiles a valider empiriquement (Lopez et Saidenberg 2000). Ces méthodes peuvent aussi donner des valeurs assez différentes (Schuerman et Jafry 2003), et sensibles au cycle économique (Nickell *et al* 2000, Banghia *et al.* 2002, Altman *et al.* 2002, Hu et Perraudin 2002, Allen et Saunders 2003). Les effets joints entre PDs et LGDs sont omis[5], une approximation aux conséquences importantes, notamment pour les grands corporates, soulignée par Altman (2003)[6]. Au total, la performance de ces modèles serait pourtant convenable : Taraschev (2005) peut vérifier la bonne qualité de leurs prédictions des taux de défaut réels. Une autre critique, récurrente depuis Bâle I, porte sur la procyclicalité. Une conjoncture basse augmente les risques, exige donc plus de capital réglementaire, déprimant le crédit et l'activité économique. Mais de nombreux tests sur la procyclicalité n'ont donné que des résultats mitigés[7], notamment parce que les banques ont un comportement naturellement procyclique[8]. Tous ces vifs débats,

1. Falkenstein et Borel 2001, Gemmil 2002e.

2. Le modèle Bâle II évalue le capital économique avec un modèle CreditVAR, Credit Value at Risk, qui donne la perte maximum résultant des défauts dans un portefeuille pour un niveau de probabilité donne et un horizon temporel donne (*i.e.* dans 99 % des cas, la perte maximum sur ce portefeuille a horizon 1 an est de xx millions).

3. Artzner *et al.* 1999, Christoffersen et Diebold 2000, Berkowitz 2001.

4. Voir, pour un résume, Allen et Saunders 2003, Saidenberg et Schuermann 2005.

5. Altman (2003) évoque un fait indiscutable et souvent négligé : l'augmentation des défaillances s'accompagne d'un taux de recouvrement des créances plus faible.

6. Ce point est d'ailleurs inclus dans Bâle II et traite au paragraphe 468, « the infamous paragraph 468 » qui indique que les paramètres LGD donnes par les banques doivent refléter, lorsque nécessaire, les retournements du cycle économique.

7. Allen et Saunders (2002), Borio, Furfine et Lowe (2001) estiment que Bâle II exacerbe la procyclicalite. Carpenter *et al.* (2001) aboutissent a la conclusion inverse.

8. Loun *et al.* (2002).

finalement très constructifs, et d'ailleurs souhaités par le Comité de Bâle, ont engendré les progrès fulgurants accomplis en matière de gestion du risque de crédit.

➤ *Dans sa conception*

Bâle II se présente comme une synthèse intégrant tous les outils d'une politique prudentielle : normes, surveillance et discipline de marché. Pourquoi donc ce déséquilibre apparent, avec des piliers 2 et 3 très succincts, et un pilier 1 si développé, conçu d'abord comme une réponse aux critiques de Bâle I ? Tel est le point de départ de Rochet (2004). Estimant qu'une forte complémentarité existe entre surveillance et discipline de marché, Rochet (2004) l'aborde à partir d'un modèle de supervision dynamique, dans lequel l'autorité prudentielle choisit une règle optimale de fermeture disciplinaire – *closure* –, qui incite les banques à un effort de monitoring maximum de leurs emprunteurs. Rochet (2004) évoque ainsi la possibilité d'une réduction des coûts de surveillance par la discipline de marché : les autorités ne lanceraient leurs missions d'inspection coûteuses que sur la base d'indicateurs de marché (cours d'action, spread emprunteur ou rating) traduisant la faiblesse d'une banque. Sur un autre plan, la conception Bâle II de la stabilité est critiquée pour être trop microéconomique. Padoa-Schioppa (2002) souligne l'importance d'une vision plus globale, plus macro. Pour Borio (2003), le risque systémique ne réside pas tant dans l'enchaînement faillite individuelle – contagion – amplification, que dans l'accumulation de positions de marché identiques, sensibles aux fluctuations de quelques facteurs communs. De telles situations à risque, Borio (2003) les identifie principalement dans les contextes de bulle, d'euphorie et d'excessive tolérance au risque qui ont précédé plusieurs crises. Borio appelle à une impérative macrosurveillance, qui soit une vigilance à l'égard de tels symptômes, tout en admettant l'état embryonnaire des moyens actuels de leur détection[1]. La macrosurveillance impliquerait notamment une supervision plus étendue dans son champ d'action. Sur le même sujet, Stiglitz (2003) estime que la Federal Reserve aurait dû intervenir plus directement pour enrayer la bulle des marches actions des années 90.

➤ *Dans son existence*

Dans une série d'articles, Allen et Gale (1998, 2000, 2003, 2004, 2005)[2] arguent de la viabilité d'un système financier totalement déréglementé. Les marchés contemporains, rendus plus *complets*, savent limiter le coût social des crises par l'offre d'une diversification sans précédent et de multiples contrats de couverture. Les crises financières devraient se réinterpréter comme un processus de recherche d'optimum, comme les étapes d'une guérison plutôt que comme une pathologie. Comme les

1. Borio mentionne néanmoins la littérature sur la prévention des crises de solvabilité des pays émergents (Kaminsky et Reinhart 1999) ainsi que Borio et Lowe (2002), Goodhart et Danielson (2001).
2. Optimal Financial Crises (1998), Financial Contagion (2000), Capital Adequacy Regulation : In Search of a Rationale (2003), Notes on Optimal Capital Regulation (2004).

coûts potentiels de ces crises peuvent être aujourd'hui atténués, ils devraient être relativisés, mesurés et comparés au coût économique de la réglementation. Ainsi les normes de capital, dont le prix est d'autant plus élevé qu'elles ne reposent sur aucun fondement économique solide. Elles résultent plutôt d'une adaptation aux circonstances, d'un processus empirique de tâtonnement et d'erreur. Or il existe une incitation naturelle des banques à éviter la faillite et à choisir spontanément le capital optimum : le coût de la perte de leur licence bancaire (Hellman, Murdoch et Stiglitz 2000)[1]. De leur propre aveu, Allen et Gale veulent provoquer et stimuler une réflexion qu'ils jugent trop absorbée par la mesure des risques, pour la reporter sur l'objet même de la réglementation, ainsi que sur son utilité et son optimalité.

1.5 La réglementation repensée

➤ *Dans ses fondements*

Sur quels principes fonder la réglementation optimale d'une industrie marquée par l'asymétrie d'information et son opacité au regard du régulateur ? Depuis les années quatre-vingt, d'autres secteurs que la banque ont été dépeints en ces termes. Deux fondements se dégagent (Laffont 1994). En premier, le *menu discriminant* : un choix offert entre deux régimes de supervision qui permet au régulateur de mieux séparer les firmes à gestion efficace des firmes mal gérées (Laffont et Tirole 1990). En second, la *supervision dynamique* : l'optimalité de la réglementation réside dans les règles qui gouvernent les engagements (*precommitments*) pris par la firme (et par le régulateur) et dans les sanctions qui leur sont attachées. Kupiec et O'Brien (1995, 1997) ont traduit ces notions abstraites en une méthode pratique de supervision bancaire baptisée la *precommitment approach*, qui s'appuie sur la confiance que les régulateurs accordent désormais aux modèles internes de risque de marché. La banque déclare elle-même, à tout moment, son exigence en capital économique[2]. Mais la banque serait sanctionnée si des pertes réelles venaient trop souvent ou trop largement excéder ce seuil : amendes, publication des pertes et des dépassements etc. Dewatripont et Tirole (1994) caractérisent la réglementation optimale comme une surveillance dynamique devant inciter les dirigeants de banque à une gestion efficace. Ils s'appuient sur la notion d'alternance dans le gouvernement de la banque. Les actionnaires savent contrôler et inciter les dirigeants lorsque les risques sont convenablement maîtrises. Mais dans le cas contraire, seuls les créanciers sauront imposer la rigueur requise. Or l'autorité de surveillance peut opérer ce transfert du contrôle par « fermeture » disciplinaire de la banque

1. (Hellman, Murdoch et Stiglitz 2000) présentent un modèle de banque ou l'autorisation administrative d'exercer l'activité bancaire confère a son détenteur un gain potentiellement élevée et ou l'assurance dépôt n'est pas nécessaire. En revanche l'obtention de l'optimum requiert une règle sur les intérêts payes sur dépôts bancaires.

2. Utilisant la terminologie des modèles VAR, la banque déclare sa perte maximale sur une position laissée ouverte pendant dix jours ouvres.

(*closure*). Il suffit donc d'imposer un niveau d'endettement suffisamment élevé pour qu'une gestion faible rende immédiatement tangible le risque de faillite et justifie l'intervention rapide de l'autorité de surveillance[1]. Dans cette ligne de pensée, Bhattacharya (2002) et Rochet (2004) analysent des règles de *closure* qui dépendent du niveau de risque pris par la banque.

➤ Dans son évolution

Il est naturel de penser la réglementation comme évolution. Sa mission, désormais globale, est la maîtrise du risque systémique. Sa justification tout comme sa difficulté demeurent inchangées : les banques détiennent le monopole de l'information sur le risque. Le progrès de la réglementation se situe dans l'évolution des techniques d'incitation à la révélation de l'information privée et d'incitation à l'autodiscipline, jugées à l'aune d'un critère fiabilite-cout. Rochet (1998, 2004) voit ce progrès dans un rôle accru de la discipline de marché (usage des modèles internes, des signaux reflétés par les spreads ou les ratings) et dans une conception plus dynamique, mieux focalisée et mieux conditionnée de la surveillance[2]. Ce modèle à venir renouvellerait progressivement une première génération prudentielle faite de normes standardisées mais rigides. Prescott (1997) distingue, quant a lui, trois époques. Bâle I, ou l'approche par les normes standardisées. Une deuxième époque, qui voit l'acceptation des modèles internes. Enfin une époque qui adopte et prolonge la *precommitment approach* avec un menu discriminant de régimes prudentiels faisant révéler aux banques leur information privée. Dans cette approche « évoluée », chaque type réglementaire du menu implique aussi un régime de pénalités, pénalités qui sont conditionnées par des observations (*state-contingent fines* : Marshall et Prescott 2001, Prescott 2004). La troisième époque agrège donc les concepts de menu discriminant et de surveillance dynamique.

➤ Dans son contexte

La réglementation bancaire s'évalue au regard de son objectif ultime, la stabilité du système financier, et donc aussi par rapport à des modifications de contexte qui seraient potentiellement destabilisatrices. Ainsi, la consolidation rapide du secteur bancaire et la thèse de ses dangers : moindre compétition avec une réduction concomitante de la discipline de marché, moindre supervision, car affaiblie par des géants

1. Sur le même thème de la définition de règles de clôtures permettant d'atteindre un optimum. Fries, Mella-Barral et Perraudin (1997) étudient l'impact des règles de clôture sur la tarification optimale de l'assurance dépôt.

2. L'amendement de 1996 de Bâle I sur les risques de marche est décrit par Rochet (1999) comme une délégation de la mesure du risques aux banques associe a un mécanisme de surveillance assorti de sanctions. Tout en autorisant les banques a déclarer leurs risques sur la base de leurs modèles internes VAR, les autorités prudentielles vérifient que la performances des modèles est satisfaisante par comparaison aux données réelles (backtesting) et peuvent sanctionner les banques le cas échéant.

bancaires *too big to fail*, très complexes, très opaques et qui influencent la réglementation[1]. Mais ces arguments sont réfutés par une étude empirique serrée de Beck *et al.* (2005), qui montrent qu'un système bancaire plus concentré est plutôt moins exposé aux crises, et ceci pour deux raisons. D'abord, les rapprochements traduisent plutôt un durcissement de la concurrence. Ensuite, de plus grandes banques sont plus résistantes aux chocs car plus diversifiées. Beck *et al.* (2005) peuvent ainsi vérifier qu'une réglementation prônant la concurrence favorise aussi la stabilité. Ils invalident l'hypothèse de l'opacité des grandes banques, tout comme le fait que celles-ci influenceraient la réglementation. Autre élément de contexte majeur : le transfert du risque financier hors du système bancaire vers d'autres secteurs moins étroitement réglementés, comme l'assurance ou les *hedge funds*. Une vision optimiste : celle du marché complet ou les risques sont largement alloués et partagés entre agents. Un constat plus pessimiste, celui d'un probable arbitrage réglementaire avec création incontrôlée de risque système (Hellwig 1994, 1998). Des analyses plus détaillées et plus documentées montrent que, même si de tels transferts renforcent le système bancaire (Wagner et Marsh 2004), et même s'ils restent encore relativement limités (BIS 2005), ils élèvent la probabilité d'une crise globale de liquidité (Wagner 2005)[2]. Le mécanisme à l'œuvre est le suivant : les banques réduisent leurs actifs liquides traditionnels, investissent davantage dans les nouveaux instruments négociables de risque de crédit (CDOs, ABS), mieux rémunérés mais moins liquides. De tels instruments, qui pourraient devenir très difficiles a liquider en cas de crise, seraient très propices a des mécanismes de contagion par la liquidité. Leur prix s'effondrerait sous l'afflux des ordres de vente. Plusieurs banques seraient incapables d'honorer leurs engagements de court-terme parce qu'étant dans l'impossibilité de liquider de tels instruments qui étaient pourtant classes comme actifs liquides[3].

Le scénario de crise s'étant réalisé entre 2007 et 2010, la réglementation bancaire va devoir évoluer par l'adoption d'un nouveau standard international « Bâle III », ainsi que, plus fondamentalement, par une approche plus holistique de la réglementation financière.

1. De Nicolo *et al* (2003) établit une relation empirique entre la concentration du système bancaire et la fragilité des 5 plus grandes banques en comparant plusieurs pays.

2. La BRI (2005) rapporte que les investissements en risque de crédit ne représentent que 1 % des portefeuilles d'assureurs, estimant donc que leur stabilité financière n'est pas mise en cause.

3. Dans ce mécanisme de crise de liquidité, les banques qui seraient victimes d'un effondrement du marche des ABS/CDOs ne seraient pas pour autant nécessairerment insolvables. Elles seraient simplement dans l'impossibilité d'honorer leurs engagements de court-terme a cause d'un manque temporaire d'actifs liquides. Ceci justifierait typiquement une intervention de la Banque Centrale – prêteur en dernier ressort, selon le principe de Bagehot.

Annexe 2.1 Le modèle de Dewatrinpont & Tirole (1994)

C'est un modèle à deux périodes avec p_1 et p_2 profits (observables et vérifiables) de la firme aux deux périodes, u, un signal observable en fin de période 1, mais non vérifiable sur l'effort et la qualité de gestion de l'entrepreneur. Le fait que u soit non vérifiable signifie qu'il ne peut être utilisé dans un contrat (c'est l'hypothèse d'incomplétude des contrats). À $t = 0$ une structure financière de la firme est choisie, avec une allocation du contrôle, donc du pouvoir de décision dans l'entreprise. À la fin de la période 1, la structure financière peut être renégociée et une décision de gestion sera arrêtée : soit continuer (C) soit arrêter (S), (S) devant être considérée non comme la simple liquidation mais comme un ensemble d'actions visant la réduction du risque sur le profit p_2.

Connaissant le signal u, le critère d'optimalité pour la décision (C) ou (S) est un écart nul entre les deux espérances du profit, soit $D(u) = 0$, ou[1] :

$$D(u) = \int p_2[h_c(p_2|u) - h_s(p_2|u)]dp_2$$

On définit u comme le signal pour lequel $D(u) = 0$, ce qui implique que le critère d'optimalité consiste à choisir (C) si et seulement si $u > \boldsymbol{u}$.

Mais le conflit d'intérêt entre investisseur et entrepreneur implique de motiver ce dernier. On recherche alors un optimum de second rang qui revient à minimiser l'inefficience résultant du conflit d'intérêt tout en fournissant à l'entrepreneur l'incitation nécessaire, ce qui se traduit par :

$$\underset{X}{\text{Min}} \iint[(1 - X(p_1,u))D^+(u) - X(p_1,u)D^-(u)]\bar{f}(p_1)\bar{h}(u)dp_1 du$$

Sous la contrainte d'incitation :

$$B\iint X(p_1,u)[\bar{f}(p_1)\bar{h}(u) - \underline{f}(p_1)\underline{h}(u)]dp_1 du \geq K$$

Les notations étant :

$X(p_1,u)$ est la probabilité optimale de choisir (C) connaissant p_1 et u ;

$\bar{f}, \bar{h}$ les densités de p_1 et u en cas d'effort de l'entrepreneur, $\underline{f}, \underline{h}$ les densités sans effort ;

B est le bénéfice privé de l'entrepreneur, K, la désutilité résultant de l'effort ;

$D^+(u) = \text{Max}(D(u);0)$, partie positive de $D(u)$.

La contrainte d'incitation signifie que pour l'entrepreneur l'augmentation de l'espérance de bénéfice privé résultant de l'effort doit être au moins égale à la désutilité de ce même effort. Minimiser l'inefficacité se traduit d'autre part en : choisir la probabilité de continuer $X(p_1,u)$ pour rapprocher $D(u)$ le plus possible de l'optimum, c'est-à-dire 0.

La résolution de ce programme d'optimisation sous contrainte donne la règle $\boldsymbol{R}$ de décision suivante :

$$X(p_1,u) = 0\text{, donc (S) si } u < u^*(p_1)$$

$$X(p_1,u) = 1\text{, donc (S) si } u \geq u^*(p_1)$$

☞

☞
Mais dans un contexte de contrats incomplets, avec en particulier u observable mais non vérifiable cette règle ne pourra pas se représenter concrètement en un contrat. Dewatripont et Tirole (1994) montrent alors comment la structure financière va permettre d'aboutir au même résultat.

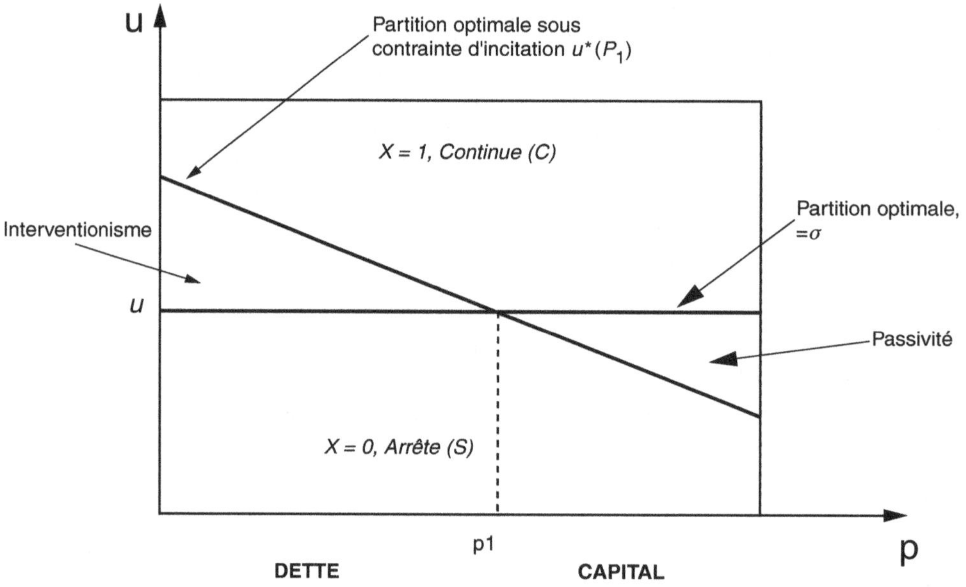

Figure 1

Plus exactement il suffit de donner initialement le contrôle aux actionnaires et de choisir le niveau de dette à court terme (venant à maturité en période 1) de telle sorte que la firme soit en défaut si p_1 est inférieur à ***p*1, *p*1** étant tel que $u^*(p_1) = \boldsymbol{u}$.

S'il y a défaut, ce sont en effet les créanciers qui prennent le contrôle, et Dewatripont et Tirole montrent qu'ils sont incités à prendre ***R*** pour règle de décision. Or, lorsque p_1 est inférieur à ***p*1, *R*** représente en réalité un mode de surveillance très sévère de l'entrepreneur qualifie d'interventionnisme puisqu'alors $u^*(p_1) > \boldsymbol{u}$. Le contrat qui prévaut en ce cas est donc de type « Dette ».

Au contraire, en l'absence de défaut, les actionnaires conservent le contrôle, lorsque p_1 est supérieur à ***p*1** . Il est démontre qu'ils sont incités à retenir ***R*** pour règle de décision entre (S) et (C), ce qui correspond cette fois, pour $u^*(p_1) < \boldsymbol{u}$, à une surveillance plus relâchée de l'entrepreneur. Le contrat qui s'impose est alors un contrat de type « Capital ».

Dans un contexte de contrats incomplets, l'utilisation de la dette pour redistribuer les droits de contrôle, permet de retrouver les propriétés du contrat optimal.

avec $h_c\langle p_2|u\rangle$ et $h_s\langle p_2|u\rangle$ les densités de probabilité de p_2 conditionnellement a u lorsque la décision est (C) ou (S)

Annexe 2.2 LE RATIONNEMENT DU CRÉDIT

La problématique du rationnement du crédit est relativement ancienne. Déjà, Jaffee et Modigliani (1969) avaient noté qu'en cas de rigidités sur les taux d'intérêt, la banque était amenée à rationner le crédit. Ce concept de rationnement du crédit a initialement correspondu à une recherche macroéconomique. Il a été utilisé pour évaluer l'impact d'une politique monétaire sur le secteur réel, malgré une demande d'investissement faiblement élastique aux taux d'intérêt, Bernanke (1983,1988).

La banque est « price maker »

L'article fondateur est celui de Stiglitz et Weiss (1981). Les auteurs considèrent un marché du crédit dans le cadre d'une information imparfaite. Stiglitz et Weiss (1981) expliquent comment l'asymétrie d'information conduit à un rationnement du crédit, une situation dans laquelle subsiste une demande de prêts en excès, non satisfaite par une offre correspondante dans le processus normal d'obtention d'un équilibre de marché walrasien.

La courbe du profit espéré de la banque en fonction du taux offert sur les crédits se trouve en effet altérée, par rapport à une situation normale de marché, par la présence de l'antisélection et de la désincitation.

Dans ce contexte, en effet, la banque ne parvient pas à distinguer entre différents emprunteurs qui détiennent une information privée sur le niveau de risque réel de leurs projets, elle peut alors choisir comme critère de sélection, dans une situation de concurrence limitée (« *price maker* »), une hausse des taux d'intérêt, en vue d'extraire les projets les plus rentables. Mais contrairement au sens commun, ce mode de sélection entre les emprunteurs pénalisera par priorité les meilleurs projets, conduisant *in fine* les banques à privilégier le financement des plus mauvais.

L'analyse du comportement de l'emprunteur et de celui du banquier éclaire ce constat :

Considérons deux projets offrant à leurs promoteurs, entrepreneurs-emprunteurs, une espérance de gain égale, mais correspondant à un niveau de risque différent.

Les notations sont les suivantes : pour chaque projet (i), le gain du projet est $X(i)$, le niveau d'emprunt est $B(i)$, le taux d'intérêt r.

Pour l'entreprise, le profit à réaliser doit tenir compte du niveau de séniorité de la dette par rapport aux fonds propres, il s'écrit donc :

$$\Pi(i) = \text{Max}[0, X(i) - (1+r)B(i)] \text{, avec } E[\Pi(i)] = E[\Pi(j)]$$

Ce qui correspond à l'écriture d'une option call. Or pour un call, on sait que la dérivée partielle par rapport à la variance est positive : $\frac{\partial \pi}{\partial \sigma^2} > 0$. Elle traduit une valeur de l'option plus élevée, soit un intérêt pour le projet plus fort, s'agissant d'un projet plus risqué. À espérance de gain égale, l'entrepreneur-emprunteur préférera donc proposer à la banque le projet le plus risqué. Cette situation constitue un aléa moral.

☞

☞

Dans ces conditions, l'emprunteur peut accepter le paiement d'un taux d'intérêt plus élevé sur le projet le plus risqué car il présente un potentiel de gain plus élevé. Il faut ajouter qu'au pire, son niveau de responsabilité en cas de défaut reste limité à son apport en fonds propres. Ce mécanisme défectueux par lequel la banque est incitée à sélectionner les plus mauvais risques, les « lemons » au sens d'Akerlof (1976) et à écarter les bons, correspond à une aintisélection. Ce phénomène, lorsqu'il se manifeste, réduit l'espérance de profit de la banque, dont la courbe en fonction du taux d'intérêt suit un tracé en cloche. Son maximum est atteint pour une valeur du taux de crédit à partir de laquelle l'antisélection réduit marginalement le profit plus vite que ne l'augmente l'accroissement du taux. Or, cette valeur n'est pas nécessairement celle qui équilibre l'offre et la demande de prêts : il y a donc rationnement, et par là même sous optimum.

Le modèle de Stiglitz et Weiss (1981) constitue l'une des grandes références de la théorie bancaire parce qu'il a introduit la problématique de l'asymétrie d'information. On voit cependant que le prêteur garde un comportement relativement passif et rigide puisqu'il ne dispose que d'une seule variable de décision, le taux d'intérêt qu'il propose sur ses crédits.

La banque est « price taker »

Certaines contributions microéconomiques, parfois plus anciennes que Stiglitz et Weiss (1981), ont cherché à mettre en évidence les contraintes propres à une banque « *price taker* », pouvant conduire à un rationnement du crédit.

Dans un contexte concurrentiel, la banque n'est pas maîtresse des taux d'intérêt dont la fixation résulte d'un ajustement de marché entre offre et demande.

Avant de s'engager sur le financement d'un projet dont le prix est reçu du marché, la banque doit vérifier les trois critères suivants :

a) Sur chaque projet, le taux d'intérêt retenu tient compte du risque de défaut sur l'ensemble du portefeuille, Jaffee et Russell (1976).

Si ϕ est le profit de la banque, δ le coût de refinancement de la banque, Γ le taux de recouvrement sur le portefeuille de crédit, r le taux d'intérêt des prêts. La banque maximise

$$\Phi = \Gamma(1+r)B-(1+\delta)B$$

Avec un équilibre minimum à $\Phi = 0$, on obtient : $1 + r^* = \dfrac{(1+\delta)}{\Gamma}$

Dans une logique de portefeuille, les « bons » emprunteurs payent pour les « mauvais ». Il y a un phénomène de mutualisation. Cette situation conduit à pénaliser les « bons » emprunteurs qui doivent payer une prime de défaut indépendante du risque spécifique du projet. Elle peut conduire la banque à éliminer certains « bons » projets dont le pricing du financement résultant du marché est jugé incompatible avec les exigences internes.

b) L'ajustement existe entre taux de marché et taux d'intérêt optimal, au-delà duquel le risque de défaut réduit le rendement espéré.

☞

☞

Pour chaque projet, la banque observe en fait une convexité de l'espérance du rendement du prêt par rapport au taux d'intérêt (courbe en cloche). Cette situation amène à l'identification par la banque d'un taux optimal sur chaque projet, au-delà duquel la probabilité de défaut augmente trop, conduisant à une baisse du rendement espéré. Lorsque ce taux optimal diffère trop du taux de marché, ajustant l'offre et la demande, il y a alors élimination du projet, c'est-à-dire rationnement du crédit.

c) La taille du prêt n'accroît pas le risque de défaut[1], Hadjman (1960) :

Le profit de l'entreprise X s'écrit avec $k < X < K$, avec une densité de probabilité $f(x)$, le prêt est B et r le taux d'intérêt. Le profit de la banque s'écrit :

$\Phi = \int_k^{(1+r)B} X \lozenge f(X)dX + \int_{(1+r)B}^{K} (1+r)B \lozenge f(X)dX - (1+\delta)B$ où δ est le coût de refinancement.

La courbe $\Phi = 0$ d'offre pour se décompose en trois parties :

1) Pour des prêts de petite taille $\left(B < \frac{k}{1+\delta}\right)$, alors le prêt reste toujours inférieur au profit minimum de l'entreprise. Dans ce cas la banque prête au coût de refinancement.

2) Ensuite, si B augmente, la probabilité de défaut également, mais l'augmentation du taux permet de compenser.

3) Au-delà d'un certain B^*, il faudrait à la fois diminuer le prêt et augmenter le taux.

Dans le cas où la banque est « *price taker* », la banque est conduite à écarter certains projets en fonction de contraintes liées à sa propre rentabilité. Il peut alors y avoir rationnement du crédit. Ces contraintes dépendent : du taux de défaut moyen du portefeuille de crédit de la banque, du niveau des engagements par projet, de la confrontation entre le niveau de taux d'intérêt proposé et le taux d'intérêt perçu par la banque comme optimal en terme de risque de défaut.

Dans un contexte d'asymétrie d'information, il faudrait ajouter : tel que la banque le perçoit, ce qui signifie que la densité de probabilité est établie par la banque.

Chapitre

3 Défaut et migration de crédit

Le risque de crédit comporte en fait deux aspects distincts : d'une part le risque de défaut[1] et d'autre part le risque de recouvrement[2]. Cette partie est plus particulièrement centrée sur le risque de défaut.

- *L'approche du défaut par les ratings*

Par rapport à une approche simplifiée articulée autour de la transition binaire : absence de défaut/défaut, une démarche plus riche s'est développée grâce à un recours aux ratings, encore appelés notations de crédit. En effet des tests statistiques sur base historique ont montré que dans une large majorité des cas un événement de défaut est consécutif à une dégradation progressive de ces ratings. L'apparition brutale d'un événement de défaut, sans au préalable une période de dégradation, est plus marginale (11 % des cas selon une étude Moody's 1997[3]). L'approche par les ratings ouvre cependant de nombreuses questions : objectivité des jugements humains dans l'attribution des notations, lien historique ou caractère anticipatif des ratings, horizon d'étude, rôle des agences externes de rating…

- *L'approche du défaut par les modèles de la firme*

En parallèle à cette approche, le recours au modèle structurel de valorisation de la firme (Merton 1974, MKMV Credit Monitor) a permis, à l'aide de nombreuses approximations empiriques, de dégager une estimation de la probabilité de défaut des entreprises cotées. Ce type de modèle qui présente l'avantage d'une vision dyna-

1. Par convention, se rapporte aux contreparties.

2. Par convention, se rattache aux facilités.

3. « Rating migration & credit quality correlation 1920-1996 », essentiellement aux USA.

mique n'est cependant pas sans faiblesse : face à l'incertitude des jugements humains que l'on évoque pour relativiser une approche par les ratings, il convient de s'interroger, s'agissant du modèle de la firme, à propos du degré de validité des résultats obtenus, qui reposent sur le niveau d'efficience limité des marchés actions.

Ces approches fondamentalement de nature discontinue, par les ratings ou par le truchement du modèle de la firme, correspondent, la plupart du temps, aux méthodologies en usage dans la filière crédit des banques, elles sont cependant d'une utilité plus restreinte pour les activités « *marked to market* » sur les marchés de taux et de crédit. Sur ces derniers, les opérateurs ont recours à un indicateur de nature continu : le spread de taux.

- *L'approche du défaut par les spreads de crédit*

Il est en effet d'usage de décomposer le taux d'intérêt retenu pour le financement d'une contrepartie entre taux sans risque et une prime de risque appelée spread. Ce spread incorpore plusieurs informations sur la qualité de l'emprunteur, la liquidité de la transaction sous-jacente ou plus globalement du marché...

En faisant l'hypothèse que l'effet liquidité est marginal ou quantifiable, on obtient une mesure continue de l'évolution de la qualité du crédit d'un emprunteur dont la transaction de crédit est cotée[1]. Pour que cet indicateur ne soit pas bruité, il faudrait idéalement que le marché soit complet, c'est-à-dire qu'il existe des transactions pour tous les crédits à toutes les échéances, sans possibilité d'arbitrage entre elles. Pour parvenir à cet idéal, un développement du marché est nécessaire et tant que l'on n'y est pas parvenu, les spreads constitueront des indicateurs fragiles de la qualité des crédits. Sur cette base pourtant, des techniques et des outils de valorisation des risques se sont développés, ils présentent le grand intérêt de favoriser la multiplication des transactions de produits dérivés et donc d'apporter un accroissement de la liquidité et de la complétude de ces marchés du crédit.

Remarque

Une présentation globale des méthodes d'évaluation du risque de défaut d'un engagement bancaire ne saurait faire l'impasse de l'activité qualitative de « monitoring » interne mise en œuvre par de nombreuses banques, tant dans la phase d'origination que pendant la période de portage du crédit. Cette activité a pour raison d'être la recherche d'une sélectivité fondée sur l'obtention d'une information de qualité. L'investissement réalisé par la banque, que ce soit sous forme d'accès à des bases de données, de constitution d'équipes de conseillers industriels expérimentés, de suivi détaillé de la relation client (CMR), est destiné à limiter l'impact défavorable pour la banque, du problème de l'asymétrie d'information. Lorsque les crédits sont sur les livres de la banque, le « monitoring » permet également une réaction rapide de la banque en cas de dégradation de leur qualité.

1. Cette mesure ne permet pas de distinguer risque de défaut et taux de recouvrement.

Ces métiers nous semblent devoir rester au cœur de l'activité de crédit des banques pour trois raisons :

Le développement de nouvelles relations client, non connues des marchés financiers, suppose l'acquisition rapide d'informations que seule une expertise interne peut apporter.

L'expertise qualitative constitue une alternative crédible aux notations quantitatives, en particulier elles permettent de mieux exprimer la dynamique des anticipations relatives à chaque entreprise, fondées sur des critères stratégiques, le caractère cyclique des marchés, les mutations de compétitivité, l'évolution des produits.

La prise de décision de couverture ou de vente d'actifs du portefeuille de crédit repose sur un jugement humain efficace, que l'expertise est amenée à conforter. Dans ces situations, l'enjeu est de « battre » les marchés par sa rapidité d'intervention.

Dans ces conditions, loin de constituer une approche condamnée, le « monitoring » interne qualitatif par des experts nous paraît le complément indispensable aux approches quantitatives développées ci-après.

Section 1 L'APPROCHE PAR LES RATINGS

Le nouveau dispositif réglementaire du Comité de Bâle fait un usage extensif du concept de rating. Suivant l'approche choisie, la banque recourt soit a des ratings externes, des ratings d'agences spécialisées (approche standard), soit à des ratings internes produits par la banque elle-même (approche IRB).

Il est courant d'opposer deux catégories de méthodologies aboutissant à évaluer le risque de défaut d'un émetteur ou d'un instrument :

– les méthodologies qualitatives. Elles reposent sur des jugements formulés par un expert sur la base d'informations (extraites par la banque ou l'agence de notation) ayant trait à la nature de l'activité, de la stratégie suivie et du risque financier de l'emprunteur. Cette approche cherche à tirer parti de la relation privilégiée que la banque ou l'agence de notation peut entretenir avec ses clients ;

– les méthodologies quantitatives. Elles reposent sur des approches statistiques basées sur des éléments financiers et non financiers. Elles présentent l'avantage d'une rapidité accrue en terme de suivi à mesure que le panel de clients ou d'instruments s'accroît.

Les ratings (externes ou internes) appartiennent à la catégorie des méthodologies qualitatives.

De manière schématique, le résultat produit par un modèle quantitatif est généralement ce que l'on nomme un score ou un estimateur de la probabilité de défaut à un horizon prédéfini. Ces scores ou estimateurs sont des mesures qualifiées « *at the point in time* », ce qui pourrait se traduire par « à l'horizon des prochains mois à venir » (en général 1 an). En fonction de l'horizon retenu, les éléments considérés ne seront pas les mêmes : prise en compte de la distribution de pertes pour des horizons inférieurs ou égaux à 1 an, des données plus fondamentales de bilan pour des horizons plus longs (3-5 ans).

À l'opposé, les méthodologies qualitatives sur lesquelles nous nous concentrerons à présent, adoptent une vision de plus long terme et considèrent différents *scenarii* à même d'influencer la qualité de crédit de l'émetteur. Ces méthodologies sont souvent qualifiées de mesures « *through the cycle* », ce qui pourrait se traduire par « en tenant compte des effets du cycle d'activité à moyen terme ». Ces méthodologies ambitionnent donc une anticipation à moyen terme des perspectives de la contrepartie. Selon ces approches, un changement de rating reflète une révision par la banque ou l'agence de notation de ses *scenarii*.

Pour des raisons de coûts et de temps, l'univers des ratings (externes ou internes) est limité aux émetteurs de grande taille. Comme nous venons de le mentionner, les ratings sont des indicateurs qualitatifs résultant de l'opinion d'un expert. En fait, ces opinions ne portent pas toutes sur la même problématique. Il ne serait ainsi pas parfaitement correct de mettre en parallèle les ratings émanant de deux sources différentes. Par exemple, les ratings produits par Standard and Poor's reflètent une opinion sur la probabilité de défaut (et sur cette probabilité de défaut seule). Les ratings produits par Moody's reflètent une opinion portant sur le niveau de perte attendue, c'est-à-dire le produit d'une probabilité de défaut et d'une sévérité de perte. D'autre part, des différences de méthodologies existent entre rating d'émetteur et rating d'instrument. Dans la suite, nous présentons les éléments ayant trait aux ratings des émetteurs.

Après avoir brièvement introduit quelques éléments méthodologiques concernant le processus suivi dans l'attribution de ratings externes (produits par les agences), nous considérons et commentons les limites associées à ces méthodologies. La fin du chapitre est consacrée aux systèmes de ratings internes.

1 Les ratings externes

Les ratings externes sont délivrés par les agences de notation sur la base d'opinions indépendantes, objectives, crédibles et transparentes. La réputation d'une agence de notation dépend pour une large part de la volonté du client ayant réclamé une notation d'accepter l'opinion formulée à son égard.

1.1 Échelle et processus de notation

Cette opinion qualitative est en général présentée sous la forme d'une ou plusieurs lettres symbolisant la qualité de crédit de l'émetteur. L'ensemble de ces notations forme un ensemble appelé échelle de notation.

➤ *Les échelles de notation*

Ces échelles, qui s'appliquent aussi bien à l'émetteur qu'à un instrument de dette particulier émis par ce dernier, varient selon l'horizon auquel le rating s'applique. Nous distinguerons à cet égard des ratings court terme (portant sur une durée égale ou inférieure à 1 an) et des ratings long terme. Nous présenterons plus particulièrement les échelles applicables aux ratings long terme.

Cette échelle de notation se trouve divisée en plusieurs catégories (de AAA à D, par exemple pour Standard and Poor's). Bien que les ratings produits par différentes sources ne soient par directement comparables, il est néanmoins commode de dresser un parallèle entre eux. La figure 3.1 fournit un exemple de comparaison entre les univers de ratings de Standard and Poor's et de Moody's. En dépit des différences, un point commun aux deux échelles est primordial. Chacune est divisée nettement en deux, séparant distinctement par là deux catégories de notations. Une catégorie dite « *investment grade* » et une catégorie « *sub-investment grade* » ou « *speculative grade* ». Si la première catégorie rassemble des firmes disposant d'une relative stabilité dans leurs modèle de développement et un niveau de risque de crédit modéré, la seconde catégorie inclut des émetteurs aux caractéristiques financières incertaines, dont la probabilité de faire défaut est assez élevée. Les entreprises disposant des meilleures notations sont typiquement notées Aaa/AAA (Moody's/Standard and Poor's), les moins salubres financièrement sont notées Caa/CCC. À cette échelle de notation viennent se rajouter des signes « + » et « – » de façon à affiner une catégorie de notation. Les émetteurs rassemblant les meilleures conditions d'émission pourront ainsi jouir d'une note AAA+ (cas des émetteurs souverains et banques OCDE dans la méthodologie développée par Standard and Poor's).

Un rating externe n'est attribué que si une information jugée suffisante et adéquate est fournie par le client. Dans ce cas seulement, un processus très strict et bien défini conduit l'agence à produire la notation.

➤ *Le processus de notation*

Les critères amenant l'analyste à proposer une note sont étroitement définis et surveillés sur une base régulière et constituent un actif intangible d'une agence de notation. Typiquement, un changement dans l'un de ces critères est discuté et négocié au niveau mondial. Pour des entreprises exerçant dans un milieu industriel, l'analyse est généralement divisée entre l'étude de l'activité propre (la compétitivité, la qualité du management et de la politique suivie, la situation du marché sur lequel la firme

description	Moody's	Standard and Poor's
investment grade	Aaa	AAA
	Aa	AA
	A	A
	Baa	BBB
speculative grade	Ba	BB
	B	B
	Caa	CCC

Figure 3.1

opère...) et une étude davantage quantitative (analyse de ratios financiers...). Ces différents facteurs dépendent du secteur particulier à l'étude. À titre purement illustratif, le tableau 3.1 fournit quelques exemples de ces facteurs.

Après des discussions avec le management de l'entreprise, l'agence de notation passe en revue l'ensemble des études qualitatives et quantitatives et compare l'entreprise avec ses pairs. Un comité de notation est alors organisé durant lequel l'analyste expose les différents éléments permettant au comité de se former une opinion. La note finale résulte d'un vote collectif et non d'une décision individuelle.

Le client est alors averti de la note ainsi que des éléments ayant conduit à ce rating. À moins de l'apport d'informations nouvelles et significatives permettant de reconsidérer la situation de l'émetteur, ce rating lui est acquis et diffusé publiquement.

Les ratings font ensuite l'objet d'un suivi régulier afin de refléter au mieux l'évolution du client. Des rencontres régulières avec le management de l'entreprise sont organisées. À l'issue de ce processus de surveillance, la notation peut faire l'objet d'une modification à la hausse (*upgrade*, la qualité de crédit s'améliore), à la baisse (*downgrade*, la qualité de crédit se détériore) ou peut demeurer inchangée.

Plus récemment, un nouveau concept est apparu permettant d'apprécier la tendance probable suivie par une note attribuée : il s'agit de la notion d'*outlook*. Un *outlook* positif signifie qu'il existe un potentiel de rehaussement de la qualité de crédit. À l'inverse, une tendance négative risquant de conduire à une dégradation de la note actuelle est symbolisée par un *outlook* négatif.

Tableau 3.1

Indicative averages	Retail	Airlines	Property	Pharma-ceuticals
Investment and Speculative grade (%)	Investment grade : 82 % Speculative grade : 18 %	Investment grade : 24 % Speculative grade : 76 %	Investment grade : 90 % Speculative grade : 10 %	Investment grade : 78 % Speculative grade : 22 %
Business Risk Weight	high	low	high	high
Financial Risk Weight	low	high	low	low
Business Qualitative Factors	– Discretionary Vs Non-Discretionary – Scale & Geographic profile – Position on price, value and service – Regulatory environment	– Market Position (share capacity) – Utilization of capacity. – Aircraft fleet (type/age) – Cost control (labour/fuel)	– Quality and location of the assets – Quality of tenants – Lease structure – Country-specific criteria (laws, taxation, and market liquidity)	– R&D Programs – Product portfolio – Patent expirations

Un aspect méthodologique extrêmement important, que les agences de notations mettent systématiquement en avant, est que cette note ne fait que refléter une opinion sur une qualité de crédit. En ce sens, l'annonce d'un nouveau rating ou de sa modification n'est en aucun cas, une recommandation d'achat ou de vente. La note en elle-même ne contient pas de jugement sur la valeur relative d'un instrument. Par exemple, une obligation de très mauvaise qualité peut très bien être sous-évaluée, tandis qu'une obligation notée AA peut être surévaluée. La note n'est que le reflet d'un jugement sur la qualité de crédit et non sur l'attractivité d'un instrument au regard de sa cherté relative.

1.2 Ratings et probabilités de défaut

Puisque les ratings externes sont le reflet d'une opinion sur la qualité de crédit d'un émetteur (soit sa probabilité de défaut au sens strict, soit le niveau de perte attendue), un lien stable entre rating et probabilité de défaut doit pouvoir être mis en avant, en dépit du fait que le rating n'ambitionne pas d'être une mesure aussi fine que la probabilité de défaut. Les agences de notations publient régulièrement des tables de défauts observés par année, par secteur, par classes de notations et par régions géographiques (tableau 3.2). Ces tables renvoient une moyenne empirique des fréquences de défaut par rapport à l'ensemble de l'univers couvert par l'agence.

Tableau 3.2 — Taux de défaut par rating et par région

Rating	Europe	US & Canada	Asia
AAA	0.00	0.00	0.00
AA	0.00	0.01	0.00
A	0.00	0.07	0.00
BBB	0.48	0.34	0.62
BB	1.25	1.37	0.64
B	8.27	6.45	3.33
CCC/C	63.3	32.7	27.3

Source : S&P CreditPro® période : 1981-2003

Ces statistiques permettent d'établir le lien *a priori* intuitif entre ratings et probabilités de défaut. Les classes de ratings les meilleures admettent les probabilités de défaut les plus faibles, tandis que les classes de rating les moins bonnes admettent les fréquences de défaut les plus élevées. Elles permettent aussi de se rendre compte que les ratings admettent une homogénéité des taux de défaut au sein de chaque secteur, comme l'illustre le tableau 3.3. Nous aborderons plus en détail les problèmes couramment soulevés concernant cette homogénéité dans la section consacrée aux différentes limites méthodologiques.

Tableau 3.3 — Taux de défaut par rating et par industrie

Rating	util.	Trans.	Tele.	Media	Insur.	Hightec	Chem.	Build.	Fin.	Ener.	Cons.	Auto
AAA	0.00	0.00	0.00	0.00	0.00	0.00	0.00	0.00	0.00	0.00	0.00	0.00
AA	0.00	0.00	0.00	0.00	0.05	0.00	0.00	0.00	0.00	0.00	0.00	0.00
A	0.09	0.00	0.00	0.00	0.19	0.00	0.00	0.36	0.00	0.15	0.00	0.00
BBB	0.31	0.25	1.34	0.17	0.76	0.61	0.15	0.45	0.33	0.14	0.20	0.58
BB	1.05	1.42	3.51	1.64	1.22	0.89	1.31	0.78	1.20	1.02	1.82	1.88
B	9.20	9.20	10.17	4.98	2.75	4.80	5.35	6.20	5.69	9.11	7.17	6.41
CCC/C	62.9	28.6	53.7	34.0	37.0	24.2	31.8	33.3	21.9	20.4	32.0	37.2

Source : CreditPro® période d'observation : 1981-2001

La figure 3.2 représente les taux de défaut cumulés pour les différentes classes de rating sur un horizon de 22 ans.

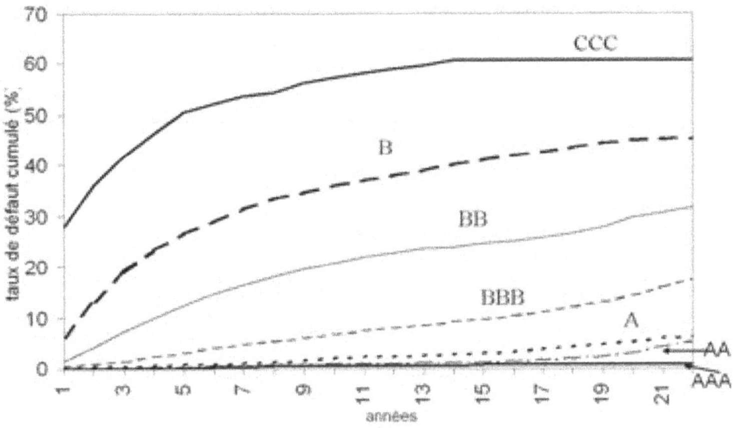

Source : *S&P CreditPro**.

Figure 3.2

Il apparaît clairement des différences majeures entre classes de rating *investment grade* et *speculative grade*. Ce lien très net entre taux de défaut observé et catégories de rating est sans doute la meilleure preuve fournie par les agences pour mettre en avant l'adéquation entre les mesures de ratings et la qualité de crédit des émetteurs telle que reflétée par leurs probabilités de défaut.

1.3 Ratings et matrices de transition

Les agences de rating calculent aussi des matrices de transition. Il s'agit de tables à double entrée, qui pour un horizon donné, fournissent la probabilité qu'un émetteur ou instrument, appartenant à une classe de rating initiale passe dans une autre classe en cours de période. Le principe est de définir un large échantillonnage de crédits sur une période historique passée, suffisamment longue pour être représentative. Sur cette base une statistique des migrations est obtenue, permettant de déduire l'ensemble des composantes de la matrice de transition. Ces calculs ont été largement initiés par les agences de rating, elles possédaient en effet les meilleures bases de données et une certaine homogénéité dans le temps en matière de méthodologie d'attribution des notations. L'horizon privilégié a en général été d'un an, c'est-à-dire que les probabilités de migrations sont des probabilités à un an.

Une telle table, à titre d'exemple, est fournie par la figure 3.3.

➤ *La stabilité des matrices de transition dans le temps et l'espace*

Une fois le travail de définition d'une matrice effectué sur des bases passées, deux questions sont posées : les probabilités statistiques de migration de crédit établies sur des données passées sont-elles utilisables pour anticiper les migrations futures (caractère Markovien[1]) ? Y a-t-il stabilité au cours du temps de la matrice de transition (caractère de stationnarité[2]) ?

1 Year Transition Matrix (Percents)
All industries, All countries
(1981 - 2003)

Initial rating	Final Rating							
	AAA	AA	A	BBB	BB	B	CCC	D
AAA	92.08	7.09	0.63	0.15	0.06	0.00	0.00	0.00
AA	0.62	90.83	7.77	0.60	0.06	0.10	0.02	0.01
A	0.05	2.09	91.38	5.79	0.44	0.16	0.04	0.05
BBB	0.03	0.21	4.10	89.39	4.82	0.86	0.24	0.36
BB	0.03	0.08	0.40	5.53	83.25	8.15	1.11	1.45
B	0.00	0.08	0.27	0.34	5.39	82.41	4.92	6.59
CCC/C	0.10	0.00	0.29	0.58	1.55	10.54	52.80	34.14
D	*0.00*	*0.00*	*0.00*	*0.00*	*0.00*	*0.00*	*0.00*	*100.00*

Source : Standard & Poor's CreditPro®

Figure 3.3

Repères — Les matrices de transition sont-elles markoviennes ?

Les matrices de transition sont des éléments clés dans un système de suivi du risque de crédit. Elles fournissent des informations sur les probabilités de défaut et leurs dynamiques pour un horizon de temps donné. Peu étudiées dans les années quatre-vingt-dix, elles jouissent d'un regain d'intérêt en matière de recherche depuis ces cinq dernières années. Recourir à une matrice de transition suppose d'admettre une relation stable et satisfaisant entre ratings et probabilités de défaut. Une hypothèse sous-jacente à cet outil est que le passé des ratings est susceptible d'apporter des informations sur leur évolution. Une question reste néanmoins ouverte quant à la profondeur d'historique qui influe sur l'évolution ☞

1. Une chaîne de Markov se définit par : l'information connue en $(t-1)$ appliquée à la chaîne suffit à déterminer la valeur en (t). Il n'est autrement dit pas nécessaire de connaître tout le chemin passé pour trouver la valeur en (t).

2. Homogénéité dans le temps de la matrice de transition.

des ratings. Si l'on suggère que le seul dernier état véhicule de l'information, alors il est possible de considérer que la matrice de transition à deux ans (A2) résulte du produit de la matrice de transition à 1 an par elle-même (A1 × A1). Prenons l'exemple suivant :

A2								
	AAA	**AA**	**A**	**BBB**	**BB**	**B**	**CCC**	**D**
AAA	87.67	10.91	1.13	0.19	0.06	0.03	0.00	0.00
AA	1.25	84.54	12.65	1.14	0.17	0.19	0.01	0.04
A	0.10	4.2	84.55	9.37	1.17	0.45	0.03	0.12
BBB	0.11	0.53	9.52	79.59	7.68	1.65	0.37	0.55
BB	0.04	0.13	1.05	13.05	68.00	12.23	1.95	3.57
B	0.00	0.17	0.68	1.16	11.21	68.03	4.84	13.91
CCC	0.19	0.00	0.75	2.24	2.80	15.14	41.87	37.01

A1xA1								
	AAA	**AA**	**A**	**BBB**	**BB**	**B**	**CCC**	**D**
AAA	87.74	10.82	1.15	0.22	0.06	0.01	0.00	0.00
AA	1.23	84.32	12.78	1.25	0.17	0.18	0.04	0.03
A	0.15	4.15	84.61	9.42	1.10	0.43	0.04	0.11
BBB	0.06	0.58	8.78	80.21	7.73	1.74	0.30	0.59
BB	0.06	0.14	1.12	11.55	70.02	12.61	1.80	2.68
B	0.01	0.19	0.63	1.23	9.64	70.75	5.62	11.94
CCC	0.23	0.03	0.53	1.51	3.39	15.04	37.91	41.36

La première de ces matrices fournit la matrice de transition à deux ans. La seconde matrice est obtenue en procédant au produit matriciel de la matrice de transition à 1 an par elle-même. Les résultats pourraient sembler satisfaisants de prime abord (en particulier pour les meilleures classes de rating) mais s'avèrent en réalité plus décevants lorsqu'on observe les résultats obtenus pour les classes de rating les moins bonnes. D'autre part, il peut être vérifié qu'à mesure que l'on étend l'horizon, l'erreur d'approximation commise en procédant à des produits matriciels successifs s'accroit (à trois ans, l'estimation est obtenue en calculant A1 × A1 × A1 où A1 est la matrice de transition à 1 an).

Ces résultats relativisent l'hypothèse selon laquelle les matrices de transition pouvaient être approximées par des chaînes de Markov.

☞

☞
On peut classer les effets non-markoviens selon deux catégories distinctes. La première se réfère à l'influence des ratings précédents sur les ratings à venir (effet dont nous venons de parler) : il s'agit d'un effet d'auto-correlation. Cet effet de corrélation prend en compte l'impact de mouvement d'*up* et de *downgrade* sur l'état de passage à venir. La seconde catégorie renvoie à l'influence du temps passé dans un état de rating particulier : il s'agit d'un effet de duration. Ce second effet analysé comment le temps passé dans un état particulier d'*up* ou de *downgrade* influe sur l'intensité du passage à venir. À ces deux effets bien distincts l'un de l'autre, il convient d'ajouter que recourir à une modélisation de type chaîne de Markov pour estimer les états de transition revient en fait à faire deux hypothèses d'homogénéité fortes. La première de ces hypothèses renvoie au fait qu'une chaîne de Markov implique que la dynamique des instruments par classes de risque ne varie pas au cours du temps. La seconde des hypothèses impose que les intensités de transition soient en fait indépendantes du temps et de la maturité de l'instrument. Or, Altman [1998], Asquith *et al.* [1989], Keenan, Soberhart and Hamilton [1999] and Frydman and Kadam [2002] ont montré que la prise en compte de cet effet âge était importante. Par exemple, les obligations récemment émises ont une propension plus importante à changer de rating que des obligations plus matures.

Nickell, Perraudin, Varotto (1998) procèdent à un examen de la stabilité des matrices de transition dans le temps, selon le type d'emprunteur et la position dans le cycle conjoncturel, sur la base d'un échantillon de 6 534 emprunteurs[1] considérés entre décembre 1970 et décembre 1997[2].

Un premier travail est effectué sur l'ensemble de la période, en calculant une matrice de transition inconditionnelle[3], les résultats montrent une volatilité croissante des migrations pour les faibles ratings : la volatilité des ratings augmente lorsque la qualité du crédit décline. Par ailleurs, on observe une matrice de transition différente par rapport à celle identifiée dans des études précédentes, c'est-à-dire sur des périodes différentes (Carty & Fons (1993)[4]). Cela traduit le fait que la matrice de transition inconditionnelle n'est pas stationnaire[5] dans le temps.

Dans un second temps, une analyse est menée par type d'emprunteur et par localisation géographique. Les conclusions plaident en faveur de matrices de transition par grands secteurs économiques et par grandes zones géographiques : en effet, la volatilité des transitions de ratings est plus forte pour la banque que pour l'industrie et à l'inverse, des mouvements de forte amplitude des ratings sont plus fréquents

1. Essentiellement US, mais aussi Europe et Japon.

2. (Obligor spécific, senior, unsecured ratings de Moody's).
Il faut noter une grande fluctuation des firmes notées par Moody's en 27 ans :
1970 : 98 % firmes américaines, (utilities 27,8 %, industries : 57,9 %, banques très faible)
1997 : 66 % firmes US (utilities : 9,1 %, industries : 59,5 %, banques : 15,8 %)

3. Indépendante des cycles économiques.

4. Alors qu'en se ramenant à une période d'étude comparable, on obtenait des résultats similaires...

5. S'agissant de ratings internes « *at the point in time* », la notion de stationnarité serait encore moins appli-cable.

dans l'industrie que dans la banque. On peut noter que la moitié environ des composantes de la matrice de transition de chaque secteur diffère de plus de 5 %, comparée à la matrice inconditionnelle, multisectorielle. Les différences les plus fortes interviennent dans la zone des meilleurs ratings[1]. On notera par ailleurs un gros différentiel entre les sociétés nord américaines qui sont proches de la matrice multisectorielle et les résultats qui résultent des échantillons japonais qui en sont éloignés.

Enfin, l'indépendance par rapport au cycle conjoncturel est étudiée. La figure 3.4 montre comment une mesure « *through-the-cycle* » est à même de filtrer les effets du cycle d'activité. Une telle mesure n'est pas influencée par un changement temporaire des conditions microéconomiques (par exemple, une hausse ou baisse significative des ventes) dans la mesure où ces variations sont supposées être incorporées dans le rating.

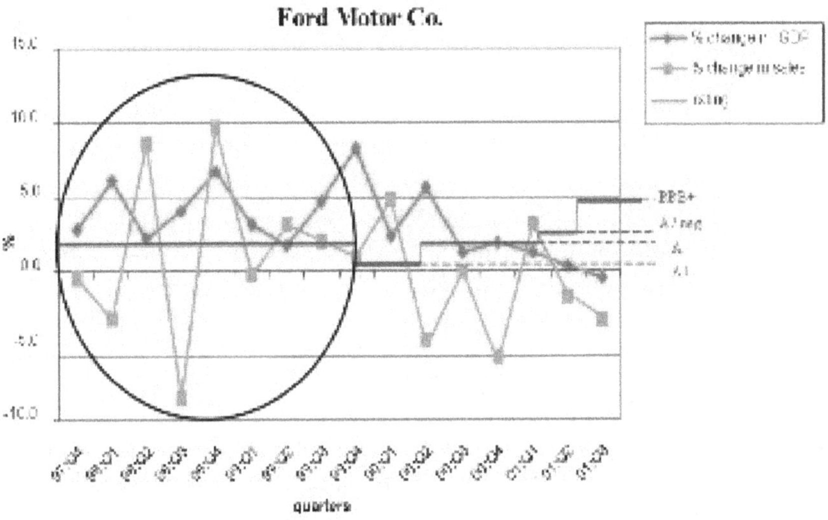

Source : *S&P.*

Figure 3.4

La notion de cycle a été développée en particulier dans le modèle McKinsey – Wilson (1997). Le test réalisé par Nickell, Perraudin, Varotto (2000) classe les années comprises entre 70 et 97 en fonction du taux de croissance du PNB des pays du G7 (en 3 catégories). Les résultats sont les suivants : pour les contreparties « *investment grade* », la volatilité des transitions baisse significativement en période haute et monte en période basse.

1. Peut-être lié à des problèmes de qualité d'échantillon (trop limité).

Une autre étude menée par Bangia, Diebold et Schuermann (2000) conduit à remarquer que plus l'horizon de temps s'allonge, moins le principe de monotonicité[1] s'applique à l'intérieur d'une matrice de transition inconditionnelle. Cette situation traduit un net problème de stationnarité. En matière de caractère Markovien, les auteurs présentent des conclusions plus nuancées : à première vue, les tests ne permettent pas un rejet de l'hypothèse markovienne, cependant une analyse plus précise révèle un « *path dependency* » (c'est-à-dire qu'une tendance de baisse de notation dans le passé a un impact sur la probabilité de baisse de la notation future, par exemple). Les conséquences en matière de probabilité de défaut peuvent être très significatives (cette probabilité peut être multipliée par un coefficient 5)

Dans une seconde étape, l'impact des cycles macroéconomiques sur les matrices de transition est analysé. Les auteurs sélectionnent les années d'expansion et de contraction selon des indicateurs définis par le NBER. Deux matrices de transition sont calculées partir de ces deux séries de conjoncture. La différence entre les deux matrices obtenues est notable s'agissant des dégradations de notation. En contrepartie, le niveau de volatilité des coefficients éloignés de la diagonale baisse considérablement. Cela traduit une fois encore le fait que l'on rend nettement mieux compte des transitions en prenant deux matrices conditionnelles qu'une seule matrice inconditionnelle.

À partir d'un test effectué sur CreditMetrics pour un portefeuille de 148 obligations, Bangia, Diebold et Schuermann (2000) observent que pour une année en contraction, le seuil de capital économique nécessaire est supérieur de 30 %, comparé avec une année d'expansion (pour un niveau de confiance de 99 % ; ou 25 % à 99,9 %).

– *transitions et corrélations de défaut*

En fait, les modèles comme CreditMetrics introduisent l'idée que la non stationnarité apparente du processus de transition résulte de la non indépendance des événements de crédit entre eux et par conséquent de la fluctuation dans le temps des corrélations. Il est clair que les corrélations permettent d'injecter un degré de conditionnalité à des contreparties dont la qualité de crédit évolue selon une unique matrice de transition inconditionnelle. Cependant, cet apport nous paraît imparfait, dans la mesure où il reste parfaitement incapable de projeter, sur un horizon de crédit pluriannuel, un scénario de cycle macroéconomique non représentable par une loi de distribution normale centrée.

Cette remarque conduit à penser que pour ce type de modèles, les ratings « *through the cycle* » présentent un net avantage[2] par rapport aux notes « *at the*

1. Règle de monotonicité : plus on s'éloigne de la diagonale de la matrice de migration, plus le coefficient est faible. Cette propriété traduit le fait que les migrations se font en moyenne d'une note à la note voisine, plutôt que par grand saut.

2. Malgré l'effet retard noté par Crouhy, Galai (1998) : les ratings « through the cycle » peuvent en effet conduire à incorporer avec retard un changement durable de conjoncture

point in time », car ils tentent d'offrir une notation moyenne destinée à lisser les effets de cycle. Cette simplification permet de prétendre à mieux intégrer le risque conjoncturel par la prise en compte de l'impact des corrélations autour des facteurs de risque économique, suivant des lois normales.

➤ *Le niveau de granularité dans la définition des ratings*

L'hypothèse sous-jacente aux matrices de transition est qu'à toute contrepartie dotée d'un rating donné correspond un ensemble unique de probabilités de migrations, caractéristiques de la classe de rating correspondante[1]. Or les données empiriques montrent qu'il peut exister des différences substantielles de probabilité de migration au sein d'une classe de rating. À cet égard l'équivalence proposée par MKMV-credit Monitor entre les classes de ratings de l'agence Standard & Poor's et les probabilités de migration montrent qu'un intervalle trop lâche entre deux classes de rating peut conduire à agréger au sein d'une même classe de rating des risques différents.

Par ailleurs, un niveau de granularité trop faible conduit à sous estimer la dynamique de migration des crédits : un comparatif entre le modèle MKMV et les modèles utilisant les ratings d'agences externes semble permettre de conclure à des niveaux de probabilité de migration trop faibles et des probabilités de défaut trop importantes pour ces dernières, comme l'observent Crouhy, Galai, Mark (1998).

À l'inverse on peut observer que pour une firme, obtenir un bon rating externe de la part d'une agence constitue un événement important, aux conséquences multiples. Le fait d'avoir une échelle discontinue, avec un niveau de granularité assez élevé, renforce l'effet signal d'une variation, dans la mesure où la fréquence de variation reste assez faible et est censée correspondre à des évolutions internes substantielles de l'entreprise. Il serait normal, dans ces conditions, que les ratings internes des banques puissent adopter une granulométrie plus fine n'ayant pas à jouer le même rôle de signal que les ratings des agences externes.

➤ *Le principe d'homogénéité sectorielle et géographique*

L'ambition des agences externes de rating, comme des banques pour leurs notations internes, est d'utiliser une échelle unique pour caractériser le risque de défaut aussi bien des États, des collectivités locales, des firmes industrielles et des institutions financières, quels que soient les pays considérés.

Deux remarques sont cependant fréquemment émises à propos de cette question des homogénéités de rating :

1. À titre d'illustration CreditMetrics et MKMV Portfolio Manager, font l'hypothèse restrictive d'une seule structure par terme des spreads de crédit déterminée par catégorie de rating. Dans ces conditions, disposer d'un bon niveau de granularité est important.

– d'une part, les agences de rating externes s'étant développées aux États-Unis, il pourrait exister des différences d'appréciations entre les firmes américaines et les firmes d'autres pays où les agences ont une assise historique moins forte (et donc une base de données plus restreinte).
– d'autre part, comme le fait remarquer Morgan (1998), à la différence des sociétés à caractère industriel, les institutions financières sont notées de manière moins consensuelle par les différentes agences de ratings indépendantes. Cette situation qui pose le problème de l'opacité des sociétés financières conduit à s'interroger sur l'équité de traitement dans la notation respective des sociétés industrielles et financières.

À la suite de Nickell, Perraudin, Varotto (2000), Ammer et Packer (2000) étudient ces deux aspects. La conclusion de leur étude empirique sur la période 1983-1998, sur la base des ratings émis par Moody's, est double :

– l'homogénéité des ratings géographique n'est pas contestable ;
– pour un rating donné, les banques ont présenté sur la période un niveau de défaut significativement plus élevé que les sociétés industrielles.

Les agences de rating portent maintenant une attention soutenue à ce problème d'homogénéité (Standard & Poor's 1999). La question reste à étudier par chaque banque, s'agissant des ratings internes.

Cette approche des migrations de crédit par les ratings présente le mérite d'une grande simplicité de formalisation. À la lumière de l'analyse précédente, leur usage est d'autant plus riche que l'on étudie des entreprises présentant des caractéristiques moyennes de risque (plutôt de type « *investment grad*e ») dans un contexte macro-économique stable. S'agissant d'actifs risqués (« *high yield* »), ou de périodes prononcées de bas de cycle, de nombreuses hypothèses restrictives, dont les hypothèses sous-jacentes de distribution normale des comportements, pourraient conduire à sous estimer les risques réels.

Au total la dynamique des migrations de crédit peut être représentée grâce aux transitions de rating, il faut cependant avoir à l'esprit que six biais importants peuvent fausser les résultats obtenus :

– le biais d'horizon de temps : lorsqu'une banque emploie des ratings internes, l'absence de méthodologie rigoureuse permettant d'établir des ratings « through the cycle » peut conduire à une dérive vers une pratique de ratings « at the point in time », avec des conséquences négatives et non mesurables en matière de capital économique ;
– le biais de normalité : lorsque les lois de distribution retenues pour l'évolution des corrélations sont du type normal centré, on fait l'hypothèse sous jacente d'un impact négligeable des cycles économiques ;
– le biais d'homogénéité : il s'agit que la méthodologie de rating permette une notation homogène des différents secteurs économiques et des zones géographiques ;

– le biais principal-agent : il consiste en la gestion déficiente du conflit d'intérêt entre les départements commerciaux et le département des risques des banques ;
– le biais d'asymétrie d'information : le rating octroyé peut être inadéquat en raison d'un niveau d'information insuffisant sur l'entreprise (bruit) ;
– le biais de frontière : les frontières entre classes de rating peuvent ne pas être claires ou être évolutives.

La prise en compte de l'effet portefeuille suppose la mise en place d'un formalisme plus complexe : en effet, à partir de la définition et de l'attribution de ces ratings aux firmes auxquelles la banque a accordé des facilités, une cartographie dynamique des risques peut être obtenue grâce à la connaissance des matrices de transition correspondantes. Si l'on faisait abstraction des corrélations entre ces firmes contreparties, on pourrait alors directement obtenir une distribution de la valeur du portefeuille de crédit. Mais la prise en compte des corrélations[1] oblige à recourir à une méthodologie du type modèle structurel de la firme Merton (1974).

L'intégralité de cette modélisation sera reprise dans le chapitre consacré aux corrélations de défaut.

Nous avons abordé pour le moment les différents aspects relatifs aux ratings externes. Après avoir exposé brièvement le processus type amenant une agence de notation à délivrer une notation, nous avons mentionné comment l'ensemble de ces notations faisait l'objet de synthèse par pays, par secteurs ou encore par classes de rating dans le cadre de matrices de transition. Ces dernières sont des instruments incontournables dans l'analyse du risque de crédit, en particulier au niveau du portefeuille de la banque.

Encouragées par le nouveau cadre méthodologique développé par le Comité de Bâle, de plus en plus de banques décident de se doter d'un système interne de rating afin de pouvoir le faire valider en vue d'opter pour l'approche « IRB ».

2 Les systèmes de ratings internes

Depuis ces dernières années, les banques essaient de mettre en place des méthodologies reproduisant au plus près les outils qualitatifs et quantitatifs développés par les agences externes de notation. Dans la mesure où le cœur de métier de la banque est de prêter de l'argent, il y a évidemment une incitation très forte à rendre effectif en interne de tels processus. D'une approche relativement binaire, conduisant simplement à considérer si l'emprunteur était bon ou mauvais (ce qui impliquait que la banque lui prête ou non), les systèmes internes se sont peu à peu raffinés, notamment sous l'impulsion du nouveau cadre réglementaire Bâle II. Ce dispositif (nous renvoyons le lecteur au chapitre 8 pour sa présentation complète) incite en effet les

1. Voir la partie sur les corrélations de défaut.

banques à se doter d'un système interne plus raffiné en vue de juger de la qualité crédit de ses clients et contreparties. La volonté de se doter d'un système de ratings internes est aussi motivée en raison du fait que les défauts arrivant totalement par surprise sont en fait plutôt rares (de l'ordre de 11 % selon une étude menée par Moody's en 1997), en règle générale les défauts surviennent plutôt à la suite de dégradations successives de notation.

Nous verrons tout d'abord comment les banques peuvent mettre en place de tels systèmes de ratings internes, avant d'examiner les limites méthodologiques de ces approches et de leur compatibilité avec les approches externes.

2.1 La mise en place d'un système interne de notation

Comme nous venons de le mentionner, une façon pour les banques de disposer de ratings produits de façon interne est de reproduire au plus près les méthodologies éprouvées des agences externes de notations. Ceci peut être particulièrement crucial pour certains secteurs où les données de défaut sont assez rares (secteur financier, par exemple) rendant tout travail d'estimation assez délicat.

Ce travail de production de ratings internes est réalisable par la mise en place de grilles d'analyses, basées sur une liste de critères définis au niveau général de la banque. Ces critères ainsi que leurs pondérations relatives peuvent être le résultat de discussion avec les analystes ou résulter de méthodologies quantitatives. Un tel exemple de grille d'analyse est fourni par la figure 3.5.

	Weighting	Scoring	
Corporate Credit Score	A	C	(B * C)
	Weight (%)	Score (0 – 100)	Weighted Score
1. Industry Characteristics			
2. Market Position			
3. Management			
Total Score* for Business Profile			
4. Financial Policy			
5. Profitability			
6. Cash Flow			
7. Capital Structure			
8. Financial Flexibility			
Total Score* for Financial Profile			
Total Score			

Source : *S & P.*

Figure 3.5

En recourant à une telle grille, l'analyste doit compléter les différents champs en vertu de l'opinion qu'il s'est forgé (et au travers de l'analyse financière menée). Évidemment le choix des différentes pondérations est crucial et devrait faire l'objet d'un travail de calibrage minutieux reposant sur un historique de données suffisamment profond et régulièrement mis à jour. Une fois cette grille d'analyse suffisamment testée, la banque peut s'employer à mettre en parallèle les résultats produits par ce processus interne et les ratings externes attribués pour un échantillon de firmes.

Mettre en place un tel système n'est évidemment pas chose aisée et requiert du temps afin d'effectuer différents tests d'étalonnage.

2.2 Scoring et ratings internes

Il n'est donc en principe par rare de voir se côtoyer deux approches : une approche qualitative, telle que décrite précédemment et une approche davantage quantitative, dénommée scoring. En règle générale, la première est dédiée au suivi des entreprises de grande taille pour lesquelles la taille des expositions est significative, la seconde servant plutôt au suivi des entreprises de petite et moyenne taille. Naturellement, cette association n'est pas sans poser problème, comme nous le verrons plus bas.

Les scores ont pour ambition d'utiliser des outils quantitatifs basés sur des informations financières et parfois non-financières. L'un des méthodes de scoring les plus connues est le Z-score développé par Altman (1968). Cette méthode suppose que les informations comptables fournissent des informations prédictives sur la probabilité de défaut d'une entreprise. La probabilité de défaut ainsi calculée se trouve définie entre 0 % et 100 % sur une échelle continue. Le lien entre cette échelle continue et les mesures discrètes se fait par l'intermédiaire d'un mapping interne. En général, l'échelle continue se trouve divisée en classes reflétant les différents niveaux de scores obtenus.

Évidemment, un tel travail de correspondance ne peut avoir de sens que si les deux échelles utilisées font référence à un horizon temporel similaire.

Tant durant la phase de développement du processus de rating interne que durant les phases ultérieures de mises à jour, plusieurs points critiques doivent faire l'objet d'une surveillance particulière.

2.3 Les points critiques

Parmi l'ensemble des points critiques méritant une attention particulière, nous insisterons en premier lieu sur l'horizon temporel utilisé pendant la phase de calibration.

➤ *L'horizon temporel doit être suffisamment long*

Lorsqu'une banque met en place un système de ratings internes, la phase de test de la stabilité des matrices de transition produites doit être menée avec soin. Si ces tests s'avèrent être acceptables, alors et seulement à ce moment-là, la banque peut commencer à établir des liens entre classes de ratings internes et probabilités de défaut estimées. La question de la profondeur historique nécessaire afin d'effectuer des tests suffisamment robustes reste évidemment cruciale.

Sur la base d'une étude basée sur des données produites par Moody's, Carey et Hrycay (2001) estiment qu'une profondeur d'historique comprise entre 11 et 18 ans s'avère nécessaire en vue de tester la validité des ratings internes. Sur la base de l'univers de notation de Standard and Poor's, de Servigny et Renault (2004) considèrent qu'une période de 10 ans doit être considérée comme un minimum pour des instruments de type *investment grade*, tandis qu'un horizon de 5 ans devrait être suffisant pour des instruments de type *non-investment grade*. La figure 3.6 résulte de calculs basés sur l'univers de notation de Standard and Poor's et montre le temps moyen nécessaire par classes de rating pour qu'une firme appartenant à une classe donnée connaisse un état de défaut.

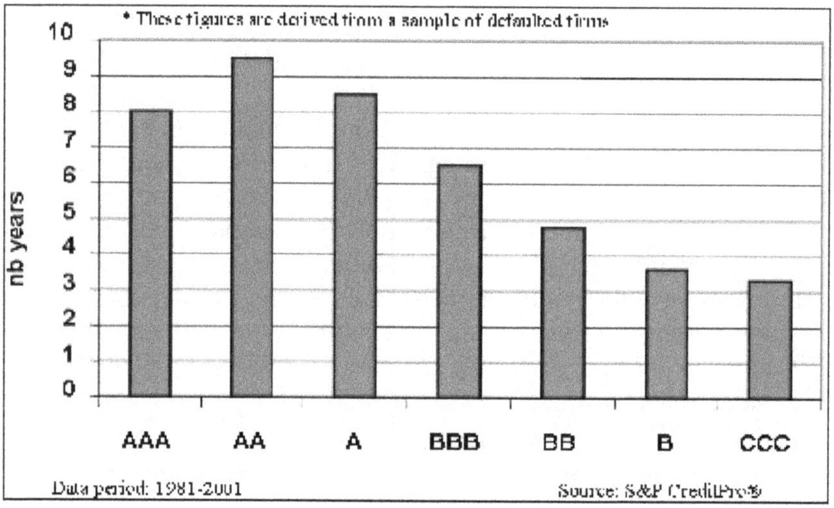

Figure 3.6

Nous avons fait mention plus haut du fait qu'il pouvait exister une tentation assez grande de comparer les ratings internes nouvellement produits avec les ratings externes produits de façon externe. Pourtant, ces deux approches ne s'avèrent généralement pas compatibles.

➤ *L'incompatibilité des deux approches*

Dans de nombreuses banques, il est courant de mener en parallèle un travail de nature plutôt qualitative dans le suivi des entreprises de grande taille basé sur une comparaison avec les ratings produits de façon externe et d'utiliser dans le même temps une méthodologie de scoring pour le suivi des entreprises de petite et moyenne taille. Une telle association se révèle assez largement sous optimale dans la mesure où la même échelle de notations internes est utilisée pour filtrer des informations à la fois de nature « *through-the-cycle* » (les ratings externes) et « *at-the-point-in-time* » (les outils de scoring).

La volatilité[1] des ratings est plus forte selon la seconde méthode que dans la première. De plus, l'instabilité des ratings et le différentiel entre les deux méthodologies ne sont pas identiques selon la qualité du rating : les ratings qui correspondent aux firmes de risque moyen présentent les résultats les plus divergents, tandis que l'on retrouve une certaine convergence pour les meilleurs et les plus mauvais ratings.

Pour ces raisons, les deux méthodologies de notation sont dans la pratique incompatibles car il n'y a pas de liens stables entre elles. Dans ces conditions, il existe un risque que les banques utilisent en même temps ces deux approches sans en mesurer les erreurs induites.

Le dernier des points critiques que nous souhaiterions mettre en avant concerne le niveau de granularité des échelles de ratings internes.

➤ *La granularité des échelles de notation*

De nombreuses discussions ont déjà eu lieu pour apprécier dans quelle mesure il était possible comparer des ratings produits par des agences externes et des ratings résultants de modèles internes, tel le modèle, désormais implanté dans la plupart des banques, de MKMV *Credit Monitor*. Parmi les points de discussion, celui concernant la réactivité des approches de type structurel versus la stabilité des ratings externes a été le plus âprement discuté. Avec l'acquisition de MKMV *Credit Monitor* par Moody's, il a finalement été montré que les deux approches pouvaient être complémentaires, mais la question du degré de granularité optimale des échelles de notation reste encore aujourd'hui une question à l'étude.

À cet égard, il convient de mentionner, s'il en était besoin, qu'une agence de notation ne partage pas par définition les mêmes objectifs qu'une banque. Pour une agence, la communication à destination des investisseurs est prédominante. Une décision d'*upgrade* ou de *downgrade* est un événement important induisant des répercussions majeures pour la politique de financement de l'entreprise concernée. Disposer d'une échelle ayant un niveau de granularité limité contribue à renforcer l'impact informationnel d'une migration (c'est-à-dire, un *upgrade* ou un *downgrade*), renvoyant par là aussi un signal fort aux investisseurs. Les banques ne recourant pas à un système de notation interne pour leur communication externe, et dans l'hypothèse où disposant d'un niveau de données suffisant, les systèmes mis en place seraient jugés satisfaisants, un niveau de granularité plus important pourrait être utilisé.

1. Les modèles qui utilisent des ratings internes et déterminent la volatilité de ces ratings à partir d'une analyse de la volatilité des ratings des agences de notation introduisent une forme d'incohérence.

Conclusion

L'idée de pouvoir estimer le niveau de probabilité de défaut par une méthode qualitative, comme celle des ratings, offre bien évidemment de nombreux attraits, en particulier celui de la simplicité. Si la fiabilité des résultats obtenus concernant les firmes *investment grade* peut être jugée satisfaisante, les résultats concernant les firmes sub-*investment grade* doivent généralement être accueillis avec plus de précaution, notamment en raison de leur fort niveau de dépendance avec les cycles d'activités.

Section 2 L'APPROCHE PAR LES MODÈLES STRUCTURELS

En parallèle à l'approche par les ratings, le recours aux modèles structurels de valorisation de la firme (Merton 1974, MKMV Credit Monitor) a permis, à l'aide de nombreuses approximations empiriques, de dégager une estimation de la probabilité de défaut des entreprises cotées. Ce type de modèle qui présente l'avantage d'une vision dynamique n'est cependant pas sans faiblesse : face à l'incertitude des jugements humains évoquée pour relativiser une approche par les ratings, il convient de s'interroger, s'agissant du modèle de la firme, à propos du degré de validité des résultats obtenus, qui repose sur le niveau d'efficience limité des marchés actions.

Après avoir examiné le modèle de Merton et sa variante à frontière exogène, nous analyserons leur caractère prédictif du défaut.

1 Le modèle de Merton

Appelé modèle de Merton (1974), ou encore modèle de la firme, il décrit le risque de crédit en utilisant les principes du *pricing* d'options proposé par Black et Scholes (1973). Il fonctionne à partir de la valeur de la firme emprunteuse et de l'échange d'option sur cette valeur qui intervient entre le prêteur et l'actionnaire à l'occasion d'un prêt.

1.1 La structure du modèle

L'actionnaire d'une entreprise endettée pour un montant B, ne détient rien d'autre qu'une option d'achat de la situation nette de cette entreprise, de prix d'exercice B et de même maturité que la dette. Le prêteur a vendu quant à lui une option de vente de prix d'exercice B. Le défaut intervient lorsque, à l'échéance de la dette, la valeur de la firme est inférieure à B. La firme revient dans ce cas au prêteur. Ce type de modèle est appelé modèle structurel, car il relie directement le risque de crédit à la structure financière de la firme (*cf.* chapitre 2).

Le modèle de Merton permet d'obtenir un *spread* théorique de crédit. Ce dernier traduit l'aversion au risque des investisseurs : il augmente avec le niveau de levier financier de la firme, il augmente également lorsque la volatilité de la valeur de la firme s'accroît.

Repères — Le mécanisme du modèle de Merton

Soit V le processus stochastique de type brownien géométrique qui correspond à la valeur de la firme. Le défaut intervient à l'échéance de la dette si la firme ne parvient pas à faire face à ses engagements (Merton). V_T est la valeur de marché des actifs de la firme à T.

Considérons l'obligation au passif de la firme $\overline{B}(V,T) = \min(B_T, V_T)$ à l'échéance T[1], avec B_T la valeur faciale sans risque de la dette venant à maturité à T.

Soit S_T la valeur de marché des actions à T, $S_T = \max(0, V_T - B_T)$.

Par des calculs classiques[2] du type Black et Sholes (1974), on déduit le lien entre valeur des actifs de la firme, dettes de la firme et actions de la firme :

$$S = VN_1(k + \sigma_v\sqrt{T-t}) - Be^{-r_f(T-1)}N_1(k)^3, \text{avec } k = \frac{\ln(V/B) + \left(r_F - \frac{1}{2}\sigma_V^2\right)(T-t)}{\sigma_V\sqrt{T-t}}$$

On peut alors calculer la valeur de nombreux actifs à partir du modèle, comme résolution du lemme d'Itô avec des états limites : obligations risquées, convertibles, dérivés de crédit.

La structure par terme des *spreads* constitue un enjeu important, car le potentiel de défaut ou de baisse de rating ne peut pas être traité de manière identique pour un titre de dette à 1 an et un titre de dette à 10 ans. Dans le modèle de Merton, les *spreads* de crédit s'accroissent avec le temps, pour des titres de dette de bonne qua-

1. Les termes surmontés d'une barre : $\overline{B}(V,t)$ correspondent à des actifs intégrants un risque de défaut.
2. On écrit $V = \overline{B}(V,t) + S(V,t)$
   Soit Π un portefeuille composé de l'obligation et de Δ actions : $\Pi = \overline{B}(V,t) + \Delta S(V,t)$
   En appliquant le lemme d'itô à $d\Pi$, on écrit :
   $$d\Pi = \left(\frac{\partial}{\partial t}\overline{B} + \frac{1}{2}\frac{\partial^2\overline{B}}{\partial V^2} + \Delta\frac{\partial^2 S'}{\partial t} + \frac{1}{2}\Delta\frac{\partial^2 S'}{\partial V^2}\right)dt + \left(\frac{\partial}{\partial V}\overline{B} + \Delta\frac{\partial S}{\partial V}\right)dV$$
   Le portefeuille de couverture est celui qui annule la partie dV. En annulant le second terme, on trouve alors la valeur correspondante de Δ.
3. On notera $\sigma_S = \frac{\partial S}{\partial V}\frac{V}{S}\sigma_V$; r_f est le taux sans risque.

lité. Au contraire, concernant les titres de dette de faible qualité de crédit, le potentiel de redressement conduit à anticiper des *spreads* décroissants avec le temps[1].

Jarrow et Van Deventer (1998) ont tenté de tester le modèle de Merton en comparant la cotation de l'action d'une entreprise conduisant à un *spread* théorique et celle de son *spread* effectif. Ils obtiennent des résultats contrastés. Schwartz et Torous (1992) ont prolongé le modèle de Merton en étudiant le cas des prêts amortis d'un gage (*collateral*), Bizer et De Marzo (1992) en l'appliquant à des prêteurs classés selon leur priorité (*seniority*) pour l'acquisition de la valeur nette en cas de défaut.

1.2 Les points faibles

- dans le modèle, la firme ne peut faire défaut qu'à la maturité de la dette ;
- la spécification des priorités liées aux *séniorités* de différentes dettes doit être apportée ;
- la valeur de la firme est une donnée difficile à identifier avec certitude (la valeur de marché de la firme = la valeur de marché des actions + la valeur de marché de la dette), comme la valeur de marché des différentes dettes, s'agissant en particulier des dettes bancaires ;
- au-delà de cet aspect, l'évaluation de l'immatériel, du type marques, ne s'observe pas. C'est également le cas de divers engagements hors bilan (retraites) ;
- les *spreads* de crédit à court terme qui découlent du modèle présentent un caractère particulièrement irréaliste à court terme. Ils sont voisins de zéro, ce qui est totalement contraire aux données observées ;
- absence de toute dimension principal-agent.

2 Les modèles structurels à frontière exogène

2.1 Définition

Les modèles structurels abandonnent une des hypothèses les plus irréalistes du modèle de Merton : le défaut ne peut intervenir qu'à date de maturité de la dette, lorsque la valeur des actifs de la firme ne permet pas de couvrir le portefeuille de dettes. Dans les modèles à frontière exogène, le défaut peut intervenir à chaque instant, lorsque la valeur des actifs de la firme passe en-dessous d'un plancher convenu, éventuellement exogène.

1. Sur le plan des résultats empiriques, les résultats effectivement constatés sont mitigés par rapport à ce que ce type de modèle laissent attendre : un confort pour Sarig et Warga (1989), Fons (1994) ; plus contrasté chez Helwege et Turner (1997).

Le modèle de Longstaff et Schwartz (1995) fait l'hypothèse d'une variable-seuil K en-dessous de laquelle l'entreprise se trouve en situation de détresse financière. Tous les contrats de dette sont supposés alors faire défaut simultanément. Les créanciers vont récupérer une fraction de leur dette (taux de recouvrement connu *a priori*). Cela permet d'éliminer les problèmes de *séniorité* du modèle de Merton. Dans le modèle de Longstaff et Schwartz, la valeur de K est fixée.

Repères — **Le modèle MKMV Crédit Monitor**

Le modèle MKMV Credit Monitor fait partie des modèles structurels à frontière exogène : la probabilité de défaut (EDF) est en effet déterminée par rapport à un seuil de défaut défini de manière empirique comme la somme de la dette financière à long terme de la firme et de la moitié de sa dette à court terme :

$$EDF_t = N\left(-\frac{\ln(A_0) - \ln(X) + (\mu - \sigma^2/2)t)}{\sigma\sqrt{t}}\right)$$

avec :

$N(-)$: distribution normale,

A_0 : valeur de marché des actifs de la firme à t = o,

X : point de défaut,

σ : volatilité des actifs de la firme,

μ : anticipation de rendement sur les actifs de la firme.

2.2 Les points faibles

Le problème de fond de ces modèles reste l'évaluation de la dette de la firme. En effet, en absence d'informations de marchés, seul un *pricing* implicite peut être obtenu, à l'aide d'obligations de maturité comparable, situées dans des classes de risque et des secteurs d'activité comparables.

Dans ce type de modèle de diffusion, la notion de *sudden surprise*, amenant à un défaut non anticipé, est non explicable. Le défaut survient plutôt petit à petit, *not with a bang but with a whimper* (Duffie et Lando, 1998). En conséquence, avec ce type de modèles, les *spreads* de court terme restent, de manière irréaliste, proches de zéro.

L'impact des changements de ratings externes (effet signal) n'est pas pris en compte par ces modèles.

Face aux critiques qui visent les modèles de diffusion, et inspiré par les modèles stochastiques avec composante de saut exogène (*reduced form*), Zhou (1997) a développé une approche intéressante fondée sur l'intégration au modèle de diffusion d'un processus de Poisson. De ce fait, il parvient à tenir compte à la fois des défauts anticipés et des défauts non anticipés, contribuant à mieux rendre compte de la structure par terme des *spreads* (*cf.* annexe 3.1).

3 La notion d'*early warning systems*

À la suite de Crosbie (1997), Delianedis et Geske (1999) étudient la fonction d'aide à l'anticipation de défaut qui peut être extrapolée des modèles structurels. Les modèles de Merton (1974) et Geske (1977) permettent d'établir une structure par terme des probabilités de défaut risque neutre (*RNPD*) (*cf.* annexe 3.2). Une étude comparative des *RNPD* et des migrations de rating est menée. Il apparaît que les *RNPD* présentent un caractère d'*early information* sur les migrations de rating (effet détection amont des événements de défaut).

3.1 Un modèle simple

La probabilité risque neutre, à la date t, que la valeur des actifs de la firme sera plus grande que la valeur faciale de la dette à la date T : $V_T - M \geqslant 0$ est $N_1(k)$[1]. Autrement dit, la *probabilité de défaut risque neutre de défaut* en T s'écrit :

$$RNPD_M = 1 - N_1(k)$$

Cette probabilité de défaut est tournée sur le futur et peut être considérée comme l'anticipation de défaut à terme, compte tenu de la valeur actuelle de la firme.

Les probabilités risque neutre sont liées aux probabilités effectives de défaut, car elles constituent un plafond de ces dernières et ont la même volatilité. Dans ces

1. Soit M la valeur faciale de la dette venant à maturité à T.
Soit V_T la valeur de marché des actifs de la firme à T.
Soit S_T la valeur de marché à T, des actions.
$S_T = \max(0, V_T - M)$ et $(S = VN_1(k + \sigma_V\sqrt{T-t}) - Me^{-r_F(T-t)}N_1(k)$
avec $k = \dfrac{\ln(V/M) + \left(r_F - \frac{1}{2}\sigma_V^2\right)(T-t)}{\sigma_V\sqrt{T-t}}$.

conditions, le *RNPD* va servir de limite supérieure à la probabilité de défaut effective (*APD*) : $RNPD \geq APD$.

3.2 Des résultats intéressants

Delianedis et Geske (1999) effectuent un test pour estimer si une structure par terme des probabilités de défaut peut donner des informations sur les perspectives futures en termes de défaut, sous l'hypothèse d'efficience des marchés. Le test consiste à regarder si les firmes qui connaissent un événement de défaut (amélioration et dégradation des notations), ont suivi une évolution caractéristique de leur probabilité de défaut risque neutre dans les 24 mois précédents :

- les résultats sont favorables sur l'échantillon, avec un résultat plus mitigé concernant d'une part les sociétés ayant un rating élevé, et d'autre part le cas des améliorations de notation ;
- les résultats obtenus peuvent être considérés équivalents pour des firmes *investment grade* ou non ;
- quand il n'y a pas eu de mouvement sur les ratings au cours des 24 mois précédents, la qualité des anticipations est réduite.

Pour illustrer la capacité d'anticipation notée par Delianedis et Geske (1999), nous présentons les qualités, mais aussi les limites des modèles du type de Merton comme le modèle de Vasicek/Kealofer[1] (MKMV) en tant qu'*Early Warning System*.

Une bonne illustration de cette capacité d'anticipation est par exemple le cas Xerox en septembre-octobre 2000 (figure 3.7). Il apparaît clairement que KMV-Credit Monitor permettait une anticipation de la dégradation de la probabilité de défaut de l'entreprise avec une avance de 18 mois.

IFR septembre 2000/dérivés de crédit : « Xerox s'est traité à 159 points de base à 5 ans et 166 points de base à 7 ans. Cela a marqué un aplatissement de sa courbe de *spread* de crédit, ainsi qu'une baisse de son prix de *swap* de défaut. »

IFR octobre 2000/dérivés de crédit : « Xerox a suivi Intel, Apple et Kodak en émettant un avertissement sur ses résultats et le prix de ses actions est tombé de 25 % en conséquence. Après l'avertissement, les *swaps* de défaut se sont traités successivement à 235 points de base, puis 255, 260 et même, sont montés jusqu'à 330 points de base. »

En revanche, s'agissant d'un défaut lié à un mécanisme de rupture, l'apport des modèles structurels est faible.

Prenons le cas Laidlaw qui est la plus grande société de transport par bus aux États-Unis. Cette société présentait un caractère investment grade jusqu'à mi-1998, tant pour Standard & Poor's que pour MKMV Credit Monitor (figure 3.8). Au début 2000, les ratings et EDF manifestaient

1. Le modèle MKMV est plus adapté à la réalité en ce sens qu'il tient compte des dividendes, de plusieurs classes de dettes notamment.

que la société rencontrait des difficultés, sans risque majeur. La descente en vrille a été la conséquence de la découverte d'irrégularités comptables dans sa filiale Safety Clean, conduisant à un défaut de remboursement des intérêts de la dette Laidlaw au 30 mai 2000.

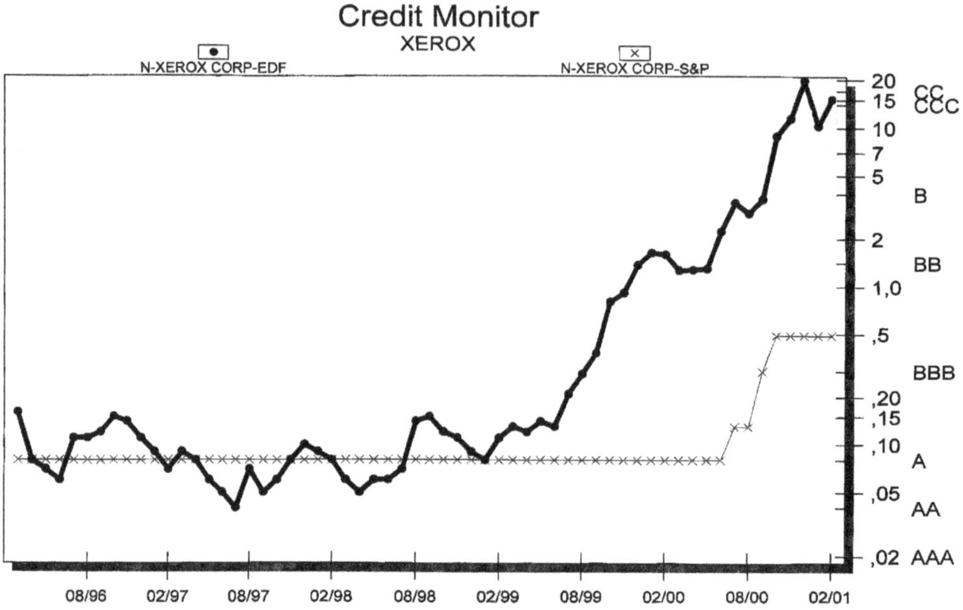

Figure 3.7 — Le cas Xerox

Cette approche trouve de nombreuses applications dans les modèles bancaires d'analyse de portefeuille de crédit. Son principal avantage est d'articuler risque de crédit et performance de la firme. Les modèles structurels sont parfois même considérés comme une approche systématisée qui remplacerait une démarche traditionnelle, artisanale, d'évaluation au cas par cas du risque de crédit de chaque firme à partir de l'évolution de son comportement.

Par rapport aux approches fondées sur les ratings, qui déterminent des migrations de crédit de nature discontinue, estimées sur la base de règles historiques, les modèles dérivés du modèle de Merton semblent offrir une démarche plus satisfaisante intellectuellement car continue, en temps réel, permettant même des anticipations de défaut.

Pourtant, un point fondamental mérite d'être souligné : ce type de modélisation, au-delà même de toutes ses simplifications méthodologiques osées, repose fondamentalement sur une hypothèse inexacte d'efficience forte[1] des marchés actions.

1. Ce qui signifie que toute l'information publique et privée est instantanément répercutée dans les cours boursiers.

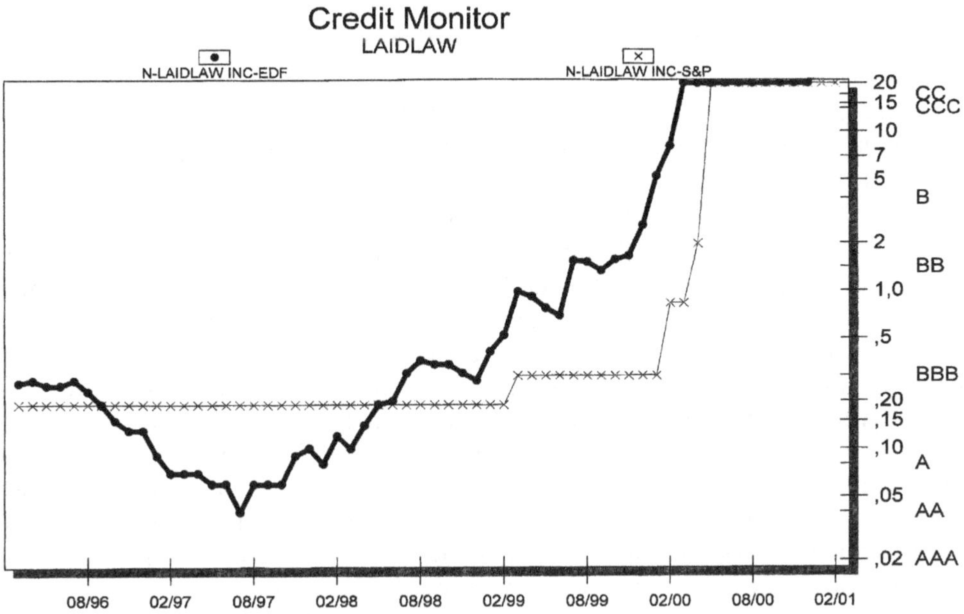

Figure 3.8 — Le cas *Laidlaw*

Or, la réalité invite à retenir un degré d'efficience plus limité : faible à semi-fort. Dans ces conditions, un *monitoring* des engagements de la banque au cas par cas pourrait permettre d'intégrer un niveau supérieur d'information, conduisant à mieux approcher les risques de défaut que les modèles structurels. De ce fait, il n'y a pas de substitution à envisager entre *monitoring* traditionnel et modèles structurels, mais plutôt complémentarité.

Les modèles structurels permettent donc d'anticiper de manière satisfaisante des événements de crédit, dans la mesure où ceux-ci ne résultent pas d'une évolution discontinue (rupture) au sein de la firme, du contexte économique (effet de cycle marqué) ou encore des marchés financiers (du type éclatement de bulle spéculative).

Les approches, fondamentalement de nature discontinue, par les ratings ou par le truchement du modèle de la firme, correspondent la plupart du temps, aux méthodologies en usage dans la filière crédit des banques. Elles sont cependant d'une utilité plus restreinte pour les activités *marked to market* sur les marchés de taux et de crédit. Sur ces derniers, les opérateurs ont recours à un indicateur de nature continu : le *spread* de taux.

Section 3 L'APPROCHE PAR LES *SPREADS*

Il est en effet d'usage de décomposer le taux d'intérêt retenu pour le financement d'une contrepartie entre taux sans risque et une prime de risque appelée *spread*. Ce *spread* incorpore plusieurs informations sur la qualité de l'emprunteur, la liquidité de la transaction sous-jacente ou plus globalement, du marché.

En faisant l'hypothèse que l'effet liquidité est marginal ou quantifiable, on obtient une mesure continue de l'évolution de la qualité du crédit d'un emprunteur dont la transaction de crédit est cotée[1]. Pour que cet indicateur ne soit pas bruité, il faudrait idéalement que le marché soit complet, c'est-à-dire qu'il existe des transactions pour tous les crédits à toutes les échéances, sans possibilité d'arbitrage entre elles. Pour parvenir à cet idéal, un développement du marché est nécessaire et tant que l'on n'y est pas parvenu, les *spreads* constitueront des indicateurs fragiles de la qualité des crédits. Sur cette base pourtant, des techniques et des outils de valorisation des risques se sont développées. Elles présentent le grand intérêt de favoriser la multiplication des transactions de produits dérivés et d'apporter un accroissement de la liquidité et de la complétude de ces marchés du crédit.

1 Un perfectionnement méthodologique incontestable

En fait, la théorie financière a produit trois générations de modèles dynamiques stochastiques en temps continu. Cette évolution traduit un perfectionnement méthodologique incontestable.

1.1 Les nouvelles générations de modèles

La première génération (les modèles structurels, qui viennent d'être présentés au paragraphe précédent), faisait suite aux fameux articles de Merton (1974) sur la valorisation optionnelle de la firme et de Black et Scholes (1973), donnant la solution du problème de l'évaluation d'une prime d'option. Black et Scholes (1973) dérivent la prime d'option d'une opération d'arbitrage sans risque intervenant entre t et $t + dt$, et dont le rendement doit être nul (en l'absence de risque). Ils supposent au préalable que le prix de l'option ne dépend que d'une variable d'état – le prix de l'actif sous-jacent – ce qui permet de construire l'arbitrage. Merton (1974) constitue une application du modèle de Black et Scholes (1973) centrée sur une variable d'état : la valeur des actifs de la firme. Ce type de modèle, fondé sur des informations discontinues de type comptable sur la vie de la firme, demande de nombreuses approximations pour être mis en œuvre, d'où sa remise en cause partielle (voir partie précédente).

1. Cette mesure ne permet pas de distinguer risque de défaut et taux de recouvrement.

La seconde génération de modèle[1], développée notamment par Madan, Unal (1994), Duffie, Singleton (2000), est également fondée sur le formalisme de Black et Scholes (1973) ; mais elle a pris ses distances par rapport au modèle de Merton en dissociant de manière explicite défaut et valeur de la firme. Pour cette raison, ces modèles rentrent dans la catégorie *reduced form*[2]. Dans ce type de formalisme, la donnée de base devient le taux d'intérêt de l'actif risqué ou le *spread* qui s'y rapporte (taux risqué-taux sans risque). Cette variable, associée à un processus pour le taux sans risque, permet de trouver une solution à la valorisation de tous les actifs associés : obligations risquées, options, *swaps*. En ce sens, ce modèle, comme tous ceux de sa génération peuvent être appelés modèles mono-factoriels.

La troisième génération de modèles est développée notamment par Jarrow, Lando, Turnbull (1997), Duffie, Singleton (2000)[3]. Un degré de généralité y est franchi à cette occasion puisque, dans le prolongement des travaux de Heath, Jarrow et Morton (1992), ces modèles ne partent pas d'une variable d'état prise *a priori* sans réelle justification, mais de l'observation, lorsqu'elle existe, de données de marché objectives : le *continuum* de cotations des taux risqués à terme, ainsi que le *continuum* de cotations des taux sans risque. Ils considèrent comme variables exogènes l'ensemble des processus aléatoires définissant les risques affectant le marché financier (taux de défaut instantané ou *hazard rate*). Pour cette raison, on parle souvent de modèles multifactoriels. Ces travaux ont apporté des éclairages nouveaux et intéressants sur la formation des courbes des *spreads*, mais toutefois non définitifs, car plusieurs difficultés demeurent (voir présentation des modèles de deuxième et troisième générations en annexe 3.3).

1.2 Les avantages

De manière générale, le point fondamental est que ce type de modèles, tant de seconde que de troisième génération, n'associe pas de manière explicite défaut et valeur de la firme : la date de défaut ressort d'un processus exogène et ne dépend donc pas explicitement des actifs de la firme. Plus généraux que les modèles structurels, ils permettent de rendre compte des ruptures (*sudden surprises*) : un processus stochastique exogène permet de déterminer la probabilité de défaut, de telle sorte que sur toute période de temps, le défaut est non nul. Le défaut survient lorsque la variable aléatoire subit un saut discret. La date à laquelle survient ce saut est par conséquent aléatoire.

La gamme des modèles *reduced form* offre une grande souplesse d'utilisation :

1. Les deux familles de modèles qui suivent sont issus des travaux de Harisson et Kreps (1979) et Harrison et Pliska (1981). Ils s'appuient sur les notions de marché complet, efficient au sens où aucun arbitrage sans risque ne peut engendrer de profit. Ils traduisent ces notions par les outils mathématiques de probabilité risque neutre et de martingale.

2. Bien que qualifiés de *reduced form*, ces modèles présentent en fait un caractère de généralité plus grand que les modèles dits structurels.

3. Elle fait également partie des modèles *reduced form*.

– leur avantage est de permettre l'évaluation de la valeur d'actifs risqués ou de dérivés de ces actifs en *marked to market*, alors que les précédents modèles (ratings et modèles structurels) étaient incapables de donner une valeur et d'apprécier le risque de ces instruments avec précision, en raison d'une méthodologie nettement moins fine, dite *marked to model* qui traduit pratiquement un mécanisme d'actualisation approximatif et figé[1] ;
– les classes de *séniorité* de dettes peuvent être introduites *via* des différences dans les taux de recouvrement en cas de défaut ;
– les taux de recouvrement peuvent être choisis constants (Jarrow, Lando, Turnbull, (1997) ou variables : par exemple liés au taux sans risque (Das, Tufano, 1995) ou encore à la valeur de marché précédant le défaut (Duffie, Singleton, 2000) ;
– ces modèles peuvent être combinés avec n'importe quelle structure des taux sans risques (du type Vasicek, 1977 ou HJM, 1992). La probabilité de défaut peut être corrélée ou non avec les variations du taux sans risque ;
– des probabilités de transition des ratings de crédit peuvent être utilisées, permettant de définir une mesure de probabilité risque-neutre fondée sur des données historiques (S & P, Moody's) ;
– ces modélisations incluent les modèles structurels comme des cas particuliers où les remboursements de dette et le défaut sont définis de manière endogène.

1.3 Les points faibles

Les principaux points faibles des modèles *reduced form* sont essentiellement liés au caractère imparfait des marchés sous-jacents :

– le point le plus sensible est la détermination de la probabilité de défaut, qui n'est pas la probabilité historique, mais la probabilité risque-neutre (*cf.* annexe 3.2). À ce propos, la remarque critique de Duffee (1996) sur le caractère de marché complet, d'absence d'opportunité d'arbitrage sur les marchés du crédit, met le doigt sur la vraie source d'interrogation :

Because the stochastic behavior of credit risk is not well understood by market participants, identifying potential arbitrage opportunities is difficult. In addition, markets for credit risk are typically illiquid and asymmetric information problems abound.

« Parce que le comportement aléatoire du risque de crédit n'est pas bien compris par les acteurs du marché, identifier les opportunités d'arbitrages possibles est difficile. De plus, les marchés de risques de crédit sont particulièrement illiquides et les problèmes d'asymétrie d'information y sont nombreux ».

1. Par exemple, pour chaque classe de rating, la structure par terme des niveaux de *spread* est un *input* figé de CreditMetrics et KMV-PM. Et il n'y a pas, à proprement parler, de structure par terme du taux sans risque.

– les problèmes de liquidité, sur les obligations notamment, devraient conduire à l'introduction d'une prime de liquidité ;
– dans le cas des modèles à variable d'état, il y a des difficultés à réconcilier la structure par terme des *spreads* constatée avec celle issue des modèles[1] (manque de validations empiriques) ;
– toutes les formes de restructuration de dettes qui sont souvent préalables au défaut, ne sont pas prises en compte.

2 Comparaison entre modèles structurels et modèles *reduced form*

Deux démarches notables ont été, à notre connaissance, entreprises pour établir des ponts calculatoires entre les deux approches. La première de Zhou (1997), est évoquée au sein du paragraphe traitant des modèles structurels. Elle consiste à greffer un processus de saut sur un modèle structurel, de manière à obtenir une structure par terme des *spreads* de crédit qui soit réaliste. La seconde tentative, de Madan, Unal (1999), part des modèles stochastiques exogènes pour se rapprocher des modèles structurels en cherchant à calibrer le taux de défaut instantané (*hazard rate*) avec des informations comptables sur la firme (valeur des actifs, valeur de la dette). Les auteurs parviennent ainsi à mettre en évidence que les modèles structurels ne sont qu'un cas particulier des modèles stochastiques exogènes (*reduced form*).

2.1 L'asymétrie d'information

Ces deux démarches ne nous paraissent cependant pas révéler correctement l'ampleur du fossé conceptuel qui sépare les deux approches. À ce titre, Duffie, Lando (1999R) mettent en évidence que ce qui fondamentalement sépare ces deux approches est le problème de l'asymétrie d'information, c'est-à-dire de l'information imparfaite apportée aux investisseurs par les entreprises, notamment du fait de dates de publication des comptes trop espacées dans le temps, offrant des données trop anciennes, délivrant des informations insuffisantes.

Dans le cas des modèles structurels, on fait en réalité l'impasse sur le caractère imparfait de l'information reçue et en conséquence, on ne parvient pas à rendre compte de la structure par terme des *spreads*. Le graphe ci-dessous illustre la situation.

Dans le cas des modèles stochastiques exogènes, on se détache de l'information comptable sur la firme, jugée trop imparfaite, et l'on retient un processus aléatoire exogène, calibré sur des informations de marché et des informations historiques. Ce type de modèles permet à la fois de parvenir à une structure par terme des *spreads* plus cohérente avec les données observées. Il présente également des conditions simplifiées de mise en œuvre pratique.

1. Duffee (1996).

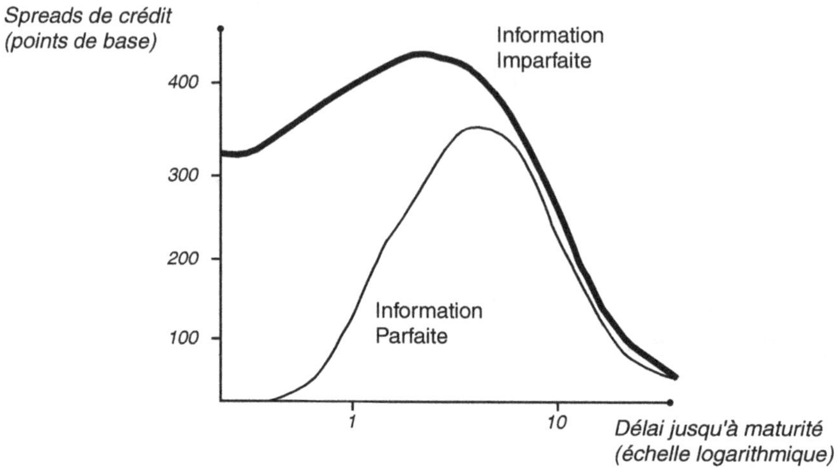

Figure 3.9 — Les spreads de crédit et l'information

2.2 Les tests empiriques

Sur le plan des tests empiriques, Arvanitis, Gregory, Laurent (1998) présentent notamment un comparatif des matrices de génération : ils juxtaposent une matrice de génération historique basée sur des données Moody's et une matrice comparable de génération, calibrée, issue de leur propre modèle dans le cas simplifié de taux de défaut instantanés (*hazard rates*) constants.

Tableau 3.4 — Matrice de génération construite à partir de données Moddy's

	AAA	AA	A	BBB	BB	B	CCC	DEF
AAA	– 0.0683	0.0615	0.0066	0.0000	0.0002	0.0000	0.0000	0.0000
AA	0.0169	– 0.0993	0.0784	0.0027	0.0009	0.0001	0.0000	0.0002
A	0.0007	0.0237	– 0.0786	0.0481	0.0047	0.0012	0.0001	0.0000
BBB	0.0005	0.0028	0.0585	– 0.1224	0.0506	0.0075	0.0008	0.0016
BB	0.0002	0.0005	0.0045	0.0553	– 0.1403	0.0633	0.0026	0.0138
B	0.0000	0.0004	0.0014	0/0059	0.0691	– 0.1717	0.0208	0.0741
CCC	0.0000	0.0000	0.0000	0.0074	0.0245	0.0488	– 0.3683	0.2876
DEF	0.0000	0.0000	0.0000	0.0000	0.0000	0.0000	0.0000	0.0000

Entre les deux modèles, des différences sensibles existent :

– sous-estimation chez Moody's des probabilités instantanées de changement de rating ;

Tableau 3.5 — Matrice de génération calibrée, construite à partir du modèle stochastique exogène de Arvanitis, Gregory, Laurent (1998)

	AAA	AA	A	BBB	BB	B	CCC	DEF
AAA	**– 0.1322**	**0.1265**	0.0033	0.0012	0.0005	0.0004	0.0002	0.0000
AA	**0.0507**	**– 0.1267**	**0.0588**	0.0141	0.0002	0.0023	0.0002	0.0004
A	0.0046	**0.0385**	– 0.0825	**0.0281**	0.0061	0.0033	0.005	0.0015
BBB	0.0006	**0.0103**	**0.0323**	**– 0.0998**	**0.0437**	**0.0101**	0.0009	0.0019
BB	0.0006	0.0023	0.0088	**0.0663**	**– 0.2093**	**0.0817**	**0.0232**	**0.0264**
B	0.0006	0.0020	0.0041	0.0068	0.0295	**– 0.2473**	**0.1768**	**0.0277**
CCC	0.005	0.0001	0.0017	0.0111	0.0294	**0.0188**	**– 0.1632**	**0.1016**
DEF	0.0000	0.0000	0.0000	0.0000	0.0000	0.0000	0.0000	0.0000

– sous-estimation chez Moody's de la probabilité d'amélioration pour les ratings *investment grade* ;

– sous-estimation chez Moody's de la probabilité de dégradation pour les ratings *non investment grade*.

Les deux types de modèles proposent au final une unique structure par terme des *spreads* de crédit pour une classe de rating donnée, ce qui constitue une approche restrictive de la réalité. Dans le cas des modèles stochastiques exogènes, une différenciation par actif peut cependant être obtenue de plusieurs manières (différentiation des taux de recouvrement, corrélation entre taux sans risque et taux de recouvrement en particulier).

2.3 Le choix du modèle

Au total, les modèles stochastiques exogènes (*reduced form*) paraissent offrir des performances supérieures aux modèles structurels, dès lors qu'on se place à un horizon de court, et éventuellement moyen terme. De ce fait, le premier type de modèle devrait s'imposer pour le traitement de tous les produits de crédit à court terme (dérivés de crédit, engagements à court terme). Grâce à cette méthodologie, le biais d'information imparfaite sur les firmes sous-jacentes devrait pouvoir être contourné. Une comptabilisation des lignes en *marked to market* est par ailleurs concevable.

En revanche, dès que l'on prolonge l'horizon au moyen-long terme, l'hypothèse centrale de marchés complets du crédit, arbitrés, qui sous-tend les modèles *reduced form*, devient contestable. De ce fait, le *spread* de taux intègre à cet horizon à la fois une composante crédit et une composante liquidité. Cette dernière composante étant difficile à évaluer, elle est à tort négligée dans les modèles.

Peut-on pour autant réserver l'usage des modèles structurels pour les instruments de crédit à long terme, en pensant qu'ils constituent l'outil le plus adapté pour cet horizon ?

Dans le cadre d'engagements à moyen-long terme, de type obligataire ou bancaire, deux attentes sont en général formulées :

- quel est le risque de crédit propre à chaque firme ?
- quelle peut être l'incidence de corrélations du cycle économique sur le risque de crédit de la firme ?

S'agissant du premier aspect, tous les modèles font face à un problème d'information imparfaite en raison, soit de marchés de crédit non complets, soit notamment de marchés actions non efficients. L'évaluation par les différents types de modèles du risque de crédit propre à chaque firme présente donc un niveau de fiabilité limité.

S'agissant du second aspect, il faut noter que l'étude des corrélations de crédit a jusqu'à présent été plus développée s'agissant des modèles structurels. Cette situation est compréhensible, sachant qu'à court terme l'impact des corrélations est limité, voire inexistant sur les contreparties *investment grade*. En attente de travaux complémentaires sur les corrélations dans les modèles stochastiques exogènes, il semblerait plus approprié de recourir aux modèles structurels.

Pourtant, à propos des modèles structurels, un point important nous paraît devoir être soulevé, pour lequel nous n'avons pas réellement identifié de contribution constructive : le problème de la liquidité. En effet, tant dans le domaine de l'obligataire (*high yield*) que du crédit bancaire, le caractère d'illiquidité, la non-fongibilité du crédit bancaire disait Rueff, constitue un élément central. On observe bien par exemple, qu'en cas de tension boursière, le marché *high yield* voit ses niveaux de *spreads* exploser du fait de problèmes de liquidité.

Il est clair que le risque de défaut sur les engagements long terme devrait incorporer une composante de risque de liquidité. L'usage pertinent des modèles structurels nous paraît même conditionné par la définition et la prise en compte explicite de ce risque.

Synthèse

Tous ces modèles présentent une orientation commune : ils sont destinés à proposer une vision dynamique du risque de défaut. Cette dynamique est orientée vers l'anticipation de ce risque.

Mais plus l'horizon d'anticipation s'éloigne, plus l'exercice devient difficile. En effet, il y a un problème de fonds qui correspond au niveau imparfait de l'information disponible. Trois pistes alternatives sont explorées, mais aucune d'entre elles ne permet d'apporter une solution définitive à ce problème d'information :

– *une piste historique* : déduire le futur des comportements passés, avec le risque sur le moyen long terme de passer à côté des évolutions structurelles de l'économie ;
– *une piste fondée* sur l'exploitation des données propres à chaque firme : associer informations comptables et données du marché actions sur chaque firme au cas par cas. Les aléas sont à la fois des aléas de marchés sous-efficients et d'information comptable imparfaite ;
– *une piste fondée* sur des calculs stochastiques : ajuster une dynamique aléatoire utilisée pour les taux d'intérêt sans risque au cas du risque de crédit. Des hypothèses restrictives cependant doivent être formulées en matière de génération de défaut, du type processus de Markov.

Traditionnellement, là où les anticipations issues des modèles conduisent à des résultats fragiles, les acteurs se reposent sur les prix déterminés par les marchés financiers. S'agissant des marchés secondaires du crédit, deux problèmes de fonds doivent cependant être mentionnés :
– *un problème de complétude* : il n'existe pas encore de pricing pour tous les crédits à toutes les échéances ;
– *un problème de liquidité* : il n'existe, en dehors des contreparties incorporées aux indices du type iTraxx ou CDX, pas de réelle profondeur de marché significative sur les marchés secondaires du crédit.

Le développement des marchés secondaires du crédit constitue donc l'enjeu central des prochaines années, permettant d'améliorer le niveau de fiabilité des modèles dynamiques présentés dans ce chapitre.

Si un développement des marchés secondaires du crédit constituerait un atout indéniable pour les banques, il reste que l'allocation du crédit se fera toujours dans un contexte d'asymétrie d'information que des marchés financiers non totalement efficients ne parviendront jamais à corriger complètement. Dans ces conditions, le monitoring traditionnel, tant à l'origination qu'au cours de la vie de chaque crédit, correspond toujours aux missions fondamentales du métier bancaire. Le niveau d'investissement de chaque banque en matière de qualité de monitoring constitue comme par le passé un élément de différentiation de compétitivité.

Au total, il s'agit donc actuellement de mettre en œuvre une conjugaison des deux approches complémentaires afin de mieux cerner le risque de défaut, plus que d'initier une substitution entre approches traditionnelles et approches calculatoires.

Annexe 3.1 UN MODÈLE STRUCTUREL À FRONTIÈRE EXOGÈNE, AVEC COMPOSANTE DE SAUT : ZHOU (1997)

Au modèle classique de diffusion est ajoutée une composante de saut spécifique à chaque firme.

Soit V la valeur du total des actifs de la firme, elle suit la dynamique suivante :

$$dV/V = (\mu - a)dt + \sigma\, dZ_1 + (\Pi - 1)dY$$

avec μ, a, σ des constantes positives

Z_1 un Brownien standard

dY un processus de Poisson d'intensité λ

$\Pi > 0$ est l'amplitude du saut ; $\ln(\Pi) \sim N(\mu_\Pi, \sigma_\Pi^2)$

dZ_1, dY, Π sont mutuellement indépendants

μ représente l'espérance du taux instantané de changement de la valeur de la firme

$w(X)$ est (1 – le taux de recouvrement) d'une dette financière, avec $X = V/K$, K étant le seuil de défaut de la firme et $w'(X) \leq 0$. Il est important de noter que dans la même classe de dette, le niveau de recouvrement $(1 - w)$ varie avec le temps et également entre les différentes firmes (Altman E. et Bencivenga J., *A Yield Premium Model for the High Yield Debt Market*, New York University, Working Paper, 1995).

Le taux d'intérêt sans risque est pris constant dans le temps

On écrit $dX/X = (\mu - a)\, dt + \sigma\, dZ_1 + (\Pi - 1)dY$

Soit H le prix d'un actif dérivé dont le payoff à T est contingent du niveau X de la firme.

Alors en utilisant Merton (1976)[1], on peut calculer la valeur de nombreux actifs de la firme, comme la valeur de la dette risquée[2].

La volatilité instantanée de la firme s'écrit : Var $(d\ln(X))/dt$). Prenons l'hypothèse d'une volatilité instantanée constante :

$\sigma_X^2 = \mathrm{Var}\,(d\ln(X))/dt) = \sigma^2 + \lambda\sigma_\Pi^2$ avec $\mu_\Pi = 0$ et λ est l'intensité de saut.

Les conséquences de l'usage d'un modèle de diffusion-saut sont les suivantes :

- sur le court terme, une firme a plus de chance de faire défaut du fait de sa composante de saut,
- sur le long terme, une firme avec un composant de diffusion très volatile est plus encline à être en défaut qu'une firme avec un composant de saut volatile.

1. Nous savons que lorsque le risque de saut n'est pas systématique et en absence d'opportunité d'arbitrage, l'équation aux dérivées partielles s'écrit :

$$\frac{1}{2}\sigma^2 X^2 H_{XX} + (r-a)XH_X - rH + \lambda E_t[H(X\Pi, T) - H(X, T)] = H_T$$

Cette équation est indépendante de coefficients d'aversion au risque.

2. Soit $\tau = \inf\{t|X_t \leq 1, t \geq 0\}$, c'est-à-dire le premier temps de passage sous la frontière

On peut déduire le prix de la dette à la date T : $B(X, T)$, avec $B(X, 0) = I_{\tau > T} + [1 - w(X_\tau)]I_{\tau \leq T}$ à T = 0 :

$$\frac{1}{2}\sigma^2 X^2 B_{XX} + (r-a)XB_X - rB + \lambda E_t[B(X\Pi, T) - B(X, T)] = B_T$$

La solution à cette équation est obtenue en appliquant Feyman-Kac :

$B(X, T) = \exp(-rT) - \exp(-rT)E^Q[w(X_\tau)I_{\tau \leq T}]$ où Q est la mesure de probabilité risque neutre.

☞

☞

Plus la composante de saut dans la volatilité, σ_Π^2, augmente, plus X descend en dessous de 1 en moyenne en cas de défaut.[1] = > le taux de recouvrement est plus faible quand la volatilité de la composante de saut est plus élevée.[2]

D'un point de vue théorique, un *spread* est la résultante d'un EDF (probabilité de défaut) et d'un taux de recouvrement. Dans un processus de diffusion pur, on devrait avoir des *spreads* de dette à court terme quasi nuls, ce qui n'est pas le cas, d'où l'importance de la composante de saut.

Le paramètre λ correspond à la fréquence des occurrences de saut. À volatilité constante $\lambda\sigma_\Pi^2$, (λ élevé, σ_Π^2 faible) correspond à des *spreads* de crédit faibles pour des dettes à court terme, mais des *spreads* de crédit élevés pour de dettes à long terme.

Le type de modèle présenté par Zhou (1997) permet une chute brutale de la valeur de la firme. Dans ces conditions, une firme peut faire défaut de manière inattendue, par surprise.

Un autre effet positif à l'introduction d'un processus de saut est que sur le court terme la probabilité de défaut de la firme n'est plus voisine de zéro, les *spreads* de crédit de la dette à court terme ne sont donc plus nuls.

Le fait de considérer que la firme a une valeur constante en cas de défaut (Longstaff et Schwartz, 1995) était problématique, car elle ne permettait pas une approche des variations du taux de recouvrement d'une dette en fonction de la valeur résiduelle de la firme. Sur ce point, le modèle de Zhou apporte une réponse plus réaliste.

1. Au cas ou X suit un processus de diffusion, X est alors toujours au minimum égal à 1.
2. Selon un processus de diffusion-saut, pour une même firme, le taux de recouvrement de dettes à court terme devrait être plus faible que celui de dettes à long terme.

Annexe 3.2 LES PROBABILITÉS RISQUE NEUTRE SUR UN MARCHÉ COMPLET, EN L'ABSENCE D'OPPORTUNITÉ D'ARBITRAGE

Dans les modèles de type stochastique dérivés de Black et Scholes (1974), Merton (1974), Vasicek (1977), Heath Jarrow Morton (1992), il est supposé que toute l'information économique, tous les risques supportés par l'économie réelle, sont intégralement reflétés dans la dynamique des prix des actifs cotés sur les marchés financiers, supposés parfaits et efficients.

Aucune théorie sur les fondamentaux économiques ou sur les fondamentaux financiers[1] n'est avancée. Partant des données exogènes objectives que sont les dynamiques observées des actifs financiers, appliquant simplement l'hypothèse d'efficience, d'Absence d'opportunité d'arbitrage, on déduit l'existence d'une prime de risque, et donc d'une aversion au risque des agents que l'on exprime par une modification de la probabilité qu'ils appliquent aux événements possibles. Sous cette probabilité nouvelle, les agents redeviennent risque neutre et la dynamique des actifs suit une martingale.

Une structure de marché complet est donc définie par *m* processus et *n* mouvements browniens indépendants

$$dS_t^i = \mu_t^i S_t^i dt + \sum_{\alpha=1}^{n} \sigma_t^{i\alpha} S_t^i dW_t^{\alpha}$$

S_t^i est le prix à l'instant *t* de l'actif *i*.

μ_t^i et les $\sigma_t^{i\alpha}$ sont des processus aléatoires représentant les rendements instantanés et la matrice de variance covariance instantanée des titres.

Le marché est complet lorsqu'il existe autant de titres indépendants au point de vue du risque qu'il y a de sources exogènes de risque, ce qui se traduit par le fait que la matrice des volatilités σt est de rang *n*.

La condition « Absence d'opportunité d'arbitrage (AOA) » s'applique exactement comme dans Vasicek (1977). On dit qu'il y a AOA, si et seulement s'il existe une mesure de probabilité équivalente sous laquelle le processus de prix actualisé des titres est une martingale locale (théorème de Girsanov).

Si dans un portefeuille, donc dans une combinaison linéaire d'actifs S^i, on parvient à éliminer le risque instantané, c'est-à-dire à éliminer les termes en dW_t^{α}, alors le rendement obtenu devient celui du taux instantané. L'expression obtenue établit une relation linéaire entre rendements instantanés observés sur les actifs (les μ_t^i), le taux instantané (r_t), et volatilités ($\sigma_t^{i\alpha}$), définissant un vecteur λ_t lequel représente les primes de risque sur les actifs :

$$\mu_t^i = r_t + \sum_{\alpha=1}^{n} \lambda_t^{\alpha} \sigma_t^{i\alpha} \text{ pour } i = 1 \ldots\ldots m$$

ou matriciellement : $u_t = r_t \cdot 1 + \sigma_t \cdot \lambda_t$

ce qui permet d'obtenir la prime de risque à partir de rendements observés :

$$\lambda_t = ({}^r\sigma_t \cdot \sigma_t)^{-1} \cdot {}^r\sigma_t(\mu_t - r_t \cdot 1)$$

☞

☞

Dans les modèles actuels qui emploient tous le formalisme abstrait de Harrison et Kreps (1979), une fois que l'on a déduit de la dynamique des actifs de base l'existence d'une prime de risque, et donc d'une aversion au risque des agents, on remplace la probabilité de départ par une probabilité « équivalente[2] », la probabilité risque neutre qui traduit totalement l'aversion au risque des investisseurs. Sous cette probabilité risque neutre, les primes de risque s'annulent, et les rendements escomptés par le taux sans risque suivent une martingale, donc un processus ayant une espérance instantanée de rendement nulle.

Formellement, si l'on pose :

$$\boldsymbol{B}_t = e^{\int_0^t r_s ds}$$

alors

$$\frac{d(S_t^i/B_t)}{S_t^i/B_t} = \sum_{\alpha=1}^{n} \sigma_t^{i\alpha} d\hat{W}_t^{\alpha}$$

ou encore

$$\frac{dS_t^i}{S_t^i} = r_t dt + \sum_{\alpha=1}^{n} \sigma_t^{i\alpha} dW_t^{\alpha}$$

W_t étant un mouvement brownien pour la nouvelle probabilité, probabilité risque neutre, définie par l'opérateur espérance qu'elle applique à toute variable aléatoire X :

$$E(x) = \frac{E(\mu_t X)}{E(\mu_t)}$$

Prenons comme illustration une modélisation de spread de crédit (Das 1998).

La modélisation stochastique du *spread* uniquement donne : $ds = k(\theta - s)dt + \sigma\sqrt{s}dz$ et les options sur le *spread* sont représentées par :

$$\text{Option} = e^{-RT}\int_0^{\infty}(S_T - K)^+ f(s_T)ds_T$$

Ce calcul d'option s'effectue dans un contexte de mesure de probabilité risque neutre.

Dans la suite, nous adoptons la convention matricielle : $\begin{bmatrix}\text{taux court}\\ \text{taux long}\end{bmatrix}$

La composante sans risque s'écrit $r = \begin{bmatrix}0{,}08\\ 0{,}09\end{bmatrix}$ et le *spread* s'écrit $s = \begin{bmatrix}0{,}01\\ 0{,}015\end{bmatrix}$, alors

$$r + s = \begin{bmatrix}0{,}09\\ 0{,}105\end{bmatrix}$$

Soit une obligation zéro coupon risquée, de maturité 2 ans, de valeur 100 *in fine.*

Sa valeur actualisée initiale est : $\dfrac{100}{(1+0{,}105)^2} = 81{,}8984$

Le taux court à terme s'écrit : $f_{12} = \dfrac{1{,}09^2}{1{,}08} - 1 = 0{,}1001$

☞

☞

Avec une approche discontinue de la distribution stochastique du *spread*, ce dernier s'exprime de manière binomiale : $s(t) = s(0) + k(\theta - s(0)) \pm \sigma\sqrt{s(0)}$ avec une unité de temps d'1 an, (où sont donnés $k = 0,2$; $\theta = 0,02$; $\sigma = 0,03$)

Pour mettre en œuvre les arbitrages, il faut se placer sous une mesure de probabilité risque neutre en modifiant le terme de drift : $s(t) = s(0) + k(\theta - s(0)) + \gamma \pm \sigma\sqrt{s(0)}$

$$s(0) = 0{,}01 \text{ et } s(1) = \begin{cases} \gamma + 0{,}015 \\ \gamma + 0{,}009 \end{cases}$$

On peut écrire le zéro coupon risqué en $t = 1$: $B(1) = \begin{cases} \dfrac{100}{1 + f_{12} + \gamma + 0{,}015} = i \\ \dfrac{100}{1 + f_{12} + \gamma + 0{,}009} = j \end{cases}$

Et $B(0) = \frac{1}{2}[i + j]\frac{1}{1{,}09} = 81{,}8984$, ce qui permet de calculer la prime de risque $\gamma = 0{,}0081$ et d'en déduire $s(1) = \begin{cases} 0{,}0231 \\ 0{,}0171 \end{cases}$

Ce qui signifie qu'un call à 1 an sur le *spread*, de strike K = 0,02 aurait une valeur lorsque le *spread* est égal à 0,0231 et pas de valeur dans l'autre cas.

1. Selon les termes utilisés par O. Davanne (1999) dans le rapport du Conseil d'analyse économique sur l'instabilité du système financier international.

2. Au sens de la théorie des probabilités, c'est-à-dire une probabilité qui attribue la probabilité 0 aux mêmes ensembles d'événements que la probabilité initiale.

Annexe 3.3 Présentation des modèles de type *reduced form*

Synthèse du mécanisme commun à l'ensemble des modèles de type *reduced form*

Le défaut est non prévisible, gouverné par un processus stochastique.

Soit un titre optionnel qui paie X à la maturité T en l'absence de défaut.

Soit r le taux court sans risque (risque neutre) et Q la mesure équivalente risque neutre

Soit h_t la probabilité de défaut, risque neutre, à t

Soit L_t l'anticipation de proportion de perte de valeur de marché en cas de défaut à t (taux de recouvrement)

V_t un titre risqué, on peut alors écrire : $R_t = r + h_t L_t$ et définir la valeur en t du titre risqué :

$$V_t = E^Q\left[\exp\left(-\int_t^T R_s ds\right)X\right]$$

On peut appeler $h_t L_t$ le taux de défaut moyen risque neutre. On considère dans un premier temps que hL est une donnée exogène[1], mais on peut aussi lever cette hypothèse en la reliant à V_t. Dans le même ordre d'idée une corrélation entre h_t et r_t peut être étudiée.

Au total, ce type de formalisme doit permettre d'utiliser les outils mis en œuvre dans le cadre des instruments dépendant du taux sans risque (*fixed income*), en y incorporant un nouveau taux tenant compte du *spread* de crédit défini ci-dessus.

Étudions plus en détail successivement le cas monofactoriel et le cas multifactoriel.

Les modèles stochastiques exogènes monofactoriels[2]

Soit une obligation risquée[3] incorporant un processus de saut ; dans un premier temps, le saut est décrit par un processus de Poisson[4], pris homogène, d'intensité constante λ.

$$d\bar{B}(r, t, N) = \frac{\partial}{\partial t}\bar{B}dt + \frac{\partial}{\partial r}\bar{B}dr + \frac{1}{2}\frac{\partial^2}{\partial r^2}\bar{B}dt - \bar{B}dN$$

Le dernier terme signifie que lorsqu'il y a un saut de Poisson : $dN = 1$, avec la conséquence que l'obligation saute à une valeur de zéro. En appliquant la propriété de martingale, on écrit : $E[d\bar{B}] = r\bar{B}dt$, soit :

$$0 = \frac{\partial}{\partial t}\bar{B}dt + \frac{\partial}{\partial r}\bar{B}\mu_r dt + \frac{1}{2}\frac{\partial^2}{\partial r^2}\bar{B}dt - \bar{B}(\lambda + r)dt$$

La valorisation de l'obligation risquée revient donc à la valorisation d'une obligation sans risque, avec un taux $\bar{r} = r + \lambda$. Cela n'est vrai que lorsque le taux de recouvrement en cas de défaut est nul.

On peut alors écrire : $\bar{B}(t, r) = B(t, r)e^{-\lambda(T-t)}$, ce qui signifie que le *spread* de rendement de l'obligation risquée est λ.

☞

☞

Dans le cas où le taux de recouvrement est positif, deux situations sont en général envisagées :

– en cas de défaut, il y a un paiement fixe $1 - c$, où c représentent les coûts de faillite ;
– en cas de défaut, il y a une perte d'une quote-part q de la valeur faciale du *claim*.

Nous étudions le second cas, $d\bar{B}(t, r, N) = \frac{\partial}{\partial t}\bar{B}dt + \frac{\partial}{\partial r}\bar{B}dr + \frac{1}{2}\frac{\partial^2}{\partial r^2}\bar{B}dt - q\bar{B}dN$, on aboutit à $\bar{B}(t, r) = B(t, r)e^{-q\lambda(T-t)}$. Le *spread* de rendement de l'obligation risquée devient : $q\lambda$.

Quelle peut être la méthodologie de couverture, car les sauts résultant de processus de Poisson sont importants et imprévisibles ?

Pour parvenir à une couverture, considérons un portefeuille de trois actifs.

Actifs	Quantités
$\bar{B}_1$	1
B	α_1
$\bar{B}_2$	α_2

Écrivons $d\Pi = d\bar{B}_1^c + \alpha_1 dB + \alpha_2 d\bar{B}_2^c + (\Delta\bar{B}_1 + \alpha_2\Delta\bar{B}_2)dN$

La première partie, continue, peut être couverte normalement. Le problème est la couverture de la partie saut. $0 = (\Delta\bar{B}_1 + \alpha_2\Delta\bar{B}_2)$. Face aux difficultés, la technique employée est une technique de minimisation de la variance locale du portefeuille permettant de définir les paramètres α.

Le handicap de la modélisation précédente est de représenter de manière trop simplifiée et donc non réaliste les mécanismes de défaut. Pour parvenir à un meilleur résultat, on utilise un processus de Cox, c'est-à-dire un processus de Poisson à intensité stochastique (encore appelé taux de défaut instantané, *hazard rate*). Dans ces conditions la référence explicite aux événements de défaut peut être éliminée et remplacée par des modulations du processus de l'intensité de défaut :

$$d\lambda = \mu_\lambda dt + \sigma_\lambda dW_2 \quad \text{et} \quad P[N_{t+\Delta t} - N_t = 1] = \lambda(t)\Delta t$$

Les sauts sont dorénavant corrélés au chemin suivi par λ et λ est l'intensité du processus de Cox[5],

et $P[N_{Ts} - N_t = n] = E[P[N_T - N_t = n|\lambda]] = E\left[\frac{1}{n!}\left(\int_t^T \lambda(s)ds\right) \exp\left(-\int_t^T \lambda(s)ds\right)\right]$

Dans ce cas, une obligation risquée est définie par deux processus stochastiques :

$$dr = \mu_r dt + \sigma_r dW_1$$

$d\lambda = \mu_{\lambda_r} dt + \sigma_\lambda(\rho dW_1 + \sqrt{1-\rho^2}dW_2))$, en intégrant une possibilité de corrélation entre les deux browniens.

Nous calculons $d\bar{B}(r, t, \lambda)$ par le lemme d'Itô :

$$d\bar{B}(r, t, \lambda) = \frac{\partial}{\partial t}\bar{B}dt + \frac{\partial}{\partial r}\bar{B}dr + \frac{\partial}{\partial \lambda}\bar{B}d\lambda + \frac{1}{2}\sigma_r^2\frac{\partial^2}{\partial r^2}\bar{B}dt + \frac{1}{2}\sigma_\lambda^2\frac{\partial^2}{\partial \lambda^2}\bar{B}dt + \rho\sigma_r\sigma_\lambda\frac{\partial^2}{\partial r\partial\lambda}\bar{B}dt - q\bar{B}dN$$

☞

☞

Nous avons, d'autre part, une martingale sous la mesure risque neutre : $E[dB] = rBdt$, ce qui donne en prenant tous les termes en *dt* :

$$r\bar{B} = \frac{\partial}{\partial t}\bar{B} + \frac{\partial}{\partial r}\bar{B}\mu_r + \frac{\partial}{\partial \lambda}\bar{B}\mu_\lambda + \frac{1}{2}\sigma_r^2\frac{\partial^2}{\partial r^2}\bar{B} + \frac{1}{2}\sigma_\lambda^2\frac{\partial^2}{\partial \lambda^2}\bar{B} + \rho\sigma_r\sigma_\lambda\frac{\partial^2}{\partial r\partial \lambda}\bar{B} - q\bar{B}\lambda$$

avec $\bar{B}(r, T, \lambda) = 1$

La solution de cette équation dépend de la spécification exacte des deux processus.

Duffee (1996) examine, dans un article de référence, la capacité de ce type de modèle monofactoriel pour décrire les prix d'obligations risquées. Il étudie sur une période de test allant de janvier 1985 à décembre 1994, les prix de 40 000 obligations se rapportant à 188 firmes. Plus précisément, les questions auxquelles il tente de répondre, sont les suivantes :

- est-il pertinent de décrire les probabilités de défaut des firmes comme indépendantes du taux sans risque ?
- est-ce que les processus monofactoriels permettent de bien décrire les obligations selon une approche à la fois temporelle et *cross-sectionnal* ?

La réponse qu'il apporte est que si, en moyenne, ce type de modèle présente des résultats intéressants, il comporte néanmoins de nombreux défauts liés au caractère monofactoriel[6]. La principale faiblesse est l'incapacité du modèle à modéliser simultanément le niveau et la pente de la structure par terme des *spreads* de rendement des obligations *investment grade* : même avec un taux de défaut instantané très faible, sous la mesure risque neutre, le modèle ne parvient pas à rendre compte de *spreads* de rendement horizontaux.

Les modèles monofactoriels sont également limités pour le pricing de dérivés liés à des structures de type panier.

En matière de corrélations entre taux sans risque et *spreads*, Duffee n'identifie pas de dépendance claire du type corrélation, contrairement aux résultats de Longstaff et Schwartz (1995)

Au total, les modèles monofactoriels ne semblent pas offrir un niveau de raffinement suffisant pour rendre compte globalement du risque de crédit.

Les modèles stochastiques exogènes multifactoriels

Nous reprenons ici la présentation séminale de Jarrow, Lando et Turnbull (1997). Ce modèle se focalise sur la modélisation des défauts et les migrations de crédit plutôt que sur la modélisation des taux de recouvrement (supposé constant). Le changement de rating d'une obligation est évalué à l'aide de matrices de migration de rating. Cette matrice de transition est ajustée pour tenir compte du changement de mesure de probabilité. Ce qui permet d'obtenir une matrice risque neutre.

L'hypothèse simplificatrice utilisée dans l'article est que les deux processus stochastiques de taux sans risque et de défaut de la firme sont indépendants sous la mesure risque neutre. Cela signifie que le processus markovien des ratings est indépendant du niveau spot du taux sans risque.[7] ☞

☞

On considère une économie sur un horizon fini $[0, \tau]$. On considère un espace de probabilité filtré $(\Omega, Q, F_t, (F_t)_{0 \leq t \leq \tau})$. Dans cette économie, il y a :

- des zéro-coupons sans risque pour toutes les maturités ;
- des zéro-coupons de dette risquée pour toutes les maturités ;
- un marché de la monnaie sans risque.

Il existe une mesure de probabilité unique selon laquelle tous les zéro-coupons (sans risque, risqués) sont des martingales.[8]

Notations :

$B(t) = \exp\left(\int_0^t r(s)ds\right)$ correspond au marché de la monnaie

$P(t, T)$ est le prix à *t* d'un zéro coupon sans risque qui paye 1 $ avec certitude à *T*, avec $(t \leq T)$; $p(t, T) = \tilde{E}_t\left(\frac{B(t)}{B(T)}\right)$

$f(t, T) = -\frac{\partial \log p(t, T)}{\partial T}$ est le taux à terme sans risque

$f(t, t) = r(t)$ est le taux spot sans risque

$v(t, T)$ est la valeur en *t* d'un zéro-coupon risqué qui doit payer 1 $ en *T*, sauf si la firme se trouve en défaut avant *T*, auquel cas la firme payerait δ avec $\delta < 1$ (taux de recouvrement) qui est supposé constant dans le modèle et donné de manière exogène[9]

τ^* est la date aléatoire où le défaut survient, alors :

$$v(t, T) = \tilde{E}_t\left(\frac{B(t)}{B(T)}(\delta 1_{(\tau^* \leq T)} + 1_{(\tau^* > T)})\right).$$

En supposant une indépendance entre le processus de taux sans risque et le processus de défaut, on peut écrire :

$$v(t, T) = \tilde{E}_t\left(\frac{B(t)}{B(T)}\right)\tilde{E}_t(\delta 1_{(\tau^* \leq T)} + 1_{(\tau^* > T)}) = p(t, T)(\delta + (1 - \delta)\tilde{Q}_t(\tau^* > T)),$$

avec $\tilde{Q}_t(\tau^* > T)$ qui correspond à la probabilité sous la mesure risque neutre $\tilde{Q}_t$ que le défaut survienne après T.

L'évolution de la structure par terme de la dette risquée dépend donc uniquement de la distribution dans le temps de $\tilde{Q}_t(\tau^* > T)$.

Le modèle de Jarrow, Lando Turnbull (1997) envisage une dégradation progressive de la qualité du crédit conduisant au défaut, selon un processus markovien. Il focalise donc sur la possibilité de migration des crédits selon des taux de défaut instantanés (*hazard rates*)[10].

La distribution des dates de défaut est représentée par une chaîne de Markov temps homogène[11] sur un espace $S = \{1, 2, ..., K\}$. 1 correspondant au meilleur rating et *K* au défaut. Elle se nomme matrice de génération ; elle est de dimension *KxK*.

☞

☞

$$\Lambda = \begin{bmatrix} \lambda_1 & \lambda_{12} & & \\ \lambda_{21} & \lambda_2 & & \\ & & \lambda_{K-1,K} & \\ 0 & & 0 & 0 \end{bmatrix}$$

avec les taux de défaut instantanés $\lambda_{ij} \geq 0$ pour tous les *i,j* et $\lambda_i = -\sum_{\substack{j=1 \\ j \neq i}}^{K} \lambda_{ij}$. L'état *K* est dit « état absorbant » et la propriété de monotonicité s'écrit :

$$\sum_{j \geq k} \lambda_{ij} \leq \sum_{j \geq k} \lambda_{i+1,j}$$

pour tout *k* tel que $k \neq i+1$.

Cette matrice de génération permet d'exprimer que la probabilité d'aller de i à la date t, à *j* à la date *t + dt* est : $\lambda_{ij}dt$. La probabilité de rester à l'état *i* est : $1 - \lambda_{ij}dt$.

Une matrice de génération markovienne peut être alternativement vue comme un ensemble de K^2 processus de Poisson sur une période unitaire *dt*. Si l'on est à la classe de rating *n*, le processus de Poisson qui conduit au défaut correspond à l'intensité λ_{nk} [12]

Ce parallèle permet de comprendre que l'on a bien à faire ici d'un modèle multifactoriel, par opposition au modèle précédent, fondé sur un seul processus de Poisson et donc monofactoriel.

Sur une période unitaire, la matrice de transition est : $I + \Lambda dt$. Sur une période plus longue *t*, la matrice de transition[13], est donné par : $Q(t) = \exp(t\Lambda) = \sum_{k=0}^{\infty} (t\Lambda)^k / k!$ [14].

Nous faisons maintenant l'hypothèse que la matrice de génération est diagonalisable et s'écrit :

$$Q(t) = \exp(\Lambda(t)) = \exp(\Sigma D(t)\Sigma^{-1}) = \Sigma\exp(D(t))\Sigma^{-1}$$

avec Λ [15] la matrice de génération et *D* la matrice diagonale associée à Λ

Appelons $\tilde{q}_{ij}(t, T)$ la *(i,j)* ième composante de la probabilité d'absence de défaut avant échéance $T\ \tilde{Q}(t, T)$.

Lorsque la firme est dans l'état *i* à la date *t*, on peut alors écrire[16] :

$$\tilde{Q}_t^i(\tau^* > T) = \sum_{j \neq K} \tilde{q}_{ij}(t, T) = 1 - \tilde{q}_{iK}(t, T)$$

et si l'on appelle σ_{ij} les composantes de Σ et $\tilde{\sigma}_{ij}$ celles de Σ^{-1}, on peut injecter dans l'équation ci-dessus la probabilité de passer de *(i,t)* à *(K,T)* qui, sous forme simplifiée (non stochastique[17]), donne :

$$\tilde{q}_{iK}(t, T) = \sum_{j=1}^{K-1} \sigma_{ij}\tilde{\sigma}_{jK}[\exp(d_j(T-t)) - 1] \text{ et } 1 \leq i \leq K-1$$

Ceci permet de restituer la valeur d'un zéro coupon risqué sous la forme :

$$v^i(t, T) = p(t, T)(\delta + (1-\delta)\tilde{Q}_t^i(\tau^* > T))$$

☞

☞

Le taux à terme d'un zéro coupon risqué, dont le rating de crédit est dans la classe *i*, s'écrit alors :

$$f^i(t,T) = -\frac{\partial \log v^i(t,T)}{\partial T} = -\frac{\partial \log p(t,T)(\delta + (1-\delta)\tilde{Q}^i_t(\tau^* > T))}{\partial T}$$

soit :

$$f^i(t,T) = f(t,T) - 1_{(\tau > t)}\left[\frac{(1-\delta)\frac{\partial}{\partial T}\tilde{Q}^i_t(\tau^* > T)}{\delta + (1-\delta)\tilde{Q}^i_t(\tau^* > T)}\right]$$

avec en cas de défaut $f^i(t,T) = f(t,T)$.

Le *spread* de crédit peut être défini comme : $f^i(t,T) - f(t,T)$. Pour obtenir le taux risqué *spot*, il suffit de regarder le cas : $T \to t$, on obtient :

$$r^i(t) = r(t) + (1-\delta)\lambda_{iK}\mu_i(t)1_{(\tau^* > T)},$$

sachant que

$$\partial\tilde{Q}^i_t(\tau^* > T)/\partial T = -\partial\tilde{Q}^i_t(\tau^* \le T)/\partial T = -\lambda_{iK}\mu_i(t),$$

avec $\mu_i(t)$ la prime de risque, c'est-à-dire l'ajustement du risque qui permet de passer d'une mesure de probabilité observable à une mesure de probabilité risque neutre.

Les extensions du modèle de Jarrow, Lando, Turnbull (1997)

Le modèle de Arvanitis, Gregory, Laurent (1998)

Par rapport à l'article de Jarrow, Lando, Turnbull (1997), cette analyse envisage le cas d'une dépendance partielle des ratings de crédit vis-à-vis du temps, par le biais d'un modèle « pseudo non markovien » en ce sens qu'il incorpore la mémoire de la tendance passée (dégradation du rating, amélioration) pour conditionner le niveau de rating immédiatement à venir. Le résultat obtenu paraît permettre de rapprocher la structure par terme des *spreads* calculé de la structure par terme des *spreads* estimé sur les marchés.

1. « There is equally strong evidence that hazard rates for default of corporate bonds vary with the business cycle. ».
2. Nous reprenons la présentation élégante de Schönbucher (2000).
3. Les actifs risqués sont surmontés d'une barre horizontale.
4. Soit N_t un processus de Poisson. Ce processus croît de 1 unité à chaque saut qui a lieu à des dates T_1, T_2, T_3...

La probabilité de saut sur une période D*t* est proportionnelle à D*t*, avec une intensité *l*

$$P[N_{t+\Delta t} - N_t = 1] = \lambda\Delta t \quad \text{et} \quad P[N_{t+\Delta t} - N_t = 0] = 1 - \lambda\Delta t$$

En extrapolant sur un intervalle de temps composés de *n* périodes unitaires, on peut alors écrire :

$$P[N_s - N_t = 0] = \exp(-\lambda(s-t))$$

et pour *m* sauts $\quad P[N_s - N_t = m] = \frac{1}{m!}(s-t)^m \lambda^m \exp(-\lambda(s-t))$

Propriété d'un processus de Poisson :

$$E[dN] = \lambda dt \quad ; \quad E[dNdW] = 0$$

☞

☞ Cas d'un processus de Poisson « inhomogène » $l(t)$ dont l'intensité fluctue dans le temps :

$$P[N_s - N_t = 0] = \exp\left(-\int_t^T \lambda(s)ds\right)$$

et

$$P[N_{Ts} - N_t = n] = \frac{1}{n!}\left(\int_t^T \lambda(s)ds\right) \exp\left(-\int_t^T \lambda(s)ds\right)$$

5. Duffie & Singleton (1999R) étudient un processus de Cox, en faisant en particulier l'hypothèse d'un processus markovien.

6. Il note également des difficultés lorsque les processus utilisés sont de type racine carrée.

7. Les auteurs notent que pour la dette non investment grade, cette hypothèse est fragile.

8. Équivalent à l'hypothèse de marchés complets et d'AOA (Harrison et Pliska, 1981).

9. Cela implique une indépendance entre taux de recouvrement et structure par terme des *spreads* (relaché dans Das et Tufano, 1995).

10. Les taux de recouvrement sont supposés constants.

11. Un processus de Markov est homogène lorsque $P(X(n+1) = j / X(n) = i)$ est indépendant de n.

12. De manière plus simple ont pourrait parler de K processus de Poisson indépendants dans le repère des *eigenvectors*, ces processus de Poisson correspondraient aux K *eigenvalues* de la matrice de génération dans le repère des *eigenvectors.*

13. Si l'on appelle $q_{ij}(t)$ la composante (i, j) de la matrice, la condition pour que la chaîne de Markov utilisée dans le modèle reflète que les classes de crédit les plus basses sont aussi les plus risquées s'écrit : $\sum_{j \geq k} q_{ij}(t)$ est une fonction croissante de i, pour k et t fixés.

14. Karlin et Taylor 1975 (p. 152).

15. Λ représente la matrice des *hazard rates.*

16. τ^* est la date aléatoire où le défaut survient.

17. Voir l'article de Arvanitis, Gregory, Laurent (1998) pour la présentation d'un cas stochastique.

Chapitre

4 Les taux de récupération

Les recherches empiriques sur les taux de recouvrement sont encore balbutiantes. Cette composante de perte constatée en cas de défaut constitue néanmoins un indicateur important du risque de crédit.

Une des raisons à ce retard tient à la difficulté à collecter, analyser et interpréter des données fiables. Une autre au manque de généralité des études : autant de pays, autant de classes d'actifs, autant de résultats indépendants les uns des autres. Un long catalogue de chausse trappes méthodologiques pourrait être dressé. Notons par exemple le manque de standardisation dans la définition de l'événement de défaut entre pays. Ce manque de standardisation n'est lui-même que la conséquence de juridictions hétérogènes n'offrant pas tous les mêmes niveaux de protection aux créanciers. La juridiction influe aussi sur l'efficacité du processus de recouvrement. Pour le créancier, il se révèle primordial de pouvoir réagir rapidement devant une situation menant à la faillite plutôt que d'attendre que cet état de faillite soit officiellement prononcé.

Ces premiers mots de précaution mis en exergue, il convient de noter qu'il y a trois ou quatre ans un chapitre sur les taux de recouvrement aurait été ambitieux. En revanche, le matériel accumulé actuellement permet de se lancer dans l'aventure avec plus de confort.

Section 1 DÉFINITIONS COURANTES ET FACTEURS EXPLICATIFS

Nous définissons en premier lieu les mesures couramment utilisées pour estimer les taux de recouvrement. Il importe notamment de disposer de mesures permettant de fournir une estimation pour des titres de dette ne faisant pas l'objet de cotations (ou de cotations trop sporadiques). Ces définitions posées, il est instructif de comparer comment l'événement de défaut est traité dans la juridiction française par rapport aux juridictions anglo-saxonnes. Comme nous le verrons plus en détail dans la section 2, ces différences sont substantielles et influencent grandement le niveau des taux de recouvrement lorsqu'un état de défaut émerge.

1 Les mesures utilisées

Il convient à présent d'étudier les mesures habituellement retenues pour estimer les taux de recouvrement. Il en existe principalement deux :

– (I) une valeur de taux de recouvrement déduite du prix du titre de dette juste après que celui-ci a connu une situation de défaut, le *trading price recovery* ;
– (II) une valeur de taux de recouvrement déduite de la valeur actualisée des actifs gagés venant en compensation du défaut du titre de dette, l'*ultimate recovery* (valeur liée à la revente ou a la liquidation du fonds de commerce et des actifs).

La première de ces mesures présente l'inconvénient de ne pas pouvoir systématiquement être évaluée lorsqu'il n'existe pas de marché permettant de fournir un tel prix. Pour autant, lorsque cette mesure peut être appliquée, elle présente l'avantage de fournir une mesure du taux de recouvrement juste après l'événement de défaut.

La seconde présente quant à elle l'inconvénient d'être parfois complexe à déterminer, en particulier lorsque les actifs venant en garantie sont illiquides. Cependant, il s'agit souvent de la seule méthode utilisable. Ces valeurs de recouvrement doivent ensuite faire l'objet d'une actualisation afin de refléter la perte de valeur monétaire dans le temps.

Bahar et Brand (1998) ont mené une étude portant sur un panel de plus de 500 obligations américaines. Pour chacune d'entre elles, les auteurs ont comparé le prix de l'instrument juste après que le défaut soit survenu (I) au prix à l'émergence de ce défaut (II). Sur la base de cette étude, il semble que les taux de recouvrement pour les obligations les plus *senior* soient plus élevés en utilisant la seconde approche. Par ailleurs, les auteurs ont aussi estimé à 2 ans et demi, le délai moyen entre le moment où le défaut commence à apparaître et le moment où la récupération est définitivement survenue. Ceci soulève donc de manière cruciale le rôle d'un taux d'actualisation approprié dans le cadre du calcul de la seconde mesure de taux de recouvrement.

À ces limites méthodologiques vient de plus s'ajouter le fait que ces deux mesures n'aboutissent pas à des résultats similaires. Le tableau 1 présente pour trois classes de titres de dette différentes les estimations produites par les deux mesures de taux de recouvrement.

Tableau 4.1

Instrument	**moyenne *trading price recovery***	**moyenne *ultimate recovery***
Bank debt	61.1 %	69.1 %
Senior unsecured bond	34.5 %	41.5 %
Subordinated bond	30.8 %	29.7 %

Source : Standard & Poor's Trading Price Database. 660 defaulted bank loans and bond issues that defaulted between 1987 - 2003 in the LossStats(tm) Database. Trading prices based on an average of trading prices 15-45 days after default.

Compte tenu des difficultés à pouvoir déterminer de façon satisfaisante la mesure finale du taux de recouvrement, il serait tentant de recourir à un estimateur déduit du prix de marché, par exemple à la suite d'une période de 30 jours. Malheureusement, comme le tableau 4.1 le montre cet indicateur donne des résultats différents.

Revenons, à « *l'ultimate recovery* » Il convient dès lors de pouvoir disposer d'un estimateur du taux de recouvrement pour un titre de dette illiquide. Un tel estimateur est fourni par la formule suivante :

$$\text{Taux de recouvrement} = \frac{R + M + S - C}{P + I}$$

avec

R : le montant de *cash* récupéré auprès de l'emprunteur

M : les instruments reçus pour lesquels une valeur de marché peut être estimée

S : l'actif reçu dans le cadre d'une procédure de restructuration

C : le coût associé à cette réorganisation

P : le montant du principal restant à courir

I : le montant des intérêts dus mais qui ne seront pas payés.

Cet estimateur du taux de recouvrement doit ensuite être actualisé par un taux *ad hoc*. Parmi les solutions possibles, on peut par exemple retenir le dernier taux associé à l'instrument avant que ce dernier ne fasse défaut.

Au total, les différents estimateurs ont chacun leurs avantages et leurs limites méthodologiques propres. Le choix d'un estimateur dépendra naturellement de la nature de l'instrument considéré (et plus particulièrement de sa liquidité).

1.1 Les différents facteurs explicatifs

Nous étudions les déterminants applicables aux instruments associés aux entreprises de grande taille avant d'exposer plus spécifiquement le cas des entreprises de petite ou moyenne taille, suivant l'étude de Franks, de Servigny et Davydenko (2004).

Six facteurs conditionnant le processus de taux de recouvrement des instruments de dette associés aux entreprises de grande taille nous paraissent mériter d'être plus particulièrement étudiés. Il s'agit :

- de la séniorité de l'instrument ;
- du secteur industriel auquel l'émetteur appartient ;
- de l'influence macroéconomique ;
- de l'influence de la sûreté ;
- de la juridiction ;
- de la capacité des investisseurs à négocier.

➤ *La séniorité de l'instrument*

Dans le cas de titres de dette faisant l'objet d'une cotation régulière, la séniorité de l'instrument apparaît être l'un des déterminants majeurs du niveau du taux de recouvrement. Le tableau 4.3 met en évidence la relation intuitive liant le taux de recouvrement au degré de séniorité de l'instrument. De plus, il peut être observé d'une part que les taux de recouvrement sont caractérisés par un important niveau de dispersion autour de leur moyenne (indicateur fourni par l'écart-type) et d'autre part que cette dispersion est d'autant plus importante que la séniorité décroît (un titre junior subordonné admet un écart-type plus important qu'un titre senior subordonné, par exemple). Comme nous le verrons un peu plus tard dans ce chapitre, il est important de noter le caractère incertain *a priori* du taux de recouvrement. :

Tableau 4.2

Période 1988-2002			
Classe de séniorité	**Moyenne**	**Écart-type**	**Observations**
Bank Debt	81.0%	29.7%	678
Bank Secured Notes	66.6%	33.0%	218
Bank Unsecured Notes	46.4%	36.3%	367
Senior Subordinated Notes	33.3%	33.6%	327
Subordinated Notes	31.2%	35.1%	343
Junior Subordinated Notes	22.6%	34.1%	42

Source : Standard and Poor's LossStats Database

➤ *L'influence du secteur industriel*

Les taux de recouvrement sont assez largement dépendants de la valeur des actifs qui viennent en garantie lorsqu'un événement de défaut survient. Or, la valeur de ces actifs dépend elle-même souvent du secteur industriel auquel l'émetteur est attaché. Des secteurs correspondant à des actifs réels pouvant être vendus sur le marché conduiront à des taux de recouvrement plus élevés que des secteurs dont la majorité des actifs repose sur les efforts de recherche-développement, par exemple. Le secteur industriel doit donc être considéré comme un déterminant important dans le niveau des taux de recouvrement. Une étude menée par Altman et Kishore (1996) permet de se rendre compte à quel point les taux de recouvrement sont disparates entre secteurs industriels et combien ces taux de recouvrement sont eux-mêmes volatiles au sein d'un secteur industriel donné. Le tableau 4.4 ne rapporte qu'une partie de ces résultats.

Tableau 4.3

Secteur Industriel	Moyenne	Écart-type
Public utilities	70.47 %	19.46 %
Chemicals	62.73 %	27.10 %
Machinery	48.74 %	20.13 %
...	...	...
Financial institutions	35.69 %	25.72 %
Lodging, Hospitals	26.49 %	22.65 %

Source : Altmann et Kishore (1996)

➤ L'influence du cycle d'activité économique

Comme indiqué précédemment, le montant de recouvrement dépend assez directement de la valeur des actifs de l'émetteur. Allen et Saunders (2002) ont mené une étude sur les effets du cycle d'activité sur les différentes composantes du risque de crédit. Ils ont mis en avant une dépendance des taux de récupération obtenus à partir des prix de marché vis-à-vis du cycle économique[1]. De la même façon, les taux d'intérêt doivent aussi influencer de façon déterminante le niveau des taux de recouvrement. L'ensemble de ces effets de dépendance devraient mieux être considérés, en particulier dans le cadre d'une approche de portefeuille. Une sous-estimation de la corrélation entre récupération et le cycle d'activité peut en effet mener à une sous évaluation des indicateurs de risque de crédit agrégés du type CréditVaR. Nous étudierons plus loin les effets de cette dépendance.

➤ L'influence des sûretés

Les sûretés sont le nom donné aux actifs venant en garantie en cas de défaut sur un instrument particulier. Ces sûretés consistent le plus souvent en un portefeuille d'actifs et d'actifs tangibles. En dépit de la garantie que ces actifs représentent, la gestion de ces sûretés doit se faire selon un schéma dynamique à même de rendre compte de la situation particulière de l'emprunteur et de la situation générale de l'économie, permettant d'ajuster le montant ou la structure de la sûreté en cours de vie de l'instrument. Frye (2000) met par exemple en évidence que la relation de dépendance entre les probabilités de défaut et les taux de recouvrement provient pour une part significative du fait qu'en période de récession la valeur de la sûreté aura tendance à décroître, lorsque les probabilités de défaut sont justement plus élevées.

➤ Le système de juridiction

Lorsque l'état de défaut est officiellement reconnu, amenant à un état de faillite, le niveau de recouvrement est déterminé soit par un juge soit par un expert. Les différences entre juridictions sont des éléments clefs dans la compréhension des niveaux de recouvrement. En effet les différences de protection des droits du créancier peuvent être substantielles, de même que les périodes de temps nécessaires au recouvrement.

À titre indicatif, cette période peut s'étendre de :

– 18 mois à 3 ans au Royaume-Uni ;
– 18 mois à 10 ans en France ;
– 18 mois à 10 ans en Allemagne ;
– 18 mois à 3 ans aux États-Unis.

1. Lorsque la mesure du taux de recupération est fondée sur les valeurs a l'émergence, la sensibilité au cycle est bien moindre.

Kaiser (1996) met en avant que les juridictions des différents pays en matière de droit des faillites s'articulent selon deux objectifs clés : faciliter le processus de liquidation et encourager un processus de réorganisation. Chaque juridiction apportant plus ou moins de poids à l'un ou l'autre de ces orientations.

Franks, Nyborg et Torous (1996) ont analysé le droit des faillites du Royaume-Uni, de l'Allemagne et des États-Unis. Les auteurs suggèrent que l'efficacité d'un régime doit être appréciée à trois étapes : *ex-ante*, ensuite lorsque l'entreprise n'est pas encore en situation de détresse financière, durant une phase intermédiaire, pendant laquelle tous les créanciers ont de l'information et une dernière phase durant laquelle tous les créanciers partagent la même information. Les auteurs dressent alors une liste de questions permettant d'apprécier la qualité de certains critères dans la perspective d'une comparaison raisonnée entre les différentes procédures. Malheureusement, à l'issue de l'étude, aucune juridiction ne ressort comme dépassant toutes les autres sur l'ensemble des points étudiés. Ceci explique sans doute que les codes liés aux procédures de liquidation ne soient pas substantiellement modifiés d'une mise à jour à l'autre. Dans le cas des petites et moyennes entreprises, Franks, de Servigny et Davydenko (2004) ont conduit une étude complète menant à quantifier l'influence de la juridiction particulière d'un pays sur le niveau des taux de recouvrement. Nous reprenons plus loin une partie de ces résultats dans la section consacrée à ce type d'entité et mettons l'accent sur les résultats obtenus pour la France.

➤ *La capacité de négociation des investisseurs*

Dans l'hypothèse de multiples créanciers, les taux de recouvrement seront l'aboutissement du processus de négociation mené par les investisseurs. Dans tous les pays étudiés par Frank, Nyborg et Torous (1996), il existe des droits prédéfinis dans le contrat liant l'entreprise au créancier permettant au créancier d'intervenir dans la gestion de l'entreprise dès lors que celle-ci se met à rencontrer des difficultés structurelles. Ceci peut bien évidemment être source de tensions en particulier entre le créancier et l'entrepreneur mais aussi entre les créanciers disposant du plus fort niveau de garantie et les autres investisseurs. Néanmoins, ces droits de contrôle ont aussi des aspects positifs. Ils sont une incitation pour les banques à financer des entreprises ou des projets. D'un point de vue pratique, de nombreuses situations de défaut se règlent en dehors des cours de justice, trouvant une solution dans des renégociations entre créanciers. Il est évident par exemple, qu'une banque détenant une part significative de la dette d'une entreprise disposera d'une capacité de négociation accrue par rapport à une situation de dette repartie entre de nombreuses banques.

En synthèse, les taux de recouvrement sont influencés par de nombreux facteurs qui peuvent être propres à la structure de l'entreprise ou découlant d'un état de l'activité économique ou encore dépendre d'une juridiction plus ou moins favorable aux créanciers. Il semble donc difficile d'inférer des différentes études des règles générales mais précises caractérisant le niveau des taux de recouvrement. Ceux-ci, assez largement influencés par les structures d'endettement et les droits des créanciers, doivent être étudiés selon une approche cas-par-cas et se révèlent bien souvent complexes à estimer.

À titre purement illustratif, notons qu'aux États-Unis, trois facteurs semblent avoir une influence déterminante dans le processus des taux de recouvrement. Il s'agit :

- du montant de la garantie proportionnellement au montant nominal du titre de dette émis,
- de la qualité de l'actif utilisé comme garantie,
- de la qualité de suivi de la gestion du titre de dette.

1.2 Le cas des petites et moyennes entreprises

Dans cette section, nous étudions plus en détail le cas particulier des entreprises de petite et moyenne taille. Nous nous appuyons pour ce faire sur l'étude menée par Franks, de Servigny et Davydenko (2004) et mettrons plus particulièrement en avant les résultats obtenus caractérisant le cas français.

➤ *Quelques éléments communs de l'étude*

Les auteurs ont pu constituer un panel de données représentatif constitué de près de 2280 PME ayant connu une situation de défaut au sens de Bâle II. Les données ont pu être récoltées auprès de 10 banques (Allemagne, France et Royaume-Uni).

Bien que ne disposant que d'un nombre limité d'études empiriques consacrées au cas particulier des petites et moyennes entreprises, il semble possible de dégager deux catégories de facteurs déterminant les processus de taux de recouvrement, suivant les auteurs : des facteurs idiosyncratiques et dans une moindre mesure des facteurs systématiques. Les premiers sont ceux relevant du prêteur et/ou de l'emprunteur ; les seconds sont le reflet des conditions économiques générales.

Parmi les facteurs idiosyncratiques, les auteurs avancent :

- *la définition de l'événement de défaut* : comme souligné précédemment, des interprétations différentes du temps de défaut peuvent mener finalement à des quantifications très différentes entre le moment où des renégociations informelles commencent et le moment où l'état de faillite est officiellement reconnu ;
- *la collecte des données historiques* : pour de nombreux prêteurs, la collecte de ces informations a démarré tardivement sous l'influence des exigences du Comité de Bâle en vue d'opter pour l'approche IRB avancée. Ce manque de profondeur vient probablement biaiser l'estimation des taux de recouvrement ;
- *le montant et la nature des sûretés* : ce facteur a d'ailleurs fait l'objet d'une étude plus spécifique par de Servigny et Renault (2004). Là encore, des différences majeures existent, en particulier entre la France et le Royaume-Uni ;

– *l'évaluation des actifs venant en nantissement* : le manque de réalisme des évaluations, et/ou le manque de mises à jour peuvent conduire les prêteurs à des décisions non-optimales en matière de couverture de risque.
– *la dépendance entre le taux de défaut et le taux de recouvrement* : les taux de recouvrement semblent bien plus faibles une fois que l'emprunteur est reconnu officiellement dans un état de faillite. Les prêteurs disposant de la démarche la plus pro-active en matière de suivi, notamment au début du cycle de défaut, auront la possibilité de recouvrer une plus grande partie de leurs créances.
– *l'organisation du processus de renégociation* : celui-ci conditionnera pour une large part la capacité du prêteur à récupérer une part plus importante de son investissement. L'efficacité d'une telle organisation influence directement le nombre d'emprunteurs finissant effectivement en défaut et *de facto* les taux de recouvrement associés.

En synthèse, les prêteurs eux-mêmes ont une influence considérable sur les taux de recouvrement tant en amont qu'en aval du défaut effectif de l'emprunteur. De la capacité à savoir mettre en place un processus organisé et actif tout au long de la vie du titre de dette dépendent en grande partie les niveaux moyens de taux de recouvrement que le prêteur observera au sein de son portefeuille.

Au rang des facteurs systématiques, les auteurs citent les cycles économiques et industriels. Même si leur influence est relativement faible, ils n'influencent pas simplement la capacité de l'emprunteur à honorer ses engagements mais également la qualité des actifs venant en garantie du titre de dette, comme dans le cas des grandes entreprises.

➤ *Les résultats concernant la France*

Nous nous intéresserons à présent plus spécifiquement au cas de la France dans le cadre de ce livre. Pour rappel, le droit des faillites français a été modifié substantiellement en juillet 2005 avec comme objectif de réduire le nombre de mises en liquidation judiciaire. Sur les dernières années, notamment du fait du déclenchement tardif de l'ouverture des procédures, 9 entreprises sur 10 sont liquidées. De façon schématique, le nouveau droit des faillites prend l'allure présentée page suivante à la figure 4.1.

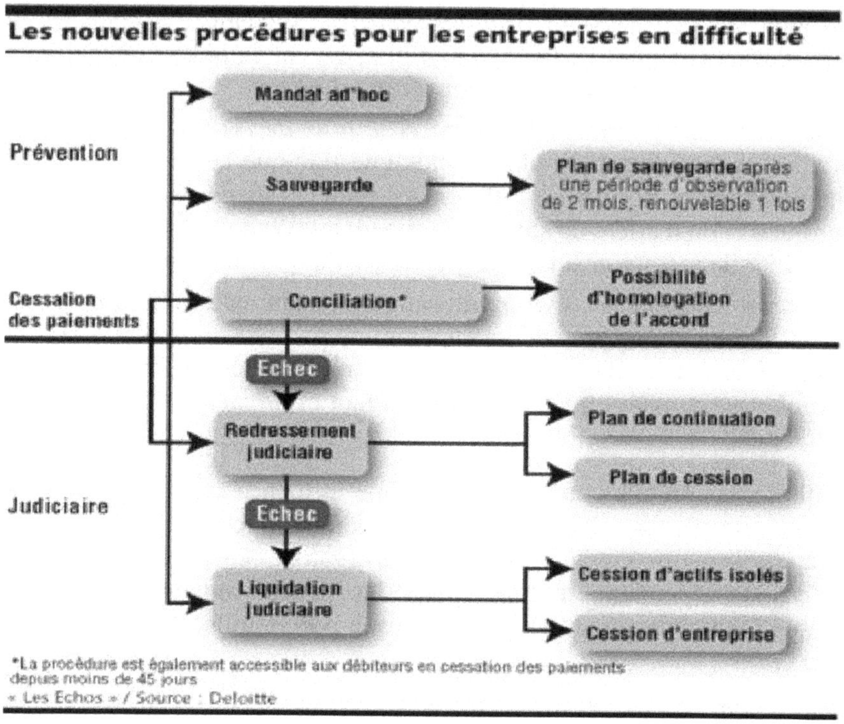

Figure 4.1

Repères — Les nouvelles dispositions du droit des faillites en France*

Pour persuader les entreprises de franchir les portes du tribunal de commerce avant qu'il ne soit trop tard, le nouveau texte utilise deux méthodes : la mise en place d'un mécanisme de sauvegarde avant la date fatidique de la cessation des paiements (voir ci-dessous) et la promesse d'engagement des créanciers – particulièrement les banques – de s'asseoir autour d'une table pour négocier avec leur débiteur un rééchelonnement de leurs dettes. La palette des instruments devrait s'adapter à la taille des entreprises. Ainsi, si la procédure de sauvegarde n'est qu'optionnelle pour les petites entreprises, elle s'impose aux grandes (le seuil sera fixé par décret autour de 250 salariés). Sa cible est donc plutôt la grosse PME industrielle avec un lourd passif fournisseurs, qui bien souvent n'avait aujourd'hui d'autre issue que le plan de cession. Il pourrait aussi donner lieu à des contentieux plus nombreux, notamment sur la définition de l'ouverture de la période de sauvegarde, très incertaine – la procédure est ouverte au chef d'entreprise qui éprouve des difficultés « qu'il n'est pas en mesure de surmonter et qui sont susceptibles de conduire à la cessation des paiements ». Mais, pour de nombreux experts, le texte a aussi un avantage supplémentaire : celui de « donner une vraie lisibilité au régime français et de l'inscrire dans un mouvement international » dans la mesure où la plupart des pays européens ont, aujourd'hui, une procédure qui s'apparente à la procédure de sauvegarde. Le texte devrait entrer en vigueur dès le début 2006.

* *Source* : *Les Échos 11.07.2005*

Les résultats obtenus par les auteurs s'inscrivent dans le cadre pré-2005 du code des faillites qui peut être résumé comme suit.

- Une seule alternative se trouve à disposition de l'entreprise en détresse financière : opter pour le règlement amiable ou le redressement judiciaire. À côté de ces possibilités juridiques, il existe la possibilité de renégociations informelles entre l'entreprise et ses créanciers bancaires. Sur un échantillon constitué de 428 cas de procédures de faillite, 89,5 % d'entre eux étaient des redressements judiciaires.
- Les taux de recouvrement obtenus pour la France, caractérisés tant par leur moyenne que par leur médiane, sont les plus faibles des quatre pays étudiés, comme en témoigne le tableau 4.5. Toutes ces estimations s'avèrent statistiquement significatives à un niveau de 1 %. Les taux de recouvrement caractérisant la France sont aussi plus volatiles (au sens de l'indicateur d'écart-type).
- La distribution empirique des taux de recouvrement obtenue pour la France est caractérisée par une forte bi-modalité, comme illustrée par la figure 4.2.
- L'actualisation influence les taux de recouvrement pour la France (contrairement au Royaume-Uni) et affecte encore plus les taux de recouvrement obtenus pour l'Allemagne, du fait de délais de réalisation des sûretés très longs dans ces deux pays. L'actualisation est calculée à la date du défaut. Les résultats sont synthétisés dans la figure 4.3.

Tableau 4.4

	Moyenne	Médiane	Écart type	Nombre d'entreprises
U.K	75.0%	92.7%	32.6%	1,393
France	52.9%	55.0%	38.9%	569
Germany	61.4%	67.6%	33.2%	224
Total	67.8%	82.1%	35.8%	2,186

Source : Franks, de Servigny et Davydenko (2004). Taux de recouvrement non-actualisés

- En France, la distribution empirique des taux de recouvrement actualisés ne contient plus qu'un seul mode au lieu de la bi-modalité précédemment obtenue. Ceci peut être constaté sur la figure 4.4.
- Il ne ressort pas de lien de dépendance fort entre les taux de recouvrement et le niveau d'activité économique (approximé par le produit intérieur brut) en France. Ceci peut être observé sur la figure 4.5. Contrairement à ce que l'on pouvait attendre, la relation est même négative.

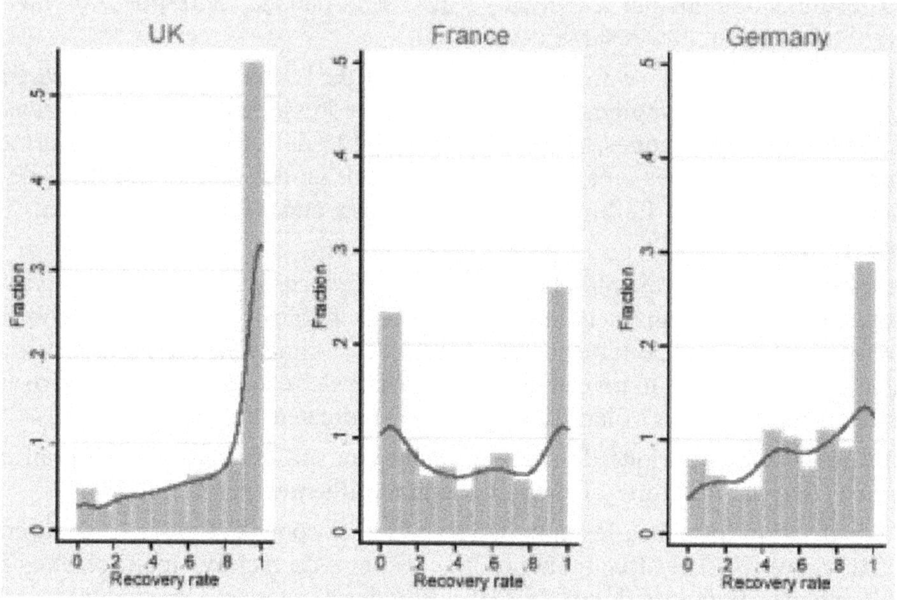

Source : Franks, de Servigny et Davydenko (2004). Distributions empiriques des taux de recouvrement non actualisés.

Figure 4.2

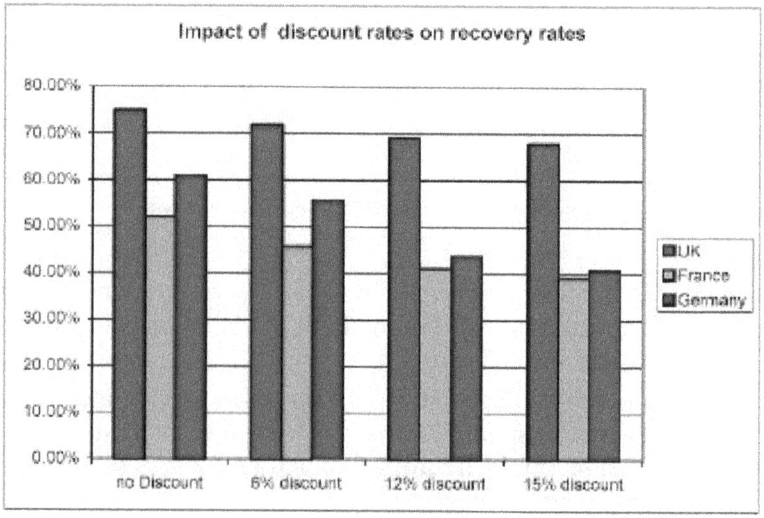

Figure 4.3

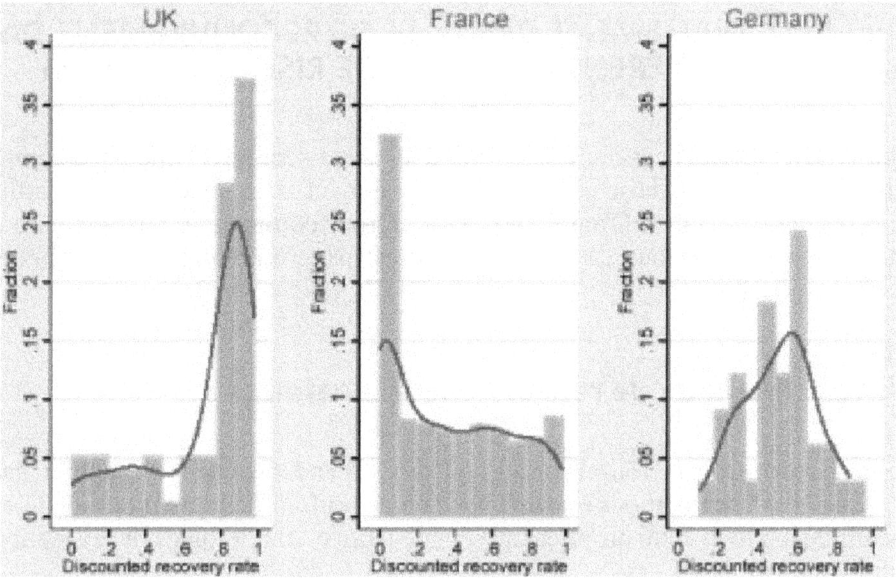

Source : *Franks, de Servigny et Davydenko (2004). Distributions empiriques des taux de recouvrement actualisés sur une base de 12 %.*

Figure 4.4

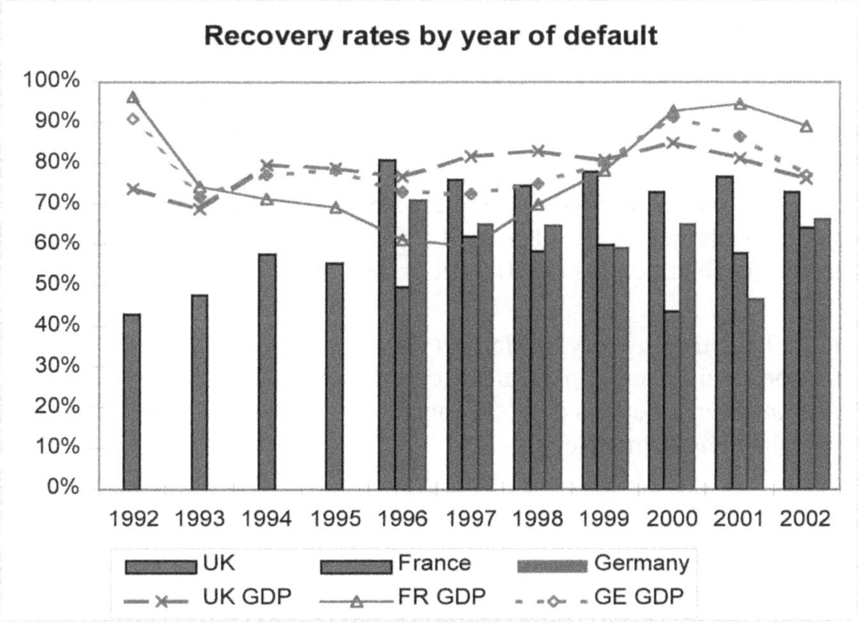

Source : *Franks, de Servigny et Davydenko (2004). Taux de recouvrement et évolution du GDP (Gross Domestic Product) par années.*

Figure 4.5

Section 2 LE TRAITEMENT DES TAUX DE RECOUVREMENT DANS LES DIFFÉRENTS MODÈLES DE RISQUE DE CRÉDIT

Deux points retiendront notre attention dans cette section. D'une part, comment l'introduction de l'hypothèse de taux de recouvrement aléatoires peut venir influencer les résultats existants. D'autre part, nous verrons comment la relation entre probabilités de défaut et taux de recouvrement est prise en compte dans différentes classes de modèles.

1 L'impact de taux de recouvrement aléatoires

Le niveau d'écart-type fourni par les tableaux 4.3 et 4.4 est un indicateur du caractère aléatoire des estimations *a priori* de la récupération. La plupart des modèles de portefeuille incluent cette propriété au sein de leurs méthodologies (à l'exception de CreditRisk+).

En se basant sur un portefeuille fictif composé de 3 000 lignes[1], toutes égales à une exposition de 1$, avec une corrélation entre actifs de 3 %, une intensité de défaut au sein du portefeuille de 5 % et une moyenne de taux de recouvrement de 50 %, de Servigny et Renault (2004) ont mené une étude visant à comparer l'impact quantitatif de taux de recouvrement aléatoires. Dans un premier temps, les auteurs supposent que les taux de recouvrement sont constants ; dans un second temps, ils supposent que les taux de recouvrement sont distribués selon une loi Bêta[2] (avec un écart-type de 20 %). La VaR à des intervalles de confiance variant de 95 % à 99,9 % est ensuite calculée. La figure 4.6 illustre ce que les auteurs obtiennent en terme de résultats.

Dans cet exemple, l'introduction de taux de recouvrement stochastiques a pour conséquence d'augmenter de plus de 11 % la VaR à un niveau d'intervalle de confiance de 95 % et de plus de 50 % pour des niveaux d'intervalles de confiance plus élevés.

Arvanitis, Browne, Gregory et Martin (1998) ont mené un travail similaire sur la base d'un portefeuille de swaps. Dans le cadre de leur étude, le capital économique se retrouve augmenté de plus de 25 % lorsque des taux de recouvrement aléatoires sont introduits dans le modèle.

1. Il est en effet nécessaire de constituer un portfeuille composé de beaucoup de lignes afin de diversifier le risque idiosyncratique lié aux événements de défaut.

2. L'utilisation de cet outil méthodologique est discuté en détail dans la section 4 de ce chapitre.

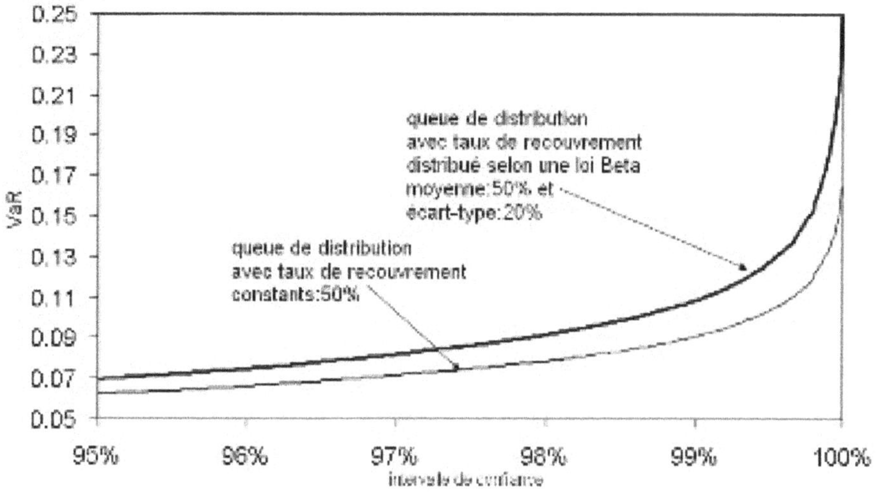

Figure 4.6

2 La relation entre probabilité de défaut et taux de recouvrement

Si l'hypothèse de taux de recouvrement constants semble bel et bien devoir être manipulée avec beaucoup de précaution, une autre hypothèse simplificatrice tout aussi questionnable se retrouve au cœur des méthodologies actuelles : celle de l'indépendance supposée entre taux de recouvrement et probabilité de défaut pour les grandes entreprises. Peu ou pas considéré dans les générations de modèles développés au cours des années quatre-vingt et 90, il semble néanmoins que ce problème méthodologique majeur a mérité davantage d'attention ces dernières années. À la lumière d'études récentes, comme celle menée par Altman, Resti et Sironi (2001), cette indépendance supposée *a priori* semble en effet ne pas être appuyée par les données empiriques. La figure 4.7 illustre bien ce phénomène.

Sur la période 1982-2000, les auteurs trouvent en effet une relation économétrique statistiquement significative quel que soit le modèle utilisé pour tester la relation[1]. Il semble donc judicieux de s'interroger sur la place accordée à cette relation dans les différentes catégories de modèles de risque de crédit. On distinguera dans la

1. Un modèle linéaire ainsi qu'un modèle quadratique et à puissance sont testés dans cette étude.

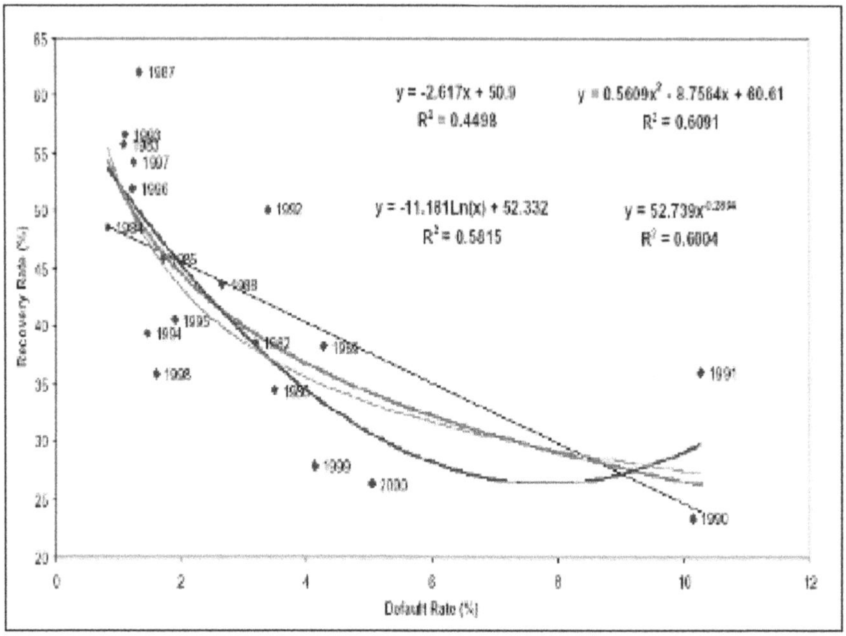

Source : *Altman, Resti et Sironi (2001).*

Figure 4.7

suite les modèles destinés à la valorisation (*crédit pricing models*) et les modèles de portefeuille (*portfolio crédit risk models*). L'ensemble de ces modèles fait l'objet d'une présentation détaillée dans les chapitres qui suivent. Pour le moment, nous nous contenterons de souligner quelle place ces modèles accordent à la relation PD/LGD.

➤ *La relation PD/LGD dans les modèles structurels de première génération*

Cette classe de modèle introduite dans la littérature par le modèle fondateur de Merton (1974) inclut les modèles développés par Black et Cox (1976), Geske (1977) et Vasicek (1984). Ces modèles ont pour point commun d'analyser l'événement de défaut comme le moment où la valeur de l'actif de la firme devient plus faible que la valeur de sa structure d'endettement. Selon ces modèles, toutes les composantes du risque de crédit associé à une entreprise, *i.e.* la probabilité de défaut et le taux de recouvrement à maturité, sont une fonction des caractéristiques structurelles de l'entité : la volatilité des actifs (risque d'activité) et le ratio d'endettement (risque financier). De fait, le taux de recouvrement dans ce type de modèle se trouve considéré de façon endogène puisque le payoff du créancier s'analyse comme la valeur résiduelle des actifs de l'entreprise lorsque le défaut survient. Plus précisément, il peut être facilement démontré que le taux de recouvrement et la probabilité de défaut sont inversement reliés dans cette classe de modèles.

➤ *La relation PD/LGD dans les modèles structurels de seconde génération*

En dépit d'un cadre d'analyse stimulant et d'une relation entre probabilité de défaut et taux de recouvrement appuyée par les études empiriques, les modèles structurels de première génération n'ont finalement connu qu'un essor limité dans le cadre d'applications pratiques. Plusieurs raisons ont été évoquées pour justifier l'utilisation limitée de ces modèles, que nous exposons dans le chapitre consacré à leur présentation.

Une seconde génération de modèles structurels est alors apparue dans les années quatre-vingt-dix, cherchant à pallier ces inconvénients. Principalement, cette nouvelle génération de modèle a cherché à conserver le cadre original du modèle de Merton (1974) tout en essayant de mettre de côté l'hypothèse la moins bien justifiée par les faits, à savoir : le défaut coïncide avec la maturité de la dette. Parmi ces modèles, nous pouvons citer les modèles de Kim, Ramaswamy and Sundaresan (1993), de Hull and White (1995), Nielsen, Saà-Requejo, Santa Clara (1993), Longstaff and Schwartz (1995)[1]. Dans le cadre de cette dernière génération de modèles, le taux de recouvrement est considéré comme un paramètre exogène et indépendant de la valeur des actifs de l'entreprise. Le taux de recouvrement se définit alors simplement comme un ratio fixe du montant nominal de la dette. De fait, le taux de recouvrement est aussi considéré comme indépendant de la probabilité de défaut.

➤ *La relation PD/LGD dans les modèles reduced form*

Afin de dépasser ces limitations méthodologiques, une nouvelle famille de modèles est apparue dans le milieu des années quatre-vingt-dix. Parmi les modèles fondateurs, nous pouvons citer le modèle de Jarrow and Turnbull (1995), Jarrow, Lando and Turnbull (1997), Lando (1998), Duffie and Singleton (1999), and Duffie (1998). Contrairement aux modèles structurels, les modèles *reduced* ne conditionnent pas le défaut à la valeur des actifs de l'entreprise. Par ailleurs, ces modèles introduisent explicitement des dynamiques pour la probabilité de défaut et les taux de recouvrement. Ces paramètres sont supposés indépendants des caractéristiques structurelles de l'entreprise (la volatilité des actifs et le ratio d'endettement). De manière générale, les modèles *reduced form* supposent des taux de recouvrement exogènes, indépendants des probabilités de défaut. Les principales différences entre modèles proviennent de la façon dont les taux de recouvrement sont modélisés.

➤ *La relation PD/LGD dans le modèle de Zhou (2001)*

Dans une approche hybride prometteuse, Zhou (2001) propose de définir un modèle structurel dans lequel les rendements des actifs de l'entreprise incluent une

1. Bien que ces modèles explorent eux-mêmes la méthodologie fondatrice de Black and Cox (1976), nous traitons ce modèle fondateur dans la première génération en raison du traitement du taux de recouvrement, supposé initialement endogène comme dans le modèle de Merton (1974).

composante de saut (la densité du logarithme de ces sauts étant supposée gaussienne). Cette composante discontinue au sein du processus brownien standard supposé par les modèles structurels standards permet de dépasser plusieurs limitations méthodologiques déjà mentionnées et sur lesquelles nous revenons dans le chapitre consacré à ces modèles. Surtout, ce modèle conserve intacte l'hypothèse selon laquelle les taux de recouvrement sont reliés à la valeur des actifs de l'entreprise et conduit à produire des taux de recouvrement endogènes qui peuvent être corrélés aux ratings de l'entreprise avant le défaut (comme rapporté par Altman (1989)).

➤ *La relation PD/LGD dans les modèles de portefeuille*

Parallèlement au développement de ces modèles de valorisation, la dernière décennie a vu émerger une classe de modèles destinés à produire des estimateurs de pertes potentielles, en fonction de niveaux d'intervalle de confiance prédéterminés. La plupart de ces modèles supposent généralement des taux de recouvrement stochastiques (à l'exception de CreditRisk+ qui suppose des taux de recouvrement constants) indépendants des probabilités de défaut. Une présentation détaillée de ces modèles de portefeuille peut être trouvée plus loin. À ce stade, nous mentionnerons simplement que tous les modèles de portefeuille considèrent les probabilités de défaut d'une part, les taux de recouvrement d'autre part comme deux variables aléatoires indépendantes.

➤ *Les contributions récentes à la compréhension de la relation PD/LGD*

Quelques modèles récemment développés, Frye (2000a et 2000b), Jokivuolle et Peura (2000), Jarrow (2001) et, Carey et Gordy (2001), proposent de modéliser explicitement les taux de recouvrement et d'étudier empiriquement la relation existant entre probabilité de défaut et taux de recouvrement. La plupart de ces modèles supposent que les défauts sont influencés par un facteur commun systématique, les conditions économiques générales, plutôt que par un ensemble de variables latentes corrélées. Ces modèles se fondent sur l'idée que des conditions économiques conduisant à une augmentation des taux de défaut, conduisent aussi à des taux de recouvrement plus faibles, c'est-à-dire que la distribution de taux de recouvrement diffère selon qu'il s'agisse d'une période caractérisée par des forts taux de défaut ou de faibles taux de défaut. Dans les modèles de Frye (2000), les probabilités de défaut ainsi que les taux de recouvrement dépendent simultanément de l'état de ce facteur commun systématique. La relation entre ces deux variables se trouve donc définit par l'intermédiaire de leur dépendance mutuelle à ce facteur.

Section 3 MÉTHODOLOGIES DE CALIBRATION DES TAUX DE RÉCUPÉRATION

1 Estimation par la loi Bêta

La plupart des modèles de risque de crédit supposent généralement que les taux de recouvrement, lorsque ceux-ci sont supposés stochastiques, sont distribués selon une loi Bêta. Cette fonction de densité de probabilité présente l'avantage d'une grande souplesse. Seuls les deux premiers moments de la loi sont en effet nécessaires afin de procéder à un travail de calibration.

La fonction de densité de probabilité de la loi Bêta peut s'écrire ainsi :

$$f_{a,b}(x) = \frac{1}{\beta(a,b)} x^{a-1}(1-x)^{b-1} 1_{[0,1]}(x)$$

où $\beta(a,b)$ est la fonction bêta, a et b sont les deux paramètres de la loi Bêta et $1_{[0,1]}(x)$ est la fonction indicatrice assurance que le support de la loi se situe entre 0 et 1. Cette fonction de densité est donc bien appropriée à la modélisation des taux de recouvrement qui partagent le même support. Les paramètres a et b servent à calibrer la moyenne et la variance de la distribution.

Comme indiqué précédemment, cette loi présente l'intérêt d'une grande souplesse en matière de calibration. La figure 4.8 fournit quelques-unes des formes qu'il est possible de générer en fonction des choix portant sur les paramètres a et b.

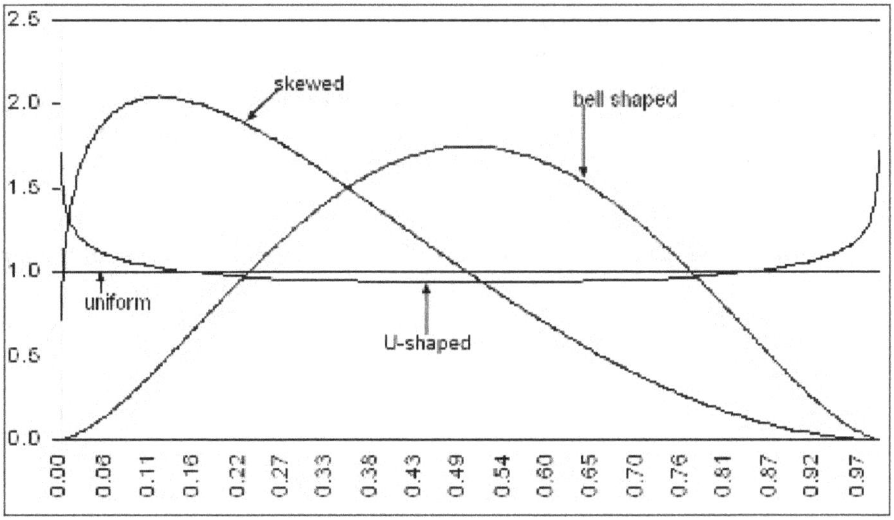

Source : Standard and Poor's. Les différents profils de densité associés à la loi Bêta.

Figure 4.8

La distribution Bêta peut être calibrée en recourant à la moyenne et à la variance empiriques et en associant ces deux moments empiriques aux paramètres de la loi de la façon suivante :

$$\hat{b} = \frac{\hat{m}(\hat{m} - 1)^2}{\hat{\nu}} + (\hat{m} - 1)$$

$$\hat{a} = \frac{\hat{b} \times \hat{m}}{\hat{m} - 1}$$

Ces deux estimateurs des paramètres a et b résultent de la méthode des moments, basée sur les deux premiers moments empiriques préalablement calculés. Si un nombre suffisant de données est à disposition, il est préférable de recourir à la méthode du *maximum-likelihood* qui aura l'avantage de produire des estimateurs sans biais disposant d'une variance plus faible. En pratique, cependant, des différences peu significatives quant à la fiabilité des estimateurs semblent pour le moment avoir été rapportées dans la littérature entre les deux méthodes.

2 Une approche alternative : l'estimation Kernel de la densité

En dépit de la flexibilité offerte par la distribution Bêta, l'hypothèse de taux de recouvrement distribués selon une telle loi souffre d'au moins deux inconvénients majeurs :

- d'une part, cette densité de probabilité ne permet pas de prendre en compte les masses associées aux points 0 % et 100 % du support ; ce fait empirique est pourtant observé sur les distributions empiriques ;
- d'autre part, les distributions empiriques peuvent être caractérisées par une bimodalité (Asarnow and Edwards (1995)), que la loi Bêta ne parvient pas à traduire dans bien des cas.

La figure 4.9 illustre bien ces inconvénients méthodologiques. Il apparaît clairement à la lumière de cet exemple que dans l'hypothèse où une bi-modalité significative existe au sein de la distribution empirique, la calibration de la loi Bêta par la méthode des moments n'offre qu'une estimation peu satisfaisante des données empiriques.

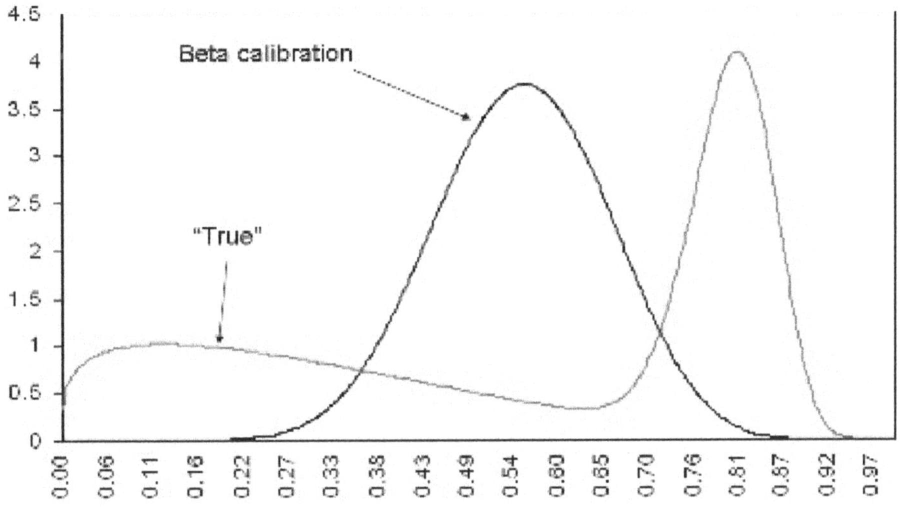

Source : Standard and Poor's. Calibration de la loi Bêta par la méthode MLE versus distribution empirique.

Figure 4.9

Afin de dépasser ces obstacles méthodologiques, Hu et Perraudin (2002) ainsi que Renault et Scaillet (2003) ont proposé de recourir à des méthodes d'estimation non-paramétriques. Ces estimations non-paramétriques reposent sur la méthode d'estimation de la densité de Kernel telle qu'exposée en annexe. Cette méthode suppose habituellement des fonctions de densité dont le support n'est pas borné. Ceci signifie donc que les réalisations associées peuvent ne pas appartenir au domaine de définition [0,1] ou encore que des taux de recouvrement négatifs ainsi que des taux de recouvrement plus grands que 100 % sont considérés. Il est donc crucial afin que les estimations demeurent consistantes avec les données empiriques de recourir à des approches non standards d'estimation Kernel des densités de taux de recouvrement. Une première façon de parvenir à cette estimation consistante est de commencer par transformer les données de façon à ce qu'elles se situent dans l'intervalle ouvert $]-\infty,+\infty[$. On peut alors appliquer la méthode d'estimation traditionnelle Kernel sur ces données transformées. Il convient ensuite de procéder à une transformation inverse afin d'obtenir une densité estimée dont le support se situe entre 0 et 1 comme désiré.

Renault et Scaillet (2003) proposent quant à eux une autre méthode qui repose directement sur des estimateurs Kernel Bêta. Ces estimateurs sont assez similaires aux estimateurs produits par les méthodes traditionnelles à la différence près que selon cette méthodologie, la fonction de densité est directement celle d'une loi Bêta et non une loi dont le support n'est pas borné (par exemple, la loi Normale). La figure 4.10 illustre les performances d'une telle méthodologie par rapport à la méthode reposant sur la calibration de la loi Bêta.

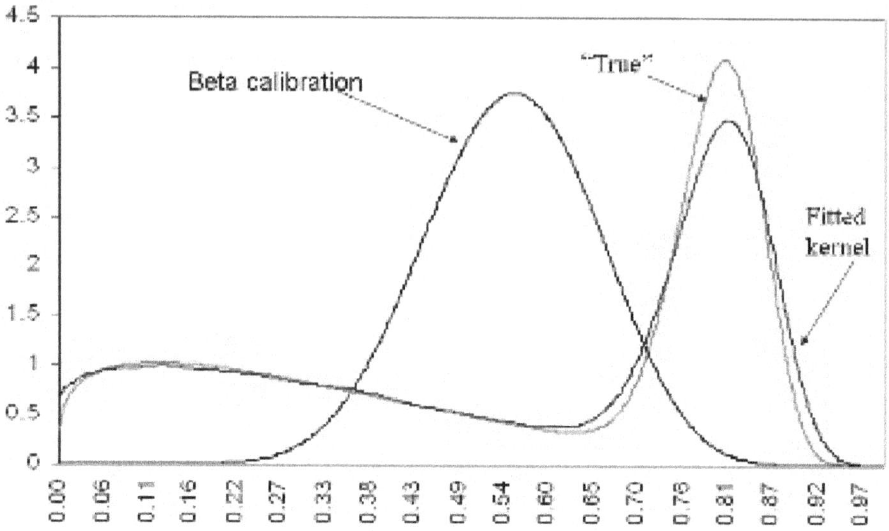

Source : Standard and Poor's. Calibration de la loi Bêta par la méthode MLE versus distribution empirique et estimation Kernel.

Figure 4.10

Contrairement à la première méthode exposée, cette nouvelle méthodologie a l'avantage d'assurer que la densité estimée admet bien pour support l'intervalle [0,1] et ne nécessite pas de recourir à une transformation des données. Il devient alors possible d'appliquer cette méthode d'estimation non-paramétrique à des distributions empiriques incorporant une bi-modalité significative. À ce stade, il ne reste plus qu'à choisir la valeur du paramètre de lissage. Celui-ci, habituellement noté h, prend la valeur $\hat{\sigma}T^{-2/5}$ où $\hat{\sigma}$ est l'écart-type de l'échantillon et T est le nombre d'observations. La figure 4.11 suivante illustre cette méthodologie appliquée à des classes de séniorité différentes. Ces résultats peuvent être mis utilement en parallèle aux résultats des tableaux 4.3 et 4.4.

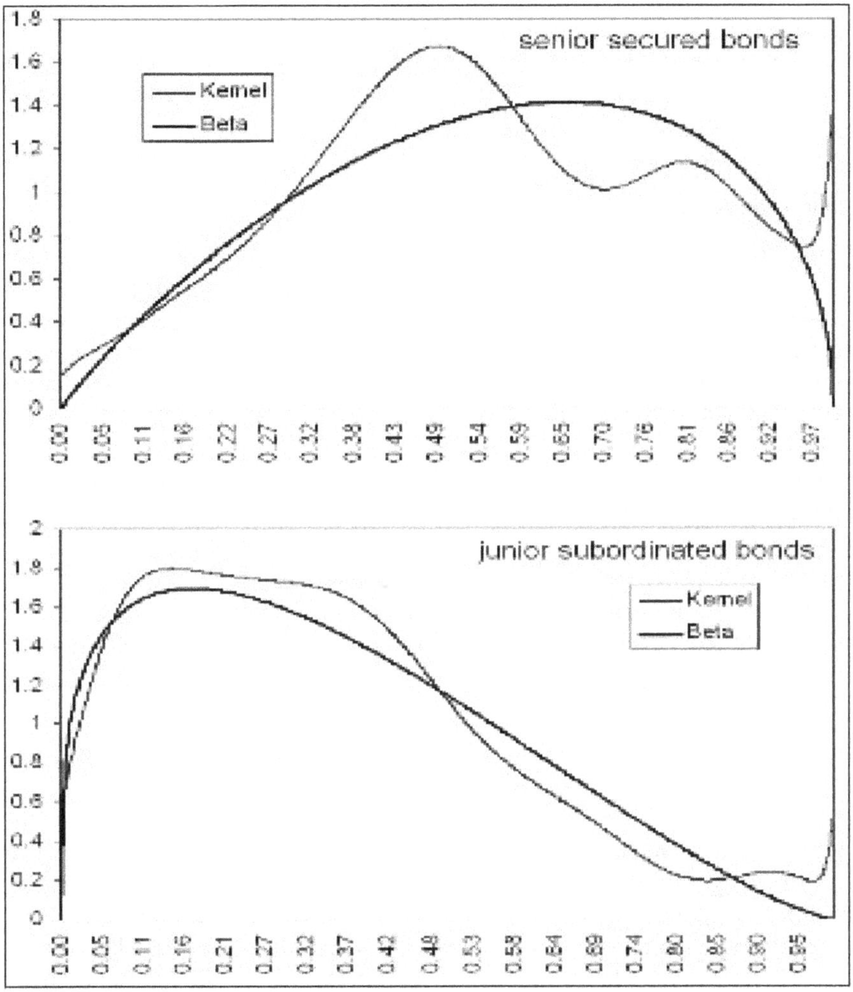

Source : Standard and Poor's. Comparaison des estimations produites par la méthode MLE versus Kernel dans le cas de deux classes de séniorité (respectivement, senior secured et junior subordinated).

Figure 4.11

Repères — Une modélisation de la densité conditionnelle des taux de recouvrement Friedman et Sandow (2003)

Friedman et Sandow (2003) proposent de modéliser la densité des taux de recouvrement de type *ultimate* conditionnellement à un vecteur de variables explicatives. Selon cette approche, les auteurs proposent de modéliser l'ensemble de la fonction de densité et non simplement d'estimer les deux premiers moments ainsi que de fournir des intervalles de confiance pour ces estimateurs. Pour ce faire, Friedman et Sandow (2003) recourent au concept d'entropie et appliquent cette dernière à plusieurs classes de modèles. ☞

☞ La probabilité de recouvrer r conditionnellement à un vecteur x de variables explicatives est notée simplement $p(r|x)$. Bien que plusieurs variables explicatives puissent être considérées *a priori*, quatre d'entre elles sont plus communément étudiées. Il s'agit de :

- la qualité des sûretés ;
- le volume de dette plus junior ;
- le volume de dette plus senior ;
- du taux de défaut agrégé.

Les taux de recouvrement de type *ultimate* utilisés dans cette étude se situent dans l'intervalle 0-120 %, avec une forte proportion de réalisations aux masses de probabilité 0 % et 100 % (entre 10 et 20 % de l'échantillon global). Afin de gérer ces cas limites, les auteurs segmentent l'échantillon en trois, considérant par la suite l'intervalle]0,100[et les deux singletons complémentaires 0 et 100. La méthodologie se définit alors en deux étapes :

- on choisit la fonction de densité qui minimise l'entropie relative parmi une large classe, compte tenu d'un choix initial d'une fonction de densité ;
- on impose des contraintes sur plusieurs moments de la distribution (les covariances entre les taux de recouvrement et les variables explicatives). La méthodologie laisse la possibilité que les moments du modèle diffèrent des moments empiriques, mais une pénalité est associée à cet écart. Ceci concourt à la consistance de l'estimation.

Conclusion

Les taux de recouvrement sont une pierre angulaire d'un système d'analyse et de gestion du risque de crédit. En dépit de leur importance, tout aussi significative que les probabilités de défaut, les taux de recouvrement ont paradoxalement reçu beaucoup moins d'attention. Comme nous l'avons mis en exergue dans le cadre de ce chapitre, cela tient sans doute au fait que les taux de recouvrement restent en définitive des quantités difficiles à mesurer. Premièrement, en raison du fait qu'une part souvent significative de la structure d'endettement est composée de titres illiquides, ne disposant pas de cotations régulières de marché. Deuxièmement, parce que l'évolution suivie par les taux de recouvrement est assez largement dépendante de facteurs difficiles à quantifier, telle la capacité de négociation des créanciers.

Annexe 4.1 : Une introduction à la méthode d'estimation Kernel d'une densité

Une présentation détaillée de cette méthodologie pourra être trouvée dans Pagan et Ullah (1999). Nous ne présentons ici que les éléments de base de cette méthode.

Supposons que nous disposions d'un panel composé de n observations pour une variable X_i, $i = 1, ..., n$ dont la densité sous-jacente f est *a priori* inconnue et doit être estimée. Les estimateurs Kernels peuvent être vus comme des histogrammes lissés. Dans des histogrammes standards, chaque observation est equi-pondérée par rapport aux autres : soit la réalisation appartient à un bucket spécifique, et cette réalisation reçoit un poids de $1/n$ ou cette réalisation n'appartient au bucket et elle reçoit un poids nul. Les estimateurs Kernel attribuent des poids différents aux différentes observations. Un estimateur Kernel d'une densité à un point donné du support, noté x, alloue des masses de densité à l'ensemble des observations du panel. La masse de densité attribuée est une fonction décroissante de la distance séparant l'observation du point x auquel la densité est estimée.

De façon formelle, la densité au point x est estimée par :

$$\hat{f} = \frac{1}{nh}\sum_{i=1}^{n} K\left(\frac{x - X_i}{h}\right)$$

Un kernel est une fonction continue (au moins par morceaux) satisfaisant la propriété suivante :

$$\int_{-\infty}^{+\infty} K(x)dx = 1$$

$K(.)$ est choisie en général (mais pas nécessairement) parmi la classe des fonctions de densité symétriques, parmi lesquelles la fonction de densité gaussienne est plus particulièrement utilisée. Le paramètre h est le paramètre de lissage. Plus la valeur de ce paramètre est élevée et plus l'estimateur obtenu est lisse.

Chapitre

5 Les corrélations de défaut

Dans les chapitres précédents, nous avons eu l'occasion d'examiner les concepts de spread, de probabilité de défaut et de taux de recouvrement. Ces notions, bien que fondamentales au niveau de l'analyse d'un instrument particulier, s'avèrent insuffisantes dans le but d'analyser des portefeuilles d'instruments ou des instruments dont le prix (et le risque) dépend d'un groupe de multiple sous-jacents. En effet, en raison des effets de diversification (générés par les dépendances entre instruments), il est bien connu que le prix d'un portefeuille ne peut être défini comme la simple combinaison linéaire des prix des instruments inclus ou encore que la distribution de pertes du portefeuille n'est pas la somme des distribution de pertes des instruments sous-jacents.

La notion de corrélation constitue donc une mesure particulière du concept plus général de dépendance stochastique. Se limiter aux corrélations pour évaluer un niveau de dépendance constitue une approche réductrice. De nombreuses restrictions en matière d'usage des corrélations existent en effet. En particulier, le mécanisme de corrélation linéaire ne parvient pas à exprimer des formes de dépendance non linéaires entre divers facteurs de risque ou de rendement. Prenons l'exemple de deux variables aléatoires : $X = [1,-1,2,-2]$ et $Y = X^2$. Ces deux variables ne sont pas corrélées en dépit de leur dépendance.

La notion de corrélation jouit cependant d'un statut privilégié dans la finance moderne en raison de son rôle central tant dans la gestion de portefeuille utilisant le CAPM[1], l'APT[2] que dans les méthodes de gestion des risques reposant sur des

1. *Capital Asset Pricing Model.*
2. *Asset Pricing Theory.*

outils de type VaR[1]. Son usage comme mesure de dépendance entre différents instruments financiers est fondé sur l'hypothèse forte et fondamentale de rendements qui suivent une distribution normale multivariée. À partir de cette hypothèse centrale, la sélection d'un portefeuille optimal devient possible, car à cette condition, non-corrélation et indépendance sont équivalents.

Cependant dès que l'on sort du cas particulier de la famille des distributions elliptiques[2] dont font partie les distributions normales multivariées, les corrélations posent problème et doivent être utilisées avec prudence. En effet, il n'est alors plus possible de déterminer une distribution jointe caractéristique à partir de la donnée des distributions marginales et des corrélations. Or l'hypothèse de normalité multivariée est en général peu raisonnable s'agissant de risques de crédit qui comportent une caractéristique de queue épaisse (*fat tail*).

Au-delà d'une analyse statique du degré de fiabilité des corrélations, une approche dynamique de ce concept, y compris dans les cas rares de rupture de corrélation (*correlation breakdown*) doit être envisagée, même si elle présente des risques en matière de résultat.

Après avoir analysé les liens entre corrélation et volatilité, il faudra s'interroger sur l'utilité des corrélations pour permettre d'aboutir à une optimisation du risque, s'agissant de portefeuille de crédits.

Section 1 DÉFINITION DES INSTRUMENTS DÉCRIVANT LES CORRÉLATIONS

1 Définition de la notion de corrélation

On se place dans un cas statique. Soit un vecteur de risques dépendants : $(X_1,\ldots X_n)'$.

Chaque risque X_i possède une distribution marginale $F_i(x) = P\{X_i \leqslant x\}$.

Le vecteur de risques dépendants a une fonction de distribution jointe :

$$F(x_1,\ldots,x_n) = P\{X_1 \leqslant x_1,\ldots,X_n \leqslant x_n\}$$

1. *Value at Risk.*

2. Les distributions normales multivariées sont un cas particulier des distributions elliptiques. Les distributions elliptiques sont des distributions dont la densité est constante sur des ellipsoïdes.

Le coefficient de corrélation linéaire entre deux risques s'écrit

$$\rho(X_i, X_j) = \frac{\text{Cov}(X_i, X_j)}{\sqrt{\sigma^2[X_i]\sigma^2[X_j]}}$$

Lorsque les risques $X_1, \ldots X_n$ ont une distribution normale multivariée, la situation est simple. Notons qu'il ne suffit pas que chaque X ait une distribution normale, il faut également que, conjointement, ils aient une distribution normale multivariée. Dans ce cas, la non-corrélation peut être interprétée comme une indépendance. Dans ces conditions, pour un portefeuille d'actifs (ou des risques, s'agissant d'un calcul de VaR), aucune information, en dehors de la composition du portefeuille, des rendements, de leurs variances et de la matrice de corrélation, n'est nécessaire.

À l'extérieur du monde elliptique, les corrélations doivent être utilisées avec prudence. Malheureusement, la plupart des risques réels n'a pas de distribution elliptique. C'est le cas en particulier pour les risques de crédit.

Prenons l'exemple suivant : les performances financières d'un portefeuille dépendent de deux risques X_1, X_2. À supposer que l'on dispose des distributions marginales de ces facteurs de risque et de leur coefficient de corrélation, peut-on en déduire le niveau de risque par un Monte-Carlo ? La réponse est négative, car les distributions marginales et les corrélations ne suffisent pas pour déterminer une distribution jointe. Il y a même une infinité de solutions possibles : supposons deux types de distribution, une distribution normale bivariée d'une part et une autre forme de distribution qui a tendance à générer des valeurs extrêmes, dangereuses pour un directeur des risques. Sur la base des corrélations, ces deux distributions ne peuvent être discriminées. Les corrélations ne nous disent rien sur le degré de dépendance de la seconde distribution, au niveau de la queue.

2 Remarques

De manière générale, on peut faire les remarques suivantes à propos des corrélations :

- une corrélation n'est qu'une mesure scalaire de dépendance, elle ne peut pas tout dire à propos de la structure de dépendance des risques,
- les valeurs possibles de corrélations dépendent de la distribution marginale des risques,
- des risques parfaitement dépendants de manière positive peuvent ne pas avoir une corrélation de 1,
- une corrélation zéro n'est pas synonyme d'une indépendance,
- les corrélations ne sont pas invariantes des risques : log (X), log (Y) n'ont pas en général la même corrélation que X et Y.

3 Des alternatives aux corrélations linéaires

Des alternatives existent aux corrélations linéaires. Elles visent à rendre compte une forme de dépendance plus complexe[1].

C'est le cas des copules qui s'apparentent à une généralisation de la formulation restreinte des corrélations linéaires (correspondant à des distributions normales multivariées).

Repères — **Définition d'une copule**

Une copule de la distribution jointe F est une fonction C de distribution d'un vecteur aléatoire de R^n dont les distributions marginales sont uniformes $(0,1)$. C'est une fonction qui relie les distributions marginales univariées à la distribution complète, multivariée.

$$F(x_1,x_2,\ldots,x_n) = C(u_1,u_2,u_3,\ldots,u_n) = \Pr(U_1 \leqslant u_1 U_2 \leqslant u_2 \ldots, U_n \leqslant u_n)$$

avec $u_i = F_i(x_i)$ pour tout i.

Si les distributions marginales de F sont continues, alors F possède une copule unique. De manière générale, C représente en fait une traduction de la structure de dépendance de F.

Les copules correspondent à un degré plus élevé d'explicitation du lien de dépendance entre variables aléatoires. Elles représentent une façon d'extraire la structure de dépendance d'une distribution jointe et de séparer dépendance et comportement marginal.

De nombreuses formes de copules existent : la copule normale ou gaussienne est un cas particulier, on peut en expliciter d'autres comme par exemple la copule de Frank qui s'écrit : $C(u,v) = \frac{1}{\alpha}\left(1 + \frac{(e^{\alpha u}-1)(e^{\alpha v}-1)}{e^{\alpha}-1}\right)$ avec a réel borné.

D'autres méthodes existent permettant de révéler des dépendances complexes, c'est le cas notamment des corrélations de rang qui définissent non des corrélations de variables aléatoires, mais des corrélations de fonctions de distribution marginale d'une fonction de distribution jointe de variables aléatoires. Elles permettent de sortir des limites des corrélations linéaires sur ces variables aléatoires, mais elles présentent l'inconvénient d'une manipulation difficile.

Cette analyse rapide met en évidence l'intérêt d'approcher de manière fine la nature de la dépendance entre variables aléatoires. Elle permet de mesurer que la notion de corrélation linéaire présente un niveau de fiabilité satisfaisant uniquement dans des circonstances précises.

À partir de cette situation, une présentation de la dynamique des corrélations suit naturellement.

1. Embrechts, McNeil, Straumann (1999).

Section 2 DÉFINITION DES PRATIQUES DÉCRIVANT LES CORRÉLATIONS

Les corrélations de défaut présentent la particularité de ne pas être, en général, observables directement.

La fluctuation potentielle dans le temps de ces corrélations, également appelée non-stationnarité, est par ailleurs à l'origine de nombreuses interrogations sur la fiabilité d'une gestion optimisée, diversifiée d'un portefeuille de crédit ou encore d'instruments du type CLO, CBO.

Trois questions sont en fait posées. De quel type de corrélation parle t'on précisément ? Y a-t-il un lien entre corrélations et périodes d'observation ? Quelles relations existe-t-il entre volatilité et corrélation ?

1 Les trois types de corrélation

Il existe dans les faits trois types de corrélations se rapportant aux événements de défaut.

1.1 Les corrélations de rendement d'actif

Nous examinons la situation où ces corrélations sont définies sur la base de données historiques. C'est le cas en particulier de Credit Metrics qui se fonde sur les corrélations entre rendement des actifs.

➤ *Première étape*

Des corrélations entre rendement des actions sont en fait définies sur la base d'un modèle structurel qui les relie à un nombre limité de facteurs fondamentaux constituant une cartographie par pays des secteurs industriels représentatifs. Le rendement de chaque action peut alors s'exprimer comme une combinaison multifactorielle linéaire pondérée des facteurs fondamentaux[1], plus une partie de nature idiosyncrasique. Les corrélations de rendement sont rapidement calculées grâce à ces facteurs fondamentaux.

➤ *Deuxième étape*

Le modèle fait ensuite l'approximation que le niveau de corrélation obtenu entre rendements des actions est équivalent à celui entre rendements des actifs industriels (où actif = actions + dettes).

1. Il faut remarquer que ces facteurs fondamentaux qui correspondent aux facteurs de risque exogènes définis dans Gordy (1998) suivent des distributions normales dans CreditMetrics, KMV, et une distribution Gamma dans CreditRisk+, avec un impact non négligeable sur la queue de distribution de perte du portefeuille.

➤ *Troisième étape*

À partir des corrélations entre actifs, l'objectif est de parvenir à des corrélations de qualité de crédit. Pour une analyse plus fine de la corrélation de qualité de crédit entre deux firmes uniquement, nous reprenons les éléments de présentation de CreditMetrics issus de Crouhy, Galai, Mark (2000). Le modèle permet d'évaluer les corrélations entre le rendement des actions de plusieurs contreparties. Il restitue alors les corrélations entre changements de qualité de crédit directement de la distribution jointe des rendements des actifs.

Selon Merton 1974, la valeur de la firme s'exprime en t sous la forme (processus de diffusion) :

$$V_t = V_0 \exp\left\{\left(\mu - \frac{\sigma^2}{2}\right)t + \sigma\sqrt{t}Z_t\right\}$$

avec $Z_t \sim N(0,1)$ et μ, σ^2 la moyenne et la variance du rendement instantané des actifs de la firme (dV_t/V_t). V_t est distribuée lognormalement, et $E(V_t) = V_0 \exp\{\mu t\}$. La dette est composée d'un seul zéro coupon de maturité T. Le défaut potentiel n'intervient qu'à la date de maturité, s'il intervient.

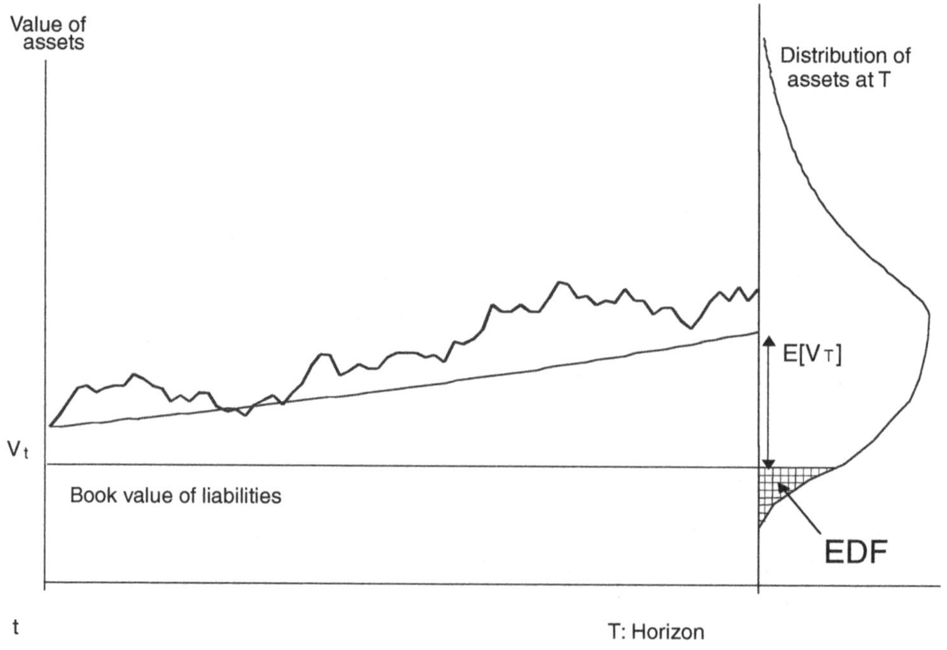

Figure 5.1 — Évaluation de la probabilité de perte de crédit à partir de la valeur de la firme

Le modèle de Merton est étendu par CreditMetrics de manière à inclure les changements de qualité de crédit : le principe consiste à découper en tranches la distribution du rendement des actifs, afin de reproduire les probabilités de transitions de la matrice de migration à 1 an.

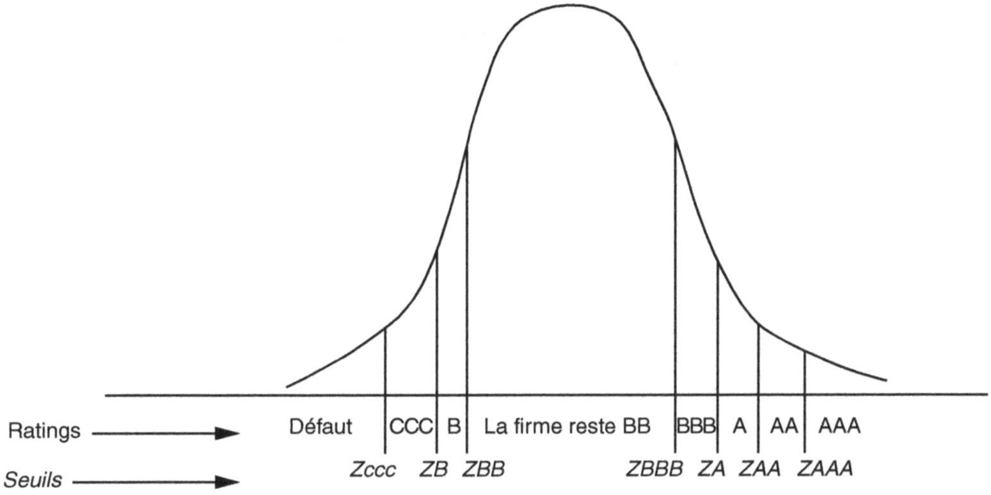

Figure 5.2 — Distribution normale standard du rendement de l'actif pour une firme BB

Soit V_{def} la valeur de défaut et $P_{def} = \Pr(V_t \leqslant V_{def})$, en fait le défaut correspond à la queue gauche de la courbe : Z_{CCC}.

Le défaut intervient lorsque $P_{def} = \Pr\left[\dfrac{\ln(V_{def}/V_0) - (\mu - (\sigma^2/2))t}{\sigma\sqrt{t}} \geqslant Z_t\right]$

$$P_{def} = \Pr\left[Z_t \leqslant \frac{\ln(V_0/V_{def}) - (\mu - (\sigma^2/2))t}{\sigma\sqrt{t}}\right] = N(-d_2)\,[1]$$

où d_2 est la distance au défaut.

Le seuil Z_b correspond à la probabilité de défaut : $P_{def} + P_{CCC}$ [2]

1. Pour définir des probabilités jointes de migration, seuls les niveaux de seuils sont requis, sans devoir examiner le niveau de l'*asset value* ou sa moyenne ou son écart type.

2. Comme les *assets returns* ne sont pas directement observables, l'hypothèse simplificatrice consiste à prendre les *equity returns* comme *proxies*, ce qui correspondrait au cas ou la firme est uniquement financée par fonds propres.

Supposons la corrélation entre rendements des actifs connue : ρ, alors le log-rendement de deux actifs de ratings respectifs BB et A, suit une distribution normale jointe :

$$f(r_{BB},r_A,\rho) = \frac{1}{2\pi\sqrt{1-\rho^2}} \exp\left\{\frac{-1}{2(1-\rho^2)}(r_{BB}^2 + r_A^2 - 2\rho r_{BB} r_A)\right\}$$

Prenons un exemple pratique où des probabilités de migration de rating sont définies, la probabilité que les deux acteurs endettés restent chacun dans leur même classe de rating est :

$$Pr(-1{,}23 < r_{BB} < 1{,}37, -1{,}51 < r_A < 1{,}98) = \int_{-1{,}23}^{1{,}37}\int_{-1{,}51}^{1{,}98} f(r_{BB},r_A,\rho)dr_{BB}dr_A$$
$$= 0{,}7365$$

En faisant les 64 autres combinaisons (8 ratings × 8 ratings), on obtient la matrice de distribution jointe entre 2 sociétés cotées BB et A, lorsque le niveau de corrélation de rendement des actifs de ces firmes est fixé (à 20 % par exemple).

On peut ainsi faire la courbe des probabilités de défaut jointes selon le niveau de corrélation entre actifs :

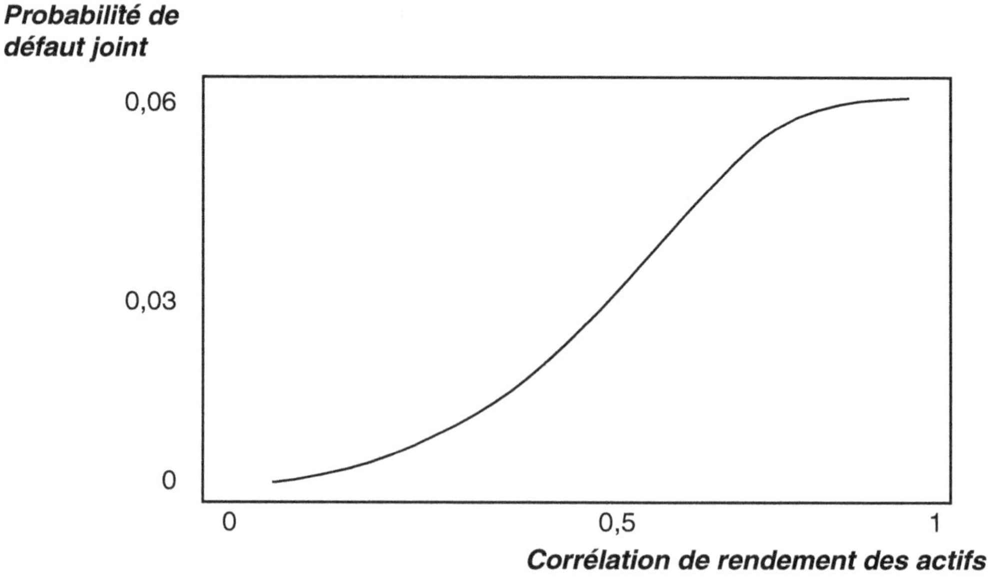

Figure 5.3 — Courbe de probabilités de défaut joint

De manière générale l'on note respectivement DEF_1 et DEF_2 l'événement de défaut pour la société 1 et pour la société 2.

Et $P(DEF_1,DEF_2)$ la probabilité de défaut jointe, alors la corrélation de défaut s'écrit :

$$\text{corr}(DEF_1,DEF_2) = \frac{P(DEF_1,DEF_2) - P_1 \cdot P_2}{\sqrt{P_1(1-P_1) \cdot P_2(1-P_2)}}$$

et $(DEF_1,DEF_2) = \Pr(V_1 \leqslant V_{DEF_1}, V_2 \leqslant V_{DEF_2})$

Quelques observations :

Pour des corrélations entre rendement des actifs compris entre 20 % et 60 %, le ratio (corrélation entre rendements/corrélations de défaut) se situe autour de 10. L'impact des corrélations est fort sur les ratings de faible qualité et plus faible sur les ratings élevés.

Dans le cas d'un nombre de crédits plus significatif, compte tenu du nombre de combinaisons trop importantes à calculer, CreditMetrics établit les corrélations à partir des facteurs de risques. La distribution de perte du portefeuille est alors obtenue par la mise en œuvre d'une simulation Monte Carlo.

Ces extractions des corrélations de défaut sur base historique donnent des résultats d'accès facile. Elles peuvent pourtant prêter le flan à la critique en raison de problèmes d'estimation essentiellement de trois ordres :

- il est difficile d'identifier le niveau d'erreur d'estimation,
- les actifs sous-jacents ne sont pas toujours homogènes (différents marchés, différentes industries, différentes maturités),
- il est difficile d'assurer une indépendance des corrélations par rapport à la période historique d'observation.

Au-delà de ces problèmes statistiques, des limites inhérentes aux modèles structurels subsistent : défaut de la dette à maturité, les difficultés de prise en compte de la valeur de marché des dettes.

1.2 Les corrélations de défaut

Deux approches existent : une approche fondée sur les modèles structurels, une autre sur les modèles financiers stochastiques avec saut (*reduced form*).

La seconde approche, basée sur les corrélations de *spreads* de crédit, est relativement complexe à mettre en œuvre notamment pour deux raisons :

- la notion de *spread* recouvre à la fois une probabilité de défaut et un taux de recouvrement, sans qu'il soit aisé de séparer les deux ;
- d'autres impacts que le risque de défaut ont une influence sur les *spreads*, c'est en particulier le cas du risque de liquidité.

Il faut ajouter que les modèles *reduced form* étant jusqu'à présent plus utilisés pour la valorisation des dérivés de crédit que pour le calcul du risque de crédit d'un portefeuille, l'effort de recherche sur les corrélations de défaut a été moins poussé que dans le cas des modèles structurels.

Repères — Étude des corrélations de défaut à partir des modèles structurels ; la présentation de Zhou (1997)

Zhou calcule la corrélation de défaut, en se reposant sur un modèle de type structurel.

Soit V_1 et V_2 la valeur du total des actifs de la firme 1 et de la firme 2.

$$\begin{bmatrix} d\ln(V_1) \\ d\ln(V_2) \end{bmatrix} = \begin{bmatrix} \mu_1 \\ \mu_2 \end{bmatrix} dt + \Omega \begin{bmatrix} dz_1 \\ dz_2 \end{bmatrix}$$

avec μ_1, μ_2, les *drifts* constants ; z_1, z_2 les browniens indépendants ;

$\Omega = \begin{bmatrix} s_{11} & s_{12} \\ s_{21} & s_{22} \end{bmatrix}$ et $\Omega\Omega' = \begin{bmatrix} \sigma_1^2 & \rho\sigma_1\sigma_2 \\ \rho\sigma_1\sigma_2 & \sigma_2^2 \end{bmatrix}$ où ρ reflète la corrélation entre les mouvements des *assets values* des deux firmes.

On considère que pour chaque firme i, il existe $(\boldsymbol{K}_i, \lambda_i)$ tels que tant que $V_i(t) > e^{\lambda_i t}\boldsymbol{K}_i$, la firme i continue à opérer et à honorer ses obligations contractuelles.

Soit $\tau_i = \inf\left\{t | V_i(t) \leqslant e^{\lambda_i t}\boldsymbol{K}_i\right\}$ et $D_i(t) = \{\tau_i \leqslant t\}$, l'événement correspondant au défaut de la firme i avant la date t.

$$P(D_i(t)) = P(\tau_i \leqslant t)$$

La corrélation de défaut entre la firme 1 et la firme 2 sur la période $[0,t]$ s'écrit :

$$\rho_{D_t} = \text{Corr}[D_1(t), D_2(t)] = P(D_1 + D_2)/\sigma_{D_1} \cdot \sigma_{D_1}$$

ou $P(D_1 + D_2) = P(\tau_1 \leqslant t,$ ou, $\tau_2 \leqslant t)$,

est la probabilité qu'au moins 1 défaut intervienne avant t.

En poursuivant les calculs, on obtient le résultat de la corrélation de défaut.

Cette approche intéressante témoigne cependant aussi de certaines faiblesses théoriques liées à l'utilisation du modèle de Merton : l'hypothèse d'une structure de marché parfait, des dettes faisant défaut à l'échéance, et des difficultés de mise en œuvre liées à la définition d'une frontière de défaut (K) pertinente.

1.3 Les corrélations entre défauts et variables d'état

Ce type de corrélation est repris notamment par Longstaff et Schwartz (1995). Il est, dans la majorité des circonstances, négligé, en particulier dans le cas des modèles de gestion de portefeuille de crédits, plus que pour les modèles de valorisation de dérivés de crédit.

La valeur de la firme est déterminée par un brownien standard :

$$dV = \mu V dT + \sigma V dZ_1.$$

Le taux d'intérêt à court terme sans risque est défini à la Vasicek par un processus d'Ornstein-Uhlenbeck : $dr = (\zeta – \beta r)dt + \eta dZ_2$.

Un coefficient de corrélation instantané est retenu entre les deux Wiener : ρdt.

En raison d'un niveau de consensus limité entre spécialistes, la discussion sur la nature de la dépendance effective entre taux sans risque d'une part, et risque de défaut ou *spread* d'autre part, n'est pas développée ici. Le lecteur se reportera à l'annexe 3.3 sur la présentation des méthodologies des modèles structurels et des modèles stochastiques avec sauts.

2 Un lien entre corrélations et périodes d'observation

2.1 Définition de la notion de corrélation de défaut discrète

S'agissant de corrélations de défaut, la littérature tend à définir les corrélations basées sur des périodes discrètes (du type à 1 an).

Par exemple, si l'on appelle $q_A = \Pr(E_A), q_B = Pr(E_B), q_{AB} = \Pr(E_{AB})$, les probabilités à 1 an de réalisations des événements de défaut (E_A), (E_B) alors :

$$\rho = \frac{q_{AB} - q_A q_B}{\sqrt{q_A(1-q_A)q_B(1-q_B)}}$$

Cette définition de la corrélation de défaut, tirée de Lucas (1995), est appelée corrélation de défaut discrète.

Cependant le choix d'une période d'1 an est plus ou moins arbitraire. En fait l'événement de défaut est dépendant du temps et de la même manière, la corrélation de défaut est dépendante du temps.

Par exemple la probabilité de décès d'une personne de 50 ans est 0,6 % à 1 an et 1 à 50 ans. De même la corrélation de décès d'un couple dont chacun a 50 ans, est faible à 1 an, elle est voisine de 1 à 50 ans.

Le temps joue sur le niveau des corrélations de défaut tout comme le cycle économique. Se focaliser sur une période d'1 an, représente une limitation forte, d'autant que s'agissant par exemple de crédit, l'objectif est l'analyse de la survie à long terme (10/15 ans).

2.2 Définition de la notion de corrélation de survie

Li (2000) introduit la notion de période avant le défaut afin de parler de corrélation entre deux actifs au cours de leur période de survie.

On appelle corrélation de survie :

$\rho_{AB} = \dfrac{\text{cov}(T_A, T_B)}{\sqrt{\text{Var}(T_A)\text{Var}(T_B)}}$ ou T_A, T_B correspondent aux temps de survie des actifs A et B.

La corrélation de survie est une notion plus générale que la corrélation de défaut à 1 an. La seconde peut se déduire de la première et non l'inverse. Cette notion de corrélation de survie est particulièrement importante pour le pricing des CDOs.

Zhou (1997), dans le modèle développé au paragraphe précédent, étudiait le comportement à long terme des corrélations de défaut entre firmes.

Les tests statistiques qu'il a réalisé sur cette base permettent d'aboutir aux conclusions suivantes :

- la corrélation de défaut et la corrélation entre rendement des actifs sont du même signe et évoluent dans le même sens. Les corrélations de défaut sont inférieures aux corrélations entre rendements des actifs ;
- les corrélations de défaut sont en général très faibles sur des maturités courtes, car les défauts rapides sont rares et plutôt de nature idiosyncrasique. Les corrélations de défaut baissent sur longue période, car le caractère idiosyncrasique de l'évolution de chaque firme prend le pas sur les effets de corrélation. C'est donc à un horizon de temps intermédiaire que les corrélations de défaut sont les plus élevées. On se trouve en face d'un scénario d'évolution dans le temps des corrélations représenté par une courbe en cloche.
- les firmes ayant une qualité de crédit élevée présentent non seulement un risque de défaut faible, mais aussi un niveau de corrélation de défaut faible. Cette observation est conforme aux conclusions d'une étude de S&P (Erturk 1999) qui indique qu'il n'y a pas de corrélations de défaut significatives sur courte période (jusqu'à un an), entre emprunteurs *investment grade*. En complément, un déclin du rating de crédit de deux firmes, entraîne une hausse du niveau de leur corrélation de défaut. Elle peut être significative ;
- l'évolution de la qualité du crédit de chaque firme au cours du temps entraîne une évolution dynamique des corrélations de défaut. Ce caractère dynamique des corrélations de défaut nécessite un management actif du risque de portefeuille et un ajustement dynamique du capital économique ;
- un comparatif entre corrélations de defaut derivées des corrélations d'actif – tableaux 4.4 – et les corrélations de défaut établies sur une base empirique – tableaux 4.5 – (de Servigny, Renault 2002) montre des différences pour des périodes d'observation supérieures à un an. Les corrélations sont moins élevées dans le premier cas que dans le second.

Tableau 5.1 – Corrélations de défaut calculées à partir des corrélations d'equity aux USA pour des Non investment grade bonds sur la période 1981-2001 (source : de Servigny, Renault 2002)

Horizon d'un an

	Auto	**Cons**	**Ener**	**Fin**	**Build**	**Chem**	**HiTec**	**Insur**	**Leis**	**Trans**	**Util**
Auto	4,6 %	2,5 %	1,9 %	2,3 %	3,1 %	1,8 %	0,8 %	1,2 %	1,6 %	4,3 %	1,2 %
Cons	2,5 %	2,8 %	1,0 %	2,0 %	2,0 %	1,4 %	0,5 %	1,0 %	1,3 %	3,1 %	1,5 %
Ener	1,9 %	1,0 %	3,5 %	1,3 %	1,2 %	0,9 %	0,4 %	0,6 %	0,7 %	1,6 %	1,2 %
Fin	2,3 %	2,0 %	1,3 %	2,9 %	1,8 %	1,2 %	0,4 %	1,2 %	1,1 %	2,7 %	1,8 %
Build	3,1 %	2,0 %	1,2 %	1,8 %	3,6 %	1,4 %	0,6 %	0,9 %	1,1 %	3,5 %	0,9 %
Chem	1,8 %	1,4 %	0,9 %	1,2 %	1,4 %	1,3 %	0,3 %	0,6 %	0,8 %	2,0 %	1,0 %
HiTec	0,8 %	0,5 %	0,4 %	0,4 %	0,6 %	0,3 %	0,4 %	0,2 %	0,3 %	0,9 %	0,1 %
Insur	1,2 %	1,0 %	0,6 %	1,2 %	0,9 %	0,6 %	0,2 %	0,9 %	0,6 %	1,4 %	1,0 %
Leis	1,6 %	1,3 %	0,7 %	1,1 %	1,1 %	0,8 %	0,3 %	0,6 %	1,3 %	2,0 %	0,5 %
Trans	4,3 %	3,1 %	1,6 %	2,7 %	3,5 %	2,0 %	0,9 %	1,4 %	2,0 %	8,3 %	0,9 %
Util	1,2 %	1,5 %	1,2 %	1,8 %	0,9 %	1,0 %	0,1 %	1,0 %	0,5 %	0,9 %	6,7 %

Horizon de 3 ans

	Auto	**Cons**	**Ener**	**Fin**	**Build**	**Chem**	**HiTec**	**Insur**	**Leis**	**Trans**	**Util**
Auto	7,6 %	4,3 %	3,4 %	4,0 %	5,4 %	3,2 %	1,7 %	2,2 %	2,9 %	7,3 %	2,2 %
Cons	4,3 %	4,8 %	1,8 %	3,4 %	3,6 %	2,6 %	1,0 %	1,9 %	2,3 %	5,3 %	2,5 %
Ener	3,4 %	1,8 %	5,9 %	2,3 %	2,3 %	1,6 %	0,7 %	1,2 %	1,3 %	2,9 %	2,1 %
Fin	4,0 %	3,4 %	2,3 %	5,0%	3,3 %	2,3 %	0,8 %	2,2 %	2,1 %	4,6 %	3,2 %
Build	5,4 %	3,6 %	2,3 %	3,3 %	6,4 %	2,6 %	1,2 %	1,8 %	2,1 %	6,1 %	1,7 %
Chem	3,2 %	2,6 %	1,6 %	2,3 %	2,6 %	2,4 %	0,7 %	1,1 %	1,6 %	3,6 %	1,9 %
HiTec	1,7 %	1,0 %	0,7 %	0,8 %	1,2 %	0,7 %	0,8 %	0,4 %	0,6 %	1,7 %	0,2 %
Insur	2,2 %	1,9 %	1,2 %	2,2 %	1,8 %	1,1 %	0,4 %	1,9 %	1,1 %	2,7 %	1,9 %
Leis	2,9 %	2,3 %	1,3 %	2,1 %	2,1 %	1,6 %	0,6 %	1,1 %	2,5 %	3,7 %	1,0 %
Trans	7,9 %	5,3 %	2,9 %	4,6 %	6,1 %	3,6 %	1,7 %	2,7 %	3,7 %	13,0 %	1,6 %
Util	2,2 %	2,5 %	2,1 %	3,2 %	1,7 %	1,9 %	0,2 %	1,9 %	1,0 %	1,6 %	10,1 %

Horizon de 5 ans

	Auto	Cons	Ener	Fin	Build	Chem	HiTec	Insur	Leis	Trans	Util
Auto	9,1 %	5,1 %	4,1 %	4,9 %	6,5 %	3,8 %	2,0 %	2,8 %	3,4 %	8,5 %	2,6 %
Cons	5,1 %	5,5 %	2,1 %	4,1 %	4,3 %	3,0 %	1,2 %	2,4 %	2,8 %	6,1 %	3,0 %
Ener	4,1 %	2,1 %	7,0 %	2,7 %	2,8 %	1,9 %	0,9 %	1,5 %	1,5 %	3,4 %	2,6 %
Fin	4,9 %	4,1 %	2,7 %	6,0 %	4,1 %	2,7 %	1,0 %	2,7 %	2,5 %	5,4 %	3,8 %
Build	6,5 %	4,3 %	2,8 %	4,1 %	7,8 %	3,1 %	1,5 %	2,3 %	2,6 %	7,1 %	2,1 %
Chem	3,8 %	3,0 %	1,9 %	2,7 %	3,1 %	2,8 %	0,8 %	1,4%	1,9 %	4,2 %	2,2 %
HiTec	2,0 %	1,2 %	0,9 %	1,0 %	1,5 %	0,8 %	1,1 %	0,6 %	0,8 %	2,1 %	0,2 %
Insur	2,8 %	2,4 %	1,5 %	2,7 %	2,3 %	1,4 %	0,6 %	2,4 %	1,4 %	3,3 %	2,4%
Leis	3,4 %	2,8 %	1,5 %	2,5 %	2,6 %	1,9 %	0,8 %	1,4 %	3,0 %	4,3 %	1,2 %
Trans	8,5 %	6,1 %	3,4 %	5,4 %	7,1 %	4,2 %	2,1 %	3,3 %	4,3 %	14,5 %	2,0 %
Util	2,6 %	3,0 %	2,6 %	3,8 %	2,1 %	2,2 %	0,2 %	2,4 %	1,2 %	2,0 %	11,7 %

Tableau 5.2 – Corrélation de défaut empirique aux USA pour des non investment grade bonds sur la période 1981-2001 (source : de Servigny, Renault 2002)

Horizon d'un an

	Auto	Cons	Ener	Fin	Build	Chem	HiTec	Insur	Leis	Trans	Util
Auto	3,8 %	1,3 %	1,2 %	0,4 %	1,1 %	1,6 %	2,8 %	– 0,5 %	1,0 %	1,3 %	0,5 %
Cons	1,3 %	2,8 %	– 1,4 %	1,2 %	2,8 %	1,6 %	1,8 %	1,1 %	1,3 %	2,7 %	1,9 %
Ener	1,2 %	– 1,4 %	6,4 %	– 2,5 %	– 0,5 %	0,4 %	– 0,1 %	– 1,6 %	– 1,0 %	– 0,1 %	0,7 %
Fin	0,4 %	1,2 %	– 2,5 %	5,2 %	2,6 %	0,1 %	0,4 %	3,0 %	1,6 %	1,5 %	4,5 %
Build	1,1 %	2,8 %	– 0,5 %	2,6 %	6,1 %	1,2 %	2,3 %	1,8 %	2,3 %	4,2 %	1,3 %
Chem	1,6 %	1,6 %	0,4 %	0,1 %	1,2 %	3,2 %	1,4 %	– 1,1 %	1,1 %	1,1 %	1,0 %
HiTec	2,8 %	1,8 %	– 0,1 %	0,4 %	2,3 %	1,4 %	3,3 %	0,0 %	1,4 %	1,9 %	1,0 %
Insur	–0,5 %	1,1 %	– 1,6 %	3,0 %	1,8 %	– 1,1 %	0,0 %	5,6 %	1,2 %	2,3 %	1,4 %
Leis	1,0 %	1,3 %	– 1,0 %	1,6 %	2,3 %	1,1 %	1,4 %	1,2 %	2,3 %	2,3 %	0,6 %
Trans	1,3 %	2,7 %	–0,1 %	1,5 %	4,2 %	1,1 %	1,9 %	2,3 %	2,3 %	4,3 %	– 0,2 %
Util	0,5 %	1,9 %	0,7 %	4,5 %	1,3 %	1,0 %	1,0 %	1,4 %	0,6 %	– 0,2 %	9,4 %

Horizon de 3 ans

	Auto	Cons	Ener	Fin	Build	Chem	Hitec	Insur	Leis	Trans	Util
Auto	6,1 %	0,9 %	5,1 %	– 1,4 %	2,8 %	6,4 %	3,6 %	– 0,1 %	2,3 %	2,1 %	3,0 %
Cons	0,9 %	3,7 %	– 4,1 %	0,4 %	3,5 %	2,1 %	2,4 %	2,6 %	3,1 %	4,1 %	3,1 %
Ener	5,1 %	– 4,1 %	13,0 %	– 7,0 %	– 1,5 %	4,9 %	0,9 %	– 3,5 %	– 3,2 %	– 2,3 %	2,0 %
Fin	– 1,4 %	0,4 %	– 7,0 %	12,9%	8,3 %	– 1,2 %	1,1 %	7,9 %	5,3 %	5,5 %	11,1 %
Build	2,8 %	3,5 %	– 1,5 %	8,3 %	10,7 %	3,3 %	4,1 %	6,6 %	6,7 %	7,7 %	4,6 %
Chem	6,4 %	2,1 %	4,9 %	– 1,2 %	3,3 %	9,5 %	4,8 %	– 1,1 %	4,7 %	2,4 %	0,7 %
HiTec	3,6 %	2,4 %	0,9 %	1,1 %	4,1 %	4,8 %	4,9 %	1,0 %	3,2 %	3,8 %	2,9 %
Insur	– 0,1 %	2,6 %	– 3,5 %	7,9 %	6,6 %	– 1,1 %	1,0 %	6,5 %	4,5 %	5,1 %	3,2 %
Leis	2,3 %	3,1 %	– 3,2 %	5,3 %	6,7 %	4,7 %	3,2 %	4,5 %	6,7 %	6,4 %	3,3 %
Trans	2,1 %	4,1 %	– 2,3 %	5,5 %	7,7 %	2,4 %	3,8 %	5,1 %	6,4 %	7,2 %	2,9 %
Util	3,0 %	3,1 %	2,0 %	11,1 %	4,6 %	0,7 %	2,9 %	3,2 %	3,3 %	2,9 %	12,7 %

Horizon de 5 ans

	Auto	Cons	Ener	Fin	Build	Chem	HiTec	Insur	Leis	Trans	Util
Auto	10,6 %	2,1 %	8,5 %	– 0,3 %	3,1 %	9,9 %	5,7 %	2,7 %	3,4 %	8,3 %	3,7 %
Cons	2,1 %	7,1 %	– 7,8 %	1,3 %	5,3 %	4,7 %	3,2 %	4,2 %	7,0 %	9,4 %	5,0 %
Ener	8,5 %	– 7,8 %	21,8 %	– 9,5 %	– 6,3 %	5,0 %	4,5 %	– 1,2 %	– 7,2 %	1,5 %	5,2 %
Fin	– 0,3 %	1,3 %	– 9,5 %	19,3 %	15,1 %	1,8 %	4,2 %	9,1 %	10,0 %	14,8 %	12,5 %
Build	3,1 %	5,3 %	– 6,3 %	15,1 %	14,3 %	5,2 %	4,5 %	7,6 %	11,7 %	13,3 %	8,0 %
Chem	9,9 %	4,7 %	5,0 %	1,8 %	5,2 %	14,6 %	3,4 %	1,9%	7,2 %	6,5 %	0,7 %
HiTec	5,7 %	3,2 %	4,5 %	4,2 %	4,5 %	3,4 %	5,5 %	3,8 %	3,4 %	6,0 %	5,6 %
Insur	2,7 %	4,2 %	– 1,2 %	9,1 %	7,6 %	1,9 %	3,8 %	5,8 %	6,9 %	7,3 %	5,1%
Leis	3,4 %	7,0 %	– 7,2 %	10,0 %	11,7 %	7,2 %	3,4 %	6,9 %	12,6 %	15,1 %	6,1 %
Trans	8,3 %	9,4 %	1,5 %	14,8 %	13,3 %	6,5 %	6,0 %	7,3 %	15,1 %	13,8 %	6,9 %
Util	3,7 %	5,0 %	5,2 %	12,5 %	8,0 %	0,7 %	5,6 %	5,1 %	6,1 %	6,9 %	12,1 %

Les modèles du type CreditMetrics dérivent le risque de défaut d'une approche optionnelle de la firme (Merton 1974). Dans ce contexte, les corrélations de défaut, ou plutôt les corrélations de qualité de crédit, sont déduites des corrélations entre actifs. L'horizon de rendement des actifs, comme l'horizon de risque, sont choisis arbitrairement à 1 an. On notera à ce sujet une forme de *mismatch*, les corrélations entre actifs s'inscrivant dans un horizon à court terme (gestion VaR du risque à 10 jours), tandis que la gestion des corrélations de défaut serait théoriquement à mesurer sur la maturité des prêts compte tenu de leur fréquente illiquidité. L'horizon d'un an qui constitue une forme de moyen terme présente l'inconvénient mentionné par Li (2000). Pour un horizon au-delà d'un an, de Servigny, Renault (2002) montrent que les corrélations tirées d'actif sous-estiment le phénomène de corrélation de défaut.

3 Rupture ou stabilité des corrélations

Dans le cadre des corrélations de qualité de crédit à 1 an et pour des actifs dont la qualité de crédit resterait relativement constante au cours du temps, peut-on constater un niveau de corrélation évolutif, voire des périodes de rupture (*breakdown*), ou au contraire enregistre-t'on une stabilité (stationnarité) de ces corrélations ? Sur le plan pratique, pour répondre à la question, il convient de noter que le fait de se limiter à des échantillons sur courte période peut conduire à des résultats peu représentatifs.

Le *common knowledge* laisserait plutôt penser à des mécanismes de ruptures, résultant notamment de la nécessité d'abandonner l'hypothèse de lois normales multivariées pour décrire le comportement des actifs en cas de situations critiques. Des études sur ce sujet ont été réalisées s'agissant du marché des actions : Longin et Solnik (1999R), Boyer, Gibson et Loretan (1999R), Loretan et English (2000).

Il en ressort qu'en période de forte volatilité des marchés, les corrélations entre actifs peuvent différer substantiellement des corrélations mesurées sur des marchés tranquilles. À ce problème de *correlation breakdown* pendant les périodes de forte volatilité s'ajoute un impact du phénomène d'illiquidité.

Cependant les différents auteurs examinent un scénario intermédiaire, en supposant que le comportement du rendement d'un actif continue à suivre une loi de distribution identique : une part importante de l'évolution des corrélations ne fait alors que refléter l'effet prévisible d'une variation des volatilités sur les corrélations mesurées, plutôt que de casser le processus de rendement des actifs.

Le lien théorique entre volatilité et corrélation est donné dans Boyer, Gibson et Loretan (1999R).

Soit $\rho(X,Y) = \dfrac{\mathrm{cov}(X,Y)}{\sigma(X)\sigma(Y)}$ la corrélation inconditionnelle entre deux variables aléatoires X et Y. La corrélation entre X et Y, conditionnelle à un événement $X \in A$ pour tout A réel, avec $0 < \mathrm{Prob}(A) < 1$ est donnée par :

$$\rho_A = \rho \left[\rho^2 + (1-\rho^2)\frac{\mathrm{Var}(X)}{\mathrm{Var}(X|X \in A)} \right]^{\frac{-1}{2}}.$$

Ceci vaut lorsque X, Y est une paire de variables normales bivariées. Cette hypothèse sur les variables est relativement irréaliste, on peut étendre le résultat au cas ou la variable aléatoire Y est une combinaison linéaire de X, avec un terme d'erreur indépendant.

Les auteurs testent leur hypothèse sur un échantillon correspondant au logarithme de la variation des taux de change spots DEM/USD et JPY/USD entre janvier 1991 et décembre 1998. Les résultats donnent un intervalle de confiance de 90 %. Ces résultats intéressants laissent donc à penser qu'il ne faut pas trop rapidement évoquer la notion de *correlation breakdown*, mais plutôt commencer par évoquer la notion de contagion conduisant à un accroissement du niveau de corrélation sous l'effet d'une évolution significative des volatilités.

Il faut néanmoins tenir compte de l'observation de Christoffersen, Diebold, Schuerman (1998) montrant que la capacité à anticiper la volatilité du rendement d'un actif, quel que soit le processus retenu, n'excède pas vingt jours. Dans ces conditions, la portée pratique du résultat de Boyer, Gibson et Loretan (1999R) s'en trouve limitée : il serait difficile de se fier à des données prédictives de volatilité pour anticiper un accroissement potentiel du niveau de corrélation. Face à cette situation, les auteurs conseillent plutôt se fonder sur la théorie des valeurs extrêmes (EVT)

L'étude de Longin et Solnik (1999R) va dans le sens de la précédente analyse. Elle est réalisée sur une très longue période, de début 1959 à fin 1996, afin de se concentrer sur l'étude des corrélations sur les périodes correspondant aux amplitudes de rendement les plus fortes. La distribution des rendements multivariés est définie grâce au recours à l'*extreme value theory*. La conclusion synthétique est que pour les rendements positifs de grande amplitude, on ne peut rejeter l'hypothèse de lois normales multivariées, en revanche dans le cas de rendements négatifs significatifs, le niveau de corrélation obtenu est bien supérieur à celui qui ressortirait de l'usage de ces lois normales multivariées. La conséquence, s'agissant de corrélations de défaut sur des crédits, est directe : en cas d'une dégradation significative du rating des actifs, l'usage de lois normales multivariées à la base du calcul des corrélations de qualité des crédits peut devenir non pertinente, conduisant à la remise en cause de la stationnarité de ces corrélations, c'est-à-dire à un phénomène de *correlation breakdown*. Cette rupture se traduit alors par une disparition au moins partielle de l'effet bénéfique de diversification du portefeuille.

Section 3 CORRÉLATION DE DÉFAUT ET OPTIMISATION DU PORTEFEUILLE DE CRÉDIT

Nous nous situons dans le cadre d'un modèle structurel, du type CreditMetrics, KMV.

Considérons un modèle multifactoriel sur le rendement des actifs. Ce formalisme diminue le nombre de corrélations à calculer :

Soit $r_k = \lambda_k + \beta_{1k}I_1 + \ldots + \beta_{ak}I_a + \varepsilon_k$ pour $k = 1, \ldots, N$; où N est le nombre de contreparties et r_k le rendement de la firme k ; $I_1, \ldots, I_a$ les a facteurs communs, λ_k la composante indépendante des facteurs communs

$$\text{var}(r_k) = \sigma_k^2 = \beta_{1k}^2\text{var}(I_1) + \beta_{2k}^2\text{var}(I_2) + \ldots + \text{var}(\varepsilon_k) + 2\beta_{1k}\beta_{2k}\text{cov}(I_1, I_2) + \ldots$$

$$\text{cov}(k_i, r_j) = \sigma_{ij} = \beta_{1i}\beta_{1j}\text{var}(I_1) + \beta_{2i}\beta_{2j}\text{var}(I_2) + \ldots + (\beta_{1i}\beta_{2j} + \beta_{2i}\beta_{1j})\text{cov}(I_1, I_2) + \ldots$$

Les corrélations de rendement s'écrivent : $\rho_{ij} = \sigma_{ij}/\sigma_i\sigma_j$.

À partir de ce modèle de corrélation entre rendements des actifs, les corrélations de défaut sont dégagées[1]. À chaque emprunteur k correspond une variable aléatoire non observée : y_k. L'état de l'emprunteur k à l'horizon du risque retenu dépend de la position de cette variable y_k par rapport à un ensemble de valeurs *cut-off* définissant ainsi une distance au défaut.

On écrit $y_k = \sum_a x_a w_{ak} + \eta_k \xi_k$ avec :

– x_a : les a facteurs de risque exogènes. Ces facteurs sont issus des facteurs communs des corrélations de rendement,

– w_{ak} : la sensibilité de l'emprunteur k aux facteurs de risque a,

– ξ_k : les effets idiosyncrasiques (endogènes) de l'emprunteur k,

– η_k : la sensibilité de l'emprunteur k à ses risques endogènes, indépendants des facteurs de risque exogènes.

Les x_a suivent une distribution normale centrée avec une matrice de variance-covariance Ω^2 : $\xi_k \overset{iid}{\sim} N(0,1)$.

1. Nous nous référons à la présentation de Gordy (1998) : les deux hypothèses simplificatrices que nous reprenons sont, d'une part qu'il n'y a pas de migration de crédit mais deux états (pas de défaut/ défaut), et d'autre part qu'en cas de défaut il y a pas un niveau de recouvrement (1-LGD) identique et constant pour tous les engagements.

2. KMV choisit des facteurs de risque indépendants, conduisant à des covariances nulles entre ces facteurs.

Prenons le cas d'un portefeuille P de crédits composés de N engagements dont la pondération correspond au ratio a_k (niveau d'exposition du crédit k/exposition totale du portefeuille). L'*unexpected loss* du portefeuille est dérivée de la variance des risques de défaut de ce portefeuille : y_p. On peut écrire :

$$[UL_p/(LGD^*EXPOSITION)]^2 = \text{var}(y_p) = \sum_{k=1}^{N}\sum_{h=1}^{N}\alpha_k\alpha_h\sigma_{kh}$$

Prenons le cas simplifié où chaque crédit a une pondération de $\frac{1}{N}$ dans le portefeuille de crédit, la variance s'écrit :

$$\text{var}(y_p) = \frac{1}{N^2}\sum_{k=1}^{N}\sum_{h=1}^{N}\sigma_{kh} = \frac{1}{N^2}\sum_{k=1}^{N}\sigma_{kk} + \frac{1}{N^2}\sum_{k=1}^{N}\sum_{\substack{h=1\\h\neq k}}^{N}\sigma_{kh}$$

En supposant que la variance la plus importante ait une valeur bornée V, alors le premier terme de variance de risque du portefeuille est nécessairement inférieur à :

$\frac{1}{N^2}\sum_{k=1}^{N}\sigma_{kk} \leq \frac{V}{N}$; on remarquera que c'est ce terme qui inclut la partie endogène, non diversifiable, des risques. Lorsque N tend vers l'infini, celui-ci tend vers zéro[1].

Quant au second terme, soit $\bar{\sigma}_{\overline{kh}}$ la valeur moyenne des covariances, on peut écrire :

$$\frac{1}{N^2}\sum_{k=1}^{N}\sum_{\substack{h=1\\h\neq k}}^{N}\sigma_{kh} = \frac{1}{N^2}(N^2 - N)\bar{\sigma}_{\overline{kh}}.$$

Ce terme qui intègre les corrélations, correspond au risque de diversification. Lorsque N tend vers l'infini, il converge vers $\bar{\sigma}_{\overline{kh}}$ la valeur moyenne des covariances.

La stratégie d'optimisation de la gestion des risques de crédit d'un portefeuille consiste à identifier un portefeuille de crédit optimal qui réduit le besoin en capital économique nécessaire. Le niveau de capital économique est relié au niveau *d'unexpected loss*. Pour parvenir à diminuer le niveau d'*unexpected loss UL*, le moyen le plus immédiat est de minimiser les termes de covariances (de corrélations) précédents, autrement dit de diversifier au maximum le portefeuille afin de réduire l'impact des risques exogènes corrélés. Ce schéma suppose que l'on se trouve face à des facteurs de risque qui suivent une distribution jointe normale multivariée.

1. Voir partie capital économique.

Synthèse

Effectuer une analyse des corrélations de défaut d'un portefeuille de crédit n'est jamais une entreprise aisée. En premier lieu, il n'existe pas de variable de défaut observable de manière objective pour chaque contrepartie. Ensuite, le mécanisme qui consiste à extraire les corrélations de défaut des corrélations entre actifs suppose deux hypothèses fortes : la distribution normale multivariée des rendements ainsi que l'identité entre corrélation des actions et corrélation des actifs. Enfin, le choix de distributions normales pour les facteurs de risque exogènes présente des conséquences significatives, en terme de sous estimation des risques réels.

Si l'on considère le caractère fondamentalement asymétrique, leptokurtique, à queue épaisse de la distribution de perte d'un portefeuille de crédit, le principe sous-jacent d'équivalence entre dépendance et corrélation semble difficile à justifier, car le choix d'un environnement normal multivarié paraît par exemple peu adapté à l'évaluation de la performance d'un portefeuille de crédit en phase de dégradation, en raison de facteurs exogènes significativement défavorables.

Dans ces conditions, s'il est clair que la cartographie d'un portefeuille de crédit tenant compte des effets positifs des corrélations – synthétisés sous l'appellation effet diversification – est possible et instructive, il n'en reste pas moins que procéder à une gestion active de ce portefeuille sur cette seule base présente des risques en matière de résultats, liés aux risques de modèles. Il est à cet égard symptomatique que les banques qui ont adopté les systèmes d'analyse du portefeuille fondés sur ces méthodes, n'aient souvent pas automatisé les modalités de gestion active de ce portefeuille bâties à partir de ces méthodologies. La mise en œuvre de cette gestion active nous paraît être en soit un domaine d'investigation important.

Chapitre 6 Distribution de perte d'un portefeuille de crédit

Les chapitres précédents ont posé les concepts fondamentaux. La probabilité de défaut, le taux de recouvrement, la dynamique des matrices de transition de ratings ainsi que les différentes corrélations entre actifs sont ainsi les quatre pierres angulaires de tout système d'analyse du risque de crédit. Mais jusqu'à présent, nous n'avons considéré ces notions que séparément. Dans une approche de portefeuille nous allons maintenant combiner ces notions et introduire les nouveaux concepts de capital économique et de distribution des pertes. Ce chapitre aborde plusieurs points essentiels.

En premier lieu, il explique la nécessité de l'approche de portefeuille. Puis, il présente les alternatives en matière de modélisation de portefeuille de crédit, analysant au passage les principaux modèles utilisés actuellement, avec leurs avantages et inconvénients. Le principal output de ces modèles – la distribution de pertes du portefeuille – se doit ensuite être traitée par des méthodes de mesures de risque appropriées. La distribution de perte d'un portefeuille de crédit, à un horizon de temps donné, est une courbe reliant la fréquence de perte de crédit à l'intensité du niveau de perte. Sa caractéristique est de ne pas être de type « normale » (ou « gaussienne ») mais d'être significativement asymétrique (caractéristique du 3e moment appelé « *skewness* »[1]) et leptokurtique (caractéristique du 4e moment appelé

1. On appelle Skewness le 3e moment *ie* : skewness $(y) = \dfrac{E[(y - E(y))^3]}{\text{Var}(y)^{3/2}}$

Elle mesure l'asymétrie de la distribution

On appelle Kurtosis le 4e moment : kurtosis $(y) = \dfrac{E[(y - E(y))^4]}{\text{Var}(y)^2}$

Elle mesure l'épaisseur de la queue de distribution

« kurtosis »). Nous étudions les différentes méthodes permettant de décrire la forme de cette distribution de perte d'un portefeuille de crédit. Nous examinerons la capacité du capital économique à constituer un indicateur du risque de crédit représentatif et fiable.

Enfin, est mise en avant l'importance des *stress-tests* pour apprécier l'influence des paramètres du modèle sur la distribution des pertes. Nous verrons alors, dans la dernière section de ce chapitre, que les probabilités de défaut et les corrélations jouent un rôle tout particulier.

Section 1 L'UTILITÉ D'UN MODÈLE DE PORTEFEUILLE

La plupart des modèles de portefeuille repose sur une approche dite « *bottom-up* ». Démarrant l'analyse au niveau de l'instrument, les résultats obtenus qualifient la structure dans son ensemble. En agrégeant toutes les expositions individuelles (plusieurs obligations privées ou plusieurs CDS, par exemple), le risque total lié à l'ensemble de ces expositions n'est pas la somme des risques individuels, en raison du phénomène de diversification. Cette notion, bien connue depuis les travaux de Markowitz (1959), doit toutefois être étudiée avec plus d'attention dans le domaine de l'analyse du risque de crédit que dans le domaine des risques de marché.

L'une des principales difficultés liée à l'analyse de portefeuille de crédit réside dans les caractéristiques de la distribution de pertes. Celle-ci est en effet assez éloignée de l'hypothèse de distribution gaussienne, à laquelle les modèles de marché font souvent référence. Rappelons que sous l'hypothèse d'une distribution gaussienne, nous supposons que la variable aléatoire que nous étudions (par exemple les pertes et profits d'un portefeuille) admet une majorité de ses réalisations autour de sa moyenne. Selon cette distribution, les événements extrêmes, c'est-à-dire l'apparition de valeurs très éloignées de la moyenne, ne se produisent qu'avec des probabilités extrêmement faibles. Prenons un exemple numérique simple. En supposant une distribution normale standard (la moyenne est de zéro et la variance est de 1), 99 % des réalisations de cette variable seront contenues dans l'intervalle [– 2,575 ; + 2,575]. Ceci signifie que 99 % des réalisations de cette loi se situent dans un intervalle égal à moins de trois fois l'écart type. Si l'on songe aux rendements d'un portefeuille réel, il semble bel et bien que l'apparition de rendements (négatifs, en particulier) se situant très en dehors de cet intervalle, soit un événement se produisant dans bien plus de 1 % des cas. Quelques exemples empiriques rapportés par Mandelbrot (2004) sont assez révélateurs à cet égard. Prenons le cas de l'effondrement des cours des bourses lors de la journée du 19 octobre 1987. Ce jour-là, l'indice Dow Jones perdit en une journée 29,2 % de sa valeur de clôture. Si l'on se fie aux calculs probabilistes des théoriciens de la finance, un tel événement se produirait avec une probabilité de l'ordre de 10^{-50}, un risque si faible qu'il en perd toute signification.

Afin de bien appréhender les différences fondamentales distinguant une distribution gaussienne d'une distribution empirique classique d'un portefeuille de crédit, nous renvoyons à la figure 6.1 superposant ces deux distributions. Les points suivants doivent être retenus :

– la distribution empirique est asymétrique : contrairement à la distribution gaussienne qui alloue des poids similaires aux pertes et gains de même ampleur, la distribution empirique se caractérise par un potentiel de gain limité et des probabilités de pertes significatives. Typiquement, ces distributions ont des valeurs négatives de skewness assez éloignées de zéro (on dit qu'elles sont *left-skewed* ou encore *fat-tailed*) ;

– les réalisations moyennes ont une contribution moins élevée à la masse totale de probabilité par rapport au cas d'une distribution gaussienne ; une plus grande masse de probabilité est répartie parmi les événements extrêmes. Cette distribution est dite leptokurtique (son indice de kurtosis est plus élevé que 3, qui représente la valeur associée à la distribution gaussienne).

Le développement d'outils analytiques permettant un suivi accru des risques de marché dans le courant des années quatre-vingt et début des années quatre-vingt-dix a permis aux banques de mieux appréhender ce type de risque et finalement de mieux le contrôler. L'idée est alors apparue de parvenir à un degré de sophistication similaire concernant le risque de crédit. Pour autant, cet exercice est rendu plus délicat pour au moins deux raisons :

– d'une part, en raison de la nature de la distribution de pertes et profit caractérisant un portefeuille de crédit (comme énoncé plus haut) ;

– d'autre part, du fait du manque de données de crédit fiables pour de nombreuses classes d'actifs.

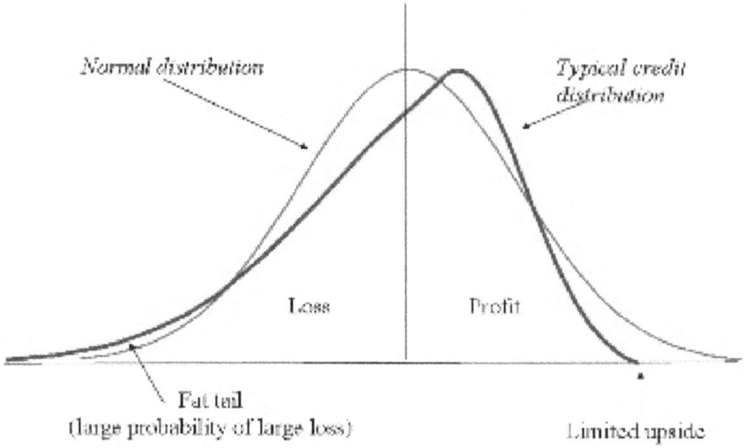

Figure 6.1

En dépit de ces difficultés, trois raisons viennent expliquer que les banques continuent de fournir des efforts afin de développer et d'améliorer les outils analytiques servant au suivi du risque de crédit.

Il existe tout d'abord des raisons réglementaires. Les modèles de portefeuille sont désormais au cœur du nouveau dispositif réglementaire Bâle II. À ce titre, ces modèles sont appelés à devenir des outils de reporting auprès des instances de régulation. Le capital réglementaire sera désormais davantage relié à l'exposition au risque du portefeuille de la banque, ainsi qu'à sa maturité et son degré de diversification.

Le modèle de portefeuille sera aussi la pierre angulaire du calcul du capital économique ainsi que du processus d'allocation. Les mesures de risque (VaR, Expected Shortfall...) ont pour objectif de déterminer un montant de réserves nécessaires déterminé sur la base d'un calcul de capital économique. L'analyse de la contribution respective des différents investissements à ce capital économique pourra aussi servir à définir des limites lors du processus d'allocation.

Enfin, le modèle de portefeuille pourra aussi avoir le dessein de contribuer aux problématiques de valorisation. Dans la mesure où les produits de type single-name laissent de plus en plus souvent la place à des produits dont le payoff dépend d'un portefeuille de sous-jacent (par exemple, les CDOs), une compréhension affinée de la distribution de perte d'un portefeuille contribue *de facto* à affiner la valorisation de ces produits.

Avant d'exposer les différentes méthodologies permettant d'aboutir à un modèle de portefeuille, il nous semble opportun de préciser les propriétés désirables d'un tel modèle :

– bien évidemment, ce modèle doit être en mesure de prendre en compte le risque de défaut, à la fois constitué par la probabilité de défaut et l'amplitude de perte (respectivement PD et LGD) ;

– ce modèle devrait en pratique (mais cela est rarement le cas) prendre en compte le risque de downgrade ainsi que le risque de spread ;
– enfin, il nous semble crucial de mettre en avant l'influence déterminante de la corrélation (et donc la nécessité de l'appréhender de la façon la plus fine possible) dans la queue de distribution. Un modèle de portefeuille devrait donc être aussi en mesure de refléter l'influence de la diversification au sein du portefeuille.

Section 2 LES MÉTHODES PERMETTANT D'OBTENIR LA DISTRIBUTION DES PERTES D'UN PORTEFEUILLE DE CRÉDIT

Il n'existe pas de formulation mathématique explicite permettant de déduire la forme de la distribution de perte d'un portefeuille de crédit. Traditionnellement, deux méthodes sont employées : une méthode de type analytique et une méthode calculatoire fondée sur des simulations selon une méthodologie Monte Carlo. Nous examinerons ces deux méthodes, et nous compléterons par une approche fondée sur la théorie des valeurs extrêmes.

1 Méthodologie analytique

Ce premier type de méthode, de nature analytique, correspond à la recherche d'une famille de distribution de probabilité non normale, susceptible d'approximer en particulier la queue de la distribution :

- ***Une première approche « top-down »***, que l'on pourrait taxer de « naïve », consiste à retenir, pour la distribution de perte d'un portefeuille de crédits donné, une loi susceptible de rendre compte, une fois ajustée, à la fois de l'asymétrie et de la queue épaisse de la distribution de perte. Parmi les lois offrant ces propriétés, on peut citer des distributions de type bêta ou normales inverses[1]. Les fondements permettant de justifier le recours à telle ou telle loi, à une loi bêta par exemple sont limités, d'où le terme « naïf ». Le choix arbitraire d'une loi étant réalisé, l'étape suivante consiste alors à en ajuster la queue de distribution, mais la question est de savoir à quel niveau de perte commencer. Koyluoglu, Hickman (1998) proposent le seuil (perte moyenne + 2 fois l'écart type) comme point initial. Ong (1999) montre que ce choix a un impact significatif sur les résultats, il prend l'exemple d'un portefeuille de 2 570 facilités et part du niveau de confiance de 99,8 % pour

1. Proposé comme approximation analytique dans MKMV Portfolio Manager, les résultats obtenus semblent de médiocre qualité par rapport à une simulation Monte Carlo.

l'ajustement d'une loi bêta ; dans ce cas-là il trouve un capital économique de 7,246 fois l'écart type (pour un niveau de confiance de 99,97 %, sur la base de 28 événements de défaut). Au cas ou il serait parti du niveau de confiance de 99,5 % (BBB), il aurait obtenu un capital économique de 7,057 fois l'écart type (pour un niveau de confiance de 99,97 %, sur la base de l'observation de 121 événements de défaut). Au passage, il convient de remarquer que compte tenu du nombre limité d'événements identifiables en queue de la distribution, le recours à la théorie des valeurs extrêmes constituerait un complément nécessaire à ce premier type d'approche analytique.

- ***Un second type d'approche analytique***, plus fouillé, est possible. L'obtention de la distribution de perte résulte d'une démarche « *bottom-up* », c'est-à-dire que la perte du portefeuille est étudiée comme la résultante des pertes potentielles pour chacun des engagements constitutifs. Une illustration de cette approche plus complexe est le modèle CreditRisk+, développé par Credit Suisse First Boston, dont le mécanisme détaillé est présenté en Annexe 6.1 :

Étape 1 – Probabilité de défaut

Pour chaque prêt une probabilité de défaut, indépendante de la situation financière de la firme, est définie ; la probabilité d'occurrence de défauts sur le portefeuille, pendant une période donnée, est représentée par une loi de Poisson

Étape 2 – Fréquence des événements de défaut

Les pertes (expositions nettes en tenant compte d'un taux de recouvrement exogène au modèle) sont divisées en tranches assimilables à un niveau d'exposition commun.

Chaque tranche est vue comme un sous-portefeuille indépendant, caractérisé par trois données :

– l'exposition commune à la tranche ;

– la perte moyenne globale anticipée (« *expected loss* ») sur la tranche ;

– le nombre de défauts anticipés sur la tranche.

Les taux moyens de défaillance par secteur suivent des lois Gamma.

Étape 3 – Distribution de perte du portefeuille

À partir d'une définition d'une fonction de probabilité de perte par tranche, on déduit par agrégation la fonction de probabilité globale pour le portefeuille, ce qui conduit à la distribution de perte pour l'ensemble du portefeuille.

Cette approche permet une modélisation du portefeuille de crédit à partir des facilités le constituant. Sa mise en œuvre est relativement aisée. Le fait que le modèle n'envisage que des événements de défaut permet un usage avec relativement peu de données initiales. Cet avantage est aussi un inconvénient, dans la mesure où Credit Risk+ n'est ni sensible aux changements de qualité de crédit, ni dépendant de la structure par terme des taux d'intérêt. Comme MKMV Portfolio Manager ou CreditMetrics, CreditRisk+ n'est pas adapté pour les instruments financiers non linéaires du type options et swaps.

2 Méthodologie Monte-Carlo

Ce second type de méthode est fondé sur une simulation Monte-Carlo. Pour en faire le descriptif rapide, nous nous appuierons sur les modèles CreditMetrics, S&P Portfolio Risk Tracker et MKMV Portfolio Manager.

Soit un portefeuille de crédits comportant N engagements. L'objectif est de connaître la distribution de perte de ce portefeuille en utilisant CreditMetrics.

Il est supposé dans un premier temps que les N engagements du portefeuille sont indépendants.

Pour 2 créances indépendantes, avec un nombre de segments de notation égal à 8, il y a 64 couples de valeurs finales possibles et donc 64 valeurs de marché possibles pour le portefeuille, caractérisées chacune par leur probabilité, égale au produit des probabilités données par la matrice de transition. Pour N créances, il y aura 8^N valeurs de marché possibles, affectées chacune d'une probabilité correspondant à toutes les notations possibles pour les N créances.

À ce point du modèle intervient la simulation (Monte-Carlo) qui permet, en générant un nombre important de tirages de la valeur de marché du portefeuille selon les 8^N probabilités de transition, d'obtenir directement l'histogramme de la loi de probabilité de cette valeur de marché.

Pour tenir compte de l'« effet portefeuille », encore appelé « effet diversification », l'hypothèse d'indépendance entre les engagements doit être levée : la modélisation de la dynamique aléatoire des valeurs (discrètes) de la créance est alors enrichie en supposant que les valeurs possibles prises par la créance en seconde période sont en réalité distribuées selon une loi normale (voir le Chapitre 3). Plus exactement, c'est la valeur nette de l'entreprise débitrice, de la contrepartie, qui est distribuée, ce qui permet de faire le lien avec le modèle « optionnel » de défaut. Celui-ci intervient lorsque la valeur nette devient négative. Les paramètres de la loi normale sont ajustés de façon à retrouver les probabilités de transition dans la densité de la loi normale lorsque la valeur nette franchit certains seuils. Il existe par exemple un seuil pour la valeur nette, dont le franchissement va faire passer la notation de BBB à A, un autre (inférieur) à BB et dans ces conditions la surface sous la courbe de Gauss entre ces deux seuils sera égale à la probabilité que la contrepartie reste en BBB. Une fois cette étape franchie, les simulations se font ensuite à partir de ces fameuses lois normales. Les corrélations peuvent être alors prises en compte dès lors que l'on simule une loi normale multivariée (voir le chapitre 5, Corrélations). Tous les paramètres nécessaires à la gestion optimale d'un portefeuille sont réunis afin de déterminer la distribution de probabilité de la valeur finale (information plus riche que le seul couple rendement risque). Le risque peut être appréhendé au moyen de plusieurs fractiles, dont celui qui définit la « *value at risk* ».

Pour donner une vision d'ensemble de la méthodologie Monte-Carlo, nous reprenons en synthèse la présentation graphique de la figure 6.2 page suivante.

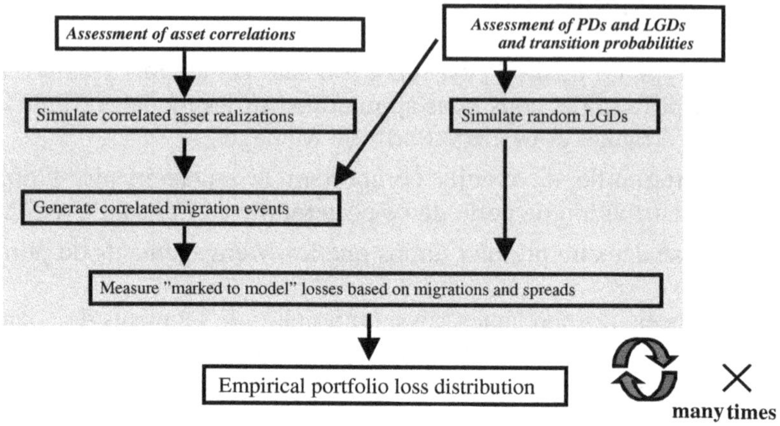

Figure 6.2

Le problème des simulations Monte-Carlo réside dans le fait que les défauts les plus importants sont également les plus rares. Obtenir une convergence au niveau de la queue de distribution est un travail difficile, en particulier lorsque l'on vise des intervalles de confiance élevés. Dans ces conditions, le recours à la théorie des valeurs extrêmes peut constituer un apport significatif pour mieux appréhender les caractéristiques de la queue de distribution.

3 Méthodologie de la théorie des valeurs extrêmes (EVT)

L'EVT a pour objet l'analyse des événements rares (du type les grandes crues hydrologiques...). Son apport principal en matière de crédit financier consiste à dire que la distribution des grandes pertes suit asymptotiquement, sur longue période, une distribution indépendante de la distribution des pertes journalières : au-delà d'un certain seuil, la perte converge asymptotiquement vers des variables aléatoires simples. L'usage de ces lois de distribution permet ainsi de sortir de l'impasse d'un nombre insuffisant de données correspondant aux situations de pertes extrêmes.

Cependant comme le fait remarquer Embrechts (2000), il y a toujours une part d'incertitude à extrapoler sur des zones où le niveau d'information est réduit. Ce risque constitue un risque de modèle difficile à évaluer.

Ceci dit, grâce à l'appareil mathématique présenté dans l'Annexe 6.2, il devient possible de donner une description analytique utilisable de la queue de distribution de perte d'un portefeuille.

Cette description peut être vue comme un apport permettant une approche complète de la « macro structure » de cette distribution de perte. La question qui reste posée est celle de la « micro structure » de la queue de distribution, c'est-à-dire des facteurs de sensibilité dont la variation entraîne des évolutions significatives de la forme de cette dernière.

Section 3 REVUE DES PRINCIPAUX MODÈLES DE PORTEFEUILLE

Cinq modèles de portefeuille sont aujourd'hui les plus présents au sein des institutions financières. Il s'agit de CreditMetrics, de PortfolioManager, de Portfolio Risk Tracker, de CreditPortfolioView et de CreditRisk+. Le dernier de ces modèles repose sur une approche analytique ; les quatre premiers relevant d'une approche calculatoire basée des simulations de Monte-Carlo. Selon une étude menée par Brannan, Mengle, Smithson et Zmiewski (2002), 80 % des banques utilisent au moins l'un de ces modèles. La figure 6.3 récapitule les propriétés de chacun des modèles selon 8 dimensions bien définies : la définition du risque retenue, les événements de crédit considérés, la prise en compte de l'influence des taux d'intérêts, les facteurs de risque, le type de matrice de transition, la nature de corrélation retenue pour les événements de crédit, la spécification (déterministe ou aléatoire) des taux de recouvrement, le type de méthodologie (analytique ou calculatoire) sous-jacente.

	CreditMetrics	**Credit Portfolio View**	**Portfolio Risk Tracker**	**PortfolioManager**	**CreditRisk+**
Definition of Risk	Δ Market value	Δ Market value or default losses only	Δ Market value	Default losses	Default losses
Credit events	Downgrade/ default	Downgrade/ Default	Downgrade/ Default and Spread Changes*.	Default	Default
Includes interest Rate risk	No	No	Yes	No	No
Risk drivers	Country and industry factors	Macro factors	Country and industry factors	Factors through asset values	Default rates
Transition probabilities	Constant	Driven by Macro factors (state dependent transition matrices)	Constant	Constant	N/ A
Correlation of credit events	Standard multivariate normal equity returns	Arises due to common dependence on same macro factors	Standard multivariate normal asset returns	Standard multivariate normal asset returns	N/A
Recovery rates	Random (Beta distribution)	Random	Random (Beta distribution)	Random (Beta distribution)	Loss given default (constant)
Numerical Approach	Simulation	Simulation	Simulation	Simulation	Analytic

Source : S&P.

Figure 6.3

1 CreditMetrics

CreditMetrics est un modèle à une période basé sur les informations contenues dans les ratings. Il permet de simuler l'évolution de la valeur du portefeuille au travers de la prise en compte de facteurs dont les rendements respectifs sont supposés suivre de façon indépendante une loi normale standard.

Les inputs de CreditMetrics sont au nombre de six, respectivement :

- les probabilités de défaut et de transition ;
- les moyennes et écart types des taux de recouvrement pour chaque industrie et chaque type de séniorité ;
- la structure de corrélation des facteurs et la sensibilité de chaque instrument à ces facteurs ;
- la structure par terme de taux sans risque ;
- les structures par terme de spread de crédit pour chaque classe de rating ;
- le profil d'exposition associé à chaque instrument.

Il peut être utile de formuler quelques remarques concernant ces différents inputs avant d'exposer plus en détail la méthode de calcul.

➤ *Les probabilités de défaut et de transition*

Chaque actif se voit attribuer un niveau de rating initial qui conditionne l'évolution de ses rendements ultérieurs. Ce rating initial résulte soit d'un processus interne de notation, soit d'un rating externe attribué par une agence de notation. Partant de ce rating initial, la distribution des rendements à un an (supposée normale standard) est « découpée » de sorte que chaque tranche reflète le passage du rating initial à une nouvelle catégorie de rating. La figure 6.4 illustre bien ce type de découpage. Les variables de seuil encadrant chaque tranche sont simplement obtenues du système d'équations récursif suivant. Supposons que Z_D corresponde à la variable de seuil au-delà de laquelle l'actif est supposé être en défaut. Alors, nous avons :

$$P_D = \Phi(Z_D)$$

Φ est la fonction de distribution gaussienne standard. Nous avons pour les autres classes, la relation récursive :

$$p_j = \Phi(Z_j) - \Phi(Z_{j-1})$$

La classe de rating la plus élevée étant alors simplement définie par[1] :

$$p_{AAA} = 1 - \Phi(Z_{AAA})$$

1. La somme de toutes les probabilités de transition pour une classe de rating donnée étant égale à 1 par définition, on peut inférer rapidement la variable de seuil correspondant à cette probabilité de transition par différence entre la masse totale (égale à 1) et la masse des probabilités précédentes.

Il ne reste qu'à « inverser » la distribution gaussienne afin d'obtenir les valeurs de seuil recherchées.

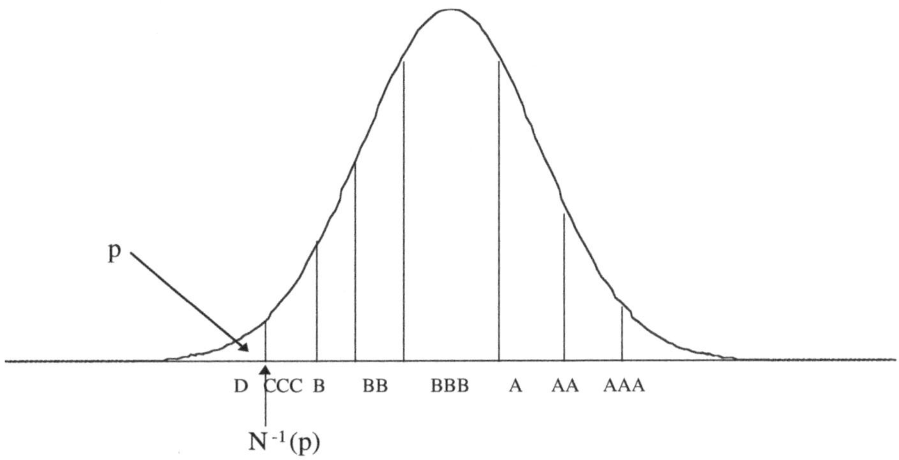

Figure 6.4 — Calibrating transition probabilities using factor model

➤ *Les taux de recouvrement*

CreditMetrics fait l'hypothèse de taux de recouvrement aléatoires supposés être distribués selon une loi bêta. Le choix présidant à cette distribution étant avant tout pragmatique dans la mesure où cette loi dispose de deux atouts majeurs dans la perspective de la modélisation des taux de recouvrement. D'une part, sa calibration est rendue extrêmement souple du fait des paramètres la définissant complètement ; d'autre part, son support de distribution se situe dans l'intervalle [0,1] ce qui correspond en effet aux valeurs attendues des LGD. Il convient de noter que ces taux de recouvrement stochastiques sont supposés indépendants les uns des autres et propres à un secteur, pays et type de séniorité donnés.

➤ *Les facteurs et les corrélations d'actifs*

Il existe plusieurs méthodes permettant de générer les rendements corrélés des actifs. L'une d'entre elles consistant bien évidemment à supposer une fonction de distribution jointe ainsi qu'une structure de corrélation *ad hoc*. Adéquate pour des portefeuilles concentrés autour d'un petit nombre de lignes, cette méthodologie s'avère peu propice à la simulation simultanée d'un grand nombre de lignes. L'approche retenue par CreditMetrics entre autre est de supposer l'existence d'un nombre $n \ll N$ de facteurs permettant de décrire le rendement de l'actif A_j sous la forme linéaire suivante

$$A_j = \beta_1 F_1 + \beta_2 F_2 + \ldots + \beta_n F_n + \varepsilon_j$$

Les résidus ε étant supposés être distribués identiquement et indépendamment de façon normale standard et non corrélés entre eux.

Lorsque l'ensemble des inputs a pu être rassemblé, le modèle peut alors être employé de façon à générer les événements de migration conditionnels à un certain niveau de dépendance supposé entre actifs. La figure 6.5 récapitule les résultats obtenus pour différents niveaux de corrélation.

ρ =0%

	IG/IG	IG/NIG	IG/D	NIG/NIG	NIG/D	D/D
IG/IG	95.9%	3.9%	0.2%	0.0%	0.0%	0.0%
IG/NIG	3.6%	89.2%	5.2%	1.8%	0.2%	0.0%
IG/D	0.0%	0.0%	97.9%	0.0%	2.0%	0.1%
NIG/NIG	0.1%	6.7%	0.4%	82.8%	9.7%	0.3%
NIG/D	0.0%	0.0%	3.7%	0.0%	91.0%	5.3%
D/D	0.0%	0.0%	0.0%	0.0%	0.0%	100.0%

ρ =20%

	IG/IG	IG/NIG	IG/D	NIG/NIG	NIG/D	D/D
IG/IG	96.0%	3.7%	0.2%	0.1%	0.0%	0.0%
IG/NIG	3.7%	89.2%	5.1%	1.7%	0.3%	0.0%
IG/D	0.0%	0.0%	97.9%	0.0%	2.0%	0.1%
NIG/NIG	0.3%	6.7%	0.1%	83.0%	9.3%	0.6%
NIG/D	0.0%	0.0%	3.7%	0.0%	91.0%	5.3%
D/D	0.0%	0.0%	0.0%	0.0%	0.0%	100.0%

ρ =50%

	IG/IG	IG/NIG	IG/D	NIG/NIG	NIG/D	D/D
IG/IG	96.2%	3.3%	0.1%	0.3%	0.0%	0.0%
IG/NIG	3.7%	89.6%	4.7%	1.4%	0.7%	0.1%
IG/D	0.0%	0.0%	97.9%	0.0%	2.0%	0.1%
NIG/NIG	0.8%	5.8%	0.0%	84.1%	8.0%	1.3%
NIG/D	0.0%	0.0%	3.7%	0.0%	91.0%	5.3%
D/D	0.0%	0.0%	0.0%	0.0%	0.0%	100.0%

Figure 6.5

L'événement amenant au *downgrade* simultané de deux actifs se produira dans l'hypothèse d'une réalisation défavorable conjointe des rendements de ces deux actifs. Ce type d'événement se produire de façon plus probable dans l'hypothèse où ces actifs sont corrélés que dans l'hypothèse de l'indépendance de ces actifs.

La dernière étape du modèle réside dans le calcul de la valeur *marked-to-model* des profits et pertes du portefeuille. Pour chaque actif, la connaissance de sa valeur finale de rating permet de savoir si cet actif est en défaut ou non. Dans l'affirmative, une valeur de recouvrement est simulée depuis une loi bêta permettant de déterminer la valeur de LGD associée à cet actif. Dans le cas où l'actif est encore en vie, sa valeur est simplement inférée de la connaissance des courbes de rendement *forward* telles que définies au moment du calcul.

2 MKMV-Portfolio Manager

Assez similaire dans sa structure au modèle précédent, MKMV-Portfolio Manager est cependant un modèle à facteur unique se focalisant plus spécifiquement sur les pertes. Les différences entre ce modèle et une version simplifiée à un facteur de CreditMetrics résident dans les inputs sur lesquels MKMV-PortfolioManager est basé. Nous passerons tout d'abord en revue la structure du modèle avant d'exposer plus en détail les différents inputs.

➤ *La structure du modèle*

Le modèle de MKMV Portfolio Manager est basé sur une l'hypothèse que les rendements des actifs sont distribués selon une distribution normale multivariée. Selon une approche similaire à CreditMetrics, l'événement de défaut apparaît lorsque les réalisations de cette distribution (les rendements des actifs) deviennent inférieures à une valeur seuil. Les transitions vers les autres états non absorbants[1] sont ignorées dans ce modèle.

Le modèle fonctionne donc selon une approche pouvant être synthétisée en quatre étapes :

- simulations d'un vecteur de réalisations gaussiennes corrélées de taille égale au nombre d'actifs ;
- enregistrement à chaque simulation du nombre de défauts ;
- sommes sur l'ensemble des scénarios des pertes en supposant que les taux de recouvrement sont supposés être distribués selon une loi bêta ;
- calcul de la distribution de pertes du portefeuille et de la VaR.

➤ *Les inputs*

Dans la mesure où le modèle repose sur la distribution normale, seuls deux types d'inputs sont en fait requis :

- les probabilités de défaut associées à l'horizon de simulation ;
- la structure de corrélation entre actifs.

Concernant les probabilités de défaut, il est à noter que MKMV Portfolio Manager a souvent recours aux EDF® (*Expected Default Frequency*) et non aux probabilités de défaut inférées des catégories de rating (comme pour CreditMetrics). Les EDF® sont simplement des estimateurs des probabilités de défaut dérivés d'un modèle de type Merton (1974).

1. On parle d'« état absorbant » dans le cas du défaut.

3 Portfolio Risk Tracker

Portfolio Risk Tracker (PRT) est un modèle basé sur les ratings. Les deux modèles discutés plus haut avaient pour caractéristique d'être statiques. PRT offre l'avantage d'une approche dynamique. Lorsque l'horizon d'analyse est fixé à 5 ans, les simulations sont menées pour chaque période de 1 an jusqu'à la maturité. Ce modèle permet ainsi de considérer des produits tels que des CDOs dans le calcul des Credit VaR. Par ailleurs, PRT inclus également des taux d'intérêt stochastiques et offre donc la possibilité de considérer des produits de taux flottant sans avoir à recourir à des hypothèses de *loan-equivalence*.

PRT considère aussi des spreads stochastiques. De tous les modèles présentés dans cette section, il est le seul à appréhender les trois sources de risque de crédit conjointement : le risque de défaut, de transition et de changement de spread.

Par ailleurs, ce modèle permet également :

– de calibrer les matrices de corrélation à partir des spreads, des cours des actions ou des corrélations empiriques de défaut ;
– d'ajuster le rating d'une entité corporate au rating souverain de référence (ce qui permet d'introduire des effets de contagion dans des zones géographiques spécifiques) ;
– de modéliser les effets de dépendance entre PD et LGD.

La figure 6.6 est un exemple de distribution de perte calculée par PRT. Il permet notamment de mettre en avant l'asymétrie et l'épaisseur de la queue de distribution.

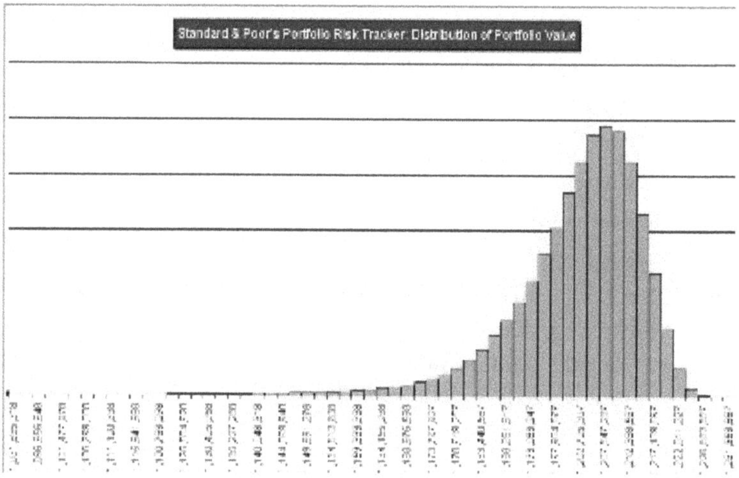

Figure 6.7

4 CreditPortfolioView

Contrairement aux trois modèles précédents, CreditPortfolioView (CPV) considère explicitement des matrices de transition dépendantes du cycle d'activité. Les intensités de défaut et de migration dans une zone géographique et un secteur spécifiques sont expliquées par les valeurs futures de variables macroéconomiques. Cette idée se trouve justifiée par les études empiriques mettant en avant le rôle clé joué par les variables macroéconomiques dans la dynamique des défauts. La figure ci-dessous illustre bien ce phénomène pour des données américaines.

CPV repose sur l'estimation d'un modèle économétrique ayant pour objectif la prévision d'un index macroéconomique. Ce dernier influe sur les niveaux des taux de défaut par secteur d'activité. Ceux-ci conduisent alors à déterminer quel état (récession ou croissance) de la matrice de transition est utilisé pour la période suivante lors de la simulation. Wilson (1997a, 1997b, 1997c) servent de référence pour une présentation méthodologique du modèle.

➤ *Les inputs*

L'utilisateur a la liberté de recourir à une variable macroéconomique de son choix. Il lui appartient de mener les tests *ad hoc* permettant de sélectionner les facteurs les plus significatifs expliquant les changements dans la dynamique des taux de défaut. Ces facteurs incluent en particulier :

– le taux de croissance du PIB ou de la production industrielle ;
– les taux d'intérêt ;
– les taux de change ;
– les taux d'épargne ;
– le taux de chômage.

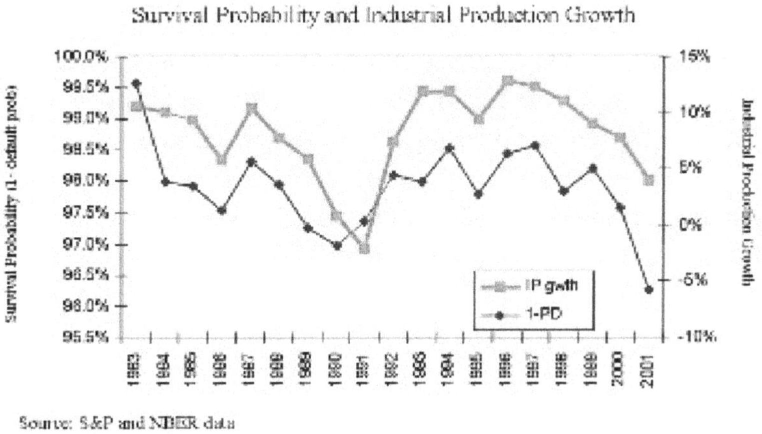

Figure 6.8

Ces différentes variables explicatives sont disponibles à partir de sources publiques (banques centrales ou bureaux de statistiques). Les variables expliquées sont les taux défaut par zone géographique et secteur d'activité. Ces derniers sont disponibles auprès des agences de notation, en particulier pour les données U.S. pour lesquelles de longues séries historiques existent (ce qui n'est pas nécessairement le cas pour le restant du monde).

➤ *La calibration du modèle*

(CPV) procède en trois étapes afin de déterminer le taux de défaut attaché à une zone géographique et un secteur d'activité spécifiques.

- Une hypothèse sur la dynamique des n facteurs macroéconomiques entrant dans la composition de l'index est tout d'abord formulée. On suppose à cette étape que ces n facteurs, dénotés X_i, suivent des processus autorégressifs tels, qu'en date t, la valeur de X_i est donnée par :

$$X_{i,t} = \alpha_0 + \sum_{j=1}^{m} \alpha_j X_{t,j-m} + \varepsilon_{i,t}$$

  Les résidus $\varepsilon_{i,t}$ sont supposés être identiquement indépendamment distribués, suivre une loi normale standard et être éventuellement corrélés entre eux. Le nombre de *lags* m doit être déterminé par l'intermédiaire d'un *likelihood ratio test* bien que CPV utilise généralement $m = 2$.

- Les variables macroéconomiques sont ensuite agrégées en terme d'indices sectoriels, dénotés Y_s^t, selon la spécification suivante :

$$Y_s^t = \beta_0^s + \sum_{i=1}^{n} \beta_i^s X_{i,t} + \zeta_t^s$$

  Les ζ_t^s sont supposés également être identiquement indépendamment distribués et suivre une loi normale standard. Chaque indice reflète le niveau d'activité d'un secteur industriel spécifique. Le support des variables aléatoires Y_s^t se trouve donc défini entre $(-\infty, +\infty)$.

- La dernière étape consiste à appliquer une transformation logistique aux variables Y_s^t de façon à obtenir des PD définies dans l'intervalle de référence [0,1].

$$DR_t^s = \frac{1}{1 + \mathrm{e}^{-Y_s^t}}$$

  On notera que $\lim_{Y_s^t \to -\infty} DR_s^t = 0$ et $\lim_{Y_s^t \to +\infty} DR_s^t = 1$

➤ *La simulation des facteurs et le calcul des pertes*

L'étape précédente a permis d'estimer économétriquement les paramètres α, β intervenant dans les équations précédentes. Nous pouvons à présent présenter le principal objectif du modèle qui réside dans la simulation de taux de défaut à venir sur la base des estimations des dynamiques passées. Ces estimations sont basées sur les réalisations futures des facteurs.

Cet exercice de simulation repose sur une approche en quatre étapes.

- On génère tout d'abord un nombre suffisamment large de vecteurs de variables gaussiennes corrélées dont la longueur est donnée par l'horizon de simulation et la fréquence des séries. Si l'on se réfère à un horizon d'un an avec une fréquence trimestrielle, les vecteurs $E = [\varepsilon_{i,t}]$, $\Theta = [\zeta_{i,t}]$ contiendront chacun quatre réalisations.
- Ces vecteurs peuvent alors être insérés dans les équations précédentes de façon à obtenir autant de réalisations de l'index macroéconomique.
- En appliquant la transformation logistique mentionnée précédemment à ces réalisations simulations, on peut obtenir un vecteur de taux de défaut.
- À l'issue de cette simulation, il ne reste qu'à comparer les taux de défaut simulés aux données de taux de défaut historiques. Si une réalisation se situe en dessous d'une donnée historique, on suppose alors que le secteur se situe en période de croissance. À l'inverse si une réalisation simulée se situe en dessous d'une donnée historique, on suppose que le secteur est en période de récession.

La corrélation entre secteurs provient de l'hypothèse que les probabilités de défaut sont liées à des facteurs macroéconomiques communs.

On considère deux matrices de transition modélisant chacune respectivement les états de croissance (M_H) et de récession (M_L). Les différences majeures entre ces deux matrices sont discutées dans Bangia, Diebold *et al.* (2002). Nous noterons simplement que les intensités de *downgrade* et les probabilités de défaut sont plus élevées dans les matrices de transition associées à l'état de récession.

De façon à calculer la matrice de transition correspondant à la période *N*, nécessaire pour déterminer les pertes à l'horizon *N* (en supposant une période annuelle), CPV commence par déterminer un grand nombre de réalisations des taux de défaut comme mentionné précédemment. Pour chaque pas de simulation et chaque période de temps, la matrice de transition à un an est supposée être la matrice de récession si le taux de défaut est inférieur à sa moyenne non conditionnelle et la matrice de croissance sinon.

En supposant que les matrices de transition sont markoviennes et dénotons DR^* le taux de défaut historique moyen, la matrice de transition multi-période est obtenue par la formule

$$M = \prod_{t=1}^{N} M(DR_t)$$

Avec $M(.)$ définie par $M(DR) = M_L$ si $DR > DR^*$ et $M(DR) = M_H$ sinon.

En simulant un nombre suffisamment large de cette dernière équation, nous pouvons approximer la distribution des taux de défaut pour n'importe quelle classe de rating. En combinant les résultats obtenus pour les taux de défaut et des hypothèses portant sur des LGD, de même que sur les expositions, CPV peut conduire à approximer la distribution de perte du portefeuille.

Le principal attrait de CPV réside sans aucun doute dans le fait que les inputs nécessaires peuvent être obtenus très facilement. Son principal inconvénient demeure le fait que les taux de défaut sont agrégés au niveau du secteur d'activité et non de l'émetteur.

5 CreditRisk+

De tous les modèles exposés dans cette section, CreditRisk+ (CR+) est le seul modèle analytique ; c'est-à-dire ne reposant pas sur des simulations de Monte Carlo mais sur des formules dites « *closed-form* ». CR+ est une version simplifiée d'un modèle propriétaire développé par Credit Suisse Financial Products (CSFP) afin de déterminer ses besoins en capital économique. Une présentation de ce modèle peut être trouvée dans Credit Suisse Financial Products (1997). CR+ repose sur une approche actuarielle et n'a vocation qu'à capturer les événements de défaut. Les changements intervenant dans les spreads, les migrations ou les taux d'intérêts sont ignorés. Ce modèle convient donc davantage à un investisseur mettant en œuvre des stratégies « *buy and hold* ».

Dans le cadre de ce modèle, la question soulevée n'est pas de déterminer quels sont les différents actifs présents dans le portefeuille faisant défaut mais de déterminer la proportion d'émetteurs faisant défaut au sein d'un secteur et étant susceptible de faire défaut au sein du portefeuille. Les actifs sous-jacents sont regroupés en *buckets* homogènes ayant des *LGD* similaires. Le taux de défaut dans un secteur est supposé être stochastique.

➤ *Les inputs*

Les inputs nécessaires au modèle sont au nombre de quatre :

– les expositions individuelles ;

– les taux de défaut annuels par industrie ou catégorie d'actifs ;

– les volatilités des taux de défaut ;

– un estimateur des taux de recouvrement (supposé constant dans le modèle).

➤ *Les principales étapes*

En supposant que les probabilités de défaut sont suffisamment faibles et homogènes dans le temps, la probabilité de défaut dans un secteur peut être approximé par une distribution de Poisson de moyenne μ telle que la probabilité de n défauts est donnée par :

$$P(N = n) = \frac{e^{-\mu}\mu^n}{n!}$$

CR+ suppose que la moyenne μ est elle-même stochastique et distribuée selon une loi gamma. À cette étape, on introduit la fonction de probabilité générant des pertes dans chaque bucket et après avoir agrégé ces derniers, on est en mesure de déterminer la fonction de probabilité générant du portefeuille. Un algorithme d'inversion permet de passer de cette fonction générante à la distribution de pertes du portefeuille, permettant ainsi de déterminer des mesures de capital économique et d'autres mesures de risque (exposées ci-après).

Il conviendra de noter que CR+ n'est pas un modèle à facteurs ; aucune structure de corrélation de facteurs n'est calculée dans ce modèle contrairement aux modèles précédents. Les « facteurs » sont les taux de défaut retenus dans chaque bucket, supposés indépendants. CSFP met en avant le fait qu'il n'existe pas de profondeur d'historique suffisant pour mener un travail d'estimation fiable de ces corrélations et que CR+ est néanmoins en mesure de capturer les effets de « queue épaisse » caractérisant les distributions de perte de portefeuille par l'intermédiaire de l'hypothèse de taux de défaut stochastiques. Une présentation détaillée de ce modèle pourra être trouvée en annexe.

Nous avons présenté les cinq principaux modèles de portefeuille les plus largement utilisés au sein des établissements financiers. Pour rappel, il s'agit de CreditMetrics (CM), de CreditPortfolioView (CPV), de Portfolio Risk Tracker (PRT), de MKMV Portfolio Manager (KMV) et de CreditRisk+(CR+).

De tous ces modèles, (CR+) est le seul à reposer sur une approche analytique concourant à une plus grande rapidité de calculs des indicateurs de risques sur des portefeuilles contenant un grand nombre de facilités. Comme il en a été fait mention plus haut, ces formules analytiques ont été obtenues au prix d'un nombre d'hypothèses contraignantes important, au nombre desquelles celle d'homogénéité des actifs (par bucket). Tout comme KMV, CR+ est un modèle de défaut pur. C'est-à-dire que les effets liés aux migrations sont ignorés. Cette limite peut amener à sous-estimer le risque de crédit d'un portefeuille, en particulier si celui-ci est composé de contreparties de type investment grade (jouissant d'un rating BBB ou meilleur, avec l'échelle de rating de Standard and Poor's), le risque de défaut pur est très faible tandis que le risque de crédit lié aux downgrade est bien présent.

CR+ n'offre pas non plus la possibilité de mesurer l'impact de LGD stochastiques, les autres modèles modélisant traditionnellement cette composante sous la forme d'une distribution bêta.

Une critique commune souvent formulée à l'égard de ces principaux modèles (en dehors des différentes hypothèses sur lesquelles leurs méthodologies reposent) est d'une part le manque de flexibilité et d'autre part le manque de transparence. Ce deuxième point explique sans doute que certains établissements financiers se soient progressivement dotés de leurs propres modèles internes de portefeuille. Il y a aussi dans cette volonté le souhait exprimé d'accroître la visibilité en terme de pilotage stratégique. En disposant d'un modèle interne de portefeuille « ouvert » (par opposition aux modèles propriétaires), les établissements financiers répondent non seulement aux attentes des instances réglementaires mais organisent aussi de façon plus optimale leurs stratégies d'arbitrage entre lignes d'activité. Ce caractère stratégique explique que plusieurs établissements aient aussi tenté d'explorer des voies alternatives aux approches traditionnelles (analytique versus simulations de Monte Carlo).

	CreditMetrics	CreditPortfolio View	Portfolio Risk Tracker	Portfolio Manager	CreditRisk
Type of credit risk covered	Defaults and transitions	Defaults and transitions	Defaults and transitions	Defaults	Defaults
Interaction of market & credit risks	None	None	Included via interest and exchange rates and equity prices	None	None
Correlation of default events	Explicit via risk factors and idiosyncratic term Has to rely on accuracy of mapping between factor and default correlations				Not explicit
Recovery rates	Beta distribution Not correlated with PD		Beta distribution Correlated with PD	Beta distribution Not correlated with PD	Constant
Numerical approach	Can be slow for large number of simulations				Fast

Figure 6.9

Section 4 LES APPROCHES ALTERNATIVES DE CALCUL DE LA QUEUE DE DISTRIBUTION DE PERTES

Une idée commune à ces approches alternatives est de pouvoir disposer de méthodologies combinant les avantages des deux méthodes traditionnelles ; c'est-à-dire pouvoir disposer de la flexibilité des approches calculatoires combinée à la rapidité de calculs de l'approche analytique. Nous présentons deux de ces approches récentes : la méthode du *saddle-point* et des transformées rapides de Fourier.

1 Les méthodologies *saddle-point*

Ce type d'approche vise à offrir une approximation satisfaisante de la distribution de perte sans recourir à des approches calculatoires coûteuses en terme de temps de calculs. Les résultats obtenus sont particulièrement de bonne qualité pour la modélisation de la queue de distribution. Cette méthode repose sur l'observation que, si en pratique la plupart du temps, des combinaisons de fonctions de distribution ne peuvent être définies de façon analytique, leurs fonctions génératrices des moments

(CGF) peuvent être déterminées. Supposons par exemple que nous ayons à modéliser la distribution de rendements d'un portefeuille composé de deux actifs dont les rendements sont distribués selon des lois quelconques. Cette distribution de portefeuille sera une somme pondérée de ces lois marginales, sans pour autant être en mesure de l'identifier. En revanche, les CGF de chaque distribution marginale pourront l'être la plupart du temps. Une fois les CGF calculées, il est possible de procéder d'un mapping satisfaisant en terme de précision de calcul qui fournit alors la distribution de portefeuille recherchée.

2 Les transformées rapides de Fourier

Merino et Nyfeler (2002) ont introduit une approche combinant un calcul basé sur des transformées rapides de Fourier et des simulations de Monte-Carlo.

Étant désormais en mesure de déterminer la distribution de rendements d'un portefeuille de crédit, l'étape suivante consiste à calculer des indicateurs de risque *ad hoc* afin d'apprécier la magnitude et la dispersion de ce risque contenu dans le portefeuille.

Section 5 LES MESURES TRADITIONNELLES UTILISÉES DANS LA GESTION DE PORTEFEUILLE

1 Perte moyenne (« *Expected Loss* »)

On appelle perte moyenne (EL) l'espérance anticipée de la perte potentielle liée à l'activité de crédit[1]. L'expected loss d'un portefeuille est égal à la somme des *expected loss* de ses constituants, étant donné le caractère linéaire de l'opérateur espérance.

En synthèse, l'*Expected Loss* ou perte moyenne, est souvent résumée comme suit :

$$EL = Exposition \times LGD \times PD\ ^{2}$$

1. EL peut également être vu comme le niveau *ex ante* de provisionnement moyen correspondant au portefeuille de la banque.

2. En reprenant la présentation de Jarrow, Lando, Turnbull (1997), on écrit :

$$v(t,T) = \mu(t,T)[\delta + (1-\delta)\overline{Q}_t(\tau^* > T)]$$

avec $v(t,T)$ valeur d'une dette risquée ; $\mu(t,T)$ valeur de la dette, sans tenir compte du risque, δ le taux de recouvrement $[\overline{Q}_t(\tau^* \leqslant T)]$ la probabilité que le défaut survienne avant la maturité T. En réécrivant l'équation :

$$v(t,T) = \mu(t,T)[1 - (1-\delta)\overline{Q}_t(\tau^* \leqslant T)]$$

On appelle alors l'Expected Loss (EL) : $EL = v(t,T) - \mu(t,T) = \mu(t,T)[(1-\delta)\overline{Q}_t(\tau^* \leqslant T)]$ avec $(1-\delta) = LGD$

• ***Exposition*** : terme synthétisant le niveau d'engagement potentiel avec une contrepartie. L'exposition se décompose en deux :

– les lignes tirées

– les autorisations (ils se décomposent en engagements tirés et autorisations non utilisées)

La question est de savoir comment comptabiliser dans l'exposition la part non utilisée des autorisations. Cette question se pose également pour les produits dérivés de crédit.

En fait la part non utilisée des autorisations représente une option de tirage qui peut être exercée avant maturité, en fonction de l'évolution du rating (de l'EDF) de la contrepartie. Cette part variable de l'exposition est en général évaluée de manière empirique.

• ***LGD***[1]: 1 – taux de recouvrement

Concernant le LGD (1 – le taux de recouvrement). Il est clair que le niveau de LGD dépend du niveau de séniorité de l'engagement, des suretés.

• ***PD*** : probabilité de défaut.

La notion de probabilité de défaut recouvre trois approches :

– une approche binaire : défaut/non défaut ;

– une approche graduée : la migration par pallier vers le défaut ;

– une approche continue : la migration continue vers le défaut.

2 Écart type de la distribution de perte (« *Unexpected Loss* »)

L'*Unexpected Loss* (UL) est destiné à capter le risque non anticipé de perte. Il correspond à l'écart type de la perte[2].

Pour les concepteurs de modèles de risque de credit, UL est l'estimateur de base du niveau de perte probable, mais non prévisible. L'écriture de l'UL est donnée sous une forme simplifiée :

– le LGD est supposé indépendant par rapport à la PD, ce qui n'est pas du tout évident[3] ;

1. *Loss Given Default.*

2. Dans Bâle II l'UL est plutôt associée à la VAR.

3. Par exemple, en cas de crise (exemple de la crise de l' immobilier en 1990) entraînant une dégradation massive de la qualité du portefeuille (baisse des EDF), il risque d'y avoir une baisse des taux de recouvrement induite par exemple par la nécessité de revendre les créance par lots, au lieu de procéder à un recouvrement au cas par cas.

– on se place dans le cadre d'une distribution binomiale sur 2 périodes.

$$UL = V_1\sqrt{EDF \cdot \sigma^2_{LGD} + LGD^2 \cdot \sigma^2_{EDF}}$$

avec $\sigma^2_{EDF} = EDF \cdot (1 - EDF)$

- ***Non linéarité***

Pour un LGD fixé, l'EDF augmente bien plus vite que l'UL. Autrement dit, on peut écrire :

$$\frac{\partial UL}{\partial EDF} >> \frac{\partial EL}{\partial EDF}$$

Une conséquence est que le risque de défaut l'emporte significativement en impact sur le risque de migration de crédit. Ce qui permet à des modèles à deux états (default/no default) de rester acceptable.

- ***Sous additivité***

Les UL de chaque actif ne sont pas additifs.

$$UL_{portefeuille} << \Sigma UL_{actifs \in portefeuille}$$

L'explication est la suivante : on peut écrire $UL_p = \sqrt{\sum_i \sum_j UL_i \cdot UL_j \rho_{ij}}$

avec ρ_{ij} corrélation de défaut entre les actifs i et j.

Diminuer UL_p c'est diminuer les ρ_{ij}, c'est-à-dire minimiser les risques diversifiables entre actifs du portefeuille, de manière à ne garder au maximum que des risques spécifiques ou systémiques.

- ***Additivité des « risk contributions »***

On appelle Risk Contribution, la cote-part d'*Unexpected Loss* portée dans le portefeuille, compte tenu de la diminution enregistrée grâce à la prise en compte de l'effet portefeuille.

$$RC_i = UL_i \frac{\partial UL_p}{\partial UL_i} \text{ et } UL_p = \sum_i RC_i$$

Les Risk Contributions d'un portefeuille sont additives.

3 La *Value-at-Risk* (VaR)

La VaR est une mesure de risque bien connue dans le domaine des risques de marché. Bien que peu appropriée dans le cadre de la gestion du risque de crédit, cette mesure est néanmoins assez largement répandue.

La VaR a vocation à estimer les risques de forte amplitude (c'est-à-dire ceux contenus dans la queue de la distribution). La VaR à un niveau de confiance α et un horizon fixé (généralement de 10 jours pour les risques de marché et de 1 an pour le risque de crédit) s'exprime comme suit :

$$\text{VaR}_\alpha = \min\{x|P[X > x| \leqslant 1 - \alpha\}$$

Avec X la variable aléatoire modélisant les rendements du portefeuille. La VaR est donc une mesure de quantile. Elle correspond au plus petit élément du support à partir duquel $(1 - \alpha)$ % de la distribution est concentré. La VaR n'a donc pas vocation à estimer la perte maximale, mais à estimer la perte qui ne devrait pas être excédée dans $(1 - \alpha)$ % des cas. La VaR n'a donc pas vocation à renseigner sur la taille potentielle des pertes excédant ce point particulier de la distribution. Par ailleurs, Artzner *et al.* (1999) ont démontré que la VaR ne répondait pas à l'un des critères de mesures cohérentes de risque : celui de sous-additivité. Ceci veut dire que la VaR d'un portefeuille peut excéder la somme des VaR des actifs contenus dans ce portefeuille. En vertu du principe de diversification, une telle propriété n'est *a priori* pas souhaitable. Enfin, en raison même de sa définition, la VaR est un indicateur très instable et peu fiable pour des niveaux d'intervalle de confiance élevés. Au-delà d'un niveau de 99,9 % une modification marginale de peut conduire à des variations très conséquentes. Il est donc important de garder cette limitation importante à l'esprit lorsque cet indicateur est utilisé.

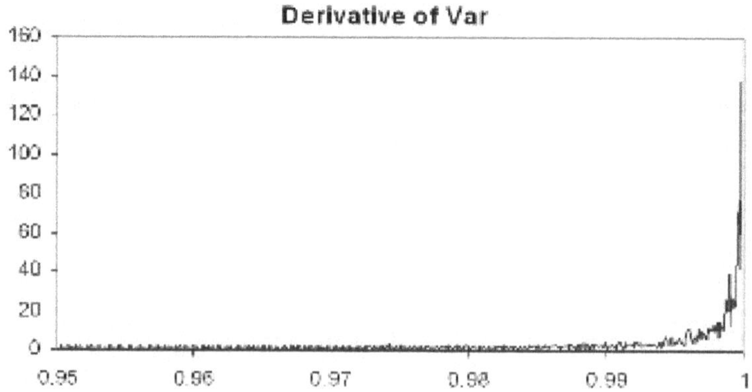

Figure 6.10

4 L'*Expected Shortfall* (ES)

L'*Expected Shortfall* (ES) est une mesure alternative à celle de VaR. L'ES peut se définir comme la moyenne des pertes conditionnelles au niveau de perte excédant le quantile correspondant à la VaR. Elle se définit par :

$$ES_\alpha = E[X|X < \text{VaR}_\alpha]$$

On pourra noter en particulier que l'ES est une mesure cohérente de risque. Associée à l'indicateur de VaR, l'ES est donc particulièrement bien adapté afin de permettre au gestionnaire de risque d'appréhender la magnitude des pertes les plus conséquentes situées au sein de la queue de distribution.

La figure suivante illustre graphiquement les notions précédemment évoquées et introduit la notion de capital économique que nous abordons à présent.

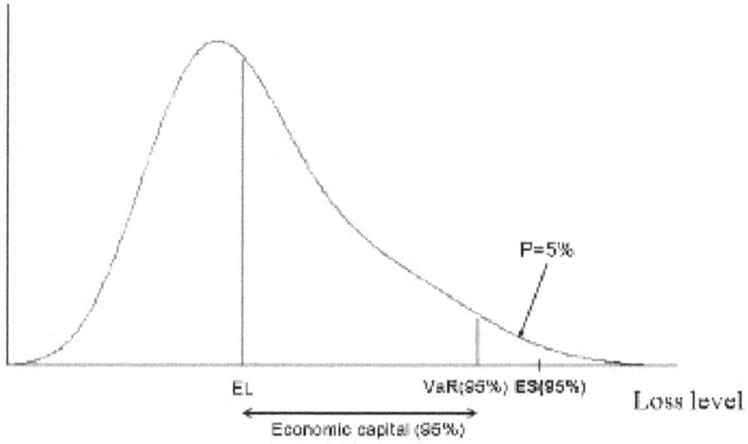

Figure 6.11

5 Calcul du capital économique

On appelle capital économique, le volume de capital permettant de faire face aux potentiels défauts de crédits de lignes du portefeuille résultants d'aléas non anticipables. Le niveau de sécurité requis par les dirigeants de la banque est calculé pour permettre une mesure précise du volume de capital requis.

Lorsqu'une distribution de perte du portefeuille est disponible, on constate que la somme de l'*Expected Loss* et de l'*Unexpected Loss* est inférieure à la surface située sous cette courbe de distribution de perte.

L'objectif de cerner la totalité des pertes potentielles est à la fois difficile à obtenir et trop conservatrice.

La méthode en générale retenue est de rechercher un niveau de confiance correspondant au rating cible souhaité par la banque (par exemple 99,97 % pour une notation AA).

Cet objectif se traduit mathématiquement comme suit :

$$Proba(X_T \leqslant Capital) = 99{,}97\,\%$$

avec X_T la variable de perte du portefeuille

$$Capital = Capital\_Economique + Expected\_Loss$$

soit, $Proba(X_T - EL \leqslant Capital\_Economique) = 99{,}97\,\%$

En écrivant $Capital\_Economique = M \times UL$, on obtient alors M, le multiplicateur de l'*unexpected loss.*

Il est clair que la sensibilité de M au niveau de sécurité requis est très élevée. On peut obtenir une variation de M du simple au double, donc du Capital Économique, selon que l'on ait un objectif BBB ou AA.

5.1 Appréciation de ce mode de présentation du capital économique

Cette présentation directement tirée des méthodes de suivi des risques de marché ne nous paraît pas vraiment pertinente dans le cas spécifique du risque de crédit. En effet exprimer la distribution de perte d'un portefeuille de crédit dans le plan moyenne variance comme si l'on se trouvait dans un contexte de distribution normale, alors que cette distribution de perte de crédit se singularise précisément par sa queue épaisse, c'est-à-dire par ses troisième et quatrième moments (« skewness » et « kurtosis »), nous paraît contestable.

À cet égard, les études empiriques[1] montrent abondamment que le lien entre la variance et la distribution de perte n'est stable ni selon la qualité des engagements du portefeuille, ni dans le temps[2]. Dans ces conditions le lien établi par le biais du multiplicateur entre capital économique et écart type du portefeuille nous paraît devoir être utilisé avec la plus grande précaution. En aucun cas elle ne saurait servir de base pour une gestion active de portefeuille.

Cette remarque très affirmative ne correspond en rien à une remise en cause du calcul du capital économique, mais à une distance claire prise vis-à-vis du lien commodément établi entre écart type du portefeuille (« *Unexpected Loss* ») et capital économique.

1. Gordy (1998) ; Lucas, Klaassen, Spreij, Straetmans (1999).

2. (Variable selon la dynamique des corrélations).

5.2 Remarques sur la notion de capital économique et sur l'approche moyenne/variance

La présentation du capital économique dans le plan moyenne variance n'a été donnée qu'en fin de partie, de manière à bien mettre en évidence qu'elle n'était pas nécessaire.

Ceci étant dit, nous savons que la connaissance de la perte moyenne et de l'écart type de la distribution de perte est suffisante pour définir une borne supérieure du capital économique, quelle que soit les caractéristiques non normales de la distribution de perte (queue épaisse), grâce à l'inégalité de Chebyshev :

Cette dernière s'écrit : $\mathrm{P}roba(|X - E(X)| \geqslant k) \leqslant (\sigma(X)/k)^2$, pour tout k réel positif.

Avec une espérance et un écart type positifs et X la variable de perte du portefeuille.

En prenant $k = t^*\sigma(X)$ [1], on obtient $\mathrm{P}roba(|X - E(X)| \geqslant t^*\sigma(X)) \leqslant (1/t^*)^2$ soit : $\mathrm{P}roba(X \leqslant E(X) - t^*\sigma(X)) \leqslant (1/t^*)^2$, ce qui est équivalent à

$$\mathrm{VaR}\left[1 - (1/t^*)^2, X\right] \leqslant t^*\sigma(X) - E(X)$$

Par exemple pour un niveau de confiance de 95 % on trouve VaR[0,95 ; X] $\leqslant 4{,}4721 \cdot \sigma(X) - E(X)$, alors qu'avec l'hypothèse de normalité de la distribution on aurait eu : VaR[0,95 ; X] $\leqslant 1{,}6449 \cdot \sigma(X) - E(X)$, avec 1,6449 qui correspond au multiplicateur calculé au paragraphe précédent.

Au total, à défaut de permettre un calcul précis et stable du coefficient multiplicateur, le couple (moyenne/variance) permet néanmoins de définir une borne supérieure stable, encadrant ce multiplicateur. Naturellement, plus on cherche à se rapprocher de la queue de distribution (intervalle de confiance élevé), plus le niveau de la borne devient lui même élevé.

6 Les mesures RAPM

Dans ce paragraphe, trois points seront abordés.

Tout d'abord, il convient de s'accorder sur le fait que les méthodes RAPM représentent un progres.

Ensuite, le niveau de difficultés liées à la mise en œuvre des méthodologies RAPM est, nous le verrons, fonction de la qualité des informations collectées.

1. t^* est un indicateur positif, relatif à l'intervalle de confiance.

Enfin, s'agissant d'une nouvelle théorie de la mesure, la situation est claire : tout le travail présenté dans les parties précédentes a consisté à mettre en œuvre une technique d'identification de la distribution de pertes de crédit d'un portefeuille, sans avoir recours à une mesure explicite de cette perte. À cet égard, les techniques de simulations Monte Carlo ont fait correctement office de palliatif. Cependant lorsqu'il s'agit d'étudier les variations, même marginales, du portefeuille de crédit, l'absence d'un instrument de mesure fiable des performances se fait sentir[1].

6.1 L'intérêt du RAPM

Il faut d'abord souligner que les différentes méthodes RAPM[2] présentent des spécificités de détail, mais globalement obéissent à une logique commune : rapporter un rendement net à un capital économique alloué et éventuellement comparer cette performance au coût du capital de la banque.

$$RAPM = \frac{Revenus - coûts - perte.moyenne}{fonds.propres.en.risque}$$ ou encore

$$RAPM' = \frac{Revenus - coûts - perte.moyenne - coûts.fu.capital.utilisé}{fonds.propres.en.risque}$$

soit de manière équivalente :

$$RAPM' = \frac{Revenus - coûts - perte.moyenne}{fonds.propres.en.risque} - \text{« } hurdle.rate \text{ »}$$

Dans la pratique, un certain nombre d'acteurs utilisent un vocable général, RAROC, sans se préoccuper des initiales, alors que leur approche correspond en fait au RORAC

Sur le principe, le fait de rapprocher rendement et risque est de nature à permettre une comparaison entre des instruments financiers différents. En d'autres termes, cette méthodologie permet en matière de crédit une approche systématique, comparable dans son utilisation aux méthodes microéconomiques d'optimisation des choix d'investissement de la firme. L'instrument RAPM apparaît donc d'abord comme un outil par excellence de comparaison et de sélection entre différentes opportunités.

---

1. À cet égard nous avons vu dans une partie précédente le caractère instable du multiplicateur d'écart type, issu d'un intervalle de confiance requis.
2. Différents ratios existent, appelés ROC, RAROC, RARORAC, RORAC :

   ROC : critère classique de rentabilité rapportée au capital réglementaire ;

   RAROC : rentabilité ajustée du risque rapportée au capital réglementaire ;

   RORAC : au numérateur l' « adjusted income = Revenues – Administrative expenses- Expected loss » n'intègre pas d'ajustement en tenant compte du risque, car c'est le dénominateur qui capture le risque ;

   RARORAC : se décline du RORAC, mais dans ce cas là le return est ajusté du risque.

Cette approche qui fonde la théorie de portefeuille n'est pas, à proprement parler, nouvelle. En revanche, ce qui est nouveau, c'est de définir le risque par le biais du capital économique et non de la variance qui correspond à une vision simplifiée et en l'occurrence erronée du risque en matière de crédit.

Dans ces conditions, il est clair que la qualité de la comparaison entre la performance de différents crédits va dépendre de la capacité à répartir le capital économique, c'est-à-dire le risque entre les différents engagements. Ce point fait l'objet du paragraphe suivant.

6.2 Limites méthodologiques du RAPM

Après avoir présenté dans les grandes lignes l'intérêt du RAPM, il convient d'évaluer le niveau de fiabilité effective de la méthode.

Pour ce faire, nous allons successivement décomposer le numérateur et le dénominateur du ratio RAROC, tant au niveau d'un client qu'à celui d'une facilité.

➤ *Au numérateur du RAROC, il y a essentiellement 4 composantes*

• ***Les revenus***

Pour identifier les revenus, deux éléments sont essentiels : la comptabilisation des flux et leur actualisation. Cela suppose à la fois une saisie des flux de qualité et une structure par terme des spreads pertinente.

En matière de flux de revenus, de nombreux modèles actuels ne présentent pas encore, à notre connaissance un niveau de fiabilité conséquent.

Nous avons vu dans les parties précédentes que les structures par terme de spreads présentaient un caractère approximatif notoire dans les modèles issus de la théorie de Merton (en particulier MKMV et Credit Metrics).

• ***Les coûts***

Une allocation équitable des coûts sur chaque facilité doit être mise en place, ce qui suppose une méthodologie fondée pour aborder la notion de produits joints ou d'économies d'envergure.

Un travail important de fiabilisation nous paraît devoir être mené à ce sujet, car les clés de répartition qui sont proposées actuellement sont souvent trop sommaires (Kimball (1998))

• ***La perte moyenne***

Cette perte moyenne agit comme un provisionnement forfaitaire *ex ante*.

• ***Le « hurdle rate »***

Le coût du capital correspond à une estimation de la perte d'opportunité de gain, à partir des fonds propres mis en œuvre.

À ce sujet de sérieuses questions restent encore ouvertes : s'agit t-il d'un coût du capital correspondant à l'ensemble de la banque ou d'une BU ? En cas de différentiation par Business Unit (BU), que se passe-t-il lorsqu'un même projet pourrait être incorporé à 2 BU différentes ? Quel est l'impact de l'aversion au risque de la banque sur la définition de ce taux ?[1] La covariance entre nouveaux engagements et engagements anciens a-t-elle un impact sur ce « hurdle rate » ?

L'examen des composantes du numérateur du ratio RAROC montre que de nombreuses sources d'incertitudes existent encore, contribuant à fragiliser le niveau de pertinence des résultats obtenus.

➤ *S'agissant du dénominateur*

Pour le Capital Économique, censé représenter le niveau de risque, la grande question est : selon quelle méthode allouer une cote part de capital économique à une facilité ou un client à partir de la donnée à disposition, à savoir le capital économique correspondant au portefeuille de crédit et tenant compte des corrélations de défaut entre toutes les facilités ? L'appareil statistique mis en œuvre dans les parties précédentes avait permis de parvenir à ce capital économique d'ensemble, grâce aux simulations Monte Carlo, sans définir toutefois une mesure de répartition.

Pour expliquer le problème, prenons l'exemple de deux portefeuilles P_1 et P_2, avec $P_1 = P_2 + \{f_1, f_2\}$, où $\{f_1, f_2\}$ sont deux facilités qui ajoutées au portefeuille P_2 donnent P_1.

La seule solution réellement fiable à disposition pour calculer le capital économique alloué à f_1 consisterait à effectuer deux simulations Monte Carlo : celle de P_2 et celle de $P_1' = P_2 + \{f_1\}$ et d'obtenir le résultat par différence. Cette méthode présente deux défauts majeurs :

Une simulation Monte Carlo du portefeuille global d'une banque est une opération lourde qui correspond à un temps de calcul dont l'unité de temps est au moins la journée. Vouloir appliquer cette solution au calcul du capital économique de chaque facilité est donc illusoire.

Cependant cette méthodologie lourde présente par elle-même un problème d'ordre : supposons que la direction de la banque gère un portefeuille existant P_2 et souhaiterait développer son activité pour parvenir au portefeuille $P_1 = P_2 + \{f_1, f_2\}$.

1. Voir Froot et Stein (1997R).

Deux solutions sont étudiées : réaliser d'abord $\{f_1\}$ puis $\{f_2\}$ ou réaliser $\{f_2\}$ puis $\{f_1\}$. Dans les deux cas le résultat final sera le même, mais le Capital Économique alloué à $\{f_1\}$ et $\{f_2\}$ différera selon l'ordre d'entrée dans le portefeuille. La conséquence de cette observation est préoccupante en terme de gestion active du portefeuille de crédit, car cela signifie qu'une optimisation du portefeuille n'est pas indépendante du chemin suivi.

Face à cette situation où la répartition du capital économique au sein d'un portefeuille, entre différentes facilités pose problème, des recherches ont été récemment mises en œuvre pour tenter de fonder une mesure pertinente du risque sur des principes plus solides. Ces démarches sont analysées au paragraphe qui suit.

6.3 La nécessité de recourir à une mesure fiabilisée

Les paragraphes précédents mettent en évidence l'impact positif d'un effet portefeuille, lié à la diversification, sur le niveau de capital économique d'un portefeuille de crédit. Comme nous l'avons vu dans le chapitre 5 deux effets coexistent : d'une part l'addition d'une facilité supplémentaire contribue à réduire l'impact des risques idiosyncrasiques propres à chaque facilité sur le portefeuille et d'autre part le niveau de corrélation de risque systémique est susceptible d'évoluer au cours du temps en raison d'un changement de conjoncture économique notamment. Dans ces conditions, il est clair que la réduction du capital économique nécessaire, fruit de l'impact positif de l'effet diversification, dépend à la fois de la composition du portefeuille et de la date d'observation considérée. Dès le moment ou le portefeuille recouvre un périmètre différent ou lorsque l'on envisage une approche dynamique, il devient difficile de définir, sur des bases passées, la nouvelle allocation du capital économique entre les diverses facilités du portefeuille. Cette analyse est la traduction de ce qui a été vu précédemment : le multiplicateur d'écart type permettant de calculer le capital économique pour un niveau de confiance donné n'est pas stable. Dans la plupart des cas, faute de méthodologie alternative, le discours tenu consiste à affirmer que pour une opération marginale (incorporation d'une nouvelle « petite » facilité à un « gros » portefeuille...), on peut néanmoins conserver l'hypothèse de stabilité du multiplicateur. Cette position peu satisfaisante sur le plan méthodologique devient en fait rapidement non défendable dans la pratique. C'est la raison pour laquelle récemment plusieurs auteurs ont travaillé à formaliser une nouvelle théorie de la mesure qui incorpore le caractère fluctuant dans le temps de la répartition du capital économique entre facilités du portefeuille ainsi que l'évolution des engagements au sein de ce portefeuille.

Ainsi, Tasche (2000) et Delbaen, Denault (2000) ont apporté à ce sujet des éléments nouveaux et convergents en utilisant deux voies mathématiques différentes, d'une part des notions de différentiabilité de mesures conditionnelles et d'autre part des principes d'allocation cohérente du capital économique grâce à la théorie des jeux.

Ces études correspondent à la mise en œuvre de formalismes complexes, mais laissent penser que, sous certaines conditions, l'allocation du capital économique à des facilités ou à des clients pourrait, à l'avenir être déterminée de manière plus fiable que selon les méthodes approximatives actuelles.

Nous pensons que ces développements récents, qui ne connaissent pas encore une forme achevée ni une mise en pratique large, pourraient faire progresser significativement l'approche RAPM « *bottom-up* ».

Section 6 DIFFÉRENTS POINTS SENSIBLES POUR UNE APPROCHE RAPM

L'objectif de la direction générale est d'aligner l'action des employés de la banque sur l'intérêt des actionnaires. Cependant plusieurs biais existent, sources de menaces pour le niveau et la stabilité du cash flow de la banque. Ils sont généralement associés à :

1 La notion de « *credit paradox* »

Trois raisons principales sont à l'origine du risque de concentration excessive (« *credit paradox* ») :

- la spécialisation de la banque sur des secteurs spécifiques sur lesquels un investissement significatif a permis l'acquisition d'une expertise reconnue (asymétrie d'information/sélection adverse) ;
- établissement de relations privilégiées avec certains gros clients de la banque, conduisant à un niveau d'exposition trop important, accepté de manière à ne pas fragiliser ce type de relation ;
- une capacité de diversification de clientèle limitée en raison de deux formes de compétition : les banques de taille supérieure qui ont accès aux gros clients, les marchés sur lesquels les acteurs significatifs se financent.

Face à cette dérive potentielle, les calculs de RAROC permettent de préciser le niveau indicatif de spread requis en fonction du niveau de concentration de la banque vis-à-vis d'une contrepartie. Ce niveau de spread est croissant avec le niveau d'exposition et le taux de croissance est d'autant plus élevé que la probabilité de défaut de la contrepartie est elle-même élevée (rating faible). Ces éléments incitent les opérationnels à limiter le niveau de concentration, soit en déclinant les opérations qui deviennent non rentables en terme de RAROC, soit en remettant sur le marché (*via* les dérivés de crédit, la titrisation, la syndication) une partie de leur exposition.

2 La notion de rentabilité d'une relation par rapport à la rentabilité d'une transaction

Le découpage matriciel de la banque entre métiers et clients peut par exemple laisser la possibilité à une ligne de métier de réaliser une transaction apparemment très rentable grâce à un processus de production optimisé (économies d'échelle), mais conduisant, pour l'ensemble de la banque, à un niveau de concentration inacceptable sur un client considéré. Un autre exemple est l'acceptation d'une transaction peu rentable avec un client, mais laissant espérer un accès à d'autres transactions nettement plus attractives dans le cadre du développement de la relation (économies de gamme).

James (1996) ajoute à la complexité de ce sujet en mentionnant le cas de la problématique d'un niveau de « hurdle rate »[1] différencié par activité ou métier. Dans ce cadre spécifique la réconciliation entre RAROC client et RAROC transaction peut devenir difficile. Cette situation correspond en fait au choix implicite de privilégier un niveau d'organisation donné pour identifier les risques de concentration.

Au travers de ces analyses, il apparaît clairement la nécessité d'un réglage fin, au sein de la banque, entre l'adoption de la notion de RAROC client et RAROC transaction. Ce réglage est lui même fortement dépendant de l'organisation managériale privilégiée au sein de la banque.

Section 7 ÉTUDE DE LA VITESSE DE CONVERGENCE PERMETTANT DE BÉNÉFICIER D'UN EFFET DIVERSIFICATION

La question posée consiste à identifier à partir de combien de contreparties ou de facilités un portefeuille de crédit fait apparaître une disparition du risque idiosyncrasique, ne laissant subsister que le risque systématique.

Trois sources d'information sont à notre disposition :

L'étude Gordy (1998) : lors des tests tant sur CreditMetrics que sur CreditRisk+, Gordy trouve qu'un portefeuille avec 10.000 contreparties présente un niveau de variance (dans la distribution des pertes) inférieure de 20 % à un portefeuille cor-

1. Coût du capital.

respondant à 1 000 contreparties. Dans le même temps, le niveau de capital nécessaire (99,97 %) baisse de l'ordre de 14 %. L'auteur insiste également sur l'impact positif de l'homogénéité des engagements

L'étude Lucas, Klaassen, Spreij, Straetmans (1999) : la convergence vers zéro s'opère relativement rapidement : on considère que son plein effet est obtenu à partir de 300 engagements homogènes, entre 500 et 800 engagements de taille différente

L'étude Carey (2000) : le lien sur lequel l'auteur insiste est un lien niveau de granularité/vitesse de convergence

Au total, bien que l'échantillon d'expériences disponibles soit trop réduit, il semble déjà possible d'identifier deux premiers résultats qui restent à expliciter :

La vitesse de convergence permettant d'atteindre l'effet diversification semble dépendre fortement de la nature des contreparties du portefeuille.

L'homogénéité des contreparties du portefeuille, que l'on pourrait également qualifier de niveau de « granularité » des contreparties constitutives du portefeuille, constitue un élément déterminant pour une bonne convergence vers un effet diversification significatif.

Conclusion

Cette partie nous a permis d'apprécier l'important travail de modélisation déjà accompli. Elle nous a également permis de comprendre que le travail était encore loin d'être achevé. La recherche de méthodes calculatoires plus efficientes en terme de temps requis semble aujourd'hui être au cœur des préoccupations avec des méthodes telles que l'approximation « saddle-point » ou des transformations rapides de Fourier.

Avec l'important développement de produits tels que les ABS, ou les CDOs, il semble bien que le nouveau défi à relever consiste désormais à avoir la capacité d'intégrer ces nouveaux produits dans les modèles de portefeuille actuels. Dans un futur proche on peut d'ores et déjà émettre l'hypothèse d'une réunification des aspects « valorisation » et « gestion des risques », les modèles de portefeuille permettant à présent de fournir des valorisation marked to model. Le passage de cet état à une valorisation marked-to-market est sans doute la prochaine étape à franchir.

Annexe 6.1 : CreditRisk + (Credit Suisse First Boston)

Le modèle CreditRisk+ est un modèle de type analytique, il se distingue nettement des autres modèles quant à sa démarche de modélisation. Les concepts employés relèvent plutôt du traitement statistique des sinistres dans le domaine de l'assurance ou dans celui du calcul à la rupture en ingénierie, que de la théorie financière. Le point de départ est l'utilisation de la loi de Poisson pour modéliser des événements de probabilité faible dont le tirage intervient pourtant un très grand nombre de fois. Creditrisk+ applique ces méthodes aux engagements dans le contexte bancaire. La donnée de base est simplement la probabilité de défaut d'une contrepartie. L'introduction de différents segments du portefeuille ayant des caractéristiques de risque qui leur sont propres, se fait ensuite par une généralisation progressive de la modélisation initiale. Au terme de toutes les étapes d'une modélisation élégante, mais néanmoins complexe, on peut ainsi traduire les effets portefeuille.

1 Modélisation théorique

Pour un débiteur A, deux états existent :

- défaut avec une probabilité P_A,
- non-défaut avec une probabilité $(1 - P_A)$.

La probabilité de défaut d'un débiteur sur une période donnée est identique à la probabilité de défaut de ce débiteur sur une autre période de durée équivalente.

ÉTAPE 1

Pour un portefeuille de *N* engagements indépendants, le nombre de défauts sur une période donnée suit une loi de Poisson.

Démonstration

P_A : probabilité de défaut du débiteur A

Soit le nombre de défauts du portefeuille, variable aléatoire. Sa fonction génératrice est :

$$F(Z) = \sum_0^{\infty} p(n \text{ défauts}) Z^n$$

Pour un débiteur A : $F_A(Z) = (1 - p_A) + p_A Z$

Comme il y a indépendance : $F(Z) = \prod_A F_A(Z)$

$$\log F(Z) = \sum_A \log(1 + p_A(Z-1))$$

En admettant que P_A est petit, on fait un développement limité :

$$F(Z) = e^{\sum P_A(Z-1)} = e^{\mu(Z-1)}$$

avec $\mu = \sum P_A$ espérance du nombre de défauts

☞

☞

$F(Z) = e^{-\mu} \sum_{0}^{\infty} \frac{\mu^n}{n!} Z^n$ et par conséquent la loi du nombre de défauts est une loi de Poisson

$$\text{Proba } (n \text{ défauts}) = e^{-\mu} \frac{\mu^n}{n!}$$

ÉTAPE 2

Pour obtenir la loi de probabilité des pertes dues aux défauts, les créances sont réparties en *m* groupes caractérisés chacun par :

v_j : exposition exprimée en multiples d'une exposition standard L,

ε_j : perte moyenne exprimée en multiples de L.

Dans chaque groupe, l'espérance du nombre de défaut μ_j est connue et on se trouve donc dans la situation de l'étape 1. Dans un groupe donné, tous les engagements induiront la même perte. Les probabilités de défaut dans les groupes sont supposées indépendantes.

On obtient dans ces conditions, la fonction génératrice de la loi des pertes sous la forme :

$G(Z) = e^{\mu(P(Z)-1)}$, $P(Z)$ étant un polynôme.

La distribution de cette loi discrète est donnée par les nombres A_n : probabilité de pertes égales à $(n \cdot L)$, et s'obtient sous la forme d'un algorithme établi à l'aide de $G(Z)$.

Démonstration

P_A : probabilité de défaut, L_A exposition, λ_A perte moyenne pour un débiteur A.

$(v_j \cdot L)$ exposition du groupe j, $(\varepsilon_j \,.\, L)$ perte espérée dans ce groupe, μ_j nombre de défauts.

On effectue une discrétisation des expositions pour se ramener à m groupes dans lesquels les expositions sont identiques. Pour tout A on assimile L_A au nombre $v_j \cdot L$ le plus proche (j variant de 1 à m).

$$\mu_j = \sum_{v_A = v_j} P_A \quad \text{et} \quad \frac{\varepsilon_j}{v_j} = \mu_j = \sum_{v_A = v_j} \frac{\varepsilon_A}{v_A}$$

Pour l'ensemble du portefeuille la fonction génératrice est la suivante :

$$G(Z) = \sum_{0}^{\infty} p(perte\ totale = n \cdot L) Z^n$$

Comme les défauts sont indépendants entre groupes : $G(Z) = \prod_{j=1}^{m} G_j(Z)$

$G_j(Z) = \sum_{0}^{\infty} p(perte\ de\ n \cdot v_j) Z^{nv_j} = e^{-\mu_j + \mu_j Z v_j}$ (*cf.* Étape 1)

☞

☞

Par rapport à l'étape 1, la variable discrète devient $n \cdot v_j$ le nombre d'unités de pertes.

$$G(Z) = \prod_{j=1}^{m} G_j(Z) = e^{-\sum_{j=1}^{m} \mu_j + \sum_{j=1}^{m} \mu_j Z^{v_j}} \quad ; \quad G(Z) = e^{\mu(P(Z)-1)} = F(P(Z))$$

où $P(Z) = \frac{1}{\mu} \sum_{j=1}^{m} \mu_j Z^{v_j}$

La distribution des pertes s'obtient par la mise en œuvre d'un algorithme utilisant les propriétés de la fonction génératrice.

$$P(pertes = n \cdot L) = A_n = \frac{1}{n!} \left. \frac{d^n G(Z)}{dZ^n} \right|_{Z=0}$$

Par application de la formule de Leibniz, on établit une relation de récurrence. L'algorithme se définit par :

$$A_n = \sum_{j/v_j \leq n} \frac{\varepsilon_j}{n} A_{n-v_j} \; ; \; A_0 = G(0) = F(P(0)) = e^{-\mu}$$

ÉTAPE 3

On introduit maintenant un aléa sur la probabilité de défaillance des débiteurs (ce qui va permettre de rendre possible leur évolution dans le temps). On recherche donc la loi des défauts pour un portefeuille de N engagements indépendants caractérisés par une probabilité de défaillance aléatoire. Pour tout débiteur *A*, la probabilité de défaillance est la variable aléatoire X_A de moyenne p_A et d'écart type σ_A. Ils sont regroupés en secteurs.

On fait ensuite l'hypothèse que le taux moyen de défaillance du secteur suit une loi gamma de moyenne $\mu = \sum p_A$ et d'écart type $\sigma = \sum \sigma_A$.

On obtient alors la loi du nombre de défauts comme une loi binomiale.

Démonstration

À chaque contrepartie *A* est associée une probabilité de défaillance aléatoire, représentée par une variable aléatoire X_A de moyenne p_A et d'écart type σ_A.

Les contreparties sont rassemblées par secteurs, repérés par l'indice k, k variant de 1 à n

Le taux de défaillance d'un secteur est une variable aléatoire X_k, de moyenne μ_k et d'écart type σ_k.

X_k vérifie les conditions suivantes, qui le relient aux variables aléatoires des contreparties individuelles :

$$X_A = \frac{p_A}{\mu_k} X_k \; ; \; \mu_k = \sum p_A \; ; \; \sigma_k = \sum \sigma_A$$

$$\left(\sigma_A = \frac{p_A}{\mu_k} \sigma_k \quad \text{et} \quad \sum \sigma_A = \frac{\sum p_A}{\mu_k} \sigma_k = \sigma_k \right)$$

☞

☞

On considère la fonction génératrice $F(Z) = \sum_{0}^{\infty} p(n\ défauts)Z^n$

En raison de l'indépendance entre secteurs : $F(Z) = \prod_{k=1}^{n} F_k(Z)$

Conditionnellement à l'événement $\{X_k = X\}$, la fonction génératrice est :

$F_k(Z)|\{X_k = X\} = e^{X(Z-1)}$ en utilisant les résultats de l'étape 1.

X_k respecte les contraintes qui le rattachent aux données individuelles. On modélise, sous ces conditions, le taux de défaillance du secteur par une loi de densité f_k.

$$P(n\ défauts\ ) = \int_0^{\infty} P(n\ défauts\ |\{X_k = X\})f_k(x)dx$$

$$F_k(Z) = \sum_{0}^{\infty}\int_0^{\infty} P(n\ défauts\ )|\{X_k = X\}f_k(x)dxZ^n\ ;\ F_k(Z) = \int_0^{\infty} e^{x(Z-1)}f_k(x)fx$$

On prend l'hypothèse que f_k suit une loi Gamma : $f_k(x) = \dfrac{1}{\beta^{\alpha}\Gamma(\alpha)}e^{-\frac{x}{\beta}}x^{\alpha-1}dx$

avec $\Gamma(\alpha) = \int_0^{\infty} e^{-x}x^{\alpha-1}dx$. Les paramètres α et β vérifient :

$\mu = \mu_k$: l'espérance de la loi Gamma est égale aux pertes moyennes du secteur.
$\sigma = \sigma_k$: l'écart type est égal à l'écart type des pertes moyennes.

Ce qui impose : $\alpha_k = \dfrac{\mu_k^2}{\sigma_k^2}$ et $\beta_k = \dfrac{\sigma_k^2}{\mu_k}$

On explicite $f_k(x)$ pour avoir la fonction génératrice $F_k(Z)$:

$$F_k(Z) = \int_0^{\infty} e^{x(Z-1)}\frac{e^{-\frac{x}{\beta_k}}x^{\alpha_k-1}}{\beta^{\alpha}\Gamma(\alpha_k)}dx$$

$$F_k(Z) = \frac{1}{\beta_k^{\alpha}(1+\beta_k^{-1}-Z)^{\alpha_k}}\ ;\ F_k(Z) = \left(\frac{1-p_k}{1-p_kZ}\right)^{\alpha_k}\ \text{avec}\ p_k = \frac{\beta_k}{1+\beta_k}$$

On développe $F_k(Z) = \sum_{0}^{\infty}(1-p_k)^{\alpha_k}C_{n+\alpha_k-1}^{n}p_k^nZ^n$

De ce développement en série, on déduit la loi du nombre de défauts sous la forme d'une loi binomiale : $P(n\ défauts) = (1-p_k)^{\alpha_k}C_{n+\alpha_k-1}^{n}p_k^n$

☞

☞

ÉTAPE 4

Pour ce même portefeuille d'engagements classés par secteurs, on cherche enfin la distribution des pertes.

Le même découpage que celui de l'Étape 2, par multiples entiers d'une exposition standard L, est appliqué à chacun des secteurs. Ensuite, un calcul identique, conditionnellement aux valeurs prises par la probabilité de défaillance du secteur est effectué. Pour chaque secteur, il ressort alors une expression de la fonction génératrice $G_k(Z)$ sous la forme :

$$G_k(Z) = \int_0^{\infty} e^{x(P_k(Z)-1)} f_k(x)dx \text{ et } G(Z) = \prod_{k=1}^{n} G_k(Z)$$

La distribution des pertes s'exprime sous la forme d'un algorithme de calcul déduit des propriétés de la fonction génératrice. $A_n = proba(pertes = n \cdot L)$

Démonstration

$$G(Z) = \sum_0^{\infty} P(pertes = n \cdot L)Z^n$$

En raison de l'indépendance des secteurs $G(Z) = \prod_{k=1}^{n} G_k(Z)$

Pour un secteur : $G_k(Z) = \sum_0^{\infty} Z^n \int_0^{\infty} P(pertes = n \cdot L | X_k = x) f_k(x)dx$

Mais d'après le calcul de l'Etape 2, on sait que dans ces conditions :

$$\sum_0^{\infty} Z^n P(pertes = n \cdot L | X_k = x) = e^{x(P_k(Z)-1)}$$

avec $P_k(Z) = \dfrac{1}{\mu_k} \sum_{j=1}^{m_k} \mu_j^{(k)} Z^{v_j^{(k)}} = \dfrac{1}{\mu_k} \sum_{A/v_A = v_j^{(k)}} \dfrac{\varepsilon_A}{v_A} Z^{v_A}$

ou encore $P_k(Z) = \dfrac{1}{\mu_k} \sum_{j=1}^{m(k)} \dfrac{\varepsilon_j^{(k)}}{v_j^{(k)}} Z^{v_j^{(k)}} = \dfrac{\sum_{j=1}^{m(k)} \dfrac{\varepsilon_j^{(k)}}{v_j^{(k)}} Z^{v_j^{(k)}}}{\sum_{j=1}^{m(k)} \dfrac{\varepsilon_j^{(k)}}{v_j^{(k)}}}$

$$G_k(Z) = \int_0^{\infty} e^{x(P_k(Z)-1)} f_k(x)dx$$

☞

☞

Lorsqu'on forme le produit de tous les secteurs, et par application de la même démarche qu'en Étape 3 :

$$:(Z) = \prod_{k=1}^{n} G_k(Z) = \prod_{k=1}^{n} \left(\frac{1-p_k}{1-p_k P_k(Z)}\right)^{\alpha_k}$$

On construit enfin une relation de récurrence à partir des propriétés algébriques de la fonction génératrice, exprimée sous la forme d'un produit de fonctions rationnelles.

$$G(Z) = \sum_{0}^{\infty} A_n Z^n$$

et par ailleurs $\frac{d}{dZ}\log G(Z) = \frac{A(Z)}{B(Z)}$, une fonction rationnelle

$$A(Z) = a_0 + a_1 Z + a_2 Z^2 + \ldots + a_r Z^r$$

$$B(Z) = b_0 + b_1 Z + b_2 Z^2 + \ldots + b_s Z^s$$

Les A_n sont issus de la relation de récurrence :

$$b_0(n+1)A_{n+1} = \sum_{i=0}^{\min(r,n)} a_i A_{n-i} - \sum_{j=0}^{\min(s-1,n-1)} b_{jn+1}(n-j)A_{n-j}$$

Annexe 6.2 : Théorie des valeurs extrêmes (EVT)

Le modèle

Soit X, les pertes sur un portefeuille. Soit $X_1, X_2, \ldots, X_n$, des tirages indépendants d'une distribution commune F et $Y_1, Y_2, \ldots, Y_n$, les réalisations ordonnées des X_i., de telle sorte que $Y_1 < Y_2 < \ldots < Y_n$.

Nous nous intéressons à Y_n. Soit F_{Y_n} le cdf[1] de Y_n

Ecrivons : $F_{Y_n}(Y^*) = 1 - \alpha$, une mesure du risque de Y^* avec un niveau de tolérance alpha de 5 %.

Cette mesure du risque diffère d'une approche VaR basée sur la distribution des risques sous-jacents eux-mêmes : les X. En fait, la VaR s'exprime : $F(X^*) = 1 - \alpha'$ ou α' est le niveau de confiance.

La différence entre les deux mesures du risque s'exprime comme suit : la VaR est la perte qui sera dépassée avec un niveau α' d'occasions si le portefeuille est porté pendant une journée. La VaR extrême est la perte qui sera dépassée à un niveau α pendant n jours par la perte maximale journalière au cours de cette période de *n* jours.

Bien que moins transparente, cette VaR présente des avantages : elle est plus sensible aux extrêmes et d'autre part il existe des théorèmes sur les conditions limites que permettent de calculer la VaR extrême avec de faibles hypothèses sur la distribution des rendements.

$$\mathrm{Pr}ob(\max(X_1, X_2) \le x) = \mathrm{Pr}ob(X_1 \le x \& X_2 \le x) = \mathrm{Pr}ob(X_1 \le x)\mathrm{Pr}ob(X_2 \le x),\ F(x)F(x) = (F(x))^2$$

En généralisant on obtient

$$F_{Y_n}(x) = (F(x))^n$$

Pour trouver la solution, il faut définir la forme de *F*. La contribution de l'EVT est de pouvoir aboutir au résultat que pour tout type de distribution de *F*, lorsque $n \to +\infty$, la distribution du max de $\{X_1, X_2, \ldots, X_n\}$ tend vers une famille de distribution identifiée[2].

Théorème 1 (dit de Fisher-Tippett, 1928)

Soit $X_1, X_2, \ldots, X_n$ des variables aléatoires indépendantes possédant la même cdf F, s'il existe $a_n > 0$ et b_n tels que : quand $n \to +\infty$, $(\max\{X_1, X_2, \ldots, X_n\} - b_n)/a_n \to Y$, où *Y* est une variable aléatoire non dégénérée de fonction de distribution *G*, alors *G* suit l'un des trois types suivants :

Gumbel : $G(x) = \exp(-\exp(-x))$ et *x* réel

Fréchet : $G(x) = \begin{cases} 0, \text{ si } x \le 0 \\ \exp(-x^{-\alpha}), \text{ si } x > 0, \text{ et } \alpha > 0 \end{cases}$

Weibull : $G(x) = \begin{cases} \exp(-(-x)^{\alpha}), \text{ si } x < 0 \\ 1, \text{ si } x \ge 0, \text{ et } \alpha > 0 \end{cases}$

☞

☞

Ces trois formules peuvent être regroupées en une seule distribution (dite distribution de Pareto généralisée) :

$$H_{\varsigma,\mu,\beta}(x) = \exp\left[-\left(1+\varsigma\frac{x-\mu}{\beta}\right)^{-\frac{1}{\varsigma}}\right]$$ avec l'intérieur de la parenthèse positif.

Selon le type de distribution auquel on a affaire, on peut définir le type de distribution limite (exemples : lois normales & lognormales convergence vers Gumbel ; Log-gamma, Cauchy, Student-*t* convergence vers Fréchet ; lois bêta, uniformes vers Weibull...)

Par ailleurs, le théorème de Gnedenko (1943) permet d'écrire que pour le cas d'une distribution de Fréchet avec $\varsigma > 0$, on peut donner une forme simplifiée de la queue de distribution de *F* :

$1 - F(x) \sim L(x)x^{-\frac{1}{\varsigma}}$, avec $L(x)$ qui est une fonction peu sensible aux variations de x.

Des résultats du même type peuvent être obtenus pour d'autres classes de distribution appartenant à la famille des distributions de Pareto.

La littérature sur la théorie des valeurs extrêmes comporte également tout un aspect lié au choix du seuil optimal à partir duquel on peut utiliser les lois de Pareto : en dehors de l'apport de la méthode d'estimation de Hill (1975), des méthodes empiriques et graphiques sont dans la pratique souvent utilisées.

1. Cumulative distribution function.
2. Ce résultat est proche du théorème central limite qui dit que pour n variables aléatoires indépendantes $X_1, X_2, ..., X_n$, avec $n \to +\infty$, sachant que $E(X_i) = \mu$ et $\mathrm{Var}(X_i) = \sigma^2$

$$cdf\left(\frac{1}{n}\sum_{i=1}^{n} X_i\right) \to N(\mu, \sigma^2/n)$$

Chapitre 7

Titrisation et dérivés de crédit : nouveaux accès à la liquidité compromis

Le risque de crédit constitue un élément indispensable de l'activité économique tout comme une source d'instabilité majeure pour le système financier. Longtemps ce risque n'a pu se transférer ni s'échanger pour tel sur des marchés. Le risque sur la signature d'un l'emprunteur était indissociable du prêt, inséparable du service de mise a disposition de liquidité[1]. Les banques géraient leurs crédits sur la durée, s'appuyant sur des règles de diversification et de limites. Les investisseurs institutionnels géraient leurs portefeuilles de façon très contrainte, ne pouvant modifier leur profil de risque que par des transactions sur cash. Les règles de diversification limitaient les investissements sur une même signature, même pour des titres ayant des caractéristiques de rendement très élevées. Sans la faculté de séparer la gestion du risque de crédit des actifs auxquels ce risque était attaché, les stratégies de portefeuille des banques ou des investisseurs restaient pauvres et très étroitement limitées.

Ces limitations, nous pouvons les illustrer par un exemple. Le rendement d'un portefeuille obligataire résulte de plusieurs primes de risque, liées à des risques spécifiques : duration (prime de terme), convexité (liée aux options existant dans les convertibles ou les MBS), risque de liquidité (matérialisé par la difficulté à recéder telle ou telle obligation) et, bien sûr, risque de crédit, qui représente à la fois le risque de défaut de l'émetteur et le risque de volatilité des spreads. Un gérant obligataire souhaite investir dans un titre d'une signature *corporate* de maturité très longue, parce que la prime de terme lui paraît très élevée. Or il en est empêché par la

1. Les banques pouvaient éventuellement se reassurer contre le défaut d'un emprunteur auprès d'autres banques en souscrivant une garantie de gré a gré. Mais ces pratiques occasionnelles étaient très loin de constituer un marché.

règle de diversification qui lui interdit toute augmentation de l'exposition sur la signature de cet émetteur. Seule manière de contourner la contrainte, faire du *short selling*[1] sur un autre titre de l'émetteur, à condition que le marché le lui permette...

De telles limitations signifiaient en réalité que les marchés financiers ne répondaient pas à l'ensemble des besoins des acteurs économiques. Pour reprendre les termes de la théorie économique, les marchés n'étaient pas *complets*. Les dérivés de crédit viennent donc compléter le système financier en offrant des marchés pour pricer, transférer ou acheter du risque de crédit à toutes les échéances.

Les dérivés de crédit constituent la grande innovation financière des dix dernières années. Comme tous les autres produits dérivés, ceux qui existaient déjà pour les risques actions, de taux ou de change, ils augmentent les degrés de liberté en séparant les facteurs de risque, en permettant un choix d'exposition souple et précis et ils rendent possible une gestion active du risque. Leur utilité spécifique repose sur la caractérisation et la négociabilité du risque attaché à la signature d'un emprunteur, autorisant ainsi le démembrement intégral des risques inclus dans les titres de dette.

Les dérivés de crédit rendent le système financier complet par l'offre d'un contrat de couverture pour la gestion du risque de crédit et par l'existence d'un marché liquide pour ce contrat.

Tous les dérivés de crédit sont fabriqués à partir des blocs élémentaires que sont le *Total Rate of Return Swap* et, surtout, le *Credit Default Swap* (CDS). Le CDS permet d'acheter ou vendre une protection contre la manifestation la plus directe du risque de crédit, le défaut d'un emprunteur. Le CDS est d'abord un contrat financier bilatéral, conclu de gré à gré, au même titre qu'un swap. Tout comme pour les swaps, la transparence et la liquidité du marché sont directement conditionnées par la fonction de *brokerage* des banques d'investissement. La liquidité repose sur la capacité des *dealer banks* à se porter contrepartie pour un grand nombre de signatures et de maturités, et pour des tailles importantes. Comprenant que la transparence du marche, – et plus précisément la transparence des contrats –, constituait un enjeu capital pour la croissance des dérivés de crédit, les banques d'investissement ont beaucoup œuvré, au sein de l'ISDA (« International Swaps and Derivatives Association ») pour établir des normes solides qui facilitent les transactions. Des 1992, l'ISDA fait mention des dérivés de crédit. En 1999, puis à nouveau en 2003, l'ISDA est venu préciser les standards applicables à plusieurs contrats et principalement aux CDS par l'adoption d'une documentation normalisée (*ISDA Master Agreement*) applicable a tous les contrats CDS. Cette standardisation des contrats a très largement contribué au succès rapide des dérivés de crédit[2].

1. Pratiquement, le gérant prêterait du cash contre un collatéral, qui serait un titre négociable du même émetteur. Il vendrait immédiatement le titre reçu en collatéral (obtenant alors le cash nécessaire eu prêt), s'engageant a racheter ce collatéral a l'échéance de son prêt. Ce mécanisme lui permettrait « d'être short » sur la signature de l'émetteur pour un certain montant et de réduire son exposition.

2. En clarifiant notamment la notion de défaut qui conditionne le paiement du vendeur de protection. L'absence de standardisation avant le document ISDA 1999 avait donne lieu à des litiges.

La crise de 2007-2010 a entraîné un mouvement général de réduction des risques systémiques de contreparties sur les marchés de CDS par l'introduction de *clearing houses* sur des marchés organisés.

Section 1 LES DÉRIVÉS DE CRÉDIT : TYPOLOGIE ET ANALYSE

Dressons d'emblée la liste des principales classes d'instruments en les séparant en deux groupes, sur une base comptable.

• Certains produits sont « hors bilan »[1] :

– « *Credit Default Swaps* » (CDS)

– « *Total Rate of Return Swaps* » (TR)

– « *Credit Spread Forwards* »

– « *Credit Options* »

Comme c'est normalement le cas pour les produits dérives, Ces instruments ne requièrent pas un montant de cash – soit disponible soit emprunté – pour être traités.

• D'autres figurent sur le bilan :

– « *Credit Linked Notes* » (CLN)

Les *Credit Linked Notes* ne sont rien d'autre que des obligations simples assorties d'un dérivé de crédit « hors bilan », comme un CDS.

Volontairement succincte, la présentation des instruments nous permettra cependant d'apprécier la richesse des options qu'ils ouvrent aux stratégies de couverture ou d'investissement. Tandis que les instruments de base, sont désormais très standardisés et liquides, de nombreux produits ont été ou peuvent potentiellement être développés sur demande, pour répondre à des besoins particuliers. Cette grande adaptabilité est l'un des principaux avantages des produits dérivés en général. La seule limite au développement de tels produits faits sur mesure – et donc nécessairement uniques en leur genre –, provient du manque de liquidité qui tient à leur grande spécificité, et aussi souvent à une relative complexité, qui rend leur valorisation plus difficile.

1. Parmi les produits « hors bilan » existants, on peut mentionner les contrats à terme sur des obligations « corporate », du type du contrat « Fanny Mae » récemment créé sur le Chicago Board of Trade.

1 Les *Credit Default Swaps* (CDSs)

Un CDS est un contrat financier, conclu de gré à gré pour une durée et un montant (notionnel) déterminés, référencé sur un emprunteur bien défini, et dans lequel l'une des parties (l'acheteur de protection) paie périodiquement une prime[1] (exprimée en pourcentage du notionnel), tandis que l'autre partie (le vendeur de protection) s'engage à payer, en cas de défaut de l'emprunteur de référence, un montant compensant la perte résultant du défaut à hauteur du montant notionnel. La figure 7.1 représente le mécanisme du CDS.

Figure 7.1 — Diagramme des flux dans un contrat CDS standard

Remarquons qu'un acheteur de protection sur le marché des CDS adopte la même position qu'un vendeur d'obligation sur le cash : tous deux sont *credit bearish* sur la signature de l'emprunteur, sont short du crédit, et jouent donc la dégradation du crédit et l'élargissement du spread.

Le paiement du vendeur de protection, contingent à l'événement de défaut, s'effectue selon l'une ou l'autre des formes suivantes :

- l'acheteur de protection peut se faire payer, contre livraison de titres de l'emprunteur en défaut, et jusqu'à hauteur du notionnel du CDS, la valeur faciale des titres remis[2]. Le règlement se fait par livraison physique (*physical settlement*) ;
- l'acheteur de protection reçoit un montant égal à la différence entre la valeur de marché (après défaut) et la valeur faciale des titres de l'emprunteur en défaut (jusqu'à hauteur du notionnel du CDS). La valeur de marche après défaut sera typiquement estime par la moyenne des estimations de trois banques dealer en CDS. On parle alors de règlement en liquide (*cash settlement*).

Le règlement physique, la forme la plus pratiquée couramment (plus de 80 % des CDSs sont *physically settled*), n'est plus viable dès lors que l'encours des CDS atteint un certain seuil, et dépasse de beaucoup l'encours des titres obligataires de l'emprunteur de référence. Parce qu'en cas de défaut, tous les acheteurs de protection se ruent sur les titres cash disponibles pour obtenir leur paiement contre livraison des titres. Et par là même, ils provoquent un squeeze sur les obligations en défaut dont le prix monte en flèche sans lien avec la réalité du défaut. Suivant la

1. En général exprimé sous la forme d'un nombre fixe de points de base par an.

2. Plus rarement, un pourcentage prédétermine du pair.

défaillance et la mise en faillite[1] de la société Delphi, en 2005, un gros sous-traitant de General Motors, on comptait 60 000 CDS pour un encours de 25 milliards de dollars, en regard d'une capitalisation obligataire de 2 milliards de dollars seulement. Les *dealer banks* se sont entendus pour mettre en place des procédures de *cash settlement* dans lesquelles les prix des titres en défaut, à l'achat et à la vente sont fixés globalement par mise aux enchères[2].

La transparence des contrats, et tout particulièrement la définition claire du défaut constitue un enjeu capital pour mettre fin aux litiges[3] qui avaient singulièrement terni l'image des dérives de crédit. Les travaux menés avec succès dans le cadre de l'ISDA continuent de faire évoluer les définitions, conduits par une très grande exigence de clarté.

Il y a essentiellement trois catégories d'événements de crédit (*Credit events*) pour caractériser un défaut :

– insolvabilité : Non-respect des engagements de payer aux dates prévues (*Failure to pay*) ;

– dépôt de bilan pour les entités non souveraines (*Bankruptcy*), ou moratoire ou repudiation (*Repudiation/Moratorium*) pour les entités souveraines ;

– restructuration (*Restructuring*), rééchelonnement défavorable de la dette[4].

La *Restructuring* clause a été abondamment discutée, comme étant celle qui pouvait potentiellement donner lieu à un grand nombre de litiges (voir le cas Conseco en note de bas de page). Les banques d'investissement, les *dealer banks*, auraient voulu l'éliminer de la nouvelle documentation ISDA 2003. Mais le *Restructuring* subsiste, notamment parce que Bâle II réclame cette clause pour accepter qu'un CDS élimine complètement le risque de crédit au bilan d'une banque commerciale, et réduise ainsi le capital réglementaire.

1. Administrée a l'abri de ses créditeurs selon le Chapitre 11 – *Chapter 11* de la loi américaine sur les faillites.

2. Cette procédure fut introduite initialement en Mai 2005, après la faillite de Collins & Aikman. Elle fut utilisée par la suite pour les faillites de grosses entreprises comme Delta Airlines ou Northwest.

3. En 1999 puis a nouveau en 2003, l'ISDA a proposé un canevas standardisé qui précise les termes de la transaction, avec une définition des évènements de défaut (« ISDA Credit Derivatives Definitions »). Plusieurs cas de défaut dans le passé ont illustré le risque de litige. Ainsi le défaut de Laidlaw en mai 2000, qui avait donné lieu à une contestation temporaire car la documentation ISDA prévoyait la nécessité d'une information sur le défaut disponible auprès deux sources ouvertes au public, ce qui n'avait pas été le cas initialement.

4. En Octobre 2000, des discussions ont eu lieu notamment à NY en vue d'abandonner la clause de restructuration dans les CDS concernant les principales entreprises américaines. L'insuffisante précision de cette clause était apparue clairement en 2000 dans le traitement du Credit Event de la société Conseco. Une restructuration de la dette avait bien eu lieu, mais qui était en réalité favorable aux détenteurs de titres de dette. Or plusieurs acheteurs de protection dégagèrent un profit de faon très artificielle, en achetant des obligations de très longues maturités, qui se traitaient bien au dessous du pair parce que les taux avaient monte, et en les présentant pour un remboursement au pair.

D'autres aspects méritent aussi une certaine attention :

- le défaut croisé : plusieurs événements concernant une liste de passifs de l'émetteur de référence, et qui peuvent déclencher l'évènement de crédit et donc les paiements aux acheteurs de protection. Les éléments de passif qui déclenchent l'évènement de défaut sont soigneusement précisés et délimités dans le contrat CDS[1] ;
- l'accélération de paiement. Pour une obligation de maturité donnée, on considère alors que son montant devient immédiatement exigible (*Obligation Acceleration*) ;
- les fusions, qui ont un impact en matière de crédit lorsque l'entité résultante devient « *matériellement plus faible* » financièrement.

Les CDS ont donné naissance à d'autres classes de produits.

Les indices CDS négociables connaissent un grand succès. L'indice Dow Jones iTraxx qui couvre les signatures européennes et l'indice DJ CDX pour l'Amérique du Nord sont constitués comme des moyennes pondérées de 125 CDS.

Plusieurs classes de produits sont issues de ces indices synthétiques : l'indice lui-même, qui se traite a l'achat ou a la vente, des produits tranches, des produits first-to-default, nth-to-default (l'acheteur est protégé dès l'occurrence du premier défaut au sein du panier ou bien seulement à partir du nième défaut), des options sur indices. Des CDOs les utilisent.

Il existe aussi CDSs annulables[2]. Une autre variante du contrat CDS standard, l'analogue du *Constant Maturity Swap*, est le *Constant Maturity CDS* ou CMCDS. Dans le CMCDS, la prime payée trimestriellement par l'acheteur de protection est variable, égale à chaque période à la prime d'un CDS standard de maturité fixée. On obtient la valeur du coupon en multipliant cette valeur de spread CDS variable par un taux de participation. La figure suivante illustre le mécanisme d'un tel produit.

Trois raisons principales au succès récent de ces produits :

- l'investisseur peut bénéficier d'un élargissement des spreads (voir figure 2.2) ;
- la volatilité du produit en *marked-to-market* est bien plus faible, un atout en termes de gestion active du risque mais également au regard des nouvelles méthodes d'enregistrement comptable de ces instruments ;
- dans les récentes transactions, le profil rendement risque dominait celui du CDS classique.

1. En règle générale on évitera qu'un retard de paiement d'un petit fournisseur déclenche tous les contrats CDS par défaut croise et la liste des éléments de passif éligibles pur caractériser le défaut exclura les petites transactions.
2. Ce type de swap permet un traitement réglementaire favorable pour les banques. Il a été utilisé en Asie au moment de la crise, afin d'améliorer la structure financière notamment des banques japonaises.

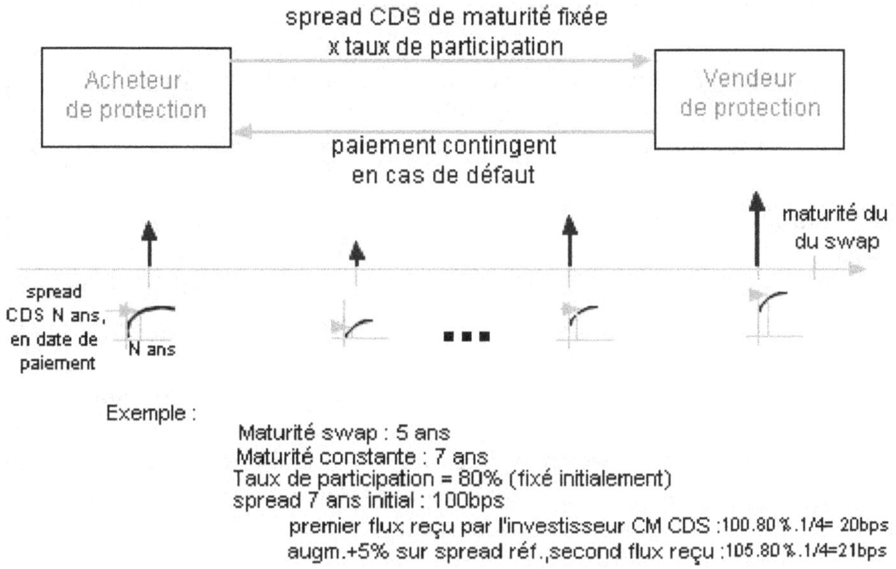

Figure 7.2 — Le fonctionnement des CM CDS

2 Les *Total Rate of Return Swaps* (TRs)

Un TR[1] Swap consiste à échanger la performance économique totale d'un actif sous jacent (sans acquérir) cet actif contre un flux de paiements d'intérêt à taux variable. Le TR Swap aux investisseurs de répliquer synthétiquement le risque et la performance d'un actif sous jacent.

Sur une période de temps convenue entre les parties La performance économique totale (c'est-à-dire y compris l'impact des événements de crédit) de l'actif considère, pour un montant notionnel donné, est payée au vendeur de protection[2] : coupons, paiement d'intérêt, commissions, décote suivant un défaut ou une dégradation du spread, appréciation liée a une réduction du spread. En échange, l'acheteur de protection reçoit un coupon périodique à taux variable (du type Libor +/- marge), et se débarrasse de la totalité du risque lie à l'actif.

Les banques commerciales ont eu recours aux TR Swaps pour résoudre le problème du *crédit paradox*, et diversifier le portefeuille (voir chapitres précédents).

1. Remarquer la ressemblance entre REPO et TR, bien que dans le cas du TR il n'y ait pas de transfert juridique de propriété.
2. En pratique la maturité des TR correspond rarement à la maturité des sous jacents.

3 Les *Credit Spread Forwards* et Options

Les *Credit Spread Forwards* permettent de prendre des positions et d'exprimer des anticipations sur l'évolution de la différence de spread et de la qualité de crédit relative entre deux titres de dette. Leur mécanisme est semblable à celui des *forward rate agreements* ou FRAs.

Les *Credit Spread Options* sont des options dont les *payoffs* sont liés aux caractéristiques de crédit des actifs sous jacents, et qui servent à se couvrir ou à prendre des positions sur les spreads de crédit. L'investisseur peut (mais n'est pas obligé) acheter (call) ou vendre (put) le crédit à un niveau de spread déterminé sur une période ou à un instant donné.

Un investisseur en *Asset Swaps* peut être intéressé par les *Credit Spread Options*. Rappelons qu'un *Asset Swap* transforme une obligation à taux fixe en un titre synthétique à taux flottant en swappant le coupon fixe contre des flux de paiement à Libor plus spread. Le niveau de spread de crédit devient alors le principal paramètre guidant les gains ou pertes de l'investisseur, qui peut chercher à se protéger contre une dégradation possible de la qualité de crédit en achetant un *Credit Spread Put*.

Au-delà de ces options classiques, des produits « exotiques », comme des options à barrière ou des options digitales sont aussi accessibles aux investisseurs.

4 Les *Credit Linked Notes* (CLNs)

Un CLN est une obligation simple assortie d'un dérivé de crédit, le plus souvent un CDS vendeur de protection. L'investisseur achète un titre dont le rendement est augmenté de la prime liée à la vente de la protection. Ces titres structurés de dette présentent au moins trois avantages pour l'investisseur :

- obtenir une exposition à un risque de crédit qui n'est pas disponible a l'achat sur le marché obligataire[1] ;
- obtenir une maturité sur mesure[2], dissociée de l'actif sous jacent ;
- augmenter le rendement de l'obligation nue par la vente de protection incluse dans le CDS (et incorporer éventuellement un degré d'effet de levier supplémentaire en sur dimensionnant le notionnel du CDS par rapport au montant nominal du titre).

Il existe un risque sur la solvabilité du vendeur de protection, porté par l'émetteur du CLN, en l'absence de chambre de compensation sur ces transactions de gré à gré. Le plus souvent, pour éviter de créer une exposition non-voulue, le paiement de la

1. Il faut noter que certains investisseurs n'ont pas le droit de faire usage des CDS, dans ces conditions les CLN offrent une alternative possible.

2. À peu près 80 % des CLN ont des maturités inférieures à 3 ans.

protection se traduira par la perte d'une partie du principal de la note CLN à sa maturité.

Nature du titre	Taux sans risque	Risque de défaut	Risque de recouvrement
Dette corporate	o	o	o
FRN	n	o	o
Credit Sensitive Notes	o	o	n
Auction Rate Notes	n	n	n
Spread Adjusted Notes	o	n	o
Default Swap	n	o	n
Total Return Swap	n	o	o
Credit Spread Option	n	o	o

Tous les instruments hors bilan déjà mentionnés (CDSs, TR Swaps etc.) peuvent potentiellement servir à bâtir des CLN. On parlera ainsi de *Credit Default-linked notes*, ou de *Total Return credit-linked notes*. Une illustration de l'usage de ces instruments est le montage, par JP Morgan Securities à la fin de 1996, de titres synthétiques répliquant des obligations seniors non garanties de la société américaine Wal-Mart pour un montant global de 594 M USD et pour une maturité de 10 ans. Dans ce montage les investisseurs étaient donc vendeurs de protection. En règle générale, pour les banques d'investissement à l'origine de ce type de transaction, la difficulté ne réside pas tant dans le placement a des investisseurs désireux de vendre la protection que dans la recherche d'une contrepartie souhaitant, elle, acheter une protection.

Parmi les CLNs se trouvent aussi des *Credit Index-linked notes*, dont la performance est liée à un indice de crédit comme le *Lehman Brothers high yield loan index* ou le *Citibank loan index*[1]. Ces produits, dont les performances sont lissées par rapport à un CLN, figurent dans la palette des produits nouveaux proposés aux gestionnaires de fonds.

La gamme des produits dérivés de crédit est donc très large. Il nous a paru intéressant de réaliser une cartographie de ces produits en les repérant par rapport à trois facteurs de risque[2] :

– le taux d'intérêt sans risque ;

– le risque de défaut ;

– le risque de recouvrement.

1. Mesure le rendement des prêts syndiqués aux USA.

2. Das (1998).

Section 2 LE PRICING DES DÉRIVÉS DE CRÉDIT

Pour les produits dérivés de type traditionnel (taux, actions), il existe des principes de valorisation communs à tous les opérateurs de marchés : un produit dérivé peut être répliqué de manière synthétique par des positions longues ou courtes du sous jacent et d'actifs sans risque (méthodologies dérivées de Black & Scholes et de leurs continuateurs). À tout moment, tout intermédiaire de produit dérivé classique est donc susceptible de se couvrir de manière dynamique (en « delta neutre » par exemple) grâce à des actifs sous jacents disponibles sur des marchés liquides. Dans ces conditions, l'aversion au risque de chaque intermédiaire est sans conséquence majeure sur ces marchés de dérivés classiques, car le prix des dérivés n'en dépend pas.

S'agissant des dérivés de crédit, la construction d'une couverture par réplication synthétique s'avère plus problématique.

Nous n'envisagerons, dans un premier temps, que le *Total Return Swap* (TR) qui s'apparente le plus aux produits dérivés classiques, par opposition au *Credit Default Swap* (CDS) qui correspond plus à un instrument d'assurance permettant la couverture d'un événement rare de défaut.

Dans le cas d'un TR, pour bâtir une réplication synthétique du dérivé, les intermédiaires disposent au mieux d'une structure par terme (en général incomplète) des spreads pour la contrepartie correspondante et d'une structure par terme des taux sans risques. Toute la question est donc de savoir si cette structure par terme des spreads est suffisante pour mettre en œuvre une couverture synthétique.

En fait quatre paramètres influencent les spreads :

– la probabilité de défaut associée à l'emprunteur du crédit ;

– le niveau de recouvrement spécifique à l'actif sous jacent (dépendant en particulier du degré de séniorité) ;

– la corrélation entre le spread et le taux sans risque ;

– la liquidité des titres associés à l'emprunteur[1].

---

1. La question de la liquidité constitue le pivot pour l'utilisation de méthodologies fondées sur l'arbitrage. Cette situation permet assez bien de comprendre pourquoi les dérivés de crédit se sont développés essentiellement sur une base d'actifs déjà négociés sur des marchés de dette et non pour des prêts illiquides sur des contreparties de petite taille.

   Froot, Stein (1997R) proposent une méthodologie pour comprendre l'impact de l'aversion au risque de la banque et de l'illiquidité du prêt sur la perception subjective de la valeur d'un dérivé de crédit correspondant. La valorisation qu'ils offrent sur une base Black et Scholes incorpore au prêt le versement d'un coupon supplémentaire correspondant à la différence entre le rendement requis par la banque et le rendement attendu par le marché.

	Spread monte	Spread baisse
Hausse du taux de défaut	x	
Hausse du taux de recouvrement		x
Hausse du taux sans risque	x	

Pour extraire de la structure par terme des spreads disponibles un actif reconstitué pouvant valablement faire office de sous jacent, plusieurs hypothèses simplificatrices sont souvent posées : mise en œuvre d'une méthode d'extraction des taux de recouvrement et des probabilités de défaut à partir des spreads, absence de corrélation entre taux sans risque et spreads, absence de prise en compte du problème de liquidité, etc.

Il y a un vrai chantier encore ouvert sur ce sujet. Aux chapitres 2 et 3, nous avions vu que l'estimation des probabilités de défaut, et des taux de recouvrement, était particulièrement difficile. Nous avions présenté plusieurs pistes méthodologiques pour ces deux paramètres : probabilité de défaut[1], taux de recouvrement. Et nous avions noté que c'était l'impact de l'effet liquidité qui restait le moins connu. Il convient donc maintenant de rappeler que ce serait une erreur de considérer la valorisation des dérivées de crédit comme une technologie parvenue à maturité. La position correcte consiste plutôt à voir, dans l'ensemble des techniques de *pricing* actuelles, une construction encore largement inachevée, objet d'un constant effort d'amélioration[2].

Exemples

Quelques exemples de décomposition de spreads :

	Spread	Corrélations
Das (1998)	$s = \dfrac{\lambda(1-\phi)(1-r)}{1-\lambda(1-\phi)}$	Pas de corrélation
Duffie-Singleton (1998)	$s \approx [\lambda(1-\phi)]$	Pas de corrélation
Das-Tufano (1995)	Spreads spécifiques à chaque firme	Corrélation taux sans risque/spread

avec $\lambda(.)$ le taux de défaut instantané ; $\phi(.)$ le taux de recouvrement stochastique.

1. Certains calculs sont extraits de données de marchés actions, il s'agit des modèles structurels de type KMV, d'autres se fondent sur les marchés obligatoires ou d'« asset swaps », comme la plupart des modèles de type « reduced form ».

2. À ce stade, il nous paraît particulièrement important de souligner à quel point le développement de bases de données à la fois sur les spreads, les événements de défaut, les taux de récupération est nécessaire pour permettre l'étalonnage des modèles.

Une fois franchie l'étape difficile d'identification des sous jacents, la mise en œuvre d'une couverture suppose l'existence d'une stratégie de couverture dynamique (donc une couverture réajustée a chaque instant). Le problème étant que le défaut est un phénomène discontinu, à la fois difficile à anticiper, mais aussi à couvrir.

Pour chaque actif, une mesure de probabilité dite « risque neutre » est déduite des données de marché en appliquant l'hypothèse d'absence d'opportunité d'arbitrage sur les taux risqués (voir annexe 1, chapitre 3 et annexe 1, ce chapitre). Cette opération est équivalente à la donnée d'une couverture dynamique. La pertinence de celle-ci dépend cependant de l'existence d'une structure par terme des spreads représentative et traduisant un consensus de marché.

À partir de ce changement de mesure, et sous réserve que le lien entre spreads et actif sous jacent ait été clarifié, un prix de TR devient approchable de manière objective[1], aux restrictions méthodologiques près.

Cependant, dès que l'on remet en cause ce cheminement fragile, aussi bien au nom de la pertinence de la densité de probabilité de défaut retenue que pour des motifs d'illiquidité, toute opération liée aux dérivés de crédit – TR s'apparente alors à une prise de position, au même titre que le crédit à un emprunteur donné. Dans ce contexte, l'estimation de la valeur de tel ou tel dérivé devient spécifique à chaque banque, dans la mesure où elle dépend de son aversion au risque, de son niveau de concentration sur la contrepartie sous jacente, du niveau de corrélation par rapport aux autres engagements du portefeuille. Sous ces conditions, le marché des dérivés de crédit resterait limité aux actifs pour lesquels les banques possèdent déjà une couverture naturelle, c'est-à-dire les engagements de crédits inscrits sur le « *lending book* »[2].

En Annexe, nous proposons une méthodologie valorisation particulière décrite par Schönbucher (1997, 2000). Au-delà de toute méthode simpliste[3], nous avons en effet le choix entre de nombreuses formes de définitions des probabilités de défaut, fondées sur des modèles structurels ou de type *reduced form*. Mais comme nous l'avons vu dans le Chapitre 3, une approche de type *reduced form* nous paraît être plus efficace pour étalonner une probabilité de défaut instantanée sur les données existantes d'une structure par terme des spreads.

1. On pourrait penser qu'un TR se négociera sur un marché secondaire sur la base du principe de valorisation retenu. Pourtant, l'absence de marché secondaire rend tout étalonnage difficile.

2. Ensemble des engagements de crédit.

3. Pour mémoire, une approximation simpliste consiste à déduire la valeur d'un dérivé de crédit de l'espérance de la probabilité de défaut et du taux de recouvrement. Dans le cas d'un CDS une telle approche conduirait à penser que la somme actualisée des primes versées par l'acheteur de protection est égale au produit d'une probabilité de défaut moyenne sur la période du swap, du notionnel du swap et du taux de non recouvrement sur l'actif sous jacent, en cas de défaut sur la période. Cette méthode est fondée sur la prise en compte de l'opérateur espérance. Elle n'a pas grand sens dans la mesure où un produit dérivé traduit un potentiel de volatilité.

Il convient de saluer l'initiative de JP Morgan Chase qui a rendu publique vers mi 2001 sa méthode interne de valorisation des dérivés de crédit, afin de permettre un accroissement de la liquidité de ce nouveau marché. Cette méthode est développée à partir du modèle structurel de Merton.

Connaissant les dérivés de crédit de base, nous pouvons maintenant aborder les produits structurés.

Section 3 LES PRODUITS STRUCTURÉS, CDOS ET TITRISATION

Fruits de l'innovation financière, les produits structurés de crédit sont issus du processus complexe de titrisation. La titrisation est une opération par laquelle un émetteur (un établissement financier ou une entreprise) cède sur les marchés de capitaux des titres de dette ayant la caractéristique d'être adossés à un portefeuille d'actifs. Les premières opérations de titrisation ont été réalisées dans le courant des années soixante-dix aux États-Unis et portaient sur des portefeuilles composés principalement de créances hypothécaires garanties par le gouvernement américain. Par la suite les actifs sous-jacents se sont diversifiés (créances sur cartes de crédit, prêts à la consommation, financement d'infrastructures). Les années quatre-vingt et quatre-vint-dix ont marqué un tournant dans l'histoire de la titrisation. Sur la période, les opérations se sont sophistiquées et ont connu une considérable croissance. Les montages apparus aux États-Unis, succédant au développement des *junk bonds*, avaient alors pour principal objet de transformer des actifs de type *sub-investment grade* en des titres investment grade, par l'intermédiaire d'un mécanisme de rehaussement.

Nous présentons d'abord une typologie succincte des produits structurés, au sein desquels la classe des CDOs (*Collateralised-Debt-Obligations*) retiendra plus particulièrement notre attention. Après avoir introduit les mécanismes de base, nous présentons quelques structures types afin de refléter la diversité des montages existant et leur complexité croissante. Ces différents montages une fois examinés, nous donnons ensuite quelques éléments pour caractériser le marché actuel des CDOs. Nous terminons par la question du pricing des CDOs.

1 Les produits structurés de crédit : présentation

1.1 Les produits structures de titrisation, les ABS

Les *Asset-Backed-Securities* (ABS), sont des montages permettant d'émettre de nouveaux titres de dette qui sont adossés à des actifs préalablement existant.

De nombreux actifs sont potentiellement éligibles à des structures de titrisation, et notamment :

– les prêts immobiliers (*RMBS, Residential mortgage backed securities*) ;
– les prêts consommation : prêts automobiles (*auto leases*), les prêts équipements (*equipment leases*), les prêts étudiants (*student loans*) ;
– les prêts aux entreprises (*corporate loans*) ;
– les obligations émises par les entreprises (*corporate bonds*) ;
– les financements d'infrastructures ou de projets.

Les ABS représentent de loin aujourd'hui la part de marché la plus significative en termes de volume traité. Ceci s'explique pour une large part par la maturité historique de ces instruments par rapport à des innovations plus récentes, mais aussi par le plus grand nombre d'actifs éligibles à ce type de structure. Ces produits se caractérisent principalement par des portefeuilles homogènes englobant un grand nombre de débiteurs. Les portefeuilles mis en adossement présentent donc une granularité extrêmement fine qui rend ces produits assez peu risqués. Ces produits jouissent généralement, par conséquent, d'un rating élevé (AAA, par exemple, en suivant l'échelle de notation de Standard and Poor's). Seuls les prêts immobiliers (hypothécaires) et les prêts à la consommation se retrouvent dans le portefeuille d'adossement. En fonction des actifs particuliers constituant le portefeuille, chaque structure reçoit une dénomination spécifique.

Les activités de *mortgage-backed securities* (MBS), qui constitue le gros des ABS, ont très significativement déclinées en 2008, avec l'effrondrement des titrisations non soutenues par les agences quasi gouvernementales (*Non Agency*), comme on peut le remarquer dans la figure 7.3.

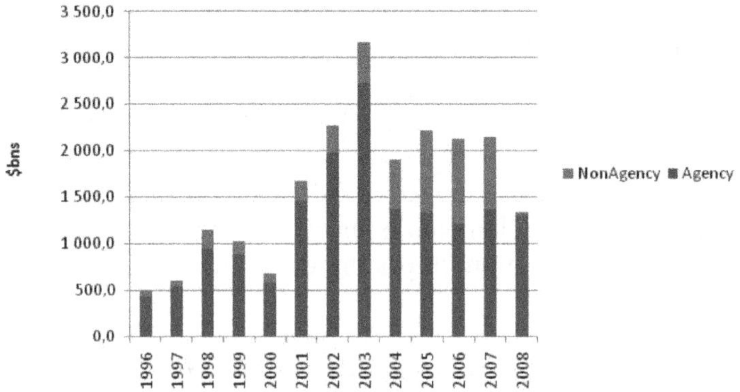

Includes GNMA, FNMA *and* FHLMC *mortgage-backed securities and* CMO *and private-label* MBS/CMO.
Source : Government-Sponsored Enterprises, Thomson Financial, Bloomberg

Figure 7.3 — MBS *issuance*

1.2 Les *Collateralized Debt Obligations* (CDOs)

Dans les CDOs, les actifs adossés sont des prêts bancaires aux entreprises (*loans*), des obligations (*bonds*), ou des dérivés de crédit eux-mêmes définis sur la base des mêmes sous-jacents, par exemple, un CDS protégeant contre le risque de défaut attaché à une signature corporate. Les CDOs sont donc adossés à des portefeuilles d'actifs hétérogènes ou de dérivés dépendant d'un nombre limité de signatures (environ 500 noms liquides sur le marché des CDS).

On peut classer les CDOs selon trois critères.

• *Objectif de la transaction*

Nous distinguerons ainsi les CDOs de bilan (*balance-sheet* CDOs) et les CDOs d'arbitrage. La première catégorie est la plus répandue pour des raisons historiques et réglementaires. Cette catégorie a vocation à fournir des outils de gestion du capital réglementaire des établissements bancaires permettant une gestion plus dynamique du capital économique. Dans cette optique, un émetteur a recours à un CDO pour sortir de son bilan une partie de son risque de crédit (provenant de ses activités de financement) et rendre à nouveau disponible une partie de ses fonds propres. En effet, le nouvel Accord de Bâle de 2004, a maintenu l'obligation pour les banques de disposer d'un un capital réglementaire égal à 8 % des engagements pondérés de crédit[1]. En sortant de son bilan un ensemble de crédits, la banque rend à nouveau disponible la cote part de fonds propres qui y étaient alloués. La titrisation permet donc à la banque d'originer de nouvelles opérations.

La seconde catégorie, apparue au moment de l'essor des *junk bonds*, a pour but d'extraire de la valeur des opportunités d'arbitrage entre les actifs à rendement élevé mis en portefeuille d'une part et les tranches émises adossées à ces actifs d'autre part[2].

• *Mode de transfert du risque de crédit du portefeuille mis en adossement*

Celui-ci peut passer par la cession totale du portefeuille au véhicule émetteur, avec paiement en cash, ou bien revêtir une forme synthétique, lorsque le véhicule contracte des dérivés de crédit sur les signatures ou les titres du portefeuille de référence.

• *Mode de gestion du portefeuille d'actifs*

Le pool d'actifs pourra être soit géré de façon dynamique tout au long de la vie du CDO (*self-managed* CDO) ou demeuré inchangé[3] (*static* CDO).

1.Auxquels s'ajoutent désormais les risques de marché et opérationnels.

2. L'arbitrage résultant du fait que par le biais de l'effet de diversification au sein du portfeuille les tranches émises bénéficient d'un niveau de notation relativement meilleur.

3. La composition du portefeuille sera alors affecté directement par les pertes sur les différents actifs contenus au sein du *pool* de référence.

Composition du portefeuille sous-jacent

Les actifs mis en adossement sont des prêts bancaires, des obligations ou des dérivés de crédit. Suivant les actifs mis en adossement, les structures de CDO sont soit :

- des CLO (*Collateralised-Loans-Obligations*) correspondent à des montages où les actifs sont des prêts bancaires ;
- des CBO (*Collateralised-Bond-Obligations*), dans le cas où les prêts bancaires laissent place à des obligations.

D'une manière générale, on retiendra le terme général de CDO (*Collateralised-Debt-Obligations*) lorsque des prêts et des obligations sont mélangés.

Lorsque les actifs mis en adossement ne sont constitués que de prêts bancaires et d'obligations, nous parlerons de cash-CDOs. Si nous considérons des structures dans lesquelles les actifs ne sont qu'exclusivement composés de dérivés (principalement des CDS), nous parlerons de CDOs synthétiques. Lorsque des actifs de type titres obligataires sont mêlés à des produits dérivés, on parlera de CDOs hybrides.

Toutes ces structures ne sont bien évidemment pas apparues toutes au même moment. Elles reflètent plutôt le processus d'innovation financière des dix dernières années. La figure 7.4 cette complexification croissante :

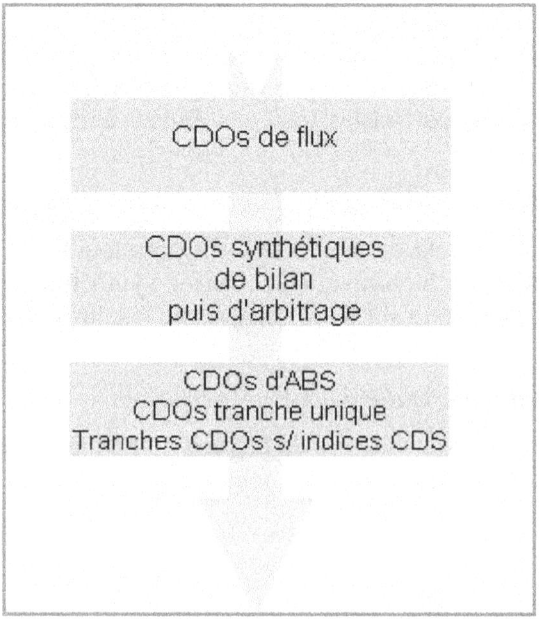

Figure 7.4

Repères — La cotation des tranches d'indices de CDS et les CDOs

En juin 2004, des indices de swaps de défaut, la série des indices Dow Jones iTraxx Europe ont résulté de la fusion des deux indices de CDS existants, Trac-x and iBoxx, répondant à la demande des investisseurs, pour une plus grande transparence et une meilleure liquidité. Désormais, 19 compagnies fournissent quotidiennement les informations requises sur les volumes.

Suite à l'apparition de ces nouveaux indices, des tranches standardisées de CDOs synthétiques ont été émises adossées à un portefeuille de 125 signatures de l'indice. On peut dès à présent mettre en avant plusieurs avantages liés à cette cotation :

– une transparence accrue, les prix des tranches étant cotés en continu ;
– une amélioration de la liquidité, se traduisant notamment par un resserrement significatif des spread *bid-offer*.
– un progrès dans la gestion du risque pour les agents, qui disposent à présent de données de marché régulières leur permettant de tester leurs modèles de valorisation et de calibrer les paramètres. Le paramètre de corrélation joue à cet égard un rôle tout à fait crucial sur lequel nous reviendrons dans le paragraphe consacré aux méthodes de valorisation.
– l'élargissement de la base d'investisseurs, qui incluent notamment davantage de hedge funds utilisant des techniques avancées d'arbitrage.

2 Les CDOs : analyse structurelle

La figure suivante représente très schématiquement une structure de CDO comportant trois tranches.

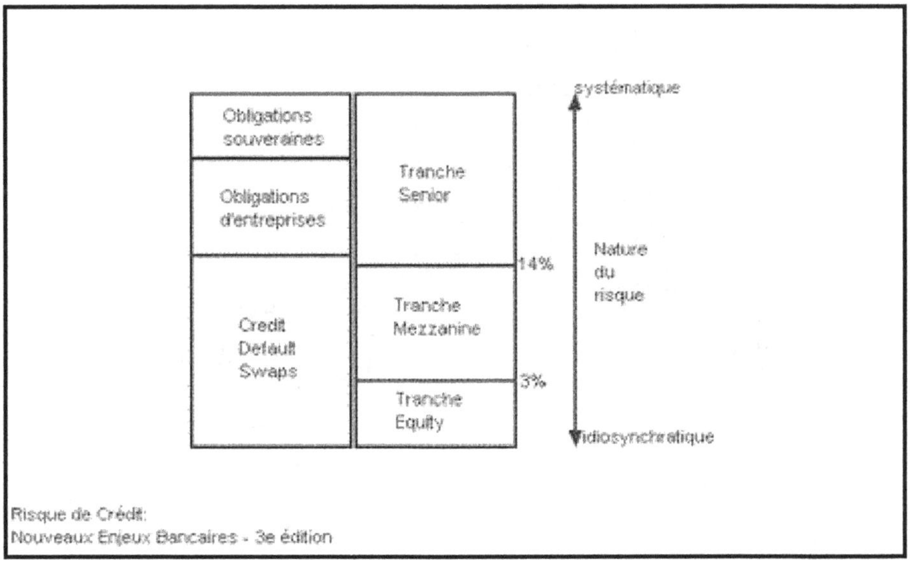

Figure 7.5

Cette structure très simplifiée se compose d'un actif et d'un passif, que nous supposerons respectivement égaux à 100. À l'actif de la structure se situent les actifs composant le portefeuille sous-jacent. Dans ce cas, nous retrouvons des CDS, des obligations d'entreprises et des obligations souveraines. Il s'agit donc d'un CDO hybride mêlant des instruments de crédit traditionnels de cash à des outils synthétiques. Le passif de la structure se compose de trois tranches constituant les titres de dette adossés à l'actif, proposées aux investisseurs. La tranche dite *equity* est la plus exposée au risque de perte ; la tranche dite senior, bénéficiant de la protection des tranches *equity* et junior, est la moins exposée aux pertes. Il est devenu courant de caractériser ces tranches par deux notions :

– le concept de subordination ;

– celui d'épaisseur de tranche (*thickness*).

Par définition, la tranche *equity* ne dispose pas de subordination, donc de la protection d'une tranche qui lui serait subordonnée. Autrement dit, la tranche *equity* est

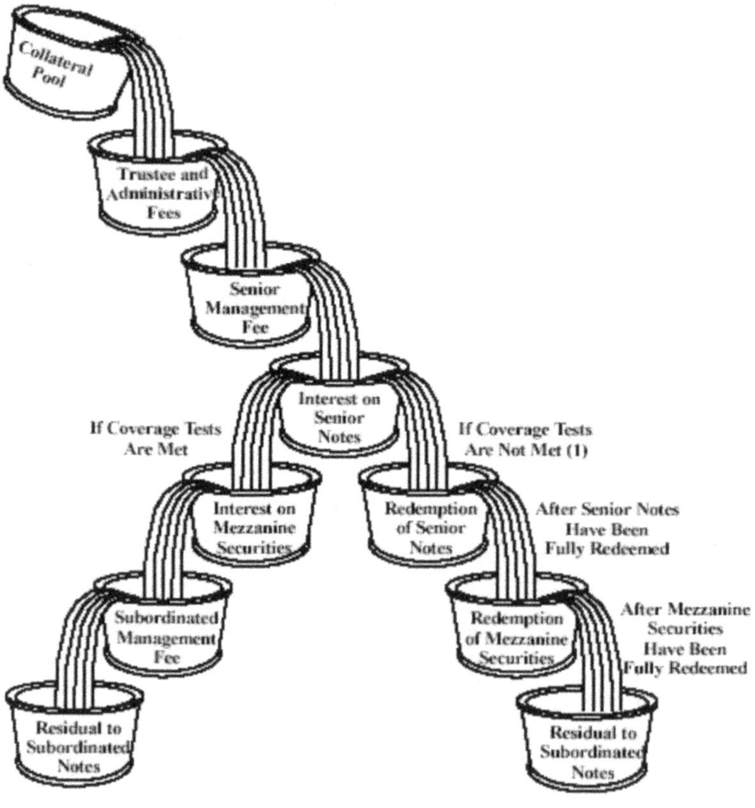

Source : Morgan Stanley.

Figure 7.6

impactée dès les premiers défauts et absorbe les défauts jusqu'à être totalement amortie (lorsque les pertes sur défaut dépassent le montant nominal de la tranche). Dans notre exemple, la tranche mezzanine dispose d'un niveau de subordination de 3 %, et la tranche senior d'un double niveau de subordination, égal à 14 % : celui de la tranche *equity* (3 %) plus celui de la tranche mezzanine (11 %). L'épaisseur de la tranche se déduit donc des couches successives de subordination. Lorsqu'on dit que l'on détient la tranche 3-14 % (mezzanine), cela signifie que l'on bénéficie d'un niveau de subordination de 3 %, que la tranche mezzanine représente un nominal de 11 % et la tranche *equity* un nominal de 3 %.

Chaque tranche dispose de caractéristiques propres. La tranche equity, la plus exposée au risque, offre le rendement le plus élevé et dans l'hypothèse où son détenteur participe à la structure, les intérêts qui lui seront versés correspondront à ce qu'il reste après avoir payé les autres investisseurs. Le fait que les intérêts soient redistribués en fonction d'un ordre de priorité bien défini est connu sous le nom de cascade d'intérêts (*interest waterfall*). Nous parlerons de la tranche la plus junior en opposition à la tranche la moins exposée en terme de risque, appelée tranche senior, voire super-senior dans certains montages.

Ayant introduit ces notions de base, nous abordons à présent deux points essentiels dans la compréhension des structures CDO : la relation entre le niveau de subordination et l'effet de levier des tranches d'une part, et la relation entre la subordination et le cycle d'activité économique d'autre part.

2.1 Subordination et effet de levier

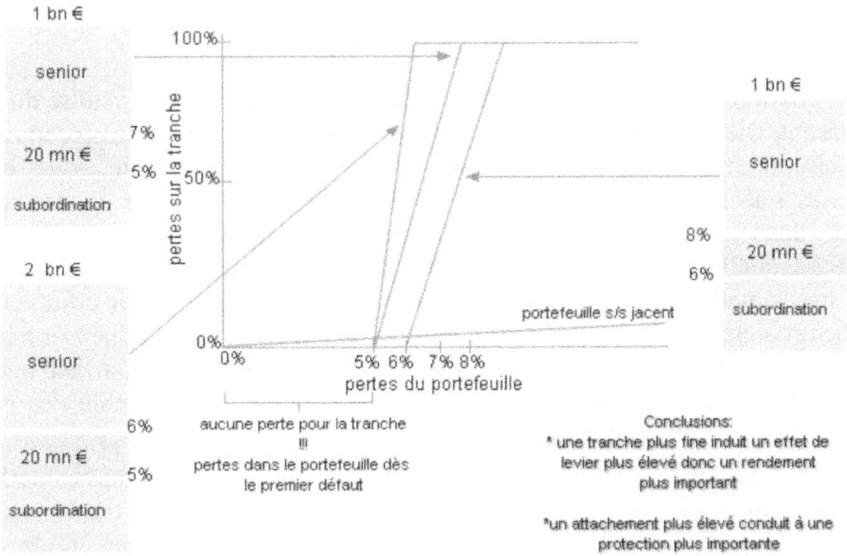

Figure 7.7 — Subordination et effet de levier au sein de CDOs

Nous considérons trois structures de CDOs.

Le premier CDO, qui sert de référence, a un nominal de 1 milliard d'euro. La tranche mezzanine est définie par les points d'attachement et de détachement 5 %-7 % (elle a une subordination de 5 %, correspondant à la tranche *equity*). Son nominal est de 20 millions d'euro. Son profil de perte est représenté sur la figure. Le nominal de la tranche est fixé a 20 millions d'euros exactement a la hauteur de la demande d'un groupe d'investisseurs. Quels sont les impacts respectifs en terme de risque/rendement liés à une modification de l'épaisseur de la tranche ou à un rehaussement du niveau de subordination ? :

- premier scénario : on augmente le nominal du CDO, et proportionnellement le nominal de chaque tranche, sauf la tranche mezzanine qui reste fixée, comme indique précédemment, a 20 millions d'euros. Nous réduisons alors le point de détachement (niveau de pertes à partir duquel l'acheteur de la tranche subit des pertes) à niveau de subordination inchangé. Si nous créons un nouveau CDO d'un nominal de 2 milliards d'euro, la tranche mezzanine jouit du même niveau d'attachement (5 %) mais voit son niveau de détachement réduit de 7 % à 6 %. Ceci revient donc à augmenter l'effet de levier et par conséquent, le rendement.
- second scénario : on laisse le nominal du CDO inchangé, mais on augmente le point d'attachement. Ceci conduit à considérer un point de détachement lui aussi plus élevé (afin de maintenir le nominal de la tranche inchangé). L'investisseur jouit d'une plus grande sécurité et le niveau de rendement attendu s'en trouve donc réduit.

Nous considérons à présent l'étude de la relation entre le niveau de subordination et l'impact du cycle d'activité sur les pertes attendues des différentes tranches.

2.2 Subordination et impact du cycle d'activité

Il est possible de dresser un parallèle entre degré de séniorité et nature du risque sous-jacent. Bien que vitale dans une compréhension complète de ces produits, une telle présentation est paradoxalement peu présente dans la littérature. À mesure que les pertes s'accumulent, on peut en effet penser que le système économique se dégrade dans son ensemble. L'influence du cycle d'activité influant alors sur la vitesse à laquelle les actifs détenus vont connaître une situation de défaut. À supposer une situation extrême dans laquelle la tranche senior serait complètement amortie (et donc tous les actifs se sont retrouvés en défaut), on peut penser à la limite que le défaut de cette tranche n'est probablement qu'une infime partie d'une crise économique beaucoup plus globale. La figure 7.8 illustre l'ensemble des notions que nous venons d'aborder.

Dans ce graphique, il apparaît d'une part clairement que les premières pertes qui surviennent affectent d'abord la tranche equity de la structure. Les tranches suivantes sont impactées lorsque les tranches subordonnées sont affectées. D'autre part, dans cette étude, Gibson (2001) a cherché à quantifier l'impact du cycle d'activité économique sur les pertes attendues au niveau de chaque tranche. Il ressort que

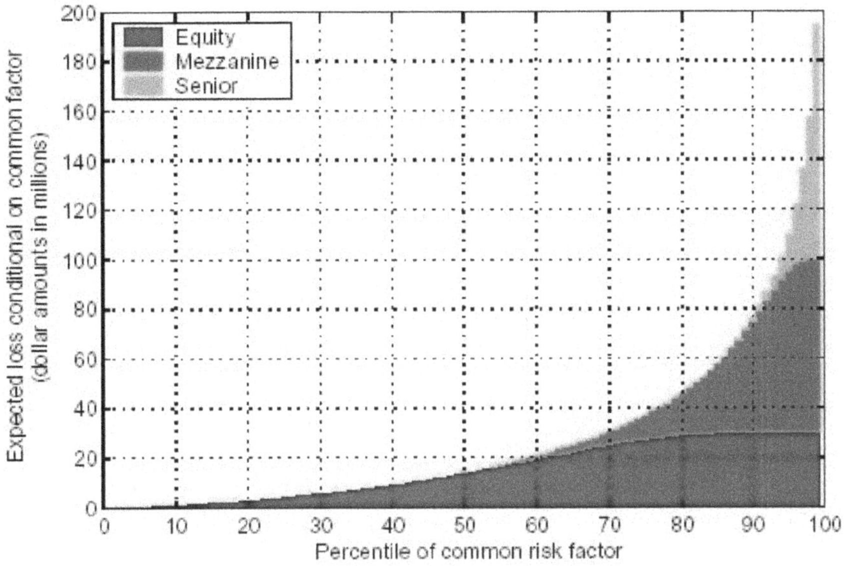

Source : *Gibson (2001).*

Figure 7.8

l'impact sur la tranche senior est d'autant plus sévère que la source du risque est induite par une réalisation défavorable du facteur commun systématique. À l'inverse, les premières pertes qui découlent d'avantage de risques idiosynchratiques influent sur les pertes des tranches les plus junior.

Nous allons à présent étudier plus en détail quelques-unes de ces structures.

3 Les CDOs : mise en œuvre

3.1 Les CDOs de flux

Une structure assez simple de CDO de flux est représentée par la figure 7.9 suivante.

L'émetteur (aussi appelé SPV pour *special purposes vehicle*) se porte acheteur d'un portefeuille d'actifs existants (titres obligataires, prêts bancaires, etc.) qui vont générer un ensemble de flux de paiements (paiements des coupons et remboursement du principal). Dans ce type de structure, les actifs sont physiquement transférés. Ces achats vont être financés par l'émission de tranches disposant de différents degrés de séniorité. Durant la vie du CDO, le portefeuille sous-jacent est généralement géré par une tierce partie qui a pour missions de gérer les actifs au sein du portefeuille et de procéder à l'amortissement des tranches en cours de vie du CDO[1]. Ce

1. Ces amortissements reflétant les événements de défaut survenant au niveau du portefeuille sous-jacent.

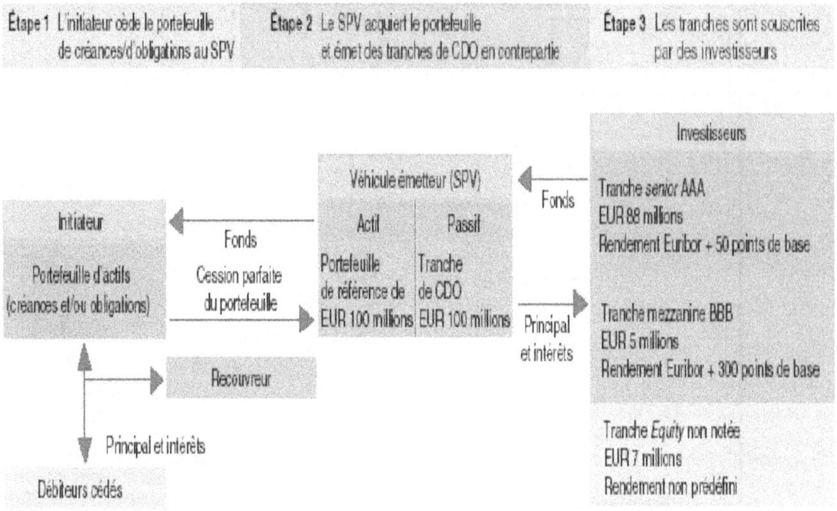

Source : *Cousseran (2005).*

Figure 7.9

gestionnaire a aussi pour mission de collecter les flux de paiement et de les redistribuer aux investisseurs (acheteurs des tranches émises) par ordre de séniorité. Pour cette raison, il est courant de désigner cette phase de redistribution par le terme de cascade. Les investisseurs seniors sont servis selon ce schéma en premier. Le risque auquel sont confrontés des acheteurs de tranches émises dans le cadre d'un tel montage réside principalement dans le nombre de défaut susceptible d'affecter la composition du portefeuille. En effet, plus le nombre de ces défauts devient important, plus vite le flux de paiements se tarifie et moins les investisseurs (en particulier juniors) recevront eux-mêmes de paiement au titre de la détention de la tranche. À la fin de vie du CDO, la valeur notionnelle des instruments n'ayant pas fait défaut est utilisée pour payer les montants notionnels des tranches n'ayant pas été complètement amorties.

3.2 Les CDOs synthétiques

Une alternative au transfert physique des actifs consiste à passer par l'intermédiaire de dérivés dont les sous-jacents sont les actifs qui auraient été transférés dans le portefeuille sous-jacent dans le cas d'un CDO de flux. Les actifs continuent de demeurer au bilan de l'émetteur, tandis que le SPV vend la protection à ce dernier via des *credit default swaps*. Bien que les CDOs synthétiques soient parfois classés dans le cadre des opérations de titrisation de bilan, il doit être toutefois fait mention du fait que l'économie en capital réglementaire est nettement moins substantielle dans le cadre de ces structures synthétiques (par rapport à la vente physique des actifs). En fait, les raisons motivant principalement le montage de ces structures synthétiques résident plutôt dans des considérations stratégiques et de relations commerciales. En effet, ces montages assurent une bien plus grande confidentialité des opérations menées par l'émetteur. En effet, un client pourrait voir d'un mauvais œil la vente de ces titres de dette à un SPV d'une part et d'autre part, ce type de montage garantit le maintient du secret quant à la composition de la structure du bilan. Par ailleurs, il doit aussi être fait allusion au fait que certains prêts ne peuvent en raison de clauses contractuelles faire l'objet d'une cession à une tierce partie. L'existence de structures synthétiques permet alors de céder néanmoins le risque de crédit attaché à l'instrument tout en conservant l'actif au bilan. Les CDOs synthétiques peuvent être soit totalement financés, au travers de l'émission de tranches, soit partiellement financés de façon à couvrir les risques attachés aux tranches les plus seniors.

La figure 7.10 illustre les mécanismes en oeuvre dans le cas d'un CDO synthétique partiellement financé.

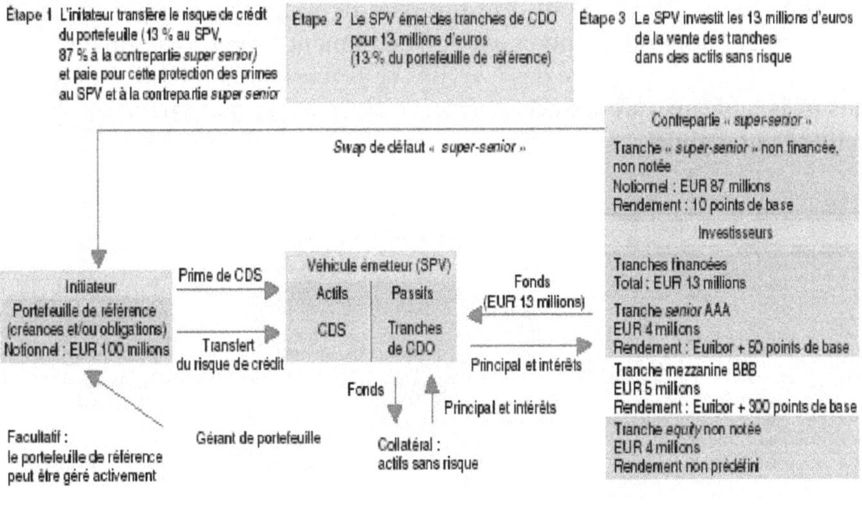

Source : *Cousseran (2005).*

Figure 7.10

3.3 Le market value CDO

Afin de répondre aux nouvelles exigences comptables découlant des normes IFRS et IAS 39, les investisseurs doivent être en mesure de fournir des valorisations dites *marked-to-market*, c'est-à-dire reflétant au plus près des valorisations de marché. Dans des structures *market value* CDOs, et contrairement au CDOs de flux, les actifs constituant le portefeuille sous-jacent sont pris en compte en valeur de marché sur une base quotidienne. Dans l'hypothèse où la valeur agrégée des actifs viendrait à dépasser une certaine valeur seuil, le gestionnaire procède alors à la vente d'une partie des actifs et rembourse les investisseurs en respectant les degrés de séniorité. Ces structures sont donc beaucoup plus flexibles que les deux précédentes et offrent un éventail de choix plus grand pour le gestionnaire qui peut en particulier jugé de l'opportunité d'augmenter ou de réduire le niveau de levier de la structure afin d'augmenter les rendements ou de mieux répartir les risques entre investisseurs.

4 Le marché des CDOs : croissance et risques

4.1 Une activité en très forte contraction

À partir du troisième trimestre 2007, les émissions de CDO ont décru très substantiellement, pour presque disparaître à partir de la fin 2008. Les transactions à partir d'actifs réels (*Cash Flow* CDO), émis pour des raisons d'arbitrage, plutôt dans la zone Euros qu'aux USA, ont fait montre de légèrement plus de résilience. Particulièrement important à noter est l'effondrement de la titrisation des prêts *high yield* qui constituait l'armature des activités de *private equity*. Ci-dessous, nous présentons trois tableaux qui donnent un synopsis de la situation trimestre par trimestre, activité par activité.

BY ISSUANCE TYPE

	TOTAL ISSUANCE	CASH FLOW AND HYBRID[2]	SYNTHETIC FUNDED[3]	MARKETVALUE[4]	ARBITRAGE[5]	BALANCE SHEET[6]	LONG TERM[7]	SHORT TERM[8]
2004-Q1	24,982.5	18,807.8	6,174.7	0.0	23,157.5	1,825.0	20,495.1	4,487.4
2004-Q2	42,861.6	25,786.7	17,074.9	0.0	39,715.5	3,146.1	29,611.4	13,250.2
2004-Q3	42,086.6	36,106.9	5,329.7	650.0	38,207.7	3,878.8	34,023.9	8,062.7
2004-Q4	47,487.8	38,829.9	8,657.9	0.0	45,917.8	1,569.9	38,771.4	8,716.4
2004 TOTAL	**157,418.5**	***119,531.3***	***37,237.2***	***650.0***	***146,998.5***	***10,419.8***	**122,901.8**	**34,516.7**
2005-Q1	49,610.2	40,843.9	8,766.3	0.0	43,758.8	5,851.4	45,175.2	4,435.0
2005-Q2	71,450.5	49,524.6	21,695.9	230.0	62,050.5	9,400.0	65,043.6	6,406.9
2005-Q3	52,007.2	44,253.1	7,754.1	0.0	49,636.7	2,370.5	48,656.3	3,350.9
2005-Q4	98,735.4	71,604.3	26,741.1	390.0	71,957.6	26,777.8	88,763.5	9,971.9
2005 TOTAL	**271,803.3**	***206,225.9***	***64,957.4***	***620.0***	***227,403.6***	***44,399.7***	**247,638.6**	**24,164.7**
2006-Q1	94,748.3	83,430.7	11,317.6	0.0	87,725.7	7,022.6	91,075.9	3,672.4
2006-Q2	120,023.9	95,339.6	21,775.0	2,909.3	102,935.4	17,088.5	119,201.3	822.6
2006-Q3	135,997.4	101,653.6	12,870.9	21,472.9	125,078.1	10,919.3	125,880.0	10,117.4
2006-Q4	135,997.4	130,079.7	20,539.6	19,255.7	139,231.6	30,643.4	165,516.4	4,358.6
2006 TOTAL	**520,644.6**	***410,503.6***	***66,503.1***	***43,637.9***	***454,970.8***	***65,673.8***	**501,673.6**	**18,971.0**
2007-Q1	166,526.6	123,894.7	25,430.3	17,201.6	153,290.9	13,235.7	157,555.1	8,971.5
2007-Q2	178,619.7	132,163.2	15,044.3	31,412.2	155,290.8	23,328.9	173,907.6	4,712.1
2007-Q3	92,708.0	54,734.3	5,572.8	32,400.9	85,493.4	7,214.6	90,010.3	2,697.7
2007-Q4	43,746.4	29,583.6	2,423.1	11,739.7	37,787.3	5,959.1	43,746.4	0.0
2007 TOTAL	**481,600.7**	***340,375.8***	***48,470.5***	***92,754.4***	***431,862.4***	***49,738.3***	**465,219.4**	**16,381.3**
2008-Q1	19,626.7	12,496.0	75.4	7,055.3	18,421.2	1,205.5	19,626.7	0.0
2008-Q2	23,633.0	17,450.2	1,115.2	5,067.6	18,013.0	5,620.0	23,633.0	0.0
2008-Q3	12,833.3	10,374.9	0.0	2,458.4	8,690.0	4,143.3	12,833.3	0.0
2008-Q4	5,004.5	3,037.5	0.0	1,967.0	3,166.7	1,837.8	5,004.5	0.0
2008 TOTAL	**61,097.5**	***43,358.6***	***1,190.6***	***16,548.3***	***48,290.9***	***12,806.6***	**61,097.5**	**0.0**

BY UNDERLYING COLLATERAL ($MM)

	TOTAL ISSUANCE	INVESTMENT GRADE LOANS[9]	HIGH YIELD LOANS[10]	INVESTMENT GRADE BONDS[11]	HIGH YIELD BONDS[12]	STRUCTURE D FINANCE[13]	MIXED COLLATERAL[14]	OTHER SWAPS[15]	OTHER[16]
2005-Q1	49,610.2	0.0	17,285.9	1,241.6	1,520.6	28,177.1	0.0	649.5	735.5
2005-Q2	71,450.5	0.0	18,963.1	1,979.8	498.8	46,720.3	0.0	927.7	2,360.8
2005-Q3	52,007.2	0.0	13,906.8	500.9	700.0	34,517.5	45.0	739.9	1,597.1
2005-Q4	98,735.4	0.0	21,049.9	322.6	355.0	67,224.2	42.0	144.7	9,597.0
2005 TOTAL	***271,803.3***	***0.0***	***71,205.7***	***4,044.9***	***3,074.4***	***176,639.1***	***87.0***	***2,461.8***	***14,290.4***
2006-Q1	94,748.3	0.0	22,613.0	2,033.4	600.8	65,587.4	0.0	253.8	3,659.9
2006-Q2	120,023.9	0.0	50,626.0	3,125.2	0.0	63,077.0	20.0	145.7	3,030.0
2006-Q3	135,997.4	0.0	39,773.4	2,913.6	340.1	87,610.7	0.0	362.2	4,997.4
2006-Q4	169,875.0	0.0	58,893.5	16,792.3	0.0	91,429.8	0.0	0.0	2,759.4
2006 TOTAL	***520,644.6***	***0.0***	***171,905.9***	***24,864.5***	***940.9***	***307,704.9***	***20.0***	***761.7***	***14,446.7***
2007-Q1	166,526.6	0.0	41,125.1	25,592.9	700.1	98,336.4	0.0	102.9	669.2
2007-Q2	178,619.7	0.0	52,248.7	22,093.2	1,200.7	102,382.7	0.0	140.5	553.9
2007-Q3	92,708.0	0.0	31,824.3	20,344.8	0.0	39,656.7	0.0	882.2	0.0
2007-Q4	43,746.4	0.0	13,628.5	10,540.2	250.0	18,807.8	0.0	21.1	498.8
2007 TOTAL	***481,600.7***	***0.0***	***138,826.6***	***78,571.1***	***2,150.8***	***259,183.6***	***0.0***	***1,146.7***	***1,721.9***
2008-Q1	19,626.7	0.0	6,116.1	6,892.2	0.0	6,542.6	0.0	0.0	75.8
2008-Q2	23,633.0	0.0	12,859.6	4,205.8	0.0	6,240.3	0.0	0.0	327.3
2008-Q3	12,833.3	0.0	4,759.6	3,652.2	0.0	3,862.5	0.0	0.0	559.0
2008-Q4	5,004.5	0.0	2,452.6	755.1	0.0	1,796.8	0.0	0.0	
2008 TOTAL	***61,097.5***	***0.0***	***26,187.9***	***15,505.3***	***0.0***	***18,442.2***	***0.0***	***0.0***	***962.1***

Source: Thomson Financial. Totals may not foot due to rounding.

Source : SIFMA.

BY CURRENCY ($MM)

	TOTAL ISSUANCE	US	EURO	YEN	STERLING	OTHER
2005-Q1	49,610.2	38,781.8	8,436.4	2,288.6	0.0	103.4
2005-Q2	71,450.5	46,212.1	19,492.8	1,847.0	365.7	3,532.9
2005-Q3	52,007.2	46,116.3	4,326.3	1,184.1	0.0	380.5
2005-Q4	98,735.4	77,993.5	11,222.2	216.9	9,302.8	0.0
2005 TOTAL	***271,803.3***	***209,103.7***	***43,477.7***	***5,536.6***	***9,668.5***	***4,016.8***
2006-Q1	94,748.3	80,318.2	11,792.7	2,470.3	0.0	167.1
2006-Q2	120,023.9	92,887.9	23,657.5	763.0	1,645.1	1,070.4
2006-Q3	135,997.4	114,138.5	18,282.2	1,274.9	0.0	2,301.8
2006-Q4	169,875.0	124,602.0	39,017.1	451.1	4,461.0	1,343.8
2006 TOTAL	***520,644.6***	***411,946.6***	***92,749.5***	***4,959.3***	***6,106.1***	***4,883.1***
2007-Q1	166,526.6	126,350.8	34,502.1	559.1	3,658.6	1,456.0
2007-Q2	178,619.7	138,030.5	37,923.0	847.4	410.4	1,408.4
2007-Q3	92,708.0	53,683.3	35,597.5	856.0	689.5	1,881.7
2007-Q4	43,746.4	26,013.0	14,398.3	9.9	1,439.9	1,885.3
2007 TOTAL	***481,600.7***	***344,077.6***	***122,420.9***	***2,272.4***	***6,198.4***	***6,631.4***
2008-Q1	19,626.7	9,123.6	7,600.1	146.7	1,432.4	1,323.9
2008-Q2	23,633.0	8,001.2	13,202.6	0.0	1,386.9	1,042.3
2008-Q3	12,833.3	4,693.9	7,143.7	0.0	61.9	933.8
2008Q4	5,004.5	895.0	2,351.5	304.7	0.0	1,453.3
2008 TOTAL	***61,097.5***	***22,713.7***	***30,297.9***	***451.4***	***2,881.2***	***4,753.3***

Source: Thomson Financial. Totals may not foot due to rounding.

4.2 Les motivations des émetteurs

Comme nous l'avons mentionné déjà plus haut, il existe principalement deux raisons majeures justifiant l'engouement des émetteurs à recourir aux CDOs : les arbitrages et la gestion du capital réglementaire.

➤ *La recherche d'arbitrage*

Par arbitrage, nous entendons la recherche de rendement ou de revenus additionnels. Ces arbitrages peuvent prendre différentes formes :

les émetteurs peuvent chercher à extraire un écart de rendement positif entre des actifs de type high-yield et les rendements plus faibles proposés aux investisseurs.

Une banque émettrice peut décider de recouvrer une partie de ses fonds afin de procéder à de nouveaux achats d'actifs qui lui permettront d'augmenter ses sources de revenus.

Dans la mesure où la plupart des émetteurs conservent la tranche la plus junior, cela leur permet de participer aux arbitrages entre rendements des actifs et rendement des tranches après que les paiements attachés à toutes les autres tranches ont été effectués.

À ce stade, une question concernant les CDOs est souvent posée. Comment ces montages peuvent-ils transférer du risque dans la mesure où la tranche la plus exposée (dont la perte totale est bien plus probable que la perte attendue du portefeuille) est conservée par l'émetteur ? Pour répondre simplement à cette question, il est nécessaire de se remettre en mémoire le paradigme de l'assurance. Selon ce paradigme, la perte attendue sur un instrument particulier, est couverte par une prime équivalente déposée sur un fonds garanti servant de couverture dans l'hypothèse où l'événement de perte survient. De façon totalement analogue, une couverture contre les pertes non-attendues est aussi déterminée en terme de capital économique (au travers d'un calcul de VaR ou toute autre mesure de risque adéquate). Dans l'hypothèse où un émetteur céde via un montage de CDO une partie de ses actifs et ne conserve après l'émission des tranches que la tranche subordonnée (TS), il n'y aura transfert de risque dans l'hypothèse où $P[pertes > TS] > 0$. Si l'on applique alors le paradigme de l'assurance à cette situation, il apparaît que le montant de prime réclamé pour couvrir les pertes sera nécessairement moins important du fait de l'existence des pertes capées limitant *de facto* l'exposition maximale de l'émetteur. D'où des incitations pour les émetteurs à utiliser ces outils pour dynamiser leurs stratégies de gestion du risque de crédit.

➤ *La gestion du capital réglementaire*

Historiquement, les structures dédiées à la gestion du capital réglementaire sont apparues les premières. L'idée très générale derrière la constitution de ces montages consiste à sortir une partie de ses actifs de son bilan afin de bénéficier d'une économie en capital réglementaire permettant de recouvrer des marges de manœuvre pour d'autres investissements. En effet, en application des règles émanant du nouveau dispositif Bâle II, la banque est tenue de constituer des réserves en capital à hauteur de 8 % des engagements pondérés (couvrant le risque de crédit, de marché et les risque opérationnels).

Prenons un exemple numérique pour illustrer cette situation. La banque dispose au démarrage d'engagement de crédits commerciaux pour un montant nominal de 1 milliard d'euros. La banque se rémunère sur ces crédits à un niveau de rendement de Libor + 150 points de base. Après refinancement des opérations, le rendement sur capital réglementaire s'élève à 15 millions/80 millions = 18,75 %. La banque décide de titriser son portefeuille de crédits commerciaux en utilisant une structure de CDO. Elle continuera de percevoir un rendement de Libor + 150 points de base sur les actifs. Mais, elle doit désormais servir aux investisseurs un rendement moyen de Libor + 67 points de base (exemple illustratif) sur les différentes tranches. On suppose que la banque conserve 40 millions au titre de la tranche equity. Seuls ces 40 millions doivent faire désormais l'objet d'une couverture en capital réglementaire. Tous les autres actifs sont transférés au SPV et ne sont plus inclus dans la base de calcul du capital réglementaire. Le rendement après opération de titrisation s'établit alors à (15 millions – 6,7 millions)/40 millions = 20,75 %.

4.3 Les motivations des investisseurs

A priori, plusieurs raisons sont susceptibles d'expliquer l'appétit des investisseurs :

- les tranches de CDOs, mis en parallèle de titres obligataires jouissant de notations financières comparables, offrent des rendements plus attractifs ;
- ils permettent aussi à certains investisseurs de rentrer sur des segments de marché qu'ils n'auraient pas pu ou pas voulu aborder autrement (cas des titres spéculatifs) ;
- les CDOs peuvent s'analyser comme une part d'un portefeuille diversifié. Cela permet donc de bénéficier des effets positifs d'une gestion diversifiée en ne procédant qu'à l'achat d'un seul instrument.

Bien que partageant certains intérêts communs, il serait illusoire de penser que les intérêts d'un investisseur de tranches seniors sont les mêmes qu'un investisseur de tranches plus juniors voire des détenteurs de la tranche *equity*.

Ces derniers vont préférer des titres hautement spéculatifs assurant un fort niveau de rendement. Leur motivation est de voir le remboursement du principal des dettes se faire le plus rapidement possible avant que les premières pertes ne viennent affecter le portefeuille sous-jacent et leur propre investissement.

Les investisseurs mezzanine se situent entre les détenteurs d'*equity piece* et les investisseurs seniors. Ils peuvent dans une certaine mesure profiter d'assez forts niveaux de rendement mais qui resteront nécessairement en deçà de ce à quoi les investisseurs *equity* peuvent prétendre.

Enfin, les investisseurs seniors sont à la recherche de coupons certes faibles mais émanant de signatures offrant une sécurité et une stabilité des versements.

Ces intérêts parfois contradictoires rendent difficile le travail du gestionnaire qui est en charge de la gestion du portefeuille sous-jacent. Si celui-ci opte pour une gestion prudente, il tend à favoriser la disparition rapide de la tranche equity dans des conditions peu avantageuses pour leurs détenteurs. Si le gestionnaire opte pour une gestion plus audacieuse, il risque de menacer le rendement sur les tranches les plus seniors. Le gestionnaire est de plus engagé dans des relations multipériodiques l'amenant à satisfaire au mieux les attentes de chacun. La gestion de structures ultérieures dépend assez largement de la satisfaction apportée dans le cadre de structures précédentes.

Ayant présenté plus en détail ces produits ainsi que les raisons expliquant leur succès sur les marchés de dette, nous nous intéressons à présent à leurs méthodes de valorisation.

5 La valorisation des CDOs

La valorisation de ces structures résulte d'un processus d'ingénierie financière complexe dans la mesure où ces structures sont la plupart du temps des opérations de gré à gré et incluant un ensemble d'options non-standards.

Le recours à des solutions *closed-forms* telle que la formule de Black et Scholes (1973) pour les calls et puts sur actions est la plupart du temps impossible ou devient possible au prix d'une simplification des hypothèses poussée à l'extrême.

Plutôt que d'exposer les différentes techniques mathématiques à disposition pour valoriser ces outils, nous présenterons plutôt en des termes heuristiques la méthode commune à ces modèles de valorisation : ceux-ci reposent sur la notion de copule gaussienne.

Le but de l'exercice va consister à simuler les réalisations de rendements des différents actifs contenus dans le portefeuille sous-jacent et d'en inférer des informations sur les événements de défaut. La plupart du temps, la simulation des rendements des actifs est déduite d'un modèle monofactoriel. On suppose un facteur commun partagé par tous les actifs et un facteur propre à chaque actif (dit systématique). Ces deux facteurs sont généralement indépendants l'un de l'autre pour simplifier le cadre d'analyse et suivent chacun les réalisations une loi normale standard. Un paramètre de corrélation constant vient par ailleurs enrichir le modèle. On est donc amené à simuler très simplement un vecteur de variables normales corrélées. Pour chacune des réalisations (par actif et par scénario), on compare le résultat obtenu en terme de simulation à une variable seuil. Ce seuil est en rapport avec la probabilité de défaut de l'instrument pour lequel on vient de simuler une réalisation de rendement.

On compare ensuite la réalisation de la variable normale corrélée au niveau de la valeur critique. Si la réalisation de la variable normale corrélée est supérieure à la valeur critique, on considère que l'actif au titre de ce scénario est en défaut.

On est donc en mesure pour chaque scénario de calculer un temps de défaut et de procéder à l'amortissement des tranches impactées par le défaut. On parvient alors numériquement à simuler le *payoff* des tranches et à en inférer le niveau de spread tel que les produits reçus au titre de la détention de la tranche compensent le montant total de pertes. Un tel niveau de rendement est dit *fair value*, c'est-à-dire qu'il indemnise l'investisseur pour les pertes encourues à sa juste valeur.

Conclusion

La remise en cause brutale, à partir de mi-2007, des activités de titrisation, tant concernant les MBS que les CDO pose de nombreux problèmes.

Concernant les actifs existants, l'assèchement de la demande, hormis les prises en pension par les banques centrales et les quelques *distressed debt hedge funds* avides d'opportunités, la quasi-disparition du rehaussement de crédit par les « monolines » et l'effondrement des SIV (*Structured Investment Vehicles*) ont entraîné des pertes massives pour l'ensemble des investisseurs évaluant leurs actifs en *mark-to-market*. On aurait pu croire que les investisseurs les plus touchés seraient les possesseurs de tranches les plus juniors. Ce sont en réalité les possesseurs des tranches les plus seniors qui ont été les plus durement affectés. Ces derniers actifs étaient en effet les plus sensibles à l'évolution défavorable des paramètres de corrélation conduisant à la valorisation des tranches. Ils étaient également les plus *leverages*. De ce fait, les investisseurs qui se croyaient protégés par des actifs AAA ont été durement touchés par des actifs fortement dévalorisés, devenus par surcroît illiquides. Comme illustration de cette situation, on peut penser à la situation délicate de la banque UBS ou encore a la crise de confiance dans les fonds mutuels monétaires. Au-delà de ces situations critiques, de très nombreux investisseurs ont été impactés, qui ne sont pas pràts de toucher à nouveaux à des actifs titrisés.

Concernant les nouvelles émissions, l'absence d'intérêt de la part de nombreux investisseurs, couplée avec des changements de critère à répétition par les agences de notation, ramène cette activité à proche de zéro pour une période indéterminée. Avec cette situation, ce sont de nombreuses activités financières qui sont affectées, comme par exemple les activités de LBO, le refinancement des pràts immobiliers en dehors des organismes para-étatiques. Cet assèchement de liquidité sur les marchés a été partiellement compensé par un surcroît de liquidité apporté par les banques centrales et les gouvernements dans le cadre des TARP, TALF, PPIP et QE[1]. Reste à savoir comment le système financier international réagira, lorsque cette mise sous perfusion cessera. Une nouvelle chance pour la titrisation ? À voir, mais en tout cas à échelle plus modeste et sans doute sur d'autres bases.

1. Pour les définitions de ces acronymes, voir au chapitre 1.

Annexe 7.1 UNE MÉTHODE DE VALORISATION DES DÉRIVÉS DE CRÉDIT (SCHÖNBUCHER 2000)

Le taux court risqué suit le processus suivant : $r' = r + \lambda q$, où *r* est le taux sans risque, λ le taux de défaut instantané (*hazard rate*) et *q* est le LGD (1 – taux de recouvrement).

Le processus de comptage des défauts $N_t = \max\{i/\tau_i \leq t\}$ est un processus de Poisson d'intensité λ_t. λ étant une intensité est positive et l'on retient un processus racine carrée :

$$d\lambda = k'(a' - \lambda)dt + \sigma'\sqrt{\lambda}dW'$$

Le taux sans risque est également défini par un processus racine carrée :

$$dr = k(a - r)dt + \sigma\sqrt{r}dW$$

Les deux Wiener peuvent *a priori* être corrélés.

Une obligation sans risque venant à échéance à *T* est définie par :

$$B(0, T) = E\left[e^{-\int_0^T r(s)ds}\right]$$

Une obligation risquée s'écrit (en cas de recouvrement nul) :

$$\widehat{C}_0(0, T) = E\left[e^{-\int_0^T r(s) + \lambda(s)ds}\right]_1$$

En supposant l'indépendance des taux sans risque et des spreads, on peut écrire une probabilité de survie :

$$P(0, T) = (\widehat{C}_0(0, T)/B(0, T)) = E\left[e^{-\int_0^T \lambda(s)ds}\right]$$

Au cas ou l'on renonce à cette hypothèse d'indépendance, il faut connaître l'entière dynamique des spreads de crédit et des taux d'intérêt sans risque.

Introduisons un taux de recouvrement[2]. Soit $\hat{C}(t, T)$ une obligation risquée, $C(t, T)$ une valeur ajustée du défaut :

$$C(t, T) = E\left[\exp\left\{-\int_t^T (r_s + q\lambda_s)ds\right\}\right]$$

Nous sommes dans un modèle à deux facteurs où le taux d'intérêt tenant compte du défaut est la somme de deux processus stochastiques : le taux sans risque et le taux de défaut instantané.

Considérons $\hat{C}(t, T_2)$ une obligation risquée de maturité T_2.

Soit une option *credit spread put* de maturité T_1 avec $T_1 < T_2$ qui donne le droit au détenteur du *put* de vendre l'obligation risquée à T_1, à un prix qui correspond à un spread $\bar{s}$ au-dessus du rendement d'une obligation sans risque $B(T_1, T_2)$.

On définit $\bar{S} = \exp\{-\bar{s}(T_2 - T_1)\}$

☞

☞

Nous nous limiterons à examiner une option d'échange de risque : le risque de défaut est pris par le vendeur de protection et l'acheteur est protégé contre tous types d'événements en contrepartie du paiement du spread.

À T_1, le *payoff* sera : $(\bar{S} \cdot B(T_1, T_2) - \hat{C}(T_1, T_2))^+$.

Nous écrivons D_t le prix d'un dérivé de crédit :

$$D_t = E\left[\frac{1}{b_{t,T}}(\bar{S}B_T - \hat{C}_T)^+ \middle| \Im_t\right]$$

$$D_t = \bar{S}E\left[\frac{B_T}{b_{t,T}}1_{\{(\bar{S}B_T - \hat{C}_T)\}}\middle|\Im_t\right] - E\left[\frac{\hat{C}_T}{b_{t,T}}1_{\{(\bar{S}B_T - \hat{C}_T)\}}\middle|\Im_t\right]$$

Dans le cas simplifié où les deux processus, défaut et taux sans risque sont indépendants, on peut écrire :

$$\hat{C}(t, T) = Q_t C(t, T) = Q_t P(t, T) B(t, T)$$

avec $P(t, T) = E\left[\exp\left\{-\int_t^T (q\lambda_s)ds\right\}\right]$ qui est indépendant du taux court sans risque et peut s'écrire par exemple sous forme affine : $P(t, T) = \lfloor \exp\{a_p(t, T) - \lambda_t b_p(t, T)\} \rfloor$

Dans ces conditions, on peut écrire :

$$D_t = E_t[\beta_{t, T_1}(\bar{S} \cdot B(T_1, T_2) - Q_{T_1}C(T_1, T_2))^+]$$

$$D_t = E_t[\beta_{t, T_1} \cdot B(T_1, T_2)(\bar{S} - Q_{T_1}P(T_1, T_2))^+]$$

$$D_t = B(t_1, T_2)E_t[(\bar{S} - Q_{T_1}P(T_1, T_2))^+]$$

$$D_t = B(t, T_2)E_t D'_t$$

avec $D'_t = \bar{S}E_t\left\lfloor 1_{\{\bar{S} > Q_{T_1}P(T_1, T_2)\}}\right\rfloor - E_t\left\lfloor Q_{T_1}P(T_1, T_2) \cdot 1_{\{\bar{S} > Q_{T_1}P(T_1, T_2)\}}\right\rfloor$

Dans le cas particulier où $Q_{T_1} = 1$, alors D'_t correspond à un *put* pour l'« obligation » P. Connaître la probabilité de $\bar{S} > P(T_1, T_2)$ revient à donner une borne inférieure à λ_{t_1} qui suit une loi χ^2, d'où le calcul de la première partie de D'_t. La seconde s'en déduit également.

De manière générale, on voit que tant que l'on fait l'hypothèse d'une indépendance entre spreads et taux d'intérêt sans risque, il n'y a pas nécessité à rentrer dans le formalisme de modèles descriptif des structures par terme.

Si l'on revient au cas général où l'on suppose qu'il existe une forme de dépendance/corrélation, les contraintes deviennent les suivantes :

- *r* et λ sont stochastiques[3] ;
- les dynamiques de *r* et λ permettent une approche réaliste du monde réel, en particulier le modèle de spreads est multifactoriel ;

☞

☞
- il est prévu une corrélation entre les deux processus ;
- les deux valeurs restent toujours positives.

Deux types de modèles sont retenus :
- un modèle multifactoriel Gaussien ;
- un modèle multifactoriel CIR (Duffie & Singleton (2000)).

Pour un descriptif méthodologique à la fois large et détaillé, nous renvoyons le lecteur à l'excellente contribution de Schönbucher (2000).

L'adoption d'une telle mesure constitue une méthode utile pour le calcul des solutions par méthode numérique. En effet les méthodes de Monte Carlo convergent lentement pour les événements à faible probabilité et les résultats sont accélérés lorsque les événements de défaut ont été enlevés.

Concernant les méthodes PDE, souvent basées sur Feynman-Kac, elles envisagent les solutions résultant de processus de diffusion, elles ne permettent pas d'aborder directement le cas de défauts discrets. Un « pre processing » pour enlever les sauts est là également nécessaire.

1. On appelle processus de Cox un processus de Poisson à intensité stochastique λ, tel que $d\lambda = \mu_\lambda dt - \sigma_\lambda dW_2$ et $P[N_{t+\Delta t} - N_t = 1] = \lambda(t)\Delta t$. Les sauts sont corrélés au chemin suivi par λ.
2. Soit (τ_i) avec *i* entiers qui définissent les dates de saut et donc de défaut.

   À chaque date de défaut, la valeur faciale d'une obligation risquée $\hat{C}(t, T)$ est réduite de *q*. Le *payoff* final est donc : $Q_T = \prod_{\tau_i \leq T} (1 - q_i)$.
3. En fait la maîtrise apportée par le processus de Cox pour calculer les dérivés de crédit ressort des étapes employées :
   En se focalisant sur la réalisation d'un processus d'intensité λ, le problème de *pricing* peut se ramener au cas d'un processus de Poisson inhomogène. Dans ces conditions la référence explicite aux événements de défaut peut être éliminée et remplacée par des modulations du processus de l'intensité de défaut. À partir de là les méthodes de calculs liées au taux d'intérêt sans risque peuvent être utilisées, car la référence aux processus de saut est éliminée.
   Les calculs nécessitent l'adoption d'un changement de mesure, de manière à éliminer le *discount factor* $e^{-\int_0^T r(t) + \lambda(t)dt}$. Cette mesure pourrait être appelée *survival contingent measure*.

Partie 2 Quelles perspectives pour les nouvelles méthodes de gestion du risque de crédit ?

Les outils présentés dans la partie précédente ne constituent pas des réflexions théoriques désincarnées. Elles ont en effet déjà fortement influencé les évolutions réglementaires du monde bancaire.

Il est à cet égard étonnant de constater avec quelle vitesse le passage de la recherche à la mise en œuvre s'est faite. Au point qu'il faut constater que beaucoup de points méthodologiques n'étant pas encore réglés, il va néanmoins falloir procéder à la mise en œuvre de ces systèmes.

Une nouvelle réglementation bancaire internationale est en train de se mettre en place, en matière de risque de crédit. Quelle est son lien avec les méthodologies présentées dans la partie précédente ? Quelles en seront les conséquences les plus significatives pour les banques ?

La réponse à ces deux questions correspond à deux chapitres :

Dans le chapitre 8, nous étudierons l'évolution de la réglementation bancaire, mettant en évidence que l'accroissement de son efficacité est en train de se produire, au risque d'un renforcement de la compétitivité interbancaire et de la consécration de la prépondérance des marchés financiers.

Dans le chapitre 9, nous verrons les limites de la gestion dynamique et optimisée du risque comme outil stratégique.

Chapitre 8

L'évolution de la réglementation bancaire

De l'accord de Bâle 1988 à « Bâle II »

La réglementation bancaire a pour mission de promouvoir la stabilité et la sécurité du système financier en édictant des normes prudentielles s'appliquant aux banques et par des actions de supervision qui sont préventives, c'est-à-dire destinées à éviter des crises. Les réglementations nationales poursuivent traditionnellement trois types d'objectifs : la protection des déposants (contre le risque de faillite) ; la sécurité des systèmes de paiement ; la prévention du risque systémique (le risque qu'une défaillance bancaire ne se propage aux autres acteurs et ne bloque le système).

Les instances réglementaires internationales cherchent à promouvoir des règles de sécurité s'appliquant au plan international dans le double souci de prévenir le risque systémique d'un Système Financier International de plus en plus globalisé et d'harmoniser les conditions de la concurrence entre banques. La solution est complexe, car il est clair que toutes les banques ne mettent pas en œuvre une stratégie unique et qu'elles ne disposent pas non plus d'instruments et de techniques homogènes de pilotage de leurs risques micro économiques et notamment de crédit.

Le Comité de Bâle a été institué en 1974 suite à de graves turbulences sur les marchés des changes et dans les secteurs bancaires (faillite de la banque Herstatt en 1974) par les gouverneurs des banques centrales du G10[1]. Il n'a pas d'autorité supra-

1. États-Unis, Canada, France, Allemagne, Royaume-Uni, Italie, Belgique, Pays-Bas, Luxembourg, Japon, Suède et Suisse.

nationale. Il énonce des recommandations s'appliquant aux banques du G10 qui sont actives au plan international. Ses normes sont appliquées par les autorités de surveillance nationales.

L'accord de Bâle sur les fonds propres de juillet 1988 venait en réaction à la montée des risques et à la dégradation des fonds propres des principales banques internationales. Reposant sur une approche simple et normative, l'accord de 1988 était conçu comme un cadre destiné à évoluer avec le temps. Il a fait l'objet de plusieurs amendements successifs qui ont à chaque fois reflété la nécessité de renforcer le cadre prudentiel en réponse à des mutations, voire des crises ou des dérèglements majeurs, le plus important étant l'amendement de 1996 en vue d'incorporer les risques de marché.

L'accord de 1988 encadrait le risque de crédit par le respect d'un ratio unique et simple, le « ratio Cooke », permettant une approche quantitative directe et rapide, mais aussi approximative et limitée voire erronée[1]. Ainsi la pondération en risque de crédit était-elle la même dans Cooke pour des entreprises comme Shell, Microsoft ou Cisco, pour des entreprises de pays émergents ou pour des entreprises qui par ailleurs émettent des créances *high yield*, jugées à haut risque.

L'accord de 1988 reposait sur l'hypothèse implicite que l'on pouvait assurer la solvabilité d'une banque sans différencier ses débiteurs selon leur solidité financière ou leur position dans l'économie, et sans considérer la diversification ou au contraire la concentration du portefeuille de crédits. Dans un environnement plus fluide où les ratings et les spreads de marche discriminent systématiquement les émetteurs selon leur qualité de crédit, les insuffisances du ratio Cooke devenaient patentes et imposaient une rénovation majeure. Un autre inconvénient majeur de la réglementation Cooke était lie à la pratique répandue de l'arbitrage réglementaire : les banques avaient appris à augmenter leur risque de crédit à niveau de capital Cooke inchangé.

L'accord de Bâle II, dont la forme la plus aboutie date du 15 novembre 2005, répond au besoin pressant d'une adaptation de ce cadre réglementaire devenu daté. Dans un domaine en rapide évolution, le Comité de Bâle a souhaité intégrer les plus récents développements méthodologiques relatifs au risque de crédit, de même que les réflexions sur le dispositif réglementaire lui-même[2].

À peine entré en vigueur, l'accord de Bâle II est déjà soumis à une sérieuse révision élaborée et mise en œuvre de manière accélérée sur 2009-2010. L'importance des ajustements est telle que l'on parle de « Bâle III ». Les préoccupations des principaux acteurs mondiaux de la réglementation, regroupés au sein du « Financial

1. La règle étant que les Fonds Propres Réglementaires doivent représenter au minimum 8 % de la somme des risques de crédit pondérés. L'instrument normatif actuel du Comité de Bâle, le Ratio International de Solvabilité qui intègre risque de crédit et risque de marché, a conservé les règles de calcul des risques pondérés du ratio Cooke en ce qui concerne le risque de crédit du portefeuille bancaire.

2. On peut au passage souligner le tour de force du Comite de Bâle qui parvient a restituer une formulation réglementaire quantitative relativement simple s'agissant d'un sujet complexe.

Stability Board[1] » et agissant sur mission du G20, sont de renforcer la qualité et la quantité des fonds propres durs des banques (Tier 1), d'assurer la liquidité de ces màmes banques, d'en accroître la transparence, d'éliminer les incitations à créer des véhicules de cantonnement hors-bilan et de pénaliser la prise excessive de risques, notamment par le doublement des fonds propres associes au *trading book*. Les effets procycliques associés à la réglementation sont également objet d'analyse et de mesures correctives, de même que le rôle et le traitement de la titrisation. Au total, un « serrage de boulon » vigoureux est nécessaire. Cela suffira-t-il ? Ce n'est pas sur, dans la mesure où l'approche reste fondamentalement *bottom-up*. Récemment, Standard & Poor's a surpris les marchés en présentant une nouvelle approche plus *top-down* des besoins en fonds propres des banques. La qualité de la réception de cette analyse par les marchés montre que les nécessaires ajustements « Bâle III » pourraient ne pas suffire à établir un seul langage prudentiel commun.

Section 1 L'HISTOIRE DE LA RÉGLEMENTATION BANCAIRE

La question de la réglementation bancaire est inséparable de son contexte, celui de la profonde mutation des systèmes financiers[2].

Aux États-Unis, l'histoire de l'évolution des exigences réglementaires imposées aux banques va de pair avec le déclin régulier de leur niveau de capital[3]. Face à ce déclin, le renforcement de la solidité du système bancaire américain et la protection des dépôts bancaires sont devenus un véritable enjeu.

1. The financial Stability Board *is supported by a secretariat based at the* Bank for International Settlements *in Basel, Switezerland. Institutions represented on the* Financial Stability Board *include international standard-setting bodies like the* Basel Commitee on Banking Supervision (BCBS), *the* Commitee on the Global Financial System (CFGS), *the* Commitee on Payment and Settlement Systems (CPSS), *the* International Association of Insurance Supervisors (IAIS), *the* International Accounting Standard Board (IASB) *and the* International Organization of Securities Commissions (IOSCO).
2. La problématique de la reconfiguration des systèmes financiers et du rôle tenu par la réglementation est exposée dans Berger, Kasyap et Scalise (1995).
3. En 1840, le niveau de fonds propres des banques aux États-Unis étaient de l'ordre de 55 % des engagements.

En 1914, la création du « *Federal Reserve System* » avait permis de réduire les faillites bancaires en favorisant un accès à la liquidité, par le biais de refinancements auprès de la banque centrale. Par la suite, la création du FDIC (« *Federal Deposit Insurance Corporation* ») en 1933 a apporté une garantie inconditionnelle pour la plupart des créanciers des banques américaines. Les réglementations des principaux pays préconisaient un niveau de capital standard, indépendant du niveau de risque réel de chaque banque ou de leurs engagements hors bilan. Cette situation n'était guère préjudiciable tant que le fonctionnement des banques était soumis à un niveau élevé d'encadrement et de contrôle.

Dans les années 1980, après la chute du système monétaire de Bretton Woods en 1973, d'importantes mutations sont intervenues. Elles ont conduit à une plus grande ouverture internationale et à un relâchement des règles encadrant l'activité la déréglementation des institutions financières. Mais la déréglementation et les innovations financières, ont également fragilisé les banques, conduisant à des crises bancaires profondes (aux États-Unis, les caisses d'épargne, en Europe les banques de dépôt des pays nordiques au début des années quatre-vingt-dix). De fait, le système bancaire était passé d'une gestion conservatrice et encadrée à une concurrence intensive, se traduisant notamment par le développement agressif du crédit, négligeant parfois la véritable rémunération du risque de défaut, conduisant les banques vers des contreparties de qualité plus médiocres tandis que les meilleures contreparties accédaient directement aux marchés[1]. Au total donc, l'insertion des banques dans un nouvel environnement compétitif et ouvert de marchés financiers a conduit à partir des années 1980 à une recrudescence des faillites bancaires.

Entre la fin des années quatre-vingt et le début des années quatre-vingt-dix, les régulateurs ont voulu prévenir le risque de propagation des faillites bancaires. Le capital a été considéré comme l'instrument idéal, permettant de renforcer les banques, de limiter l'aléa moral[2] et ainsi protéger les déposants et leurs assureurs. L'accord de Bâle de 1988, qui a pris effet en 1992, marque un tournant important. Son objectif était double : renforcer la santé et la stabilité du système bancaire international grâce à l'imposition de critères minimaux de capital et d'autre part consolider la stabilité du système bancaire international en promouvant un degré élevé de cohérence entre banques de différents pays, de manière à réduire toute compétition inéquitable. L'avancée principale de l'accord était la notion d'un capital minimum, « rapporté aux risques », c'est-à-dire défini dans une perspective de solvabilité[3].

1. Dans les années 70, les banques détenaient 75 % du marché du crédit nord américain. Actuellement leur part est inférieure à 50 %. Mais la part des banques reste dominante sur les segments de dette « sub investment grade » (Dossier « Corporate Finance », The Economist 27th january 2001).

2. Dans la plupart des pays, les banques sont protégées par des filets de sécurité prodigués par les États, du type assurance dépôt, clause de prêteur en dernier ressort. La réglementation et la supervision bancaire ont pour objectif de limiter le risque d'un équilibre sous optimal lié à un changement de l'aversion au risque des banques, né de ces protections.

3. Cette présentation était axée principalement sur le risque de crédit (contrepartie), les autres risques bien qu'identifiés par le comité (liquidité, marché,...) n'étaient pas traités spécifiquement.

Bâle 1988 a aussi promu la coordination étroite entre superviseurs au plan international. Le texte de l'accord a été repris et appliqué aux États-Unis (le *Federal Deposit Insurance Corporation Improvment Act* de 1991) et dans l'Union Européenne (directive sur le ratio de solvabilité de 1993). Cet accord présente pourtant de nombreuses inconsistances qui ont été et sont exploitées par les plus grandes banques. L'Amendement de 1996 concernant le risque de marché a permis aux banques d'utiliser leurs propres modèles internes s'agissant de leur « *trading book* »[1]. Mais cette évolution a créé une dichotomie entre « *trading book* » et « *banking book* », source d'inefficience et d'arbitrage permanent[2].

Plus fondamentalement, les régulateurs ont manifesté par eux-mêmes des interrogations sur la pertinence du système adopté : « *While examination assesments of capital adequacy normally attempt to adjust reported capital ratios for shortfalls in loan loss reserves relative to expected future charge-offs, examiners' tools are limited in their ability to deal effectively with credit risk – measured as uncertainty of future credit losses around their expected levels.* »[3] (*Federal Reserve System Task Force on Internal Credit Risk Models*, 1998).

Si l'on veut résumer les critiques à l'encontre du schéma de Bâle, c'est surtout celle de ne pas avoir suivi l'évolution du monde financier qui prédomine : « *While no one is in favor of regulatory complexity, we should be aware that capital regulation will necessarily evolve over time as the banking and financial sectors themselves evolve* »[4] (Greenspan, 1998).

La réglementation était donc contrainte d'évoluer pour relever le défi de la stabilisation du système financier mondial.

L'accord de Bâle II visait à mieux prendre en compte les risques réels associés aux actifs détenus par les banques. C'était indiscutablement une amélioration par rapport au ratio Cook, mais la crise de 2007-2010 a montré que ce n'était pas suffisant. Les débats lors de la mise en œuvre de Bâle II avaient en partie porté sur l'individualisation de l'analyse des risques effectuée par chaque banque, avec un intérêt tout particulier pour leurs modèles internes. Cet angle d'analyse est passé au second plan dans la mesure où la crise a clairement mis en évidence une sous-estimation des risques et une prise en compte partielle de leur diversité. Les instances régulatrices, coordonnées au sein du « Financial Stability Board », agissant sur instruction

1. L'amendement de 1996 a apporté des précisions sur le capital à allouer pour tenir compte du risque de marché et des risques spécifiques liés aux trading books des banques.

2. En fait, le résultat de l'accord de 1988 a été de promouvoir les innovations financières permettant de le contourner et de tirer partie de ses failles. (titrisation, dérivés de crédit,...).

3. La validation du niveau de capital mis en œuvre a normalement pour mission de relier réserves et perte moyenne. S'agissant du risque de crédit, c'est la volatilité autour de la perte moyenne qui compte, d'ou des difficultés méthodologiques. (Traduction des auteurs).

4. Bien que personne ne soit en faveur d'une réglementation complexe, il doit être clair que la norme en matière de fonds propres doit évoluer pour accompagner les changements de la banque et du secteur financier dans son ensemble. (Traduction des auteurs).

du G20, ont de ce fait adopté une approche nettement plus directive et contraignante face à des acteurs bancaires dont la crédibilité en matière d'autorégulation a été très nettement amenuisée par la crise et par la découverte, *a posteriori* de pratiques ambiguës comme la création d'importantes structures de cantonnement hors-bilan.

Section 2 L'ACCORD DE BÂLE DE 1988

L'accord de 1988 est centré sur le risque de crédit. Il impose aux banques internationales du G10 un capital réglementaire égal au minimum à 8 % du volume des actifs pondérés par leur risque. Le capital réglementaire comprend les fonds propres de base (capital et réserves ou « *tier 1* ») et les fonds propres complémentaires et surcomplémentaires (« *upper et lower tier 2* »). Le capital dit « tier 1 »[1] doit représenter 4 % des risques pondérés Les actifs pondérés comprennent les actifs au bilan et au hors bilan. Les actifs au bilan sont répartis en quatre catégories de risque (« *buckets* ») : les actifs pondérés à 0 %, à 20 %, à 50 %, à 100 %[2]. Les actifs hors bilan doivent être convertis en « équivalent crédit », puis insérés dans la catégorie de risque adéquate.

L'accord a été amendé pour s'adapter à l'innovation financière et aux risques qui n'étaient pas couverts dans la configuration initiale. l'amendement de 1996 définit le principe d'une immobilisation de capital pour faire face aux risques de pertes liés aux opérations sur marchés financiers[3]. La grande nouveauté de cet amendement réside dans la faculté accordée aux banques de recourir à leur propre modèle interne, comme alternative à l'utilisation d'une approche standard, pour calculer le niveau de capital nécessaire : la VaR ou niveau de perte maximale, sur une période donnée, pour un niveau de probabilité fixé[4]. À titre complémentaire, il faut signaler que cet amendement de 1996 a permis d'intégrer les garanties hors bilan correspondant à la titrisation, qui n'étaient pas prises en compte par l'accord de 1988 et qui laissaient la porte ouverte à un accroissement non maîtrisé du risque de crédit réellement porté par les banques.

1. Fonds propres et réserves. Une catégorie « tier 2 » est également définie, qui comprend en particulier les produits de dette hybrides assimilables à des quasi fonds propres.
2. 4 types de risques étaient spécifiés :
   - Gouvernements OCDE (0 % de capital chargé) ;
   - Banques OCDE et gouvernements non OCDE (1,6 % de capital chargé) ;
   - Prêts hypothécaires (4 % de capital chargé) ;
   - Reste : banques & corporates (8 % de capital chargé).
3. Cet amendement définissait également un « tier 3 » permettant la couverture des risques de marché, incorporant la dette à moyen terme, subordonnée.
4. VaR à 10 jours avec une probabilité de 99 %.

1 Les principaux points faibles de l'accord de Bâle de 1988

Depuis 1988, et la mise en œuvre globale de l'accord en 1992, de nombreux doutes ont été émis par les utilisateurs, fondés sur les points suivants[1] :

- le manque de fondement économique au choix du niveau de 8 % ;
- une définition de catégories de risque jugées arbitraires et sans rapport direct avec le niveau de risque réel[2] ;
- une différentiation trop lâche des risques, limitée à 4 catégories de risques ;
- des mesures trop statiques qui ne sont pas directement reliées à la mesure d'insolvabilité de la banque ;
- une absence de segmentation des risques de crédit selon le degré de « séniorité », le niveau de maturité ;
- une absence de prise en compte de l'effet positif lié à la diversification ;
- un développement de l'arbitrage réglementaire, aboutissant a déconnecter le capital comptable dur risque économique réel ;
- en dehors de l'accord de 1996 sur les risques de marché, aucune allocation en capital n'est prévue pour les autres formes de risque (risque opérationnel…).

La perception sans cesse accrue des faiblesses de l'accord Bâle 1988, de même que le développement de techniques avancées de gestion des portefeuilles de crédit par plusieurs institutions financières[3] rendaient de plus en plus nécessaire la révision de l'accord de 1988.

Mais plus encore, la capacité sans cesse croissante des banques à ajuster de manière « cosmétique » leur bilan grâce à des opérations comptables[4] et grâce aux nouveaux produits financiers[5] augmentait le degré d'urgence et rendait plus indispensable une réglementation rénovée rétablissant la transparence.

À titre d'illustration, nous donnons un exemple du type d'arbitrage possible, lié à l'usage des dérivés de crédit. Nous reprenons pour ce faire les schémas d'après Ong (1999) : deux banques A et B prêtent chacune 10 MUSD à un emprunteur dont la notation est BBB. La banque A dispose d'une notation supérieure à la banque B et peut ainsi se refinancer sur les marchés à un meilleur taux. Dans ces conditions, la banque A obtient un niveau de rendement sur fonds propres supérieur à celui de la banque B.

1. (Voir les remarques ISDA en 1998).
2. L'Accord de 1988 engendre une hausse des risques pris, c'est-à-dire une incitation à prêter à des contreparties risquées permettant une rentabilité élevée, pour un capital réglementaire fixe, équivalent à celui qui est nécessaire pour les bonnes signatures. Au total, on aboutit à un risque de défaut élevé.
3. Ces méthodologies modernes essayent d'évaluer l'impact des différents risques sur la probabilité d'insolvabilité de la banque. Il y a certes des questions sur le niveau de fiabilité des modèles développés, mais ces derniers connaissent une évolution progressive. (voir chapitre B/4).
4. Accélération des reconnaissances de gains anticipés, mais pas des pertes, sur les crédits, …
5. L'utilisation de la titrisation, arbitrage entre « trading book » et « banking book », dérivés de crédit interbancaires sur des contreparties corporate, « window dressing » comptable.

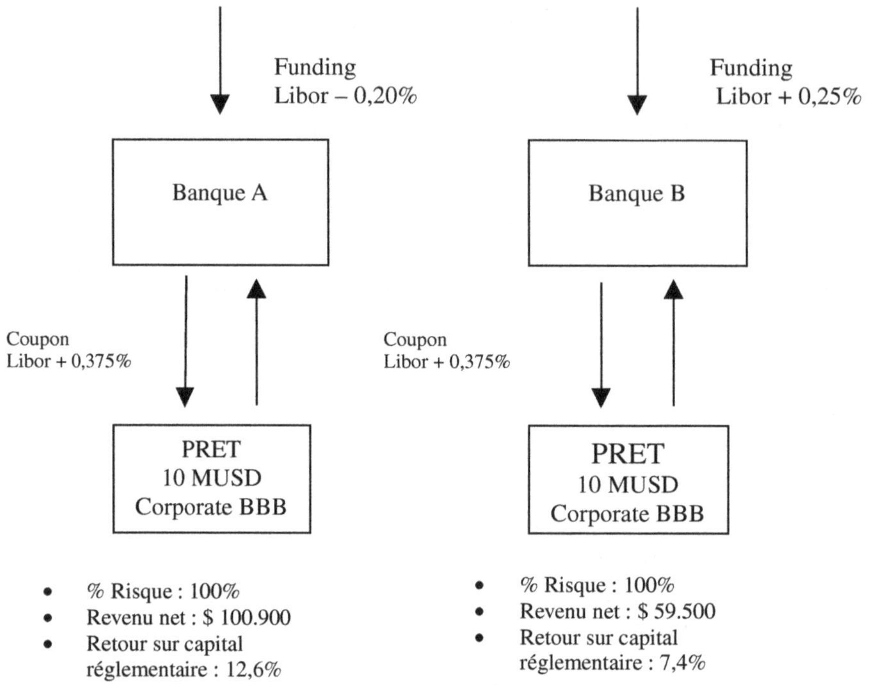

Figure 8.1 — Cas classique, sans utilisation des dérivés de crédit

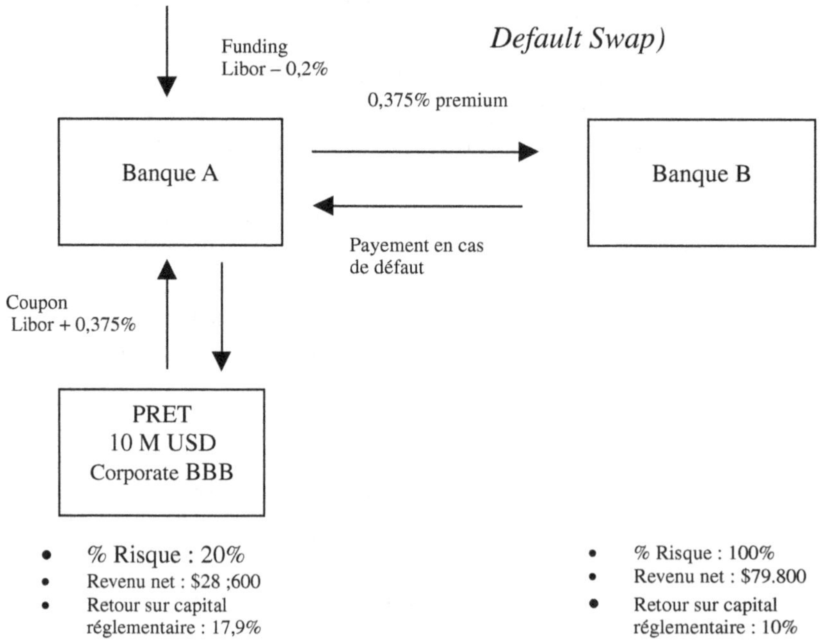

Figure 8.2 — Amélioration des rendements, grâce à l'usage d'un dérivé de crédit (Credit Default Swap)

Section 3 L' ACCORD DE BÂLE II

1 La genèse

1.1 Initialement, des approches méthodologiques nouvelles et très diversifiées

L' accord de Bâle II rompt avec le schéma : « un ratio unique pour tous et tous les engagements » pour évoluer vers une mesure économique du risque de crédit.

Initialement, la BRI (Banque des Règlements Internationaux) (Santos, 2000) envisageait de proposer un traitement du risque de crédit selon 3 approches :

- l'*approche IRBA (Internal Ratings Based Approach)* : un rating, correspondant à une probabilité de défaut est assigné à chaque emprunteur par la banque ;
- l'*approche FMA (Full Models Approach)* : extension aux risques de crédit de l'approche par les modèles internes, agréée pour les risques de marché ;
- l'*approche PCA (Precommitment Approach)* : engagement *ex ante* de chaque banque à un niveau de perte maximum, avec une pénalité en cas de constat *ex post* d'un dépassement.

Chaque approche comporte des avantages et des inconvénients : l'approche IRBA améliore Bâle 1988, en différenciant les risques. Mais ignore en revanche l'effet diversification. Les approches FMA et PCA sont en quelque sorte liées (Rochet, 1999), puisque PCA représente une sanction *ex-post* de la validité du modèle, tandis que FMA suppose une acceptation *ex-ante*. Mais PCA contient un risque de *moral hazard* : le régulateur pourrait renoncer à appliquer la pénalité en cas de risque de faillite. Quoi qu'il en soit, les modèles qui autoriseraient l'application de la méthode FMA ne semblent pas encore arrivés à maturation. Le niveau d'incertitude méthodologique augmenterait le risque systémique à l'échelle du Système Financier International.

1.2 Des conditions de fonctionnement précisées : les piliers

De manière transversale par rapport aux outils IRBA, FMA, PCA, la BRI a progressivement élaboré trois piliers pour une approche renouvelée.

- ***Pilier 1*** (principe de capital minimum) : l'objectif est de mieux mettre en adéquation le niveau de capital avec le niveau de risque des engagements bancaires.
- ***Pilier 2*** (méthodologie de supervision par les régulateurs) : l'objectif est de permettre une intervention très en amont, lorsque le niveau de capital retenu ne présente pas une couverture du risque suffisante. Mais le fait générateur du déclenchement du contrôle du régulateur n'est pas précisément défini[1].

1. Dans la littérature micro économique le déclenchement de l'intervention du régulateur correspond à un élément précis défini *ex ante*.

- ***Pilier 3*** (le recours à une discipline de marché) : l'objectif est de parvenir à une information au marché améliorée pour favoriser un « *monitoring* » de la banque par la communauté financière.

1.3 Dans les faits, des ambitions plus limitées en matière d'approches méthodologiques

Par rapport à ces premières orientations, le Comité de Bâle a finalement décidé de se limiter au suivi d'une approche simplifiée, plus dans la continuité de l'accord de Bâle 1988. Deux grandes options sont donc proposées :

– le choix d'une approche standard, dérivée de Bâle 1988, mais dont les principaux points faibles se trouvent corrigés ;

– la sélection de l'approche IRBA, appelée IRB.

Les approches FMA et PCA sont finalement repoussées. Cette situation résulte vraisemblablement du constat de trop d'incertitudes méthodologiques encore constatées (Carey, 2000).

Mais alors qu'un choix restrictif prévaut en termes de méthodologie, les principes fondateurs, les trois piliers, sont clairement affirmés.

2 Les grands principes d'accord de Bâle II

Tout comme l'accord de 1988, l'accord de Bâle II est d'abord destiné aux banques actives sur le plan international. Sont concernés : les sociétés holdings de banques, les groupes bancaires, les banques, toutes les activités financières[1] (réglementées ou non) menées au sein de banques internationales. Bâle II diffère cependant de l'accord précédent à plusieurs égards :

– par son insistance sur les méthodologies internes aux banques, sur la fonction de supervision, sur la notion de discipline de marché ;

– par sa flexibilité liée à l'existence d'un menu de règles incitatives en termes de gestion des risques ;

– par sa prise en compte du risque économique.

Dès janvier 2001, le Comité de Bâle avait clairement énoncé ses intentions :

– promouvoir la sécurité et la stabilité du Système Financier International (maintenir un niveau de capital réglementaire dans le système) ;

– continuer à favoriser une compétition équitable ;

– adopter une approche des risques plus globale ;

1. Courtage de titres, leasing, cartes de crédit, gestion de portefeuille, conseil, conservation de titres, ... Les activités d'assurance, ainsi que les participations minoritaires non contrôlées, ne sont cependant pas couvertes par le nouveau projet d'accord.

– proposer des règles en adéquation avec le niveau réel de risque économique propre à chaque institution ;

– centrer l'approche sur les banques internationales.

3 Les principales caractéristiques de l' accord de Bâle II

Même si le projet d'accord insiste sur le fait que les trois piliers forment un tout indissociable, le premier pilier relatif au capital minimum reste beaucoup plus étoffé que les deux autres.

3.1 Capital minimum

En matière de capital minimum, le niveau de 8 % correspond toujours au plancher de sécurité. Mais ce pourcentage est déterminé en incluant risque de crédit, risque de marché, risque opérationnel. En calculant le ratio de capital réglementaire minimum, le dénominateur, c'est-à-dire l'ensemble des risques pondérés, est obtenu en multipliant par un facteur de 12,5 (l'inverse de 8 %), le montant de capital exigé au titre des risques de marché et risques opérationnels, auquel l'on ajoute la somme des engagements de crédit pondérés. Le nouveau ratio réglementaire inclut donc d'une part une exigence en fonds propres supplémentaire à l'égard des risques opérationnels, et d'autre part reconsidère le calcul des engagements pondérés de crédit.

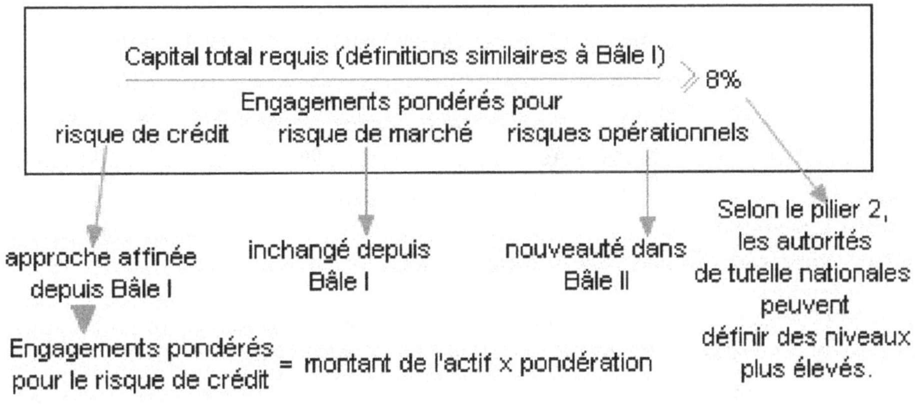

Figure 8.3 — Les nouvelles méthodes de calcul du capital réglementaire

➤ *Risques de crédit*

Pour le risque de crédit deux approches sont proposées[1]. Celles-ci se conçoivent dans une perspective évolutive. Le Comité de Bâle espère en effet voir de nom-

1. En fait la seconde approche se décompose elle même en deux : approche de base et approche avancée.

breuses banques passer de l'approche standard à l'approche IRB[1] simplifiée puis avancée.

Pour les banques ayant choisi[2] l'une des deux options de l'approche IRB pour le risque de crédit et/ou l'approche avancée en matière de risques opérationnels, le Comité de Bâle impose des restrictions sur les exigences en matière de capital réglementaire minimum. Le Comité indique que les besoins en capital réglementaire, couvrant risque de crédit, risques de marché et opérationnels, émanant de ces modèles, ne pourront être inférieurs de 90 % du capital réglementaire, déterminé à partir de l'approche standard, la première année et ne pas être inférieurs à 80 % la seconde année. La période de mise en place retenue est de 2 ans. Dans l'hypothèse où des problèmes méthodologiques surgiraient à l'issue de ces deux années, le Comité se réserve le droit de maintenir ce plancher minimum au-delà si nécessaire.

Trois approches sont donc désormais à la disposition des banques pour la détermination du capital réglementaire couvrant le risque de crédit : l'approche standard, l'approche IRB de base et l'approche IRB avancée.

• *L'approche standard*

Dans cette approche, l'estimation du risque de crédit et la détermination des exigences réglementaires en fonds propres reposent sur des ratings externes, émanant d'institutions qualifiées.

Deux nouveaux aspects caractérisent cette approche par rapport au précédent accord :

– introduction de nouvelles catégories de risque (20 %, 50 %, 150 %) pouvant atteindre 350 % dans le cas d'actifs titrisés disposant d'un rating BB+ ou inférieur.
– classement des emprunteurs en fonction de ratings externes, en tenant compte du type de l'emprunteur (souverain, banque...) comme auparavant, mais également de son niveau de risque de défaut, ce qui est nouveau. De manière remarquable, les risques souverains et les banques sont évalués de manière détaillée, non plus selon l'approche binaire OCDE/non OCDE.

L'ensemble des pondérations telles qu'elles sont définies dans la version la plus actuelle du document consultatif est synthétisé dans le tableau suivant :

1. Remarque : le Comité de Bâle n'a pas reconnu les modèles internes, mais invite à leur développement en indiquant qu'ils pourraient être reconnus dans le futur.

2. Et satisfaisant les critères définis par le Comité de Bâle.

Tableau 8.1

Pondération du risque		Notations					
Contrepartie		AAA à AA	A+ à A	BBB+ à BBB	BB+à B	En dessous B	Non noté
Souverains		0 %	20 %	50 %	100 %	150 %	100 %
Banques	Option 1	20 %	50 %	100 %	100 %	150 %	100 %
	Option 2	20 %	50 %	50 %	100 %	150 %	100 %
	Option 2 (court terme)	20 %	20 %	20 %	50 %	150 %	20 %
Particuliers	75 %						
Prêts immobiliers garantis	40 %						
Prêts consomma-tion garantis	100 %						
Actifs titrisés		20 %	50 %	100 %	350 %	Déduction	
Autres actifs	100 %						

Contrepartie	AAA à AA-	A+ à A-	BBB+ à - BB	En dessous -BB	Non noté
Entreprises	20 %	50 %	100 %	150 %	100 %

(Tableaux établis à partir des informations émanant de la version révisée 2005 de l'Accord de Bâle)

Repères — Atténuation du risque de crédit dans l'approche standard

Les banques recourent à plusieurs techniques pour atténuer les risques de crédit qu'elles encourent : prises de sûretés réelles sous la forme de liquidités ou de titres couvrant tout ou partie des expositions, achats de protection sous la forme de garanties ou de dérivés de crédit ou encore accords de compensation des prêts et des dépôts sur une même contrepartie. Les banques peuvent opter soit pour l'approche simple, qui, à l'instar de l'accord de 1988, consiste à substituer à la pondération de la contrepartie celle de la sûreté pour la fraction d'exposition ainsi couverte (sous réserve, de manière générale, d'un plancher de 20 %), soit pour l'approche globale qui autorise une compensation plus importante entre le montant de la sûreté et celui de l'exposition. Ces approches peuvent être utilisées indifféremment, mais non simultanément, pour le portefeuille bancaire, tandis que seule l'approche globale peut être appliquée pour le portefeuille de négociation. Une couverture partielle est admise dans les deux cas. Les asymétries d'échéances entre éléments couverts et sûretés ne sont autorisées que dans le cadre de l'approche globale. Cependant, quelle que soit l'approche retenue, celle-ci ne saurait conduire à une diminution des exigences de fonds propres tant que les conditions énoncées aux paragraphes 123 à 126 ne sont pas respectées. En plus des exigences générales de conformité juridique exposées aux paragraphes 117 et 118, le mécanisme juridique par lequel la sûreté est nantie ou transférée doit permettre de s'assurer que la banque bénéficiaire de cette sûreté peut rapidement la réaliser ou en prendre la pleine propriété juridique en cas de défaut, d'insolvabilité ou de faillite (ou d'un ou plusieurs autres événements de crédit définis dans la docu-

> mentation relative à la transaction) de la contrepartie (et, le cas échéant, du conservateur de la sûreté). Les banques doivent prendre, en outre, toutes les mesures nécessaires pour remplir les conditions relevant de la législation applicable aux sûretés dont elles bénéficient afin de s'assurer et de préserver leurs droits sur ces dernières, par exemple en les faisant enregistrer, ou encore afin de pouvoir les compenser dans le cadre d'un transfert de propriété. Afin que la sûreté apporte une réelle protection, il ne doit pas exister de corrélation positive significative entre la qualité de crédit de la contrepartie et la valeur de la sûreté. Par exemple, les titres émis par la contrepartie, ou par toute entité de son groupe, ne fournissent qu'une faible protection et ne sont donc pas éligibles.
>
> *Source : Banque des règlements internationaux*

• *L'approche IRB (Internal Rating Based approach)*

Seules les banques ayant rempli les conditions minimales définies par le Comité sont autorisées à recourir à l'approche IRB afin de déterminer leurs exigences en capital. Les banques ayant satisfait à ces conditions sont autorisées à recourir à leurs propres estimateurs internes de risque afin de définir les besoins en capital associés à une exposition particulière. Ces estimateurs de risque incluent la probabilité de défaut (PD), la perte conditionnelle au défaut (LGD), l'exposition au moment du défaut (EAD) et la maturité effective. L'approche IRB se décompose elle-même en deux options qualifiées respectivement d'approche de base et d'approche avancée. Selon l'option choisie, la banque doit recourir à des estimations fournies par le superviseur national (approche IRB de base) en association à des estimations internes, en opposition à des estimations provenant toutes du système interne développé par la banque (approche IRB avancée). L'approche IRB est basée sur les mesures de pertes attendues (EL, *expected losses*) et de pertes non prevues (UL, *unexpected loss*). Les fonctions de pondération ont vocation à produire la valeur de capital requise de façon à couvrir la part d'UL.

Ces fonctions de pondération dépendent de la nature de l'actif considéré. Les banques sont tenues de classer leurs expositions en trois grandes catégories : entreprises (*corporates*), souverain (*sovereign*), banques (*bank*), particuliers (*retail*) et actions (*equity*).

• *L'approche IRB de base (voir Annexes)*

La banque concernée utilise ses ratings internes et estime la probabilité de défaut correspondant à chaque emprunteur. Les régulateurs fournissent toutes les autres informations permettant de calculer le niveau de capital réglementaire requis (taux de recouvrement standards, maturité standard). Un traitement particulier est prévu pour tenir compte des garanties[1], dérivés de crédit, titrisation, « netting ».

1. Définition plus large que dans l'accord de 1988.

• *Approche IRB avancée (voir Annexes)*

La banque utilise ses ratings internes, ses estimations de taux de recouvrement par engagement, son calcul d'exposition au moment du défaut. Les maturités réelles sont prises en compte, avec un plancher d'1 an et un plafond de 7 ans. Pour calculer le capital réglementaire, la banque utilise une formule définie par le Comité de Bâle et qui correspond en fait à une abaque tirée d'un ensemble de modèles internes opérant sous certaines hypothèses bien précises. Nous exposons en annexe les points clés de la formule conduisant à la détermination du capital réglementaire. Nous mettons en particulier en avant l'impact respectif du taux de perte compte tenu du défaut et de la probabilité de défaut sur le calcul du capital réglementaire. Nous calculons aussi les pondérations de risque qui découlent du modèle.

Repères — **Le traitement des actifs titrisés dans l'approche FRB avancée**

Les banques disposant de la faculté d'opter pour l'approche IRB avancée pour leurs expositions de type bancaire et retail ont également la possibilité de considérer le traitement de leurs actifs titrisés selon les termes applicables à l'approche IRB. Afin d'assurer la consistance entre les estimations, une banque n'est autorisée à recourir qu'à une seule approche à la fois pour l'ensemble de ces engagements (entreprises, banques...).

L'approche basée sur les ratings (RBA) ne peut être appliquée qu'à des actifs titrisés disposant d'un rating. Si un actif titrisé ne dispose pas de rating, il convient soit de recourir à la formule du superviseur national (SF), soit à la méthode d'évaluation interne (IAA). Cette dernière méthode ne peut être utilisée que pour des actifs que les banques traitent généralement comme des ABCP.

Selon l'approche basée sur les ratings (RBA), les actifs pondérés sont déterminés en multipliant le montant de l'exposition par les pondérations de risque synthétisées plus bas. Ces pondérations dépendent de quatre facteurs clés :

– du rating assigné à l'actif titrisé ;

– du caractère court terme ou long terme de ce rating ;

– de la granularité du portefeuille sous-jacent ;

– de la séniorité de l'actif (*equity, mezzanine, seniors*).

Le tableau ci-dessous synthétise les pondérations applicables à des actifs titrisés dans le cas où un rating long terme est attribué :

☞

☞

External Rating (Illustrative)	Risk weights for senior positions and eligible senior IAA exposures	Base risk weights	Risk weights for tranches backed by non-granular pools
AAA	7 %	12 %	20 %
AA	8 %	15 %	25 %
A+	10 %	18 %	35 %
A	12 %	20 %	
A_	20 %	35 %	
BBB+	35 %	50 %	
BBB	60 %	75 %	
BBB—	100 %		
BB+	250 %		
BB	425 %		
BB—	650 %		
Below BB—and unrated	Deduction		

Lorsqu'un rating court terme est attribué les pondérations suivantes doivent être considérées.

☞

External Rating (Illustrative)	Risk weights for senior positions and eligible senior IAA exposures	Base risk weights	Risk weights for tranches backed by non-granular pools
A—1/P—1	7 %	12 %	20 %
A—2/P—2	12 %	20 %	35 %
A—3/P—3	60 %	75 %	75 %
All other ratings/unrated	Deduction	Deduction	Deduction

Il est intéressant de mettre en perspective l'ensemble de ces pondérations par rapport au traitement des actifs titrisés dans l'approche standard. La volonté du nouveau texte à être en mesure de cerner plus finement les principales sources contributrices de risque et à refléter plus exactement les implications en terme de pondérations associées à ce risque se trouve particulièrement bien illustrée lorsque l'on considère le traitement des actifs titrisés.

Dans toutes les approches, l'effet favorable lié à la diversification n'est pris que partiellement en compte. L'accord de Bâle II se limite à favoriser les banques dont le portefeuille est constitué d'engagements nombreux et de petite taille (granularité fine). Les concentrations de risque par zone géographique, industrie…, ne sont pas prises en compte.

➤ *Risques de marché*

Il n'y a pas de modification par rapport à l'amendement de 1996. Deux approches sont possibles :

- approche standard ;
- approche par les modèles internes.

Le risque d'arbitrage entre « trading book » et « lending book » devrait être mieux cerné grâce à la mise en place anticipée de critères discriminants en matière de liquidité, mais également par le traitement spécifique des engagements bancaires de crédit à court terme (voir tableau ci-dessus)

➤ *Risque opérationnel*

La détermination du niveau de risques opérationnels est largement forfaitaire, en raison d'une absence d'approche méthodologique encore structurée. Trois méthodes de prise en compte du risque opérationnel sont indiquées :

- indicateur de base ;
- approche standard ;
- approche fondée sur des mesures internes.

3.2 Processus de supervision

La fonction de supervision dévolue aux autorités nationales est appelée à jouer un rôle accru. L'objectif assigné par le Comité de Bâle aux autorités nationales est de s'assurer que chaque banque met en œuvre un contrôle interne à un niveau permettant de maintenir le capital réglementaire au niveau voulu quelle que soit l'évolution des activités de la banque.

Cette mission de veille et de contrôle repose elle-même sur l'engagement du management de chaque banque à mettre en œuvre des instruments quantitatifs et qualitatifs crédibles d'évaluation des risques de crédit de leur portefeuille d'engagements. À ce titre, les experts de la BRI s'attendent à un renforcement du dialogue et de la coopération entre banques et régulateurs nationaux.

Un point mérite une attention particulière, il s'agit du danger de la pro-cyclicalité. Certains économistes ont en effet mis en évidence le danger lié au caractère à la fois statique et non anticipatif du nouveau calcul de capital économique tel que proposé par le Comité de Bâle.

Le caractère statique correspond au risque que les changements de ratings soient faits à un rythme trop faible pour réellement prendre la mesure de la dégradation d'un portefeuille en cas de cycle économique baissier, voire un choc économique.

Le caractère non anticipatif correspond au risque de la nécessité d'augmenter le niveau global de capital réglementaire en raison d'une évolution conjoncturelle défavorable corresponde plus à un constat ex post donnant lieu à des mesures correctives fortes portant en germe un « *credit crunch* », plutôt qu'à un pilotage *ex ante* en douceur.

Pour les experts du Comité de Bâle, si ce risque existe, il correspond cependant une amélioration significative par rapport à l'accord de Bâle de 1988. C'est même la preuve que capital réglementaire et risque effectifs de crédit deviennent plus fortement liés l'un à l'autre :

« *The Committee has also considered the argument that a more risk-sensitive framework has the potential to amplify business cycles. The Committee believes that the benefits of a risk sensitive capital framework outweigh this potential concern* »[1]

Pour contrer une éventuelle pro-cyclicalité, une responsabilité importante de veille a été déléguée aux instances nationales de régulation, ainsi qu'aux banques elles-mêmes.

Quatre principes de supervision sont énoncés.

- Les banques doivent disposer d'une méthodologie pour déterminer leur niveau global de capital réglementaire, en relation avec leur profil de risque. Elles doivent disposer d'une stratégie permettant un maintien de leur niveau de capital.
- Les régulateurs devront analyser et évaluer les méthodologies et les stratégies bancaires pour assurer le respect du niveau de capital réglementaire. En cas de résultats non satisfaisants, les régulateurs devront prendre les mesures appropriées.
- Les régulateurs sont en droit d'attendre que les banques opèrent avec un niveau de capital supérieur au capital réglementaire. Ils peuvent imposer aux banques le niveau de surplus qui leur paraît nécessaire[2].
- Les régulateurs doivent chercher à intervenir très tôt, de manière à ce que le capital des banques ne tombe pas en dessous du capital réglementaire. Ils doivent pouvoir demander des mesures rapides de restauration du capital.

1. Le Comité a pris en compte le risque d'amplification des cycles économiques, mais il considère que ce risque est contrebalancé par l'avantage d'un capital réglementaire dépendant du risque (Traduction des Auteurs) – Overview of the new Basel capital accord, consultative documents, Janvier 2001, point 40.

2. Pour les activités dont la dépendance au cycle économique est marquée, le Comité de Bâle invite à prévoir un coussin complémentaire.

3.3 La discipline de marché

L'objectif est de faire jouer à plein au secteur privé son rôle incitatif, en complément de la réglementation.

« *Banks should have a formal disclosure policy approved by the board of directors. This policy should describe the bank's objective and strategy for the public disclosure of information on its financial condition and performance. In addition, banks should implement a process for assessing the appropriateness of their disclosure, including the frequency of disclosure.* »[1]

Section 4 VERS BÂLE III ET AUTRES SOLUTIONS

Face à la crise, une révision drastique des normes en vigueur a été entreprise. La meilleure manière de s'en rendre compte est de se référer au rapport du Conseil de stabilité financière à l'attention des dirigeants du G20, dont nous reproduisons le début ci-dessous :

Rapport du Conseil de stabilité financière aux dirigeants du G20, 25 septembre 2009

Amélioration de la réglementation financière

« 1. Depuis le sommet de Londres, le Conseil de stabilité financière (« Financial Stability Board », CSF) et ses membres ont élaboré un important programme de réformes financières fondé sur des principes clairs et des calendriers d'exécution qui sont conçus pour veiller à ce qu'une crise majeure ne se reproduise jamais.

2. Beaucoup a déjà été réalisé, et beaucoup est en cours de mise en œuvre, de sorte que cela se traduira par un système financier très différent de celui qui a conduit à cette crise. Toutefois, cette politique de reconstruction n'est pas achevée, et l'application détaillée de l'ensemble des réformes nécessaires prendra du temps et de la persévérance.

3. Dans une économie de marchés globalement intégrée, où la préoccupation est que tous les acteurs soient sur un pied d'égalité et où les pressions protectionnistes sont réelles, il est vital que les dirigeants du G20 appuient fermement la politique internationale en cours de développement et manifestent leur détermination à mettre pleinement et systématiquement les réformes au niveau national.

4. Au cours des derniers mois, des vues ont été exprimées dans certaines parties du secteur financier privé, selon lesquelles le système financier et réglementaire ne sera guère changé

1. Les banques doivent disposer d'une politique de communication adoptée par leur conseil d'administration. Cette politique devrait présenter la communication à destination des marchés, en termes de structure et de performances. De plus les banques devront réfléchir à la qualité de leur transparence et leur fréquence de communication. Traduction des Auteurs) – Overview of the new Basel capital accord, consultative documents, Janvier 2001, point 205.

par rapport à la situation d'avant crise. Ces idées que les banques seront en mesure de continuer comme avant doivent être dissipées.

5. L'objectif du CSF est de créer un système financier plus discipliné et moins procyclique afin de mieux soutenir une croissance économique équilibrée et durable. Ce système ne devra plus permettre un niveau de « leverage » comparable à ce qui était observé avant la crise. De la màme façon il ne pourra plus laisser des acteurs individuels bénéficier des profits, tandis que les pertes ultimes restent à la charge des gouvernements et du public.

6. Pour atteindre ces objectifs, le programme du CSF comporte des exigences beaucoup plus élevées quant à la quantité et la qualité du capital et à la liquidité des institutions financières. Il inclut également des réformes des normes comptables et des politiques de rémunération, de manière à améliorer la transparence et à limiter les incitations à la prise de risques excessifs. Le CSF se propose de limiter les risques associés aux activités de trading des banques en améliorant les infrastructures de marché et en augmentant sensiblement les charges de capital pour leurs « trading books ».

7. Les plans de réforme du CSF seront mis en application selon un calendrier raisonnable pour éviter d'aggraver la crise actuelle. Alors que le système financier va continuer d'être confronté à des défis pour quelque temps encore, le CSF devra capitaliser sur la récupération rapide du système financier et des économies afin de mettre en œuvre au plus vite les réformes définitives.

8. Cette crise a mis en évidence les risques d'aléa moral posés par les institutions qui sont devenues trop grandes pour faire faillite ou qui, par leur imbrication au sein du système financier, sont devenues trop complexes. Cela conduit à relever d'importants défis à brève échéance. Le CSF s'est engagé à proposer des solutions à ces problèmes au cours des douze prochains mois.

9. Au cours des derniers trimestres 2009, de nombreuses institutions financières sont redevenues profitables. Ces bénéfices doivent beaucoup au train des mesures extraordinaires prises pour stabiliser le système, dont beaucoup restent en place. Il est jugé impératif que ces bénéfices soient conservés au sein des institutions financières, afin de reconstituer le capital nécessaire pour permettre des prêts aux acteurs économiques, afin également de permettre aux autorités de surseoir leur politiques accommodantes et enfin de manière à préparer ces institutions financières à faire face à des besoins futurs accrus en matière de capitaux propres.

10. La communauté internationale de surveillance et de réglementation est convenue que la limitation des paiements de dividendes et des rachats d'actions, et que la maîtrise des politiques de rémunération des employés constituent des outils appropriés à cet égard.

11. Le soutien des dirigeants du G20 sera vital pour faire appliquer les grandes décisions qui vont être prises dans ces domaines importants, et le CSF demande un soutien dans ces efforts ? »

Il est intéressant de noter l'analyse de certaines agences de notation et plus particulièrement celle de Standard & Poor's[1]. De Bâle I à Bâle II, on a noté une sophistication croissante dans l'analyse des risques. L'objectif était d'accroître la précision de la mesure et de renforcer la transparence menant aux résultats. La crise de

1. « S&P Ratio Highlights Disparate Capital Strength Among the World's Biggest Banks », Nov. 30th 2009, B. de Longevialle, E. Heriard-Dubreuil, T. Grunspan, S&P Ratings Direct.

2007-2010 a mis en évidence la nécessité de renforcer la transparence et la comparabilité des résultats de l'analyse des risques. Elle a également conduit à douter de l'important bénéfice de diversification accordé aux banques dans la mesure de leurs fonds propres nécessaires. Elle a enfin amené à des questions sur la nature des vrais risques au sein de la banque d'investissement, notamment en raison de la gestion pour compte propre dont les risques sont souvent sous-estimés ainsi que le *mark-to-model* des instruments exotiques qui ne sont pas parfaitement couverts. De ce fait, Standard & Poor's propose une nouvelle approche du capital, le RAC (*Risk Adjusted Capital*), produit sur la base de l'étude des bilans bancaires. Il repose sur un certain nombre de critères révisés :

- n'accorder un caractère de capital Tier 1 qu'aux vrais fonds propres, excluant par là même un certain nombre de titres hybrides acceptés par Bâle II comme Tier 1.
- accroître très fortement le coût du risque sur la banque d'investissement dans ses risques de marché.
- accorder un bénéfice de diversification plus limité. Ce bénéfice de diversification tend à réduire le capital de 15 % en moyenne, soit nettement moins que dans le contexte Bâle II pour les banques avancées.

Comme il apparaît dans les figures ci-dessous, les reclassifications opérées donnent lieu à d'importante réallocation des risques dans le sens des risques de marché, avec en particulier la prise en compte d'un risque d'assurance.

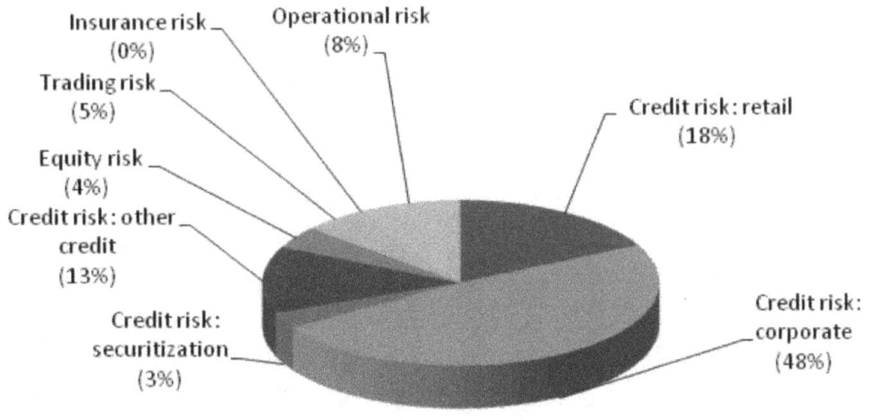

Data for all banks in our sample except U.S. banks (i.e. all banks that use Basel II methodology). RWA—Risk-weighted assets.

Source : © Banks' Basel II Pillar 3 reports, © Standard & Poor's 2009.

Figure 8.4 — Basel II RWA Breakdown By Major Exposure Classes And Risk Types

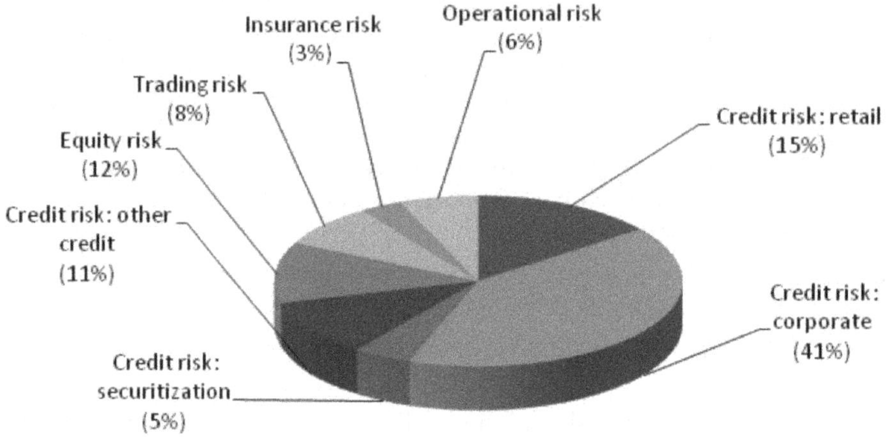

Data for all banks in our sample except U.S. banks (i.e. all banks that use Basel II methodology). RWA—Risk-weighted assets.

Source : © Standard & Poor's 2009.

Figure 8.5 — Standard & Poor's *RWA Breakdown By Major Exposure Classes And Risk Types*

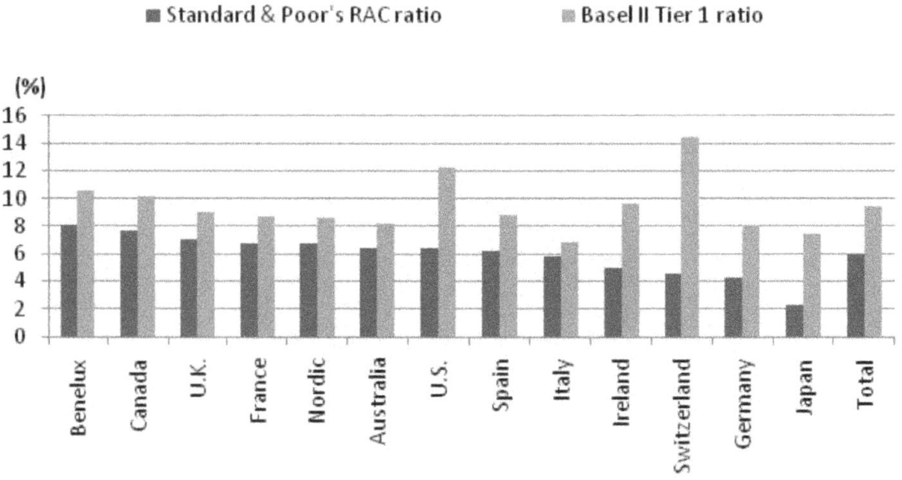

Standard & Poor's *measure of adjusted total equity to adjusted assets. RAC—Risk-adjusted capital.*

Source : ∏ Standard & Poor's 2009, *and individual banks' data.*

Figure 8.6 — *Average* RAC, Tier 1 *Ratios For Large Banks In Selected Countries*

S&P se livre à une analyse comparative des grandes banques internationales. Si l'on agrège les résultats de cette étude par pays, on peut observer des disparités importantes entre institutions. Les États-Unis, la Suisse, le Japon et l'Irlande semblant concentrer les écarts les plus significatifs.

Conclusion

Un moment ouverts à la réglementation à la carte laissant un rôle important aux modèles internes développés par chaque banque, les régulateurs semblent maintenant s'orienter vers une approche plus systématique. Le crédit apporté à l'innovation laisse place au besoin d'une sécurité renforcée, quitte à accroître les marges de sécurités de manière claire. Si l'on n'est pas capable de mesurer au plus juste, alors que l'on pêche par excès de sécurité. La tendance actuelle est donc de fiabiliser le système bancaire international, quand bien même cela serait au détriment de sa performance et de sa profitabilité. Le discours politique au cours de l'année 2009 a également été centré sur la désincitation des salariés de banque à faire prendre des risques exorbitants à leur institution. Il faut y voir deux aveux. Le premier est qu'aucun modèle mécaniste n'est en mesure d'envisager tous les risques encourus ou de les mesurer. Le second est que la régulation ne doit pas être uniquement une réglementation des transactions bancaires ou du bilan bancaire, mais doit contenir un volet se rapportant aux incitations des employés de chaque banque à faire montre d'un comportement vertueux. Le chapitre 9 traite de ces problèmes. Il n'a pas changé substantiellement depuis la première édition. C'est la preuve que ces sujets d'actualité brûlante étaient sur le devant de la scène depuis longtemps, sans que personne ne se décide à agir de manière concertée au plan mondial.

Annexe 8.1 L'APPROCHE STANDARD PAR LES RATINGS EXTERNES

1 Les pondérations de risques pour certaines grandes classes d'actifs

Concernant les prêts à l'immobilier commercial, une pondération de risque de 100 % est retenue.

S'agissant des tranches-actions des programmes de titrisation, et à la décision des régulateurs nationaux, le capital-risque et les investissements en capitaux réalisés pour comptes propres, une pondération de 150 % est proposée.

Concernant les règles de conversion des éléments hors bilan : les instruments à maturité inférieure à 1 an donnent lieu à une pondération de 20 % ; ceux dont la maturité excède 1 an seront pondérés à 50 %. Dans le cas d'instruments pleinement résiliables, une pondération de 0 % pourra être envisagée. À l'inverse, dans le cas de prêts de titres par la banque (repos...), une pondération de 100 % est requise.

Concernant la prise en compte de garanties (*collaterals*), le principe minimal en matière de capital réglementaire est qu'un titre bénéficiant d'une garantie ne peut pas requérir plus de capital réglementaire qu'un titre sans garantie. Un *collateral* doit bénéficier de plusieurs qualités pour être pris en compte dans le calcul du capital réglementaire :

- sécurité juridique ;
- faible corrélation de risque de crédit avec l'engagement considéré ;
- une gestion des risques efficace au sein de la banque, de manière à maîtriser les risques subséquents à la garantie (risque opérationnel, risque de liquidité, risque légal, risque de marché).

2 Deux modes de calcul du capital réglementaire sont possibles

Une approche simplifiée

Les garanties (collatéral) considérées dans le cadre de l'approche simplifiée sont :

- les dépôts en cash à la banque prêteuse ;
- les titres de dette bénéficiant d'un rating supérieur à BB-, émis par des États ou des entités nationalisées (lorsqu'elles sont traitées comme un risque souverain par les régulateurs nationaux) ;
- les actions intégrées à un indice dominant ;
- l'or.

À titre subsidiaire, des actions ne faisant pas partie d'un indice dominant, mais échangées sur un marché significatif, peuvent figurer comme garantie. Dans certains cas des obligations non ratées et des instruments liquides de gestion collective peuvent être également pris en compte.

Il est à noter que les garanties immobilières sont normalement exclues des garanties considérées.

Dans le cadre de cette approche simplifiée, ne sont retenues comme garanties que celles dont la maturité est ajustée avec la maturité de l'engagement sous-jacent, pour une valeur *marked to market* réévaluée au moins tous les 6 mois. ☞

☞

Sur la partie des crédits couverts par des garanties, le niveau de pondération minimum est dans la plupart des cas ramené à 20 %[1].

Une approche globale

Les garanties considérées fonctionnent comme suit.

Soit C la valeur d'une garantie reçue, trois restrictions sont calculées :

- une restriction liée au type de crédit émis ;
- une restriction liée au risque de volatilité de prix de la garantie ;
- une restriction liée au risque de change lorsque le crédit et la garantie sont libellés dans des monnaies différentes.

À partir de la prise en compte de ces trois restrictions, une garantie corrigée C_a est définie. Cette garantie est alors pondérée à 85 % et s'impute à l'exposition initiale du crédit, permettant de calculer le niveau de capital réglementaire requis.

3 Autres éléments

Netting

S'agissant du *netting*, c'est-à-dire de la compensation entre engagements, les principes proposés sont les suivants :

- il faut que la base juridique, dont relèvent les opérations considérées, permette le principe du *netting* ;
- il faut également qu'à chaque instant la banque soit capable d'identifier les instruments sujets du *netting* et leurs évolutions.

Lorsqu'il existe des non-adossements et/ou que la réévaluation des positions n'est pas effectuée sur une base journalière, alors une restriction quantitative de l'impact favorable est imposée.

Dérivés de crédit

En matière de dérivés de crédit, un traitement spécifique est proposé, à côté des garanties plus traditionnelles. En effet, le Comité de Bâle estime que les dérivés de crédit, s'ils diminuent le risque de crédit, augmentent simultanément le niveau de risques du type risque juridique de la banque.

Quatre conditions sont fixées, au préalable à la prise en compte des dérivés de crédit :

- le caractère direct : un dérivé de crédit doit correspondre à une exigibilité plénière à l'encontre du vendeur de protection ;
- le caractère explicite : les engagements concernés, le niveau de protection doivent être clairement définis ;
- le caractère irrévocable : le vendeur de protection ne doit pas pouvoir annuler sa couverture ;
- le caractère inconditionnel.

De plus les événements de crédit doivent être précisés de manière claire.

Les contreparties possibles pour une transaction de dérivés de crédit peuvent être :

- des entités souveraines ou des banques disposant d'un meilleur rating que l'emprunteur sous-jacent ;
- des entités *corporate*, y compris des sociétés d'assurance, dont le rating est supérieur ou égal à A.

☞

☞

Le calcul de pondération pour la détermination du capital réglementaire dépend des niveaux de « seniorité » des engagements, des risques de change.

Non-adossement des maturités

En cas de non-adossement entre actifs et garanties, un mécanisme de pondération linéaire est proposé.

Synthèse

La courbe ci-dessous, met en évidence le caractère désavantageux de l'approche standard, pour les emprunteurs situés entre A- et BB. En revanche ce comparatif permet de constater que les engagements les moins bons, c'est-à-dire en dessous de BB- conduisent à une immobilisation de capital réglementaire favorable dans le cadre de l'approche standard.

Au total, l'approche standard du projet d'accord de Bâle II ne semble pas corriger totalement les faiblesses mises en évidence dans l'accord de Bâle 1988. Il y a donc un avantage compétitif significatif à adopter l'approche IRB, dans la mesure où le portefeuille de la banque considéré ne comporte pas un niveau trop élevé d'actifs de qualité très faible.

CAPITAL REQUIS EN FONCTION DE LA PROBABILITÉ DE DÉFAUT

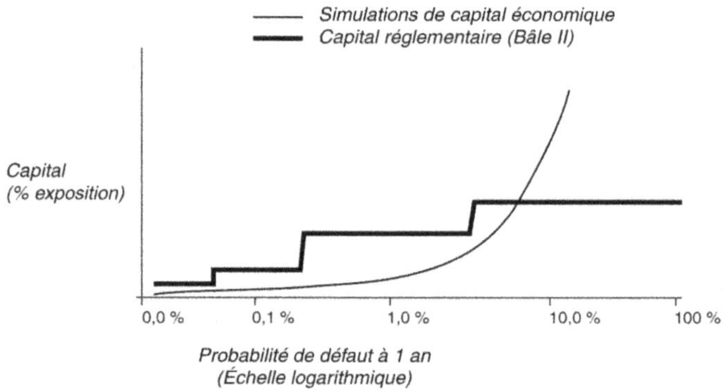

1. Lorsqu'il existe une couverture *cash* pour la totalité ou une couverture par un risque souverain, sous-évalué de 30 %, alors une pondération à 0 % est acceptée.

Annexe 8.2 LES APPROCHES IRB (APPROCHE INITIALE, APPROCHE AVANCÉE)

1 Délais de mise en œuvre

Il est à noter que le choix d'une approche IRB par une banque signifie que cette approche sera mise en œuvre pour toutes les activités de la banque (métiers, filiales...).

Pour la mise en œuvre de l'approche IRB, une période minimum de transition de 2 ans est requise.

☞

☞
En matière d'estimation de probabilité de défaut, une base de donnée disposant d'une profondeur historique de 5 ans au minimum est requise. D'autre part, la banque doit utiliser ces notations correspondant aux probabilités de défaut, depuis 3 ans au moins, à l'issue de la période de transition. Ces données doivent faire l'objet de mises à jour régulières. Il appartient aux banques de montrer l'adéquation des données utilisées pour l'étalonnage du modèle avec les transactions habituellement mises en place

2 Calcul des pondérations des engagements (*risk weighted assets, RWA*)

• ***Les Risk Weighted Assets (RWA), se déterminent par application de la formule suivante :***

$$RWA = K \times 12.5 \times EAD$$

où K est le capital réglementaire requis et EAD l'exposition au moment du défaut. Ce dernier paramètre trouve des définitions très précises au sein de l'accord.

Le capital réglementaire, noté K, est dépendant des facteurs suivants :

– le niveau de perte en cas de défaut LGD ;

– la probabilité de défaut PD ;

– un facteur d'ajustement de la maturité M ;

– un paramètre de corrélation ρ.

Il est possible décomposer l'expression de K sous la forme d'un produit de trois composantes :

$$K = LGD \times f_1(PD) \times f_2(M,PD)$$

• ***Le capital réglementaire requis dépend du facteur LGD de façon linéaire***

Ceci signifie que ce facteur a un impact considérable sur le capital puisque ce dernier évolue proportionnellement, comme le montre la figure 1.

Dans l'approche IRB de base, les niveaux de LGD sont prédéterminés. Pour les titres seniors (entreprises, banques et souverains) le niveau est de 45 % ; pour les subordonnés le niveau est de 75 %.

Dans l'approche IRB avancée, les banques peuvent recourir à leurs propres estimations.

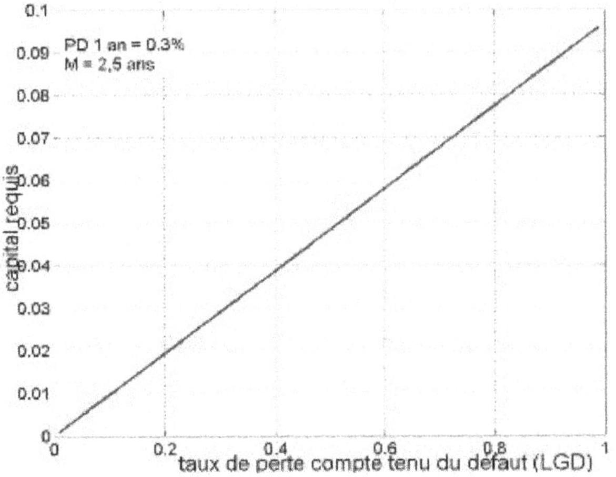

Figure 1 – Le capital requis en fonction du facteur LGD ☞

☞

• La seconde composante exprime une probabilité sous contraintes

Ces contraintes, portent sur le niveau de corrélation caractérisant l'actif et un intervalle de confiance de 99,9 %.

La corrélation, notée ici ρ, caractérisant l'actif en fonction de sa probabilité de défaut est définie par

$$\rho(PD) = 0.12 \times \frac{\left(1 - e^{-50 \times PD}\right)}{\left(1 - e^{-50}\right)} + 0.24 \times \left[1 - \frac{\left(1 - e^{-50 \times PD}\right)}{\left(1 - e^{-50}\right)}\right]$$

dans le cas de grandes entreprises. Cette fonction se trouve modifiée d'un facteur d'ajustement prenant en compte le montant du chiffre d'affaire dans le cas d'entreprises de petite et moyenne taille[1].

Par conséquent, nous pouvons écrire :

$$\lim_{PD \to 0} \rho(PD) = 0.24 \text{ et } \lim_{PD \to 1} \rho(PD) = 0.12$$

Ces limites supérieures et inférieures (ici, 0,24 et 0,12) constituent les seules différences au sein de la fonction de corrélation entre les différentes classes d'actifs. Par exemple, dans le cas d'actifs de type retail hors immobilier, les bornes supérieures et inférieures sont égales respectivement à 0,11 et 0,02[2]. La figure 2 propose une représentation graphique de la fonction de corrélation pour différentes catégories d'actifs.

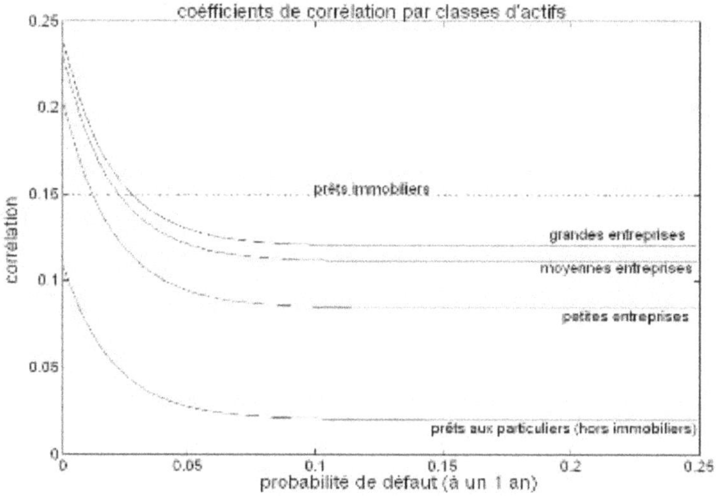

Figure 2 – Coefficients de corrélation par classe d'actifs

La fonction de probabilité sous contraintes, que nous avons notée $f_1(.)$, se dérive d'un modèle à un facteur assez simple.

☞

☞

Implicitement, il est fait l'hypothèse que les rendements de l'actif sont distribués selon une loi normale standard. Ces rendements peuvent être décomposés sous la forme d'un facteur systématique (c'est-à-dire partagé par tous les actifs), que nous notons C, et d'un facteur idiosynchratique (propre à l'actif), noté ξ. Le rendement de l'actif, noté r_A peut alors s'écrire sous la forme :

$$r_A = \rho \cdot C + \sqrt{1-\rho^2}\,\xi$$

Le facteur commun ainsi que le facteur propre à l'actif sont des variables aléatoires supposées indépendantes l'une de l'autre et distribuées chacune selon une loi normale standard.

Ce type de modèle (rattaché à la famille des modèles structurels, introduits par Merton (1974), voire le chapitre 3) suppose l'existence du défaut lorsque les rendements de l'actif tombent en dessous d'une valeur seuil critique, notée ici K. Nous cherchons donc une probabilité de défaut théorique, notée p[3], telle que :

$$p = \mathbf{P}[r_A < K]$$

On peut alors écrire successivement :

$$\Leftrightarrow p = \mathbf{P}\left[\rho \cdot C + \sqrt{1-\rho^2}\,\xi < K\right]$$

$$\Leftrightarrow p = \mathbf{P}\left[|\xi| < \frac{K}{\sqrt{1-\rho^2}} + \frac{\rho}{\sqrt{1-\rho^2}}C\right]$$

Le facteur propre à l'actif étant distribué selon une loi normale standard comme indiqué plus haut, on peut finalement écrire :

$$p = \mathbf{N}\left[\frac{K}{\sqrt{1-\rho^2}} + \frac{\rho}{\sqrt{1-\rho^2}}C\right]$$

et **N** (.) exprime la fonction de distribution (cdf) de loi normale standard. Cette expression générale de cette probabilité de défaut théorique est ensuite *stressée* sous l'hypothèse d'une réalisation défavorable du facteur systématique sous un intervalle de confiance de 99,9 %. C prend donc la valeur $\mathbf{G}(0.999)$ où G(.) désigne la fonction inverse de N(.)[4]. On écrit donc :

$$p = \mathbf{N}\left[\frac{K}{\sqrt{1-\rho^2}} + \frac{\rho}{\sqrt{1-\rho^2}}\mathbf{G}(0.999)\right]$$

dans le cas où $C = 0$, nous aurions simplement :

$$p = \mathbf{N}\left[\frac{K}{\sqrt{1-\rho^2}}\right]$$

☞

☞

K est une valeur seuil correspondant à l'événement de défaut. Pour simplifier au maximum, nous allons supposer que nous examinons le cas d'actifs retails hors immobilier, disposant d'une PD assez élevée (actfis de mauvaise qualité), le paramètre ρ^2 tend alors vers zero et nous pourrions réécrire dans ce cas :

$$p = \mathbf{N}[K]$$

Compte tenu des hypothèses du modèle, nous savons que PD est supposée vérifier :

$$PD = \mathbf{N}[K]$$

En inversant simplement le sens de cette dernière équation, nous avons alors :

$$K = \mathbf{G}(PD)$$

Sous la double hypothèse que la corrélation est proche de zéro et que le facteur systématique correspond à un scénario moyen, c'est-à-dire $C = 0$, nous obtenons simplement que la probabilité théorique est alors égale à la PD estimée ou donnée, en effet :

$$p = \mathbf{N}[\mathbf{G}(PD)] = PD$$

Faisons abstraction pour le moment du facteur d'ajustement, le capital requis dans le cas de ces actifs se résume en fait à une mesure d'*expected loss* (EL), donnée par :

$$K = LGD \times PD$$

Nous avons donc le résultat intéressant selon lequel, dans le cas d'actifs disposant d'un niveau de corrélation assez proche de zéro, le capital requis tend vers une mesure de perte attendue.

En fait, cette approche correspondait à la version initiale du calcul du capital requis. Après consultation, le Comité a considéré qu'il semblait plus adéquat de raisonner en terme de pertes non-attendues, ou *unexpected losses*. Depuis mi-2003, la version finale du calcul du capital requis n'intègre donc plus la part imputable à l'EL mais seulement à l'UL[5].

La fonction de capital requis, *K*, passe donc d'une approche *EL* à une approche *UL*. Dans l'hypothèse des actifs examinés plus haut, le capital requis passe donc de ce fait à une valeur de zéro.

Reprenons désormais l'expression générale, pour un actif disposant d'un degré de corrélation moyen. La part d'UL attribuable à cet actif se trouve déterminée par le facteur $\frac{\rho}{\sqrt{1-\rho^2}}\mathbf{G}(0.999)$ qui amène simplement à calculer la perte, autour de la perte moyenne $\frac{K}{\sqrt{1-\rho^2}}$, correspondant à une dispersion égale à environ 3 fois l'écart-type.

Dans sa version la plus actuelle, la formule du capital requis *K*, exprime une quantité d'UL nette d'EL, c'est-à-dire que la part d'EL est retranchée. Le capital *K* peut alors être vu comme un coussin contre les pertes crédit non-attendues.

Il s'agit du point de vue méthodologique de la composante la plus importante.

La dernière composante est un facteur d'ajustement de maturité, représenté sur la figure 3. Cette représentation graphique a le mérite de clairement mettre en avant que cette fonction pénalise les actifs étant à la fois de meilleure qualité et de maturité plutôt longue.

☞

☞

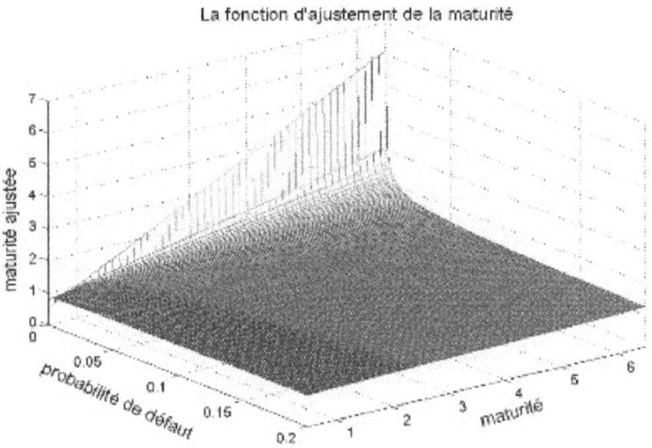

Figure 3 – L'ajustement de la maturité dans l'accord de Bâle II

Le capital requis peut finalement être écrit sous la forme :

$$K(LGD,PD,M) = \left(LGD \times \left[\mathbf{N}\left(\frac{\mathbf{G}(PD)}{\sqrt{1-\nu^2}} + \frac{\rho}{\sqrt{1-\nu^2}}\mathbf{G}(0.999)\right) - PD\right]\right) \times \frac{(1+(M-2.5)\times b(PD))}{(1-1.5\times b(PD))}$$

avec $b(PD) = (0.11852 - 0.05478 \times \log(PD))^2$

la fonction de capital requis, *K*, peut être représentée de la manière suivante en fonction de la probabilité de défaut PD estimée. Cette fonction est concave croissante contrairement à la fonction reliant le LGD au capital requis. Par conséquent, pour des niveaux de probabilité de défaut élevés (*spéculative grade*), l'impact relatif de ce facteur est moindre que celui constaté pour le LGD.

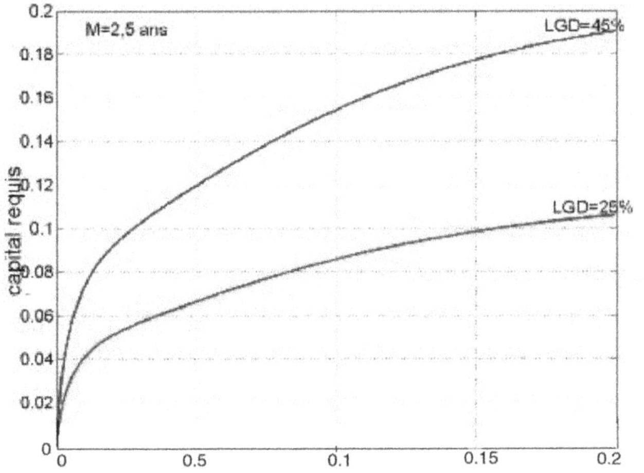

Figure 4 – L'impact de la probabilité de défaut sur le capital requis

☞

☞

L'ultime étape de la méthodologie consiste à déterminer les pondérations applicables aux expositions en fonction des actifs. Nous représentons sur la figure 5 ces pondérations, dans le cas de grandes entreprises, en fonction des probabilités de défaut. Les valeurs obtenues sont conformes aux valeurs fournies à titre d'illustration dans l'accord 2004.

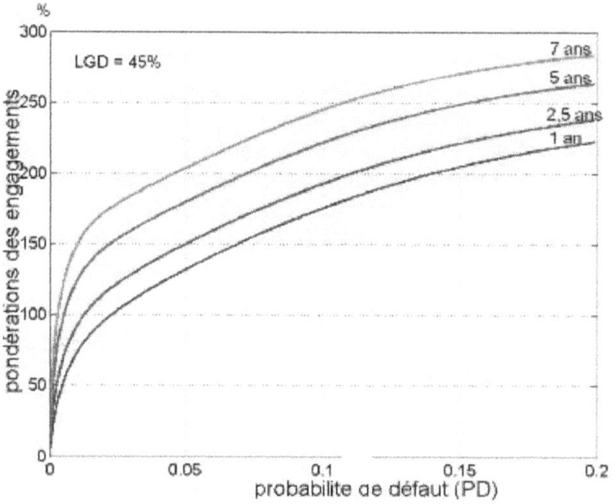

Figure 5 – L'impact de la probabilité de défaut sur les RWA

3 La prise en compte de la titrisation

- ***Dans le cadre de l'approche standard***

Pour les banques émettrices

- Le Comité de Bâle insiste sur la nécessité d'une indépendance nette entre la banque émettrice et le véhicule de titrisation. Cela a pour conséquence que les options de rachat d'actifs en fin de vie du véhicule ne doivent être autorisées que pour des volumes limités.
- Les banques qui accordent un rehaussement de crédit doivent intégrer l'impact de cette opération sur leur capital.
- Au cas où des banques seraient amenées à intervenir pour compenser des problèmes de trésorerie du véhicule, il y aurait alors un risque de rupture du principe d'indépendance.

Pour les banques investisseurs

Le besoin en capital réglementaire est défini en fonction de la notation de chaque tranche de la titrisation, sachant que les tranches notées B+ et en dessous[6] sont considérées comme du capital réglementaire.

☞

• ***Dans le cadre des approches IRB***

Pour les banques émettrices

Les tranches qui assument les premières pertes (« first loss ») s'imputent au capital de la banque qui les garde

Pour les tranches disposant d'un rating externe, le Comité de Bâle admet que l'approche IRB soit utilisée

Pour les banques investisseurs

Le Comité de Bâle propose de s'en remettre aux notations des agences externes et de considérer un LGD de 100 %. À partir de ces données, une approche IRB est possible

Pour les tranches non notées, il est proposé de les assimiler à une contre-valeur en capital réglementaire.

• ***Le traitement des risques complémentaires***

Il s'agit des risques de réputation, de recours implicite. Le Comité de Bâle propose pour les éviter qu'une banque qui a renoncé à l'indépendance par rapport à une titrisation subisse les effets suivants :

- si le recours implicite a eu lieu sur 1 tranche, toutes les tranches sont réincorporées au bilan de la banque ;
- en cas de seconde intervention de la banque, tous les véhicules de titrisation seraient réincorporés.

Dans ces deux cas, la banque devra rendre publique son (ses) recours implicite (s) et ses (leurs) conséquence (s).

1. L'Accord définit cette catégorie d'entreprises par un indicateur de chiffre d'affaire compris entre 5 et 50 millions d'euros, au niveau du groupe auquel l'entreprise est rattachée.
2. À noter toutefois, le cas particulier des actifs immobiliers dont la corrélation est supposée constante et égale à 0.15.
3. à ne pas confondre avec la probabilité de défaut estimée de l'actif notée PD.
4. c'est-à-dire que si N(x)=z, alors G(z)=x. Il est nécessaire de disposer d'une fonction permettant de déterminer cette inversion de facon fiable et efficace.
5. Ceci semble en effet aller dans le sens des commentaires reçus par le Comité qui soulignaient ainsi la continuité méthodologique avec les modèles de détermination du capital économique.
6. Ainsi en général que les tranches non notées lorsqu'elles sont « junior ».

Chapitre 9

Modèles quantitatifs de risque et stratégie bancaire

Les années quatre-vingt-dix ont été une décennie d'avancées considérables en matière de gestion du risque de crédit : nouveaux instruments, progrès de la modélisation, nouveaux marchés. Les marchés financiers facilitent sans cesse la marchéisation du crédit. Le spread de signature devient une variable de marché tout aussi cruciale que le cours d'action. Étroitement lié au rating, le spread met l'accent sur le risque de défaut.

Dans ces conditions, les banques commerciales qui gèrent encore une proportion importante des concours à l'économie, sont engagées à considérer leurs opérations traditionnelles de prêts sous un angle nouveau. Dans leurs plus récents textes, les autorités réglementaires elles-mêmes, les incitent à rationaliser leur gestion du risque de crédit, en référence au marché. Du point de vue de la stratégie, de l'identité même de la banque commerciale, surgissent donc plusieurs questions de fond.

➤ *Le métier de prêteur restera-t-il soutenable à terme ?*

Pour quelles raisons les entreprises continueraient-elles de s'adresser aux banques plutôt qu'aux marchés financiers, quels sont les avantages des banques ? Doivent-elles conserver leurs engagements sur leurs bilans ou ne seront-elles que des originateurs de risque de crédit pour le marché ?

➤ *Comment articuler stratégie bancaire et gestion des risques ?*

Comment l'utilisation de méthodes statistiques d'évaluation des performances rapportées aux risques, contribue-t-elle à la définition d'une stratégie d'ensemble de la banque ?

➤ ***Comment concilier les attentes des actionnaires de la banque, avec celles de la direction générale ?***

Les nouvelles approches du crédit peuvent-elles devenir source d'une nouvelle transparence bancaire ?

Ce chapitre sera donc l'occasion d'examiner trois aspects de la stratégie bancaire :

– en matière de liquidité : les nouvelles approches apportent-elles un appui à la marchéisation du crédit ou un recentrage sur l'intermédiation bancaire en liquidité ?

– en matière de risque : les nouvelles techniques de gestion des risques RAPM sont trop limitées pour constituer un outil de pilotage stratégique,

– en matière d'information : ces techniques de gestion des risques de crédit constituent un apport potentiel.

Section 1 LES NOUVELLES APPROCHES EN MATIÈRE DE LIQUIDITÉ

La concurrence du marché pour le financement des entreprises s'intensifie sans cesse. Le métier du prêt aux entreprises restera-t-il viable à terme pour la banque ? Existera-t-il structurellement une demande et quel seront les déterminants de la rentabilité ? En particulier, la banque ne devrait – elle pas se positionner d'emblée comme un simple originateur : elle offre sa capacité de distribution et de sélection des crédits, mais les recède systématiquement au marché par différents canaux de titrisation.

Il nous semble que la banque détient un avantage structurel dans les prêts sur un segment bien défini d'entreprises. Sur ce segment, la banque doit développer une expertise de gestion du risque de crédit. Une réflexion plus générale sur l'intermédiation en liquidité apparaît néanmoins nécessaire.

1 Le métier de prêteur : se recentrer pour rester viable

Le contrat de dette apparaît comme une nécessité pour la structure financière d'une entreprise[1]. La dette permet de résoudre le conflit d'intérêt entre les diri-

1. *Cf.* chapitre 2, Dewatripont et Tirole (1994) notamment.

geants d'une part, qui détiennent l'information sur la rentabilité et le risque, et les investisseurs d'autre part, dénués d'information. La dette constitue en effet une menace permanente : en cas de défaut le contrôle de l'entreprise revient aux créanciers. De plus, la banque se présente comme un complément indispensable aux marchés dans l'octroi des prêts.

1.1 La banque : un complément au marché pour les prêts

➤ *La banque détient un avantage comparatif en termes de facilités de trésorerie*

Les entreprises souhaitent limiter les recours imprévus au financement externe dans la conduite des projets. Selon la théorie financière, la valeur du projet se trouve alors diminuée du fait des coûts d'agence. Les entreprises, qui ont donc une contrainte de liquidité, peuvent détenir un encours de titres liquides ou disposer d'une autorisation de découvert. Les banques peuvent offrir la seconde solution au meilleur prix parce qu'elles peuvent mutualiser les besoins en trésorerie de tous leurs clients.

➤ *La banque intervient de manière essentielle dans le cycle de vie d'une entreprise*

Les *start-ups* sont financées par des fonds mutuels de capital-risque utilisant des obligations convertibles (*cf.* chapitre 2). Les entreprises bien établies, connues des investisseurs et notées n'ont guère besoin des banques, parce qu'elles ont établi leur réputation. Les investisseurs savent qu'elles ont un *track record* de remboursement d'emprunts. Cette crédibilité diminue leurs coûts d'endettement (les coûts d'agence sont réduits du fait de la bonne réputation), ce qui dissuade ces entreprises de prendre des risques excessifs.

Toute entreprise est client naturel de la banque au moment d'établir son *track record* d'emprunteur. Un aspect important du métier de la banque consiste donc à faire la surveillance des emprunteurs qui n'auraient pas beaucoup à perdre dans un défaut, en termes de réputation.

1.2 La gestion du risque de crédit : le cœur du métier de prêteur

Le *risk management* le plus expéditif consisterait à marchéiser intégralement le risque de crédit attaché aux créances. La banque deviendrait alors pur courtier. Elle serait broker, intermédiaire de marché en tant qu'originateur de risque de crédit. En réalité la décision *marchéiser* ou *bancariser* est plus nuancée et intègre plusieurs dimensions :

– certains prêts ne peuvent être marchéisés. Ils sont intrinsèquement illiquides parce que l'emprunteur est inconnu du marché ;
– ensuite, sur certains portefeuilles de prêts, le maximum de l'utilité (ou de manière équivalente le profit ajusté du risque) peut être atteint lorsque la banque garde

ses prêts au bilan (en tenant compte de la réduction du risque liée à la diversification) et être supérieur à l'utilité résultant d'une marchéisation. La banque doit détenir les compétences internes pour réaliser une optimisation rentabilité-risque ;

– enfin, la banque détient *a priori* un avantage dans la gestion du risque de crédit sur ses créances : meilleure connaissance de ses clients, capacités de *monitoring* liées à la relation bancaire, etc. Le gain potentiel résultant de cet avantage doit être monnayé dans l'opération de marchéisation.

Les analyses relatives à ce choix débouchent sur les recommandations suivantes :

➤ *La banque a toujours intérêt à marchéiser ses crédits liquides*

Froot et Stein (1998), (voir annexe 9.1) proposent une étude sur le *risk management* intégrant le fait que la banque, comme toute entreprise, supporte des coûts d'agence sur ses refinancements. Ils centrent leur réflexion sur deux concepts majeurs : l'aversion aux risques de la banque et le niveau de liquidité des actifs au sein du portefeuille de crédit de la banque. Leur principale contribution consiste à mettre en évidence qu'une gestion par la banque de ses risques de crédit doit essentiellement porter sur la maîtrise de ses engagements illiquides, car les engagements liquides devraient d'emblée être couverts ou cédés sur les marchés financiers[1]. De la sorte, des fonds propres seraient rendus disponibles pour de nouvelles opérations.

Les créances liquides correspondent en général au segment des grands *corporates*. Ce segment est souvent peu rentable pour la banque en raison de faibles marges, d'une consommation significative de capital réglementaire, d'une forte concurrence du marché. Sur ce segment les banques préfèrent titriser ces créances. Dans ces conditions, il convient de s'interroger en détail sur la « soutenabilité », à terme, du métier de prêteur, sur de tels clients.

➤ *La banque doit instaurer un risk management performant sur les crédits bancarisés*

Les crédits bancarisés sont les crédits illiquides. La banque est contrainte de les garder au bilan puisqu'ils ne sont pas marchéisables. En contrepartie, elle va pouvoir développer une offre sur mesure sur ces crédits, qui constitue le segment potentiellement le plus rentable. Pour s'assurer d'un comportement optimal, un système performant et à jour de gestion du risque et d'optimisation rendement/risque du portefeuille de prêts constitue alors un investissement prioritaire à plusieurs égards.

• *L'analyse du risque de crédit*

Un sous-produit important du système de gestion des crédits est le calcul du capital économique, ou perte potentielle maximale. Différents modèles concurrents

1. Lorsque le coût de ces opérations ne dépasse pas la prime de risque exigée par la banque en raison de son aversion aux risques.

sont actuellement commercialisés ou promus (chapitre 5). La banque mesure et identifie son risque de crédit. Ce système représente d'abord une source d'économie en capital réglementaire. Même si les autorités réglementaires ne sont pas encore disposées à reconnaître les modèles internes, elles admettent en revanche les notations internes. Il représente aussi un mode d'estimation des fonds propres requis par le métier de prêteur dans la procédure d'allocation de fonds propres aux métiers de la banque (dans une optique *bottom-up*, voir chapitre 8).

Une certaine prudence est cependant de mise. En effet, dans l'histoire des débâcles et des crises bancaires, le risque de crédit a été beaucoup plus meurtrier que le risque de marché[1]. La loi de probabilité utilisée communément pour représenter le risque de marché est la loi normale, qui assigne des probabilités faibles aux valeurs extrêmes. Cette propriété ne se retrouve pas dans les lois décrivant le risque d'un portefeuille de crédits. Ces lois, qualifiées de *fat – tailed*, indiquent au contraire que, pour des pertes très lourdes (au regard du gain attendu), les probabilités restent élevées.

• *Le pilotage de la performance économique*

La gestion centralisée des crédits et l'application d'un critère rentabilité – risque à maximiser permet d'objectiver et de piloter la performance économique du métier de prêteur. Les modèles mentionnés à l'alinéa précédent constituent un outil méthodologique précieux. À partir de ces modèles, l'instauration d'un critère de type RAROC conduit à des orientations de tarification et de développement commercial découlant d'une gestion de portefeuille optimal. Rappelons que le recours au marché (y compris marchés dérivés) n'est pas possible pour ces créances non liquides. Les effets de concentration excessive sur certains clients ou certains secteurs, qui peuvent résulter de la bonne implantation et donc d'un avantage de la banque dans la relation commerciale (cet effet est appelé *credit paradox*), seront donc gérés de manière volontariste grâce à l'appui des modèles.

• *La relation au marché financier*

Le caractère marchéisable ou non d'un crédit n'est pas complètement binaire. Plusieurs procédés de titrisation permettent de mettre sur le marché un portefeuille de crédits qui, pris individuellement, ne sont pas marchéisables. On pense d'abord aux fameux *mortage-backed securities* (MBS) américains. Mais d'autres classes de prêts (cartes de crédit, prêts à la consommation) ont été depuis titrisés de la même

1. Les banques ont la nécessité de se protéger des risques systémiques de la sphère financière, comme le rappelait Alan Greenspan : « The uncertainties inherent in valuations of assets and the potential for abrupt changes in perceptions of those uncertainties clearly must be adjudged by risk managers at banks and other financial intermediaries. At a minimum, risk managers need to stress test the assumptions underlying their models and set aside somewhat higher contingency resources – reserves or capital – to cover losses that will inevitably emerge from time to time when investors suffer a loss of confidence. These reserves will appear almost all the time to be a suboptimal use of capital. So do fire insurance premiums ».

manière. Une classe d'actifs de marché est apparue, les ABS (*asset-backed securities*) qui reposent sur l'ingénierie financière de portefeuille de crédits qui manipule les ratings, la diversification par secteur et par créances. Ces techniques permettent de revendre par blocs des portefeuilles et de les offrir aux investisseurs sous forme de titres synthétiques recevant les notations des agences de rating. L'accès à ces techniques constitue une opportunité de profit pour la banque, à condition d'en maîtriser les aspects quantitatifs, et, en tout premier lieu, les caractéristiques du portefeuille de prêts.

Pour une rentabilité à long terme de ces opérations, la banque doit construire et préserver sa réputation de gestionnaire de créances. La encore, la qualité du système interne de gestion des risques est cruciale. D'autant plus que souvent, la banque doit accepter de subir les premières pertes sur le portefeuille pour rassurer les investisseurs.

2 La fonction d'intermédiation de liquidité des banques commerciales

Le mouvement actuel de marchéisation du crédit amène à s'interroger sur la fonction traditionnelle d'intermédiation de liquidité de la banque commerciale :

- l'intermédiation de liquidité repose sur le caractère modeste du niveau des fonds propres des banques commerciales ;
- la logique méthodologique actuelle conduirait pourtant à prévoir un accroissement du niveau des fonds propres requis au titre du risque de liquidité ;
- enfin, la question de la marchéisation financière dans le contexte de la stratégie d'une banque commerciale doit être évoquée.

2.1 Les exigences en termes de fonds propres

➤ *Une politique de renforcement des exigences en termes de fonds propres pourrait être préjudiciable pour l'activité d'intermédiation de liquidité de la banque commerciale*

Diamond et Rajan (2000), à la suite de Diamond et Dybvig (1983), rappellent la double mission de liquidité de la banque auprès des déposants et auprès des emprunteurs. Leur première observation est la suivante : moins le service de liquidité aux emprunteurs est nécessaire en raison de la plus grande liquidité des projets financés, du développement des marchés financiers et de l'accès à l'information, moins le besoin en fonds propres de la banque commerciale doit être important. Plus précisément, les auteurs insistent sur le fait que le service de liquidité rendu à l'économie par les banques commerciales conduit à la détermination d'un niveau de fonds propres optimal. Sur un plan qualitatif, on comprend les deux tendances opposées à l'origine de la détermination de cet optimum :

– trop peu de fonds propres font courir des risques aux déposants et pourraient conduire à une ruée aux guichets en cas de crise ;

– trop de fonds propres rendent la banque moins énergique dans sa négociation avec l'emprunteur, plus averse aux risques liés aux emprunteurs les moins liquides. La mission d'intermédiation et de création de liquidité de la banque commerciale s'en trouverait affectée.

Dans ce schéma, l'évolution d'une contrainte réglementaire allant dans le sens d'une hausse des fonds propres requis pour les banques commerciales ne serait pas optimale pour l'ensemble de l'économie.

Au total, les auteurs proposent un point de vue déconcertant, mais intéressant : il est dans la nature de la banque commerciale de reposer sur une structure financière fragile, car c'est cette fragilité qui permet de maximiser sa fonction de création de liquidité pour l'économie.

➤ *La logique des méthodologies actuelles devrait conduire à accroître l'exigence en fonds propres au titre du risque de liquidité*

Froot & Stein (1997R) montrent pourquoi la dimension liquidité est essentielle en matière de gestion des risques de crédit. Pourtant, cette dimension est totalement ignorée dans les modèles quantitatifs de définition de capital économique, comme le fait remarquer Hall (2000).

Si l'on allait au bout de la logique de l'orientation méthodologique actuelle, on devrait associer à chaque type de risque spécifique une dotation *ad hoc* en fonds propres : c'est le cas s'agissant du risque de marché, mais aussi du risque opérationnel. La rationalité voudrait donc que l'on assigne une quote-part des fonds propres aux risques de liquidité de la banque sur ses crédits[1].

Pourtant toute exigence complémentaire de fonds propres reviendrait à réduire le rôle d'intermédiation de liquidité de la banque (voir paragraphe précédent). D'autre part, cette allocation constituerait sans doute un facteur d'inégalité entre les banques internationales situées dans des économies bénéficiant d'un degré d'intermédiation différent. Sur un plan de la compétitivité, l'émergence d'une contrainte explicite pourrait s'opposer à un principe d'équité concurrentielle entre banques. On pourrait cependant voir dans la liberté offerte aux instances nationales de réglementation par Bâle II, en matière de détermination *ex ante* d'un coussin complémentaire de fonds

1. Sur un plan technique, le travail ne paraît pas insurmontable : si à notre connaissance, il n'existe pas encore de modèles quantitatifs de ce type, différentes publications académiques du type Ericsson et Renault (2000), ouvrent la voie en proposant d'établir un lien notamment entre d'une part, la portion du spread de crédit liée à la liquidité et d'autre part, la volatilité des actifs de la firme ainsi que le niveau de *leverage* de cette firme.

propres pour faire face aux risques spécifiques, une incitation à couvrir un risque de liquidité. N'est-ce pas un encouragement implicite mais clair aux économies les plus bancarisées à accélérer le développement des mécanismes de marchéisation de leur sphère financière ?

Du point de vue de la banque commerciale, il convient de distinguer entre gestion à partir des modèles internes et contrainte de capital réglementaire. Il pourrait en effet y avoir du sens à ce qu'une banque décide par elle-même, pour ses engagements illiquides, de définir un coussin de capital économique dédié afin de renforcer son niveau de crédibilité par un effet-signal. Mais cette auto-assurance interne ne saurait être exigée par les régulateurs nationaux en raison du risque de rupture de concurrence équitable entre institutions internationales.

Cette vieille problématique de la liquidité constitue donc, à notre avis, une nouvelle piste de réflexion qui reste à creuser.

2.2 Le choix d'un degré de liquidité de la banque

C'est un choix stratégique guidé par le type d'activité retenu, mais également une orientation volontariste. La banque commerciale ne nous semble pas cependant soumise à une politique de recherche des actifs les plus liquides, condamnée à abandonner sa fonction économique traditionnelle d'intermédiaire en liquidité. Mais il est clair qu'une prime appropriée devrait être reçue par la banque pour assurer cette fonction.

La stratégie de la banque sera alors définie par la direction générale, située entre deux situations extrêmes possibles :

- accepter un portefeuille relativement illiquide ne permettant pas une ré-allocation dynamique, en contrepartie d'une prime de liquidité satisfaisante ;
- maximiser la liquidité du portefeuille afin de pouvoir procéder rapidement à des ré-allocations significatives du capital.

Ceci étant défini, l'évolution dans le temps du niveau de liquidité du portefeuille global devrait être mesurée, car le risque de variation de liquidité est également un grand oublié des indicateurs de mesure du risque de crédit. Si nous prenons, par exemple, le cas particulier du secteur *high yield*, une crise de liquidité sur ces marchés aurait des répercussions importantes sur les banques dont le portefeuille de crédit serait largement investi en facilités *sub investment grade*.

Au-delà de cette approche qui consiste à se positionner dans un contexte existant de liquidité et de marchés, la question est ouverte : quels peuvent être le rôle et le gain de la banque commerciale en termes de contribution au développement de la marchéisation du crédit, sur les segments d'activité appropriés ?

Dans un environnement financier en pleine évolution, le rôle des plus grandes banques est d'être acteurs des mutations engagés pour en tirer partie, plutôt que de les subir. En termes de liquidité, il est clair que de nouveaux marchés émergent (titrisation, dérivés de crédit). Certains sont viables, d'autre probablement moins. Il faut cependant accepter de lier leur viabilité future au niveau d'engagement dans le présent de leurs principaux utilisateurs. Sur un marché incomplet, sans profondeur, il est en effet difficile de donner des prix pertinents aux actifs échangés, mais c'est en décidant d'accroître volontairement les volumes et de diversifier les actifs échangés que l'on parvient à améliorer à la fois la pertinence des prix de marché, mais également les services rendus par ces marchés.

À cet égard, nous avons vu que les instruments de marché, titrisation et dérivés de crédit, offrent des solutions inégales selon qu'il s'agisse de contreparties nord-américaines ou européennes, de grandes entreprises ou du *middle market* (chapitre 6). Dans les marges de crédit (les spreads) à partir desquels ces instruments de marché peuvent être évalués il est difficile d'isoler probabilité de défaut, taux de recouvrement et prime de liquidité. Par conséquent, dans ces conditions, le choix de trouver de la liquidité sur les marchés s'apparente à la fois à la sélection d'une typologie de clientèle, mais aussi à la volonté d'animer des marchés de gré à gré, avec le coût que cela peut éventuellement induire.

Cas

À titre d'exemple, la position de maximisation de la liquidité du portefeuille de crédit développée par une banque comme Chase J.P Morgan, en pointe sur ces méthodologies RAPM, pourrait être articulée comme suit :

– le suivi des risques de crédit, de manière quantitative, est défini comme un axe stratégique ;

– le portefeuille de la banque est traditionnellement axé sur les grandes entreprises.

Il se trouve que la dynamique de risque propres aux clients *sub investment grade* est imparfaitement prise en compte par ces modèles quantitatifs, une focalisation sur les clients *investment grade* apporte une meilleure pertinence aux résultats émanant du modèle.

La solution retenue n'est pas de procéder à une redistribution marginale du portefeuille car l'outil d'optimisation *top-down* présente un niveau de fiabilité limité. La solution consistera plutôt à se focaliser sur la liquidité de ce portefeuille en réalisant une cession massive des crédits sur les marchés, afin de diminuer de manière drastique le risque de *downside* et ainsi de pouvoir libérer des fonds propres pour les allouer à de nouvelles activités.

Pour une autre banque, une réflexion alternative aurait pu être d'accepter des engagements illiquides sur des clients non cotés, mais avec une prime d'illiquidité intégralement dédiée à un investissement massif en termes de *monitoring* des clients concernés. Dans le même temps une diversification optimale des engagements serait recherchée. Ainsi, le potentiel de *downside* de la banque ne serait pas réduit, mais simplement cantonné à un niveau clairement identifié par les actionnaires.

Section 2 LES LIMITES DES NOUVELLES APPROCHES RAPM POUR LE RISQUE

Au terme d'importants d'efforts d'agrégation d'informations afin de parvenir à une représentation lisible de la distribution de perte de crédit du portefeuille de la banque[1], se pose la question de l'exploitation de ces résultats au plan stratégique. À ce titre, la mise en œuvre d'une allocation optimale des fonds propres en fonction des risques et, en particulier, des risques de crédit entre les principales activités bancaires apparaît à certains comme un objectif atteignable. Pourtant, à ce jour, peu de propositions méthodologiques convaincantes semblent avoir encore émergé.

La demande exprimée par les équipes de direction des banques est forte, car certains dirigeants ont l'intuition d'un gisement de performances, issu de la convergence entre les attentes des actionnaires et la mise en œuvre de ces nouvelles méthodologies de risque par les banquiers ; cette appréciation résulte notamment de la perception d'une proximité entre indicateurs du type RAROC et EVA. Il semblerait même, et pour la première fois, que le reproche traditionnel des actionnaires en matière d'opacité de la gestion bancaire[2] puisse trouver une réponse satisfaisante grâce à la mise en œuvre au sein de la banque d'une méthodologie d'ajustement systématique et relativement transparente entre rendements et risques.

Deux interrogations de fond méritent cependant d'être évoquées, face à ces perspectives nettement favorables :

– la direction générale d'une banque commerciale va-t-elle à terme devenir largement assimilable à sa direction des risques ?

– l'outil développé dans la première partie de cet ouvrage présente-t-il un niveau de fiabilité suffisant pour servir de base à une fonctionnalité de nature décisionnelle au plan stratégique ?

L'attente en matière de contribution de la modélisation des risques de crédit à la définition ou à la validation d'une stratégie bancaire devrait être moins ambitieuse. Deux observations globales militent dans ce sens :

– les outils traditionnellement à disposition des modélisateurs financiers reposent sur des hypothèses de marchés parfaits et efficients, de distributions normales, et de comportements dynamiques extrapolables à partir de la connaissance de tendances marginales d'évolution. Pourtant les marchés du crédit ne sont ni parfaits (illiquides...), ni efficients en termes d'information (asymétrie d'information...), les lois normales ne peuvent guère être utilisées et la notion même de mesure du risque servant à une extrapolation dynamique de l'optimisation semble difficile à maîtriser ;

1. Voir chapitres précédents.

2. Morgan D., 1997.

– la modélisation du portefeuille de crédit de la banque a permis d'identifier une distribution de perte asymétrique à queue épaisse. Cela signifie pour l'actionnaire que la contribution au *cash-flow* de la banque de ce portefeuille de crédit donne lieu à un risque de downside significatif. Trouver des éléments de réponse, non seulement pour diminuer ce niveau de *downside*, mais pour créer en compensation un ou plusieurs potentiels d'*upside* relève au moins autant de la mise en œuvre d'une stratégie entrepreneuriale par la direction générale[1] que de la mise en évidence d'un chemin d'optimisation du portefeuille de crédit de la banque défini par une direction des risques.

1 La répartition des fonds propres entre les différents métiers de la banque

La théorie financière traditionnelle ne fait pas de la diversification des activités un objectif prioritaire pour une direction générale. Pour un certain nombre d'auteurs, il appartient en effet aux actionnaires et non à la direction générale d'une entreprise de diversifier leur portefeuille.

Tableau 9.1 — Les économistes et la répartition des fonds propres

Favorables à la diversification	Favorables à la concentration sur quelques métiers (réduction pbs d'agence), diversification laissée aux investisseurs
Diamond (1984)	Jensen (1986)
Ramakrishnan & Thakor (1984)	Berger & Ofek (1996)
Boyd & Prescott (1986)	Servaes (1996)
	Denis & Alii (1997)

Un des éléments de justification en faveur de la diversification se rapporte à la stabilisation des *cash flows* et à la maîtrise des risques[2]. Mais avec la diversification, le problème de l'agence entre actionnaires et direction générale a tendance à s'accroître. La question posée est finalement : de quels moyens dispose une direction générale pour à la fois mettre en œuvre une politique de diversification des activités et donner un signal rassurant aux actionnaires ?

Deux approches alternatives existent, consistant soit en la recherche d'une fonction explicite d'optimisation de la valeur de la firme pour les actionnaires, contraignante pour les dirigeants, ou bien en la définition par la direction générale d'une stratégie crédible aux yeux des actionnaires.

1. Développement de nouvelles activités profitables, rationalisation des activités existantes.
2. Voir de Servigny et Zelenko, 1999, dans la partie « Théorie bancaire ».

La première approche nous semble plus sensiblement focalisée sur une réallocation optimale des ressources entre les activités existantes, tandis que la seconde nous paraît plutôt axée sur le développement des activités nouvelles ou existantes.

2 Les modèles quantitatifs de type RAROC

Comment optimiser la valeur de la banque pour l'actionnaire ?

La définition de l'EVA pour les actionnaires sous la forme :

$$EVA = RAROC*VaR, \text{ ou } EVA = \text{rendement ajusté} - cK$$

donnait l'impression d'une mission simple confiée à la direction générale. L'usage de RAROC apparaissait comme le meilleur moyen de rechercher l'intérêt de l'actionnaire, c'est-à-dire l'EVA.

Les différentes approches présentées ci-dessous montrent que le problème est en fait plus complexe, car il dépend de l'approche de répartition des performances retenue au niveau des activités constitutives de la banque pour maximiser l'EVA et le RAROC global de la banque.

Sur une base chronologique, nous pouvons identifier trois âges successifs en matière de méthodes d'allocation optimale du capital économique et donc de maximisation des performances, selon une approche *top-down*.

2.1 Première approche

James (1996) indique que la première approche de Bank of America a été *top-down*, c'est-à-dire que la banque avait été découpée en 45 *business units*. L'objectif initial d'optimisation du capital économique avait été fixé de manière très conservatrice : toutes les *business units* (BU) prises séparément devaient pouvoir afficher un rating équivalent au rating global de la banque dans son ensemble. Ce choix contraignant consistait à faire une hypothèse défavorable d'indépendance entre les BU.

2.2 Deuxième approche

Depuis lors, différentes clés de répartition du capital économique entre BU ont été proposées comme principe d'optimisation, en tenant compte d'un effet portefeuille. Toutes se caractérisent cependant par des outils statiques :

1. une approche « naïve » : à partir du capital économique global calculé pour la banque, effectuer une allocation au prorata entre BU sur la base de l'écart type ou de la variance de chaque BU. Faire ce choix correspond en fait à remettre en cause tout le travail d'identification du risque par le biais du calcul du capital économique pour revenir à un usage du CAPM (annexe 9.2) ;
2. une approche proportionnelle : si le capital nécessaire à chaque facilité représente sous forme agrégée au total par exemple 200 % du capital économique du

portefeuille, on pourrait déduire la *risk contribution* de chaque facilité par une règle de 3. Cette approche apparemment idéale est en réalité fausse car elle supposerait une stabilité du multiplicateur dans le calcul des VaR, ce qui n'est pas le cas ;

3. une approche par les Bêtas internes : $\beta_{\text{div}} = \dfrac{\text{cov}(R_{\text{div}}, R_{\text{banque}})}{\sigma^2_{\text{banque}}}$; le problème de cette approche est que l'on suppose que le *business* existe déjà et que la taille relative de la BU (et des autres divisions de la banque) ne change pas. L'approche par les bêtas est statique et nie toute évolution stratégique ;
4. une approche par le capital marginal : cette approche vise à évaluer l'accroissement de capital nécessaire lié à un développement de BU. Le problème est que la somme des allocations de capital marginal risque fort d'être inférieure au capital de la banque (Merton, Perold 1995).

2.3 Troisième approche

La question initiale du début du paragraphe est, jusqu'à présent, laissée sans réponse car elle est à la fois mal posée et trop réductrice. Elle part de l'analogie avec une allocation optimale d'un portefeuille d'actifs, du type CAPM, alors qu'un portefeuille de crédit est fondamentalement différent : pas de distribution normale des pertes et donc des rendements, peu de liquidité…

Dans ces conditions, une approche sur-mesure pourrait être plus appropriée. C'est ainsi que différents modèles dynamiques ont été présentés, dont celui proposé par Baud, Frachot, Igigabel, Martineu, Roncalli (2000).

L'objectif fixé par les auteurs est d'offrir une méthodologie d'allocation optimale du capital sur le portefeuille de la banque en procédant à une décomposition du portefeuille de la banque en sous-portefeuilles (business units (BU))[1]. Ensuite, la banque cherche d'une part à évaluer le rendement et le risque de chaque sous-portefeuille, mais également la matrice de corrélations entre les rendements de ces BU. La difficulté est, en général, d'identifier la matrice de corrélations :

M *business lines* (BU) communes (M = 8)[2] sont définies à partir d'un portefeuille de banques (173 institutions réparties dans le monde). Pour mener les calculs, les auteurs font l'hypothèse que les rendements de chacune de ces BU sont indépendants des banques au sein desquelles elles sont logées. Une estimation des corrélations de rendement entre BU peut alors être calculée. Une matrice de corrélations, globale pour le monde, est obtenue. Il est à noter qu'elle s'avère assez différente des matrices de corrélations régionales (Europe, USA).

1. Le choix du nombre de BU retenues constitue une première étape importante dont les conséquences sur les résultats nous paraissent peu étudiés jusqu'à présent.
2. *Retail banking, middle market, asset management, corporate banking, corporate market, structured finance, non life insurance, life insurance.*

L'objectif de maximisation porte sur la richesse des actionnaires. Mais par rapport à la théorie du portefeuille qui propose une méthodologie simple d'allocation optimale des actifs, une adaptation est nécessaire, s'agissant d'allocation de capital économique : la recherche d'une allocation optimale n'est pas le vrai problème de la banque qui est déjà caractérisée par une allocation initiale. L'objectif, partant de cet état initial, est plutôt d'identifier de manière dynamique un chemin optimal de ré-allocation, en tenant compte des coûts de cette ré-allocation

Le calcul d'optimisation s'apparente à un calcul classique d'optimisation sous contrainte (Lagrangiens) dans le plan moyenne-variance :

– l'objectif est la maximisation de la fonction d'utilité des actionnaires[1] ;

– les contraintes deviennent les exigences réglementaires, le positionnement stratégique, la compétition sectorielle, les coûts de ré-allocation du capital, le niveau de « viscosité » au sein des BU[2], les contraintes techniques diverses.

L'allocation optimale peut être vue comme la détermination du portefeuille optimal, constitué d'une pondération de sous-portefeuilles (BU) caractérisés chacun par un niveau de RAROC, qui maximise le ratio Sharpe, sous contrainte. Une frontière efficiente dans le plan moyenne-variance est déterminée, mais l'ensemble des contraintes propres à chaque banque place l'optimum obtenu hors de cette frontière, à l'intérieur de celle-ci.

Au total, la politique de ré-allocation dynamique du capital d'une banque entre ses BU correspond à la mise en œuvre d'une technique sophistiquée. Contrairement aux répartitions proposées dans la deuxième approche, elle ne peut être déduite simplement à partir des RAROC des BU. En effet de nombreux paramètres rentrent en compte : par exemple deux banques possédant des RAROC proches peuvent avoir des répartitions entre BU très différentes et des contraintes spécifiques.

Cependant, il convient de bien mettre en évidence les hypothèses simplificatrices majeures que contient ce modèle apparemment séduisant :

– une sélection arbitraire du nombre de BU est décidée ;

– une matrice de corrélations entre BU est définie sur la base d'un *benchmark* international supposé stationnaire ;

– la stratégie est définie comme une contrainte ;

– le calcul d'optimisation intervient dans le plan moyenne-variance.

Au total, le chemin de la recherche d'une optimisation *top-down* de la stratégie bancaire nous paraît donc techniquement sujet à caution.

1. Dans l'exemple exposé, la fonction d'utilité retenue est en fait obtenue à partir d'une fonction RAROC opérée sur les BU.

2. Exprimé sous la forme : le poids de chaque *business line* ne peut pas évoluer de plus de 5 %.

3 Une contribution insuffisante pour un choix stratégique

La stratégie des banques commerciales doit dépasser la logique des modèles de risque.

Les méthodes d'optimisation *top-down* RAPM, qui vise à établir un lien avec l'EVA, supposent en fait que la maximisation des performances de la banque passe par la réduction de l'agence entre direction générale et actionnaires et que la réduction de cette agence peut être mise en œuvre grâce à la détermination d'un programme d'optimisation dynamique dont les principes mathématiques sont connus à la fois de la direction générale et des actionnaires de la banque.

Pour notre part, nous pensons que le modèle principal-agent n'est pas suffisant pour définir la relation entre direction générale et actionnaires d'une banque.

Cette conviction est fondée sur trois déterminants :

– un retour aux fondamentaux de l'entreprise ;

– une analyse des raisons de la myopie des actionnaires vis-à-vis des banques : le caractère impropre des bêtas traditionnels appliqués aux banques ;

– le rôle spécifique et essentiel des directions générales de banque en matière de stratégie bancaire et de mise en œuvre d'une approche entrepeneuriale : la stratégie ne peut pas être pensée comme une contrainte.

Nous sommes bien conscients de la portée de cette prise de position : elle a pour conséquence d'affirmer qu'il ne sera jamais réellement possible de définir une stratégie de performance optimale de la banque dans son ensemble à partir des modèles de RAPM. Ces modèles pourront servir dans un contexte de moindre envergure, c'est-à-dire pour identifier un chemin d'optimisation possible au sein d'un portefeuille de crédits existant inclus dans une banque.

3.1 Le retour aux fondamentaux de l'entreprise

Merton (1974) propose un modèle de description de la firme à partir d'un modèle d'option. Ce modèle suppose en fait trois acteurs : des prêteurs, des actionnaires et des flux, donc des employés. Ce modèle a constitué un fondement pour l'élaboration des méthodologies de capital économique. Il y aurait donc un caractère paradoxal à ne retenir *in fine* que deux des protagonistes, les employés et les actionnaires, pour définir un chemin optimal. À cet égard, Aglietta (2000) fait d'ailleurs remarquer que des clivages importants doivent être pris en compte, qui sont ignorés du modèle principal-agent. Il aborde entre autres le clivage entre financiers extérieurs (dettes) et bloc de contrôle.

Au total, une banque se définit par ses grandes fonctions (missions) : intermédiaire en risque, intermédiaire en liquidité, intermédiaire en information et que ces missions complexes ne peuvent pas relever d'un pilotage direct des actionnaires (chapitre 2).

3.2 La myopie des actionnaires

Ce qui vient d'être rappelé nous paraît d'autant plus clair que, comme le fait remarquer Leland (1998R), les outils d'analyse de la banque à disposition des actionnaires ne sont pas tous fiables.

En effet, comment la théorie financière traditionnelle permet-elle de déterminer si un actionnaire réalise des opérations à valeur ajoutée, en tenant compte du risque ?

La plupart des travaux existants sont fondés sur le CAPM, où la mesure du risque correspond au bêta : $\beta = \dfrac{\text{cov(rendement du portefeuille, rendement du marché)}}{\text{var(rendement du marché)}}$

À l'équilibre, tous les actifs et portefeuilles ont le même rendement ajusté du risque, ce qui donne la formule classique :

$$E(rp) = rf + \beta_p(E(rM) - rf)$$

On appelle alfa α, le retour moyen sur un actif, étant donnée une information M, par rapport au rendement moyen : $\alpha = E(rp/M) - E(rp)$. Lorsque l'actionnaire a une meilleure information que le marché, il peut obtenir des α positifs, sinon à l'équilibre du CAPM, tous les alfa valent zéro.

Les hypothèses sous-jacentes à ce modèle sont les suivantes :

– le rendement des actifs est distribué selon une loi normale (symétrique) ;

– les investisseurs ne se préoccupent que de la moyenne et de la variance.

Cependant, dans la réalité, les perspectives de rendement de portefeuilles ou de rendement de banques ne sont pas distribuées normalement. Or les investisseurs distinguent entre *upside* et *downside* : en effet, la plupart des investisseurs ont une préférence pour les rendements présentant une asymétrie (*skewness*) positive. À cet égard, on remarquera qu'avec une distribution de perte du portefeuille de crédits de la banque qui présente une queue épaisse, cette dernière offre une asymétrie négative en termes de rendement.

Dans ces conditions, le CAPM qui est opérant dans le plan moyenne/variance, paraît être un outil à utiliser avec prudence. Il serait nécessaire de définir de meilleurs instruments qui intègrent la *skewness* et la *kurtosis*. Mais sortir de l'efficience du marché dans le plan moyenne/variance, signifie que le bêta du CAPM ne mesure pas correctement les risques. Les erreurs de mesure sont particulièrement marquées pour les portefeuilles comprenant une forte asymétrie, en particulier ceux qui contiennent des options[1] ou qui correspondent à des stratégies dynamiques.

Leland montre cependant, dans son article de 1998, qu'il est possible de calculer un bêta corrigé pour tenir compte de la distribution non normale des rendements du portefeuille[2].

1. Dans le cas de la banque, le modèle de Merton (1974) renvoie au caractère optionnel du crédit.

2. Pour bien comprendre le principe : un investisseur peut très bien améliorer son niveau de performance dans le plan moyenne/variance en vendant de l'asymétrie positive. Ceci dit, il ne suffit pas de vouloir incorporer l'effet *skewness* dans le calcul du bêta, il faudrait également incorporer les moments plus élevés comme la *kurtosis*.

Il observe que lorsque les portefeuilles sont classiques, le bêta corrigé est très proche du bêta CAPM, en revanche pour des portefeuilles asymétriques, le bêta corrigé diffère substantiellement.

L'explicitation de la formule générale de bêta corrigé est complexe, mais dans le cas où l'on fait l'hypothèse de rendement lognormal, Rubinstein M.[1] a donné une formule de prix permettant de dégager rapidement ce bêta corrigé.

3.3 La contribution spécifique de la direction générale d'une banque[2]

Le constat d'un potentiel de *downside* pour la banque constitue à notre avis le point focal pour la définition par la direction générale d'une stratégie à la fois de *monitoring* prudent des risques existants, mais également de développement entrepreneurial dynamique, afin de compenser ce *downside* par des perspectives tangibles d'*upside* rendant le titre attractif pour les actionnaires.

➤ *Le portefeuille de crédit de la banque nécessite un monitoring attentif*

Parce que la distribution de perte du portefeuille de crédit de la banque est asymétrique à queue épaisse, parce que cette distribution est sensible à l'évolution de la conjoncture économique, la banque doit mesurer au mieux ses engagements et chercher à diminuer ses risques. Plusieurs moyens sont à sa disposition, dont certains ont déjà été évoqués en détail :

- diminuer au maximum la taille du portefeuille en replaçant les engagements ou les risques sur les marchés ;
- investir de manière à accroître la qualité du niveau d'information disponible sur les contreparties (monitoring) ;
- éviter les engagements trop importants par rapport à la taille du portefeuille de crédit et assurer une bonne diversification ;
- travailler pour avoir une vision approfondie de l'évolution des corrélations de défaut en cas de situation de crise économique ;
- mettre en place une politique de qualité des engagements, tester la robustesse de cette politique en cas de conjoncture défavorable ;
- développer un modèle d'allocation de capital économique maîtrisé par les utilisateurs.

Tout ceci étant fait, la direction générale aura fait son meilleur effort pour contenir le *downside* de la banque, sans avoir mis en œuvre des mesures positives de rééquilibrage par des développements générateurs d'*upside*.

1. The Valuation of Uncertain Income Streams and the Pricing of Options, *Bell journal of Economics*, 7, 1976, pp. 407-425.
2. Nous remercions B. de Lachapelle pour sa contribution à cette réflexion.

➤ La recherche d'upside doit être une préoccupation majeure de la direction générale

Optimiser le potentiel de gains pour l'actionnaire passe par l'innovation, que ce soit une innovation produit ou une innovation métier.

Prenons l'exemple d'une innovation métier. Lorsqu'une banque décide de créer un nouveau métier, l'horizon de temps avant de trouver une rentabilité satisfaisante est de plusieurs années. Il y a comme une courbe en J, symbolisant une perte sur les premières années mais un rendement attractif à moyen – long terme. Dans cette configuration, le niveau de fonds propres alloué correspond au point le plus bas de la courbe en J et l'horizon de temps pour savoir si le lancement est réussi peut excéder cinq ans. On comprend bien que ce type de développement est générateur d'*upside*[1], on comprend bien également que les méthodes de RAPM utilisées pour l'analyse du risque au sein d'un portefeuille de crédit ne peuvent pas lui être appliquées.

Ce qui est vrai pour les métiers peut être vrai également pour les nouveaux produits.

Cette analyse permet de bien saisir certaines tendances fondamentales qui prévalent par exemple dans la banque d'investissement :

- allégement du portefeuille de crédits, par cession de risque ou d'actifs sur les marchés secondaires pour diminuer le *downside* et libérer du capital économique (e.g. JP Morgan) ; investissement massif dans les activités de distribution (e.g. Goldman Sachs) ;
- investissement dans le développement de nouveaux produits à forte marge, dans les activités de conseil ou de structuration (donc créateur d'*upside*) ;
- développement de nouveaux métiers (e.g. e-brokerage).

Cette dynamique n'est pas antinomique d'une recherche d'optimisation du portefeuille de crédit de la banque, mais clairement une démarche d'optimisation RAROC *top-down* ne saurait tenir lieu de stratégie bancaire[2].

1. Représenté par la branche droite, la plus haute du J.
2. Ce paragraphe permet de mesurer l'erreur de point de vue des modèles du type de celui développé par Baud, Frachot, Igigabel, Martineu, Roncalli (2000), dans lequel la stratégie est prise comme une contrainte limitative pour un processus RAPM dynamique d'optimisation mathématisé.

Section 3 UN APPORT POTENTIEL DES NOUVELLES APPROCHES POUR L'INFORMATION

La méthodologie RAROC développée dans une approche *bottom-up* pourrait être utilisée comme outil incitatif permettant de réduire partiellement d'une part, les problèmes d'agence entre les agents d'une banque commerciale et leur direction générale et d'autre part, les problèmes d'asymétrie d'information entre la banque et ses clients.

Cette proposition innovante, résultant d'une modification des comportements micro-économiques grâce à l'usage d'un RAROC *bottom-up* aménagé, pourrait avoir des conséquences importantes pour la banque commerciale considérée dans son ensemble.

1 L'horizon de temps et l'information incomplète

Il existe un problème lié à la transparence en matière d'horizon de temps. Ce problème est essentiellement dû à un *mismatch* entre le bonus de l'employé de la banque, perçu à court terme et les perspectives de prêt, relevant du long terme.

Stoughton et Zechner (2000) présentent un modèle de banque à deux périodes, avec un *manager* chargé d'optimiser les performances. Pour mettre en évidence les problèmes d'information de la banque, le modèle prévoit que le niveau d'information disponible en seconde période est fonction du nombre de projets acceptés en première période (asymétrie d'information). Ce mécanisme incite le manager à investir massivement en première période, ce qui est source de risque d'agence, car la mesure de performance du manager (RAROC) est effectuée *a posteriori*.

Stoughton et Zechner (1999) étudient le comportement de la direction générale en situation d'information incomplète. Lorsque le risque optimal est atteint pour un niveau inférieur à celui obtenu en information complète, alors l'incitation du manager à dépasser l'équilibre est forte. Le mécanisme de compensation de l'autorité consiste, dans ces conditions, à mettre en œuvre des règles d'allocation plus conservatrices que dans le cas d'une information complète.

2 L'agence entre opérationnels et direction générale

La question de l'agence entre les opérationnels et la direction générale de la banque correspond à un problème complexe. Les articles de Stoughton et Zechner établissent un lien entre agence et asymétries d'information.

À la suite de ces auteurs, nous pensons que l'asymétrie d'information[1] entre le client et la banque est une des sources principales d'erreur d'appréciation des per-

1. Ce point est abordé en détail dans la partie approche économique de ce livre.

formances de crédit. En effet le manque de coordination entre les objectifs de la direction générale et les actions des opérationnels résultent en partie d'un manque de transparence sur la qualité réelle des dossiers proposés.

Dans ces conditions, une contribution nous paraît possible à formuler. Elle consisterait à proposer que pour le calcul du RAROC, un engagement ne soit pas caractérisé par la seule donnée du couple (rating ; taux de récupération), mais par un triplé (rating ; taux de récupération ; fiabilité). Le dernier indicateur de fiabilité (%) servirait à mesurer la qualité d'information disponible sur l'opération ou la relation proposée. Cet indicateur de fiabilité, déterminé au sein des comités de crédit, pourrait aisément rentrer dans le calcul du capital économique et du RAROC, en ayant un impact par exemple sur la volatilité des probabilités de défaut. Il conduirait les opérationnels à une communication interne (*disclosure*) améliorée vis-à-vis des instances de risque/de direction générale (réduction des problèmes d'agence), il valoriserait également le travail de recherche d'informations et de *monitoring* effectué auprès du client (réduction des problèmes d'asymétrie d'information).

Synthèse

Au total, l'apport des nouvelles méthodes quantitatives en matière de stratégie bancaire apparaît donc comme important.

Sans remettre en cause l'intérêt central du RAPM en matière d'analyse du risque de crédit, ce chapitre nous a permis de penser que, paradoxalement, c'est en matière de liquidité et d'information que cette approche pourrait avoir l'impact stratégique le plus fort.

En fait, la stratégie de la plupart des banques est maintenant axée sur les potentiels de développement qui intègrent une dimension d'innovation. Or les méthodes quantitatives de risque actuelles cernent mal l'innovation. En conséquence une optimisation stratégique des activités de la banque selon un critère de rentabilité rapporté aux risques (à 1 an) pourrait conduire à pérenniser une approche trop statique des métiers bancaires.

Dans ces conditions, il nous semblerait plus prudent de rechercher à limiter les approches RAPM à l'optimisation de portefeuilles relativement homogènes.

Annexe 9.1 SELON LA THÉORIE FINANCIÈRE, C'EST PARCE QUE LA BANQUE OPÈRE DANS UN CONTEXTE DE MARCHÉS IMPARFAITS, QU'ELLE DOIT GÉRER SON RISQUE DE CRÉDIT

Il nous a paru pertinent de revenir sur la réflexion microéconomique bancaire (chapitre 2), avec la contribution centrale de Froot et Stein (1997R) sur les fondements de la gestion du risque de crédit par les banques. Ces auteurs présentent en effet, dans un article de référence, une analyse de la problématique spécifique des risques de crédit.

Prenons l'exemple de la valorisation d'un produit dérivé du type *swap* de devise : la perception du risque de change propre à chaque banque participant à la transaction ne devrait pas rentrer en ligne de compte dans la détermination du prix ; en revanche le risque de contrepartie/crédit sera appréhendé de manière différente par chaque banque. Ainsi une banque, déjà très chargée en risques de crédit corrélés à la position actuelle, sera-t-elle moins agressive. Il y a donc clairement une différence de méthodologie en matière de valorisation des risques de marché et des risques de crédit.

Cette observation de valorisations de risque de crédit spécifiques à chaque acteur est contraire aux paradigmes de la finance moderne, fondés sur des marchés parfaits et arbitrés : ainsi le type de modèle développé par Merton (1974) donne-t-il une valeur de swap identique pour tous les acteurs, indépendante du portefeuille de chaque banque, sous les hypothèses d'un marché de capitaux *frictionless*, avec information parfaite, sans taxes, sans coûts de faillite, sans conflit entre managers et actionnaires. À ces conditions restrictives, les risques spécifiques devraient être identiques pour toutes les banques et ne pas dépendre du portefeuille de chacune.

En fait, l'approche de Merton suppose d'une part, que chaque banque puisse couvrir ses risques sur les marchés de capitaux et d'autre part, que Modigliani-Miller s'applique, conduisant à ce que la banque ne se préoccupe pas de gestion de ses risques. Ces deux axiomes ne sont globalement pas pertinents, s'agissant du risque de crédit.

Face à l'absence de réponse de la théorie financière en termes d'évaluation et de gestion des risques de crédit, les praticiens ont développé des techniques alternatives. Dans la pratique, les frictions du marché et l'existence d'une information publique limitée, ainsi que la renégociation toujours onéreuse des crédits en difficulté créent des problèmes d'agence et d'asymétrie d'information avec les investisseurs, rendant difficile la levée de capitaux. La contrainte majeure de la banque réside donc dans sa capacité limitée ou onéreuse à recourir à des financements externes. Dans ces conditions, la banque va avoir un comportement d'aversion au risque. La contribution de chaque division ou métier à la volatilité du *cash flow* global de la banque devient donc un critère d'allocation du capital. Il y a donc une forme de marché interne à la banque pour l'allocation optimale du capital, notamment fondée sur le concept de performance ajustée du risque, du type RAROC.

Les auteurs présentent un modèle qui tente de réconcilier les canons de la théorie financière avec les approches pratiques du type RAROC, qui incorporent à la fois la maximisation de la valeur actionnariale et les préoccupations de gestion des risques.

En fait, les deux outils alternatifs dont dispose la gestion bancaire, sont d'une part, la gestion *ex ante* de la structure du capital de la banque et d'autre part, l'allocation de capital économique à chaque facilité et la définition de politiques de couverture des risques de crédit, lorsqu'elles sont possibles, sur les marchés. ☞

☞

Une de leurs principales observations est qu'une distinction claire doit être établie entre risques échangeables et risques non échangeables.

Les engagements revendables sur des marchés parfaits et arbitrés, pour lesquels la banque cherchera une politique de couverture totale.

Les auteurs montrent que si tous les risques étaient échangeables sur des marchés, la banque maximiserait sa valeur en se couvrant intégralement[1]. Une banque ne réduit pas sa valeur actionnariale en sacrifiant du résultat en échange d'une réduction du risque, tant que le marché du risque est efficient. L'explication de cette proposition est qu'en raison de l'aversion au risque de la banque, le coût de portage du risque en interne à la banque est supérieur au prix du marché. La banque devrait donc couvrir tous les risques *hedgeables*, pourvu que le coût de ces opérations reste faible[2].

Les engagements non revendables, qui doivent être gardés sur les livres de la banque.

Dans la réalité, il existe des risques qui sont onéreux à suivre en matière d'information et qui présentent un caractère d'illiquidité.

Pour calculer le rendement d'un engagement non échangeable, il convient d'ajouter au taux d'actualisation basé sur un coût du capital (CAPM), une prime de liquidité incorporant les effets d'aversion au risque de la banque[3] et les covariances entre actifs.

1. Généralisation de Froot, Scharftein, Stein (1993).
2. Voir par exemple les techniques d'ALM (Assets-Liabilities Management).
3. Dépendant de son niveau de fonds propres disponibles.

Annexe 9.2

Punjabi (1998) montre comment le CAPM[1] pourrait être utilisé pour une analyse simplifiée du risque de crédit bancaire.

Considérons une opération de prêt mise en œuvre par une banque. L'excès de revenus produit par la banque peut être écrit sous la forme : $R' - R_f$ où R' correspond aux revenus gagnés sur la transaction (y compris *up-front fees*, *agent*, *commitment* ou *facility fees*...). Et R_f est le coût de funding du prêt. Si R représente le rendement ajusté de la transaction, « l'excès de rendement ajusté » peut s'écrire $R - R_f$, mais sachant que le niveau de rendement est risqué, il est préférable d'écrire : $E(\tilde{R} - R_f)$. Nous savons grâce au CAPM que $E(\tilde{R} - R_f) = \beta \cdot E(\tilde{R}_m - R_f)$ où $\tilde{R}_m$ est le rendement d'un portefeuille de marché efficient et β le bêta de la transaction relative au portefeuille de marché.

On peut écrire : $E(\tilde{R} - R_f) = \dfrac{\operatorname{cov}(\tilde{R}, \tilde{R}_m)}{\operatorname{var}(\tilde{R}_m)} E(\tilde{R}_m - R_f)$ pour les actifs qui sont sur la droite tangente au portefeuille optimal.

De manière générale, $E(\tilde{R} - R_f) - \dfrac{E(\tilde{R}_m - R_f)}{\sigma(\tilde{R}_m)} \cdot \dfrac{\operatorname{cov}(\tilde{R}, \tilde{R}_m)}{\sigma(\tilde{R}_m)} = RAR$, le revenu ajusté du risque,

où $\dfrac{E(\tilde{R}_m - R_f)}{\sigma(\tilde{R}_m)}$ est le ratio Max Sharpe et $\dfrac{\operatorname{cov}(\tilde{R}, \tilde{R}_m)}{\sigma(\tilde{R}_m)}$, la contribution de l'actif au portefeuille optimal.

Dans le cadre d'une comparaison, l'actif avec le plus grand revenu ajusté du risque, RAR, est le plus intéressant car il offre le meilleur rendement comparé à sa contribution au risque du portefeuille.

En l'absence d'obligation de mettre en œuvre un capital minimum, le ratio Sharpe serait le meilleur objectif dans le plan rendement risque[2].

Pourtant Arsanow (1996) montre que ce ratio n'est pas totalement satisfaisant pour plusieurs raisons du type segmentation des marchés, aversion au risque des investisseurs... sans oublier le niveau de *hurdle rate* cible de l'institution, déterminé à partir du rendement cible de ses fonds propres.

1. Le CAPM est le modèle maintenant classique de gestion des actifs financiers dans le plan moyenne-variance.
2. À ce sujet, il faut se reporter au problème du beta bancaire qui génère une myopie pour les actionnaires (Leland, 1998R).

Bibliographie

ACHARYA S., J.-F. DREYFUS, « Optimal Bank Reorganization Policies and the Pricing of Federal Deposit Insurance », *Journal of Finance*, 44, 1313-33, 989.

ACHARYA V., HASAN I., SAUNDERS A., *Should banks be diversified ? Evidence from individual bank loan portfolios*, Working paper, n° 18, BIS, 2002.

AGHION P., BOLTON P., An incomplete contracts approach to financial contracting, *Review of Economic Studies 77*, 1992.

AGLIETTA M., *La création de valeur en régime de finance globalisée*, WP CDC June 2000.

ALLEN F., GALE D., *Financial Innovation and Risk Sharing*, MIT Press, Cambridge, Mass.,1994.

ALLEN F., GALE D., Vol 105, *Journal of Political Economy*, 1997.

ALLEN F., SANTOMERO A.M., *What do financial intermediaries do ?* WP Wharton, September 1999.

ALLEN L., SAUNDERS A., *A survey of cyclical effects in credit risk measurement models*, Working Paper, NYU, 2002.

ALTMAN E.I., The importance and subtlety of credit rating migration, *Journal of Banking and Finance*, 22 1998, 1231-1247.

ALTMAN E.I., KISHORE V.M., Almost everything you wanted to know about recoveries and defaulted bonds, *Financial Analysts Journal*, november-december 1996.

ALTMAN E.I., RESTI A., SIRONI A., *Analyzing and Explaining Default Recovery Rates*, a Report submitted to ISDA, London, January 2001.

ALTMAN E.I., SUGITT H., Default rates in the syndicated bank loan market : a mortality analysis, *Journal of Banking and Finance*, 2000.

AMMER J., PACKER F., *How consistent are credit ratings ? A geographic and sectoral analysis of default risk*, Discussion Paper Fed Res. Board, 2000.

ANDERSEN L., SIDENIUS J., S. BASU, All Your Hedges in One Basket, *RISK*, November, 67-72., 2003.

ANDERSEN, L., SIDENIUS J., Extensions to the Gaussian Copula: Random Recovery and Random Factor Loadings, *Journal of Credit Risk*, 1(1), 2005.

ARROW K.J., DEBREU G., Existence of Equilibrium for a Competitive Economy, *Econometrica*, 22 (3), 265-90, (1964).

ARTZNER A., DELBAEN F., EBER J-M., HEATH D., Coherent measures of risk, *Mathematical Finance* 1999.

ARVANITIS A., GREGORY J., LAURENT J.-P., Building Models For Credit Spreads, *Journal of Derivatives*, Vol. 6, No. 3, Spring, 27-43, 2001.

ASQUITH P., MULLINS D.W., WOLF E.D., Original issue high yield bonds: aging analyses of defaults, exchanges and calls, *Journal of Finance* 44, 923-952, 1989.

BAHAR R., NAGPAL K., Modelling the dynamics of rating transitions, *Credit*, March, 57-63, 2000.

BANGIA A., DIEBOLD F., SCHUERMANN T., *Rating migration and the business cycle, with application to credit portfolio stress testing*, WP Wharton, April 2000.

BASEL COMMITTEE ON BANKING SUPERVISION, *Principles for the management of credit risk*, Septembre 2000.

BASEL COMMITTEE ON BANKING SUPERVISION, SAHAJWALA R., VAN DEN BERGH P., *Supervisory risk assessment and early warning systems*, WP, Décembre 2000.

BASEL COMMITTEE ON BANKING SUPERVISION, *The new Basel Capital Accord+ global package*, consultative document, Janvier 2001.

BASEL COMMITTEE ON BANKING SUPERVISION, *Sound practices for managing liquidity in banking organisations*, Février 2000.

BAUD N., FRACHOT A., IGIGABEL P., MARTINEU P., RONCALLI T., *An analysis for bank capital allocation*, WP February 2000

BBA, *BBA credit derivatives report 1996*, London, november 1996.

BBA, *Credit derivatives market to hit global $740 billion by year 2000*, press release, june 1998.

BERGLÖF E., A control theory of venture capital, *Journal of Law, Economics and Organization*, 10, 1994.

BESANKO D., KANATAS G., *The Regulation of Bank Capital Regulations : Do Capital Standards Promote Bank Safety ?*, Northwestern University. (1993).

BESANKO D., THAKOR A.V., *Relationship Banking, Deposit Insurance, and Portfolio Choice, In Capital Markets and Financial Intermediation*, C. Mayer and X. Vives eds, Cambridge Univ. Press. pp. 292-318. (1993).

BHATTACHARYA S., THAKOR A.V., Contemporary Banking Theory, *Journal of Financial Intermediation*, 3, 2-50. (1993).

BHATTACHARYA S., BOOT A., THAKOR A.V., The Economics of Bank Regulation, *Journal of Money, Credit and Banking*. (1998) BIS ; *Quaterly review*, November 2000

BIZER D.S., DEMARZO P.M., Sequential banking, *Journal of political economy*, 100, February 1992.

BLACK B., GILSON R., Venture capital and the structure of capital markets : banks versus stock markets, *Journal of Financial Economics*, 1998.

BLACK F., SCHOLES M., The pricing of options and corporate liabilities, *Journal of political economy*, 1973.

BOOT A.W., THAKOR A.V., « Moral Hazard and Secured Lending in an Infinitely Repeated Credit Market Game », *International Economic Review*, 35, pp. 899-920. (1991).

BOOT A.W., GREENBAUM S.I., THAKOR A.V., « Reputation and Discretion in Financial Contracting », *American Economic Review*, 83, 1165-1183, 1993.

BOOT A.W., THAKOR A.V., UDELL G.F., Competition, Risk Neutrality and Loan Commitments, *Journal of Banking and Finance*, 11, 449-471. (1987).

BOYER B. H., GIBSON M. S., LORETAN M., *Pitfalls in tests for changes in correlations*, IMF discussion papers March 1999.

BRUYÈRE R., *Les produits dérivés de crédit*, Economica / AFTE, 1998.

BURTSCHELL X., GREGORY J., LAURENT J-P., *A Comparative Analysis of CDO Pricing Models*, working paper, ISFA Actuarial School, University of Lyon, BNP-Paribas, 2005.

BUSER S. *et alii*, Federal deposit insurance, regulatory policy and optimal bank capital, *The Journal of Finance*, 1981.

CANTOR R., FONS J.S., *Rating methodo-logy: the evolving meaning of Moody's bond ratings*, Moody's Investors Service, 1999.

CAREY M., *Dimensions of credit risk and their relationship to economic capital requirement*, WP Fed. Res. Board, Mars 2000.

CAREY M., HRYCAY M., *Parameterizing credit risk models with rating data*, WP, May 2000.

CARTY L., Fons, *Measuring Changes in corporate credit quality*, WP, 1993.

CARTY L., LIEBERMAN D., *Defaulted bank loan recoveries, Global Credit research*, Moody's investors service, november 1996.

CHAN Y., GREENBAUM S.I., THAKOR A.V., Is Fairly Priced Deposit Insurance Possible ?, *Journal of Finance*, 47, 227-46. (1992).

CHANG C., The Dynamic Structure of Optimal Debt Contracts, *Journal of Economic Theory*, 1990.

CHRISTOFFERSEN P., DIEBOLD F., SCHUERMANN T., *Horizon problems and Extreme events in financial risk management*, WP FRBNY, October 1998.

CORNELLI F., YOSHA O., *Stage financing and the role of convertible debt*, WP LBS, 1998.

CREDIT METRICS, *Technical document*, JP Morgan, 1997.

CREDIT SUISSE, *CreditRisk+ : a credit risk management framework*, Credit Suisse Financial Products, 1997.

CROSBIE P. J., *Modelling default risk*, KMV, June 1997.

CROUHY M., GALAI D., MARK R., *The new 1998 regulatory framework for capital adequacy : standardized approach versus internal models*, WP, 1998.

CROUHY M., GALAI D., MARK R., A comparative analysis of current credit risk models, *Journal of banking and finance* 24 (2000) 59-117.

DANIELSSON J., *The emperor has no clothes: limits to risk modelling*, WP LES, june 2000.

DAS S. R., *Alternative approaches for pricing credit derivatives*, Harvard University Lecture, May 1998.

DAS S. R., TUFANO P., *Pricing credit-sensitive debt when interest rates, credit ratings, and credit spreads are stochastics*, WP Harvard University, 1995.

DAS S., SUNDARAM R., *A discrete-time approach to arbitrage-free pricing of credit derivatives*, WP, April 1999.

DAVANNE O., *La « Taxe Tobin » : miroir aux alouettes ou réponse à la mondialisation financière ?* Rapport moral sur l'argent dans le monde en 1999, Grands enjeux de l'actualité financière. Association d'Economie Financière, 1999.

DE SERVIGNY A., ZELENKO I., *Economie Financière*, Dunod, 1999.

DE SERVIGNY A., RENAULT O., *Default correlations : Empirical Evidence*, Working paper, Standard, Poor's, 2002.

DELBAEN F., DENAULT M., *Coherent allocation of risk capital*, WP, August 2000.

DELIANEDIS G., GESKE R., *Credit risk and risk neutral default probabilities : information about rating migrations and defaults*, WP UCLA, May 1999.

DEWATRIPONT M., TIROLE J., A Theory of Debt and Equity : Diversity of Securities and Manager-Shareholder Congruence,

Quaterly Journal of Economics, 109, 1027-54, (1994b).

DEWATRIPONT M., TIROLE J., A theory of debt and equity : diversity of securities and manager-shareholder congruence, *Quarterly Journal of Economics*, 109, 1994.

DIAMOND D., DYBVIG P., Bank Runs, Deposit Insurance, and Liquidity, *Journal of Political Economy*, 91, 401-19, (1983).

DIAMOND D., Monitoring and Reputation : The Choice Between Bank Loans and Privately Placed Debt, *Journal of Political Economy*, 99, 688-721, 1991.

DIAMOND D., Financial Intermediation and Delegated Monitoring, *Review of Economic Studies*, 51, 393-414, 1984.

DIAMOND D., *Liquidity, Banks and Markets: Effects of Financial Development on Banks and the Maturity of Financial Claims*, Working Paper, University of Chicago, 1997.

DIAMOND D., Reputation Acquisition in Debt Markets, *Journal de Politique économique*, 97, 828-862, 1989b.

DIAMOND D., Reputation in debt markets, *Journal of Political Economy*, 97, 1989.

DIAMOND D. W., RAJAN R.G., *Banks, short term debt and financial crises: theory, policy*, NBER WP, 1999.

DIAMOND D. W., RAJAN R. J., A theory of bank capital, *Journal of Finance*, december 2000.

DIEBOLD F. X., SCHUERMANN T., STROUGHAIR J. D., *Pitfalls and opportunities in the use of extreme value theory in risk management*, WP Wharton, 1998.

DIONNE G., VIALA P., Moral Hazard, Renegotiation and Debt, *Economics Letters*, 1994.

DIONNE G., VIALA P., *Optimal Design of Financial Contracts and Moral Hazard*, University of Montréal, 1992.

DUFFEE G., *Estimating the price of default risk*, WP, July 1996.

DUFFEE G., ZHOU C., *Credit derivatives in banking: useful tools for managing risk*, WP 1996.

DUFFIE D., Credit swap valuation, *Financial analyst's journal*, 1999.

DUFFIE D., LANDO D., *Term structures of credit Spreads with incomplete accounting information*, WP, August 1999.

DUFFIE D., SINGLETON K., Modeling term structures of defaultable bonds, *Review of financial studies*, 2000.

DYBVIG P., ZENDER J., Capital structure and dividend irrelevance with asymmetric information, *Journal of Financial Studies*, 1991.

EMBRECHTS P., *Extreme Value Theory: potential and limitations as an integrated risk management tool*, WP ETH Zürich, 2000.

EMBRECHTS P., KLÜPPELBERG C., MIKOSH T., *Modelling extremal events for insurance and finance*, Springer Berlin, 1997.

EMBRECHTS P., MCNEIL A., STRAUMANN D. *Correlation and dependence in risk management: properties and pitfalls*, WP ETH Zürich, July 1999.

EMBRECHT P., MCNEIL A., STRAUTMANN D., *Correlations: Pitfalls and alternatives*, Working paper, ETH Zurich (1999b).

ERICSSON J., RENAULT O., *Liquidity and credit risk*, WP, october 2000.

ERTURK E., *Is default risk unsystematic ? Investigating default correlations among investment-grade borrowers*, WP S&P April 1999.

FAMA E., What is different about banks?, *Journal of Monetary Economics*, 1985.

FITCH IBCA, *Bank collateralized Loan Obligations : an overview*, Special Report, December 1997.

FONS J., Using default rates to model the term structure of credit risk, *Financial*

Analysts Journal, September-October 1994.

FRANKS J., DE SERVIGNY A., DAVYDENKO S., *A comparative analysis of the recovery process and recovery rates for private companies in the UK, France, and Germany*, WP Standard and Poor's, 2004.

FREIXAS X., ROCHET J., *Microeconomics of Banking*, MIT Press,1997.

FRIEDMAN C., SANDOW S., « *Modeling Recovery Rates of Defaulted Debt* », Working paper, Standard and Poor's Risk Solutions, (2003).

FRIES S., MELLA-BARRAL P., PERRAUDIN W., Optimal Bank Reorganization and the Fair Pricing of Deposit Guarantee, *Journal of Banking and Finance*, 21, 1997.

FRIES S., MELLA-BARRAL P., PERRAUDIN W., Optimal bank reorganization and the fair pricing of deposit guarantees, *Journal of Banking and Finance*, 1997.

FROOT K.A., STEIN J.G., Risk Management, Capital Budgeting and Capital Structure Policy for Financial Institutions: an Integrated Approach, *Journal of Financial Economics*, 47, 55-82, 1998.

FROOT K. A., SCHARFSTEIN D. S., STEIN J.C., Risk management: coordinating corporate investment and financing policies, *Journal of Finance* 48, 1993.

FRYDMAN H., KADAM A., *Estimation in the continuous time mover-stayer model with an application to bond ratings migration*, Working paper, New York University, 2002.

FRYE J., Collateral damage, *Risk*, April, 91-94, (2000a).

FRYE J., Depressing recoveries, *Risk*, November, 106-111, (2000b).

FUDENBERG D., TIROLE J., *Game Theory*, Cambridge, MIT Press, (1991).

GALE D., HELLWIG M., Incentive Compatible Debt Contracts: The One-period Problem, *Review of Economic Studies*, 52 (1985), 647-63, (1985).

GARMAISE M., *Diversity of beliefs : informed investors and financial contracting*, Stanford University, 1998.

GENNOTTE G., PYLE D., Capital Controls and Bank Risk., *Journal of Banking and Finance*, 1, 805-25, (1991).

GESKE R., The valuation of corporate liabilities as compound options, *Journal of Financial Economics* 7, 1977.

GIDDY I. H. ; *CLOs*, *CBOs*, WP, 2000.

GIESECKE K., GOLDBERG L., *A top down approach to multi-name credit*, Working paper, Cornell University, September 2005.

GORDY M., *A comparative anatomy of credit risk models*, WP Board of Governors FED, december 1998.

GORDY M., A risk-factor model foundation for ratings-based bank capital rules, *Journal of Financial Intermediation*, 12(3), 199-232, July 2003.

GROSSMAN S., HART O., Corporate financial structure and managerial incentives, in JJ McCall ed., *The Economics of information and uncertainty* (University of Chicago Press, 1982), 1982.

HALL C., *Risk adjusted performance measurement for capital allocation in financial institutions*, WP January 2000.

HARRIS M., RAVIV A., The Theory of Capital Structure, *Journal of Finance*. (1991a).

HARRISON J.M., PLISKA S., Martingales and stochastic integrals in the theory of continuous trading, *Stochastic Processes and their Applications*, 1981.

HARRISSON J., KREPS D., Martingale and arbitrage in multiperiod securities markets, *Journal of Economic Theory* 20, 1979.

HART O., *Firms, Contracts and Financial Structure*, Paper presented at Clarendon Lectures, Oxford University Press. (1995).

HEATH D., JARROW R., MORTON A., Bond pricing and the term structure of interest rates: a new methodology for contingent claims valuation , *Econometrica* 60, 1992.

HELLMAN T., The allocation of control rights in venture capital contracts, *Rand Journal of Economics*, 1998.

HELWEGE J., TURNER C.M., *The slope of the credit yield curve for speculative-grade issuers*, Research Paper Fed. Res. NY, August 1997.

HENKE S., BURGHOF H. P., RUDOLPH B., *Credit securitization and credit derivatives: financial instruments and credit risk management of middle market commercial loan portfolios*, CFS WP 98/07.

HOENIG P.A., The Search for Optimal Regulation : The Pre-Commitment Approach, *Federal Reserve of Philadelphia Bulletin*. (1997).

HOLMSTRÖM B., Moral Hazard and observability, *Bell Journal of Economics* 10, 1979.

HU Y.-T., PERRAUDIN W., *The dependence of recovery rates and defaults*, Working Paper, Birkbeck College, 2002.

HULL J., WHITE A., Valuing Credit Default Swaps II: Modeling Default Correlations, *Journal of Derivatives*, Spring, pp. 12-21, 2001.

HULL J., WHITE A., *The Perfect Copula*, Working paper, University of Toronto. 2005.

HUND J., *Default Correlation : dynamics and definitions*, Risk publications training course London UK, February 1999.

ISDA, *A new capital adequacy framework, comments on a consultative paper issued by the Basel Committee on banking supervision in june 1999*, WP Février 2000.

JAMES C. , *RAROC based capital budgeting and performance evaluation: a case study of bank capital allocation*, WP Wharton, September 1996.

JARROW R., LANDO D., TURNBULL S., A Markov model for the term structure of credit risk spreads, *The Review of Financial Studies*, 1997.

JARROW R., VAN DEVENTER D., Practical usage of credit risk models in loan portfolio and counterparty exposure management, *Crédit Risk Models and Management, Risk Publications*, 1998.

JENSEN M., Agency costs of free cash flow, corporate finance and takeovers, *American Economic Review* 46, 1986.

JENSEN M., MECKLING N., Theory of the Firm: Managerial Behavior, Agency Costs and Ownership Structure, *Journal of Financial Economics*, (1976).

KAHANE Y., Capital Adequacy and the Regulation of Financial Intermediaries, *Journal of Banking and Finance*, 1, 207-218, (1977).

KAHN C., *Optimal subsidiary structure for banking intermediaries*, Mimeo, University of Illinois at Urbana Champaign, 1992.

KANE E., *The S&L mess*, Washington DC, Urban Institute, 1989.

KAPLAN S. N., STROMBERG P., *Financial contracting theory meets the real world: an empirical analysis of venture capital contracts*, NBER WP April 2000.

KARLIN S., TAYLOR H., A first course in stochastic processes, *Academic press*, 1975.

KASAPI A., *Mastering credit derivatives*, market edition FT / Prentice Hall 1999.

KASHYAP A., STEIN J., *Monetary Policy and Bank Lending*, Working Paper n° 4317, National Bureau of Economic Research, (1993).

KAVVATHAS D., *Estimating Credit Rating Transition Probabilities for Corporate Bonds*, Working Paper, University of Chicago, (2000)

KEENAN S.C., *Special comment: historical default rates of corporate bond issuers,*

1920-1998, Moody's Investors Service, 1999.

KIMBALL R.C., Economic profit and performance measurement in banking, *New England Economic Review*, July-August 1998.

KMV, *Portfolio Manager : Examples and Calculations*, June 1998.

KMV, *Comments on « A new capital adequacy framework »*, Mars 2000.

KOEHN M., SANTOMERO A., Regulation of Bank Capital and Portfolio Risk, *Journal of Finance*, (1980).

KOEHN M., SANTOMERO A. M., Regulation of bank capital and portfolio risk, *Journal of Finance*, 1980.

KOYLUOGLU H. U., HICKMAN A., *Reconcilable differences*, WP 1998.

KROSZNER R., RAJAN R., Organization structure and credibility: evidence from commercial bank securities before Glass-Steagall act, *Journal of Monetary Economics*, 1997.

KUPIEC & O BRIEN, *A Pre-Commitment Approach to Capital Requirements for Market risks*, WP Fed. (1995).

KUPIEC & O BRIEN, *Recent Developments in Bank Capital Regulation of Market Risks*, WP Fed. (1995).

LACKER J., WEINBERG J., Optimal Contracts Under Costly State Falsification, *Journal of Political Economy*, (1989).

LACKER J., WEINBERG J. A., Takeovers and stock price volatility, FED Res. Richmond, *Economic Review*,76, 1990.

LAFFONT J., The new economics of regulation ten years after, *Econometrica*, 1994.

LAFFONT J.-J., The New Economics of Regulation Ten Years After, *Econometrica*, vol.62, n°3. (1984).

LANDO D., *On Cox processes and credit risky bonds*, Institute of Mathematical Statistics, University of Copenhagen, 1994.

LAZEAR E. P., Retail pricing and clearance sales, *American Economic Review*, 1986.

LELAND H., PYLE D., Informational Asymmetries, Financial Structure and Financial Intermediation, *Journal of Finance*, 32, 371-87, (1977).

LELAND H.E., *Beyond mean-variance : risk and performance measures for portfolio with non symmetric return distribution*, WP Berkeley October 1998R.

LI D.X, On Default Correlation: a Copula Approach, *Journal of Fixed Income*, 9, March, 43-54. 2000.

LONGIN F., SOLNIK B., *Correlation structure of international equity markets during extremely volatile periods*, WP July 1999R.

LONGSTAFF F., SCHWARTZ E., A simple approach to the valuing risky fixed and floating rate debt, *Journal of Finance*, 1995.

LOPEZ J., *The empirical relationship between average asset correlation, firm probability of default and asset size*, Working paper, Federal Reserve of San Francisco (2002).

LORETAN M., ENGLISH W. B., *Evaluating « Correlation Breakdowns » during periods of market volatility*, IMF discussion papers, February 2000.

LUCAS A., KLAASSEN P., SPREIJ P., STRAETMANS S., *An analytic approach to credit risk of large corporate bond and loan portfolios*, WP Vrije Universiteit Amsterdam, 1999.

LUCAS D. J., Default correlation and credit analysis, *Journal of fixed income*, March 1995 (76-87).

MANDELBROT B., Fractales, *Hasard et Finance*, Champs Flammarion (1997).

MANDELBROT B., *Une approche fractale des marchés*, O. Jacob (2004).

MADAN D., UNAL H., *A two-factor hazard-rate model for pricing risky debt and the term structure of credit spreads*, WP Wharton, 1999.

MADAN D., UNAL H., *Pricing the risks of default*, WP university of Maryland, 1994.

MAILATH G., MESTER L., A Positive Analysis of Bank Closure, *Journal of Financial Intermediation*, 3, 272-99. (1994).

MATUTES C., VIVES X., Competition for Deposits, Fragility and Insurance, *Journal of Financial Intermediation*, 184-216, (1996).

MATUTES C., VIVES X., *Imperfect Competition, Risk-Taking and Regulation in Banking*, Working Paper, Autonomous University of Barcelona, (1994).

MATUTES C., VIVES X., Competition for deposits, fragility and insurance, *Journal of Financial Intermediation*, 1996.

MCNEIL A. J., *Extreme value theory for risk managers*, WP ETH Zürich, May 1999.

MERTON R., A functional perspective of financial intermediation, *Financial Management*, 24, 1995.

MERTON R. C., BODIE Z., On the management of financial guarantees, *Financial Management*, Winter, 87-109, (1992).

MERTON R., On the pricing of corporate debt: the risk structure of interest rates, *Journal of Finance*, 1974.

MERTON R.C., On the Costs of Deposit Insurance When There are Surveillance Costs, *Journal of Business*, 51, (1978).

MERTON R.C., BODIE Z., *The informational role of asset prices: the case of implied volatility*, WP, 1992.

MÉTAYER B., *Shared Frailty Model for Rating Transitions*, working paper Zürich University (2005).

MODIGLIANI F., MILLER M., The Cost of Capital, Corporation Finance and the Theory of Investment, *American Economic Review*, (1958).

MOODY'S INVESTORS SERVICE, *Moody's rating migration and credit quality correlation*, 1920-1996, July 1997.

MOOKHERJEE D., P'NG I., Optimal auditing, insurance and redistribution, *Quart. J. Econ.*, 104, 339-415, (1989).

MORGAN D., *Judging the risks of banks: what makes banks opaque?*, WP Fed. Res. NY, September 1997.

MORTENSEN A., *Semi-Analytical Valuation of Basket Credit Derivatives in Intensity-Based Models*, working paper, Copenhagen Business School, 2005.

MUSIELA M., RUTKOWSKI M., *Martingale methods in financial modeling*, Springer, Berlin, (1998).

MYERS S., MAJLUF N., Corporate Financing and Investment Decisions When Firms Have Information That Investors Do Not Have, *Journal of Financial Economics*, 13, 187- 221, (1984).

MYERS S., The capital structure puzzle, *Journal of Finance* 39, 1984.

NAKAMURA C., *Commercial Bank Information Implications for the Structure of Banking, In Structure Change in Banking*, M. Klausner, L.White eds., New York University, (1993).

NANDI S., Valuation models for default-risky securities: an overview, *Fed. Res. Atlanta Economic Review*, 1998.

NICKELL P., PERRAUDIN W., VAROTTO S., *Ratings versus equity-based credit risk modelling: an empirical analysis*, WP Bank of England, 132, (2001).

NICKELL P., PERRAUDIN W., VAROTTO S., *Ratings versus equity based credit risk modelling: an empirical analysis*, WP, July 1999.

NICKELL P., PERRAUDIN W., VAROTTO S., *Stability of rating transitions*, WP, 1998.

NIEHANS J., *The Theory of Money*, The Johns Hopkins Univ. Press, Baltimore, MD, (1978).

ONG M. K., *Internal risk models, capital allocation and performance measurement*, Risk books, April 1999.

PAUL-CHOUDHURY S., *Strength through adversity*, Risk, march 1998.

PETERS S., *Why Are Demand deposits Sequential Constrained and Insured?*, Working Paper, University of Connecticut, (1994).

PETERSEN M., RAJAN R., The effect of credit market competition on lending relationships, *Quarterly Journal of Economics*, 110, 1995.

POITEVIN M., Financial signalling and the « deep pocket » argument, *Rand Journal of Economics*, 20, 1989.

PRENDERGAST C., The provision of incentives in firms, *Journal of Economic Litterature*, 1999.

PRESCOTT F., The Pre Commitment Approach in a Model of Regulatory Banking Capital, *Economic Quaterly*, (1997).

PUNJABI S., *Many happy returns*, WP 1998.

RAJAN R., Insiders and Outsiders: the Choice Between Informed and Arm's-Length Debt , *J. Finance*, (1992).

RAJAN R., The Past and Future of Commercial Banking Viewed Through an Incomplete Contract Lense, *Journal of Money, Credit and Banking*, 3, 525-549, (1998).

RAJAN R.G., *Do we still need commercial bank?*, NBER WP, 1996.

RAJAN R.G., Insiders and outsiders: the choice between informed and arm's-length debt, *Journal of Finance*, 47, 1992.

RENAULT O., SCAILLET O., *On the way to recovery*, Working Paper, HEC Geneva, (2003).

REPULLO R., SUAREZ J., *Venture capital finance: a security design approach*, WP CEMFI, 1999.

ROCHET J.C., Capital requirements and the behaviour of commercial banks, *European Economic Review*, 1992

ROCHET J.C., TIROLE J., Controlling risk in payment systems, *Journal of Money, Credit and Banking*, 28, 1996.

ROSS S., The Determination of Financial Structure: The Incentive-Signaling Approach, *Bell Journal of Economics*, 8, 23-40, (1977).

S&P, Global CBO / CLO criteria, *Structured finance*, 2000.

S&P, Titrisation : notation des opérations de CBO / CLO, Notations, Mai 1998.

SAHLMAN W., The structure and governance of venture capital organizations, *Journal of Financial Economics*, 27, 1990.

SALANIE B., *The economics of contracts*, University press, 1994.

SANTOMERO A., Financial Risk Management: The Whys and Hows, *Financial Markets, Institutions and Investments*, 4 (5) 1-14, (1995).

SANTOMERO A., Modeling the Banking Firm, *Journal of Money, Credit and Banking*, part 2 16, 576-602, (1984).

SANTOS J., *Mixing Banking with Commerce : A Review*, Mimeo, Bank for International Settlements, (1998).

SANTOS J.A.C., *Bank capital regulation in contemporary banking theory : a review of the literature*, BIS WP, Septembre 2000.

SARIG O., WARGA A., Some empirical estimates of the risk structure of interest rates, *Journal of Finance*, 46, december 1989.

SCHÖNBUCHER P., *Pricing credit risk derivatives*, WP, 1997.

SCHÖNBUCHER P., *The pricing of credit risk and credit risk derivatives*, WP, February 2000.

SCHÖNBUCHER P., SCHUBERT D., *Copula-dependent default risk in intensity models*, Working paper, Department of Statistics, Bonn University, 2001.

SCHÖNBUCHER P., *Taken to the limit: Simple and not-so-simple loan loss distributions*, Working paper, Bonn University, (2002).

SCHWARTZ E.N., TOROUS W.N., Prepayment, default and the valuation of mortgage pass-through securities, *Journal of Business*, April 1992.

SHARPE S.A., Asymmetric information, bank lending and implicit contracts: a stylized model of customer relationship, *Journal of Finance*, 55, 1990.

SLOVIN M., SUSCHKA M., POLONCHEK J., The Value of Bank durability: borrowers as bank stakeholders, *Journal of Finance*, 48, 1993.

STAHL D.O., Bertrand Competition for Inputs and Walrasian Outcomes, *American Economic Review*, 17-28, (1988).

STANDARD, POOR'S CREDIT REVIEW, *Corporate Default, rating transition study updated*, McGraw Hill, NY, 1993.

STIGLITZ J., WEISS A., Credit Rationing with Imperfect Information, *American Economic Review*, (1981).

STOUGHTON N.M., ZECHNER J., *Optimal capital allocation using RAROC and EVA*, WP, January 1999.

STOUGHTON N.M., ZECHNER J., *The dynamics of capital allocation*, WP, June 2000.

STULZ R., *International Portfolio Choice and asset pricing: an integrative survey*, NBER WP, 1994.

SUAREZ J., *Banking Regulation in an Equilibrium Model*, Discussion Paper n° 9308, CEMFI, Madrid, (1993).

TASCHE D., *Risk contributions and performance measurement*, WP, February 2000.

THADDEN E.L. VON, *Bank Finance and Long Term Investment*, WWZ Discussion Paper, 9010, University of Basel, (1990).

TIROLE J., *The theory of industrial organization*, Cambridge MA, MIT Press, 1988.

TOWNSEND R.M., Optimal Contracts and Competitive Markets with Costly State Verification, *J. Econ. Theory*, 21, 1-29, (1979).

VAN DE CASTLE K., KEISMAN D., *Recovering your money: insights into losses from defaults*, Standard, Poor's Credit Week, June 1999.

VASICEK O. A., An equilibrium characterization of the term structure, *Journal of Financial Economics*, 1977.

VASICEK O., *Probability of loss on loan portfolio*, Working paper, KMV Corporation, 1987.

WANG S. S., *Aggregation of correlated risk portfolios: Models, Algorithms*, WP CAS committee on theory of risk, 1998.

WILLEMANN S., *Fitting the CDO Correlation Skew: A Tractable Structural Jump-Diffusion Model*, working paper, Aarhus School of Business, 2005.

WILLIAMSON S., Liquidity, Banking and bank failures, *International Economic Review*, 29, February 1988.

WILSON T., *Portfolio Credit Risk*, Risk, 1997.

YU F., Modeling expected returns on defaultable bonds, *Journal of Fixed Income*, 12, 69-81, (2002a).

YU F., *Correlated defaults in reduced-form models*, Working paper, University of California at Irvine, (2002b).

ZHOU C., *Default correlation: an analytical result*, WP, May 1997.

ZHOU C., *Jump-Diffusion approach to modelling credit risk and valuing defaultable securities*, WP Fed. Res. Board Washington, 1999.

Lexique – Index

Imprimé en France
FRHW010832310323
34465FR00013B/153